隆德年鉴

2022

LONGDE NIANJIAN

中共隆德县委党史和地方志研究室·编

黄河出版传媒集团
阳光出版社

图书在版编目（CIP）数据

隆德年鉴.2022/中共隆德县委党史和地方志研究室编.--银川：阳光出版社,2022.11
ISBN 978-7-5525-6583-6

Ⅰ.①隆… Ⅱ.①中… Ⅲ.①隆德县－2022－年鉴 Ⅳ.①Z524.34

中国版本图书馆CIP数据核字(2022)第206604号

| 隆德年鉴 2022 | 中共隆德县委党史和地方志研究室 编 |

责任编辑　林　薇
封面设计　晨　皓
责任印制　岳建宁

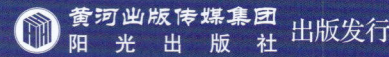
出版发行

出 版 人	薛文斌
地　　址	宁夏银川市北京东路139号出版大厦（750001）
网　　址	http://www.ygchbs.com
网上书店	http://shop129132959.taobao.com
电子信箱	yangguangchubanshe@163.com
邮购电话	0951-5047283
经　　销	全国新华书店
印刷装订	宁夏凤鸣彩印广告有限公司
印刷委托书号	（宁）0024863

开　本	880 mm×1230 mm　1/16
印　张	19
字　数	430千字
版　次	2022年12月第1版
印　次	2022年12月第1次印刷
书　号	ISBN 978-7-5525-6583-6
定　价	218.00元

版权所有　翻印必究

《隆德年鉴2022》编辑部

主　　编：魏耀军
副 主 编：马建红
特邀编审：郭勤华
编　　辑：马建红　杨海霞　王喜凤

编辑说明

一、《隆德年鉴2022》是由隆德县政府主办，隆德县委党史和地方志研究室编撰的政府公报性质的大型资料性工具书，本书系统记述了2021年度隆德县在政治、经济、文化、社会、生态文明建设中取得的成绩，为各级领导了解县情，制定政策提供全面系统的参考资料。

二、《隆德年鉴2022》的内容，按编委会的任务分工方案和撰稿要求，由隆德县各乡镇、各部门提供原始资料，隆德县委党史和地方志研究室撰稿、编辑，聘请专家学者审定，其资料数据，具有准确性和权威性。

三、《隆德年鉴2022》采用分类编辑法。以部类为单元，部类之下为分目，分目之下为条目，全书设专载、大事记、隆德概况、中共隆德县委员会、隆德县人大常委会、隆德县人民政府、政协隆德县委员会、法治与军事、群团组织、经济发展、服务管理、民生服务、电力通信、金融保险、表彰奖励、乡镇概览等类目，约43万字。

四、《隆德年鉴2022》所收录的《2021年隆德县国民经济和社会发展统计公报》由隆德县统计局提供，正文数据由各乡镇、各单位提供。因统计口径等原因，个别数据与统计资料中的数据不尽一致，引用时请以《2021年隆德县国民经济和社会发展统计公报》为准。领导任职情况，按隆德县委组织部提供资料录入。

五、《隆德年鉴2022》录入的文字、图片资料时间为2021年1月1日至12月31日，所列机关和部门按部类、分目编排，不分先后。录入的先进集体和个人以各供稿单位提供的资料为依据，获奖名录等排序不涉及职务。

六、《隆德年鉴2022》严格执行出版物汉字使用管理规定及法定计量单位，数字、标点符号用法符合规定。

隆德风貌
LONGDE FENGMAO

隆德县工业园区全景

生态环境整治

渝河夜景（一）

渝河夜景（二）

时代风采

2021年12月，团县委组织开展"暖冬行动"志愿服务活动

将法治宣传送到田间地头

杆上作业

非物质文化遗产——皮影戏

隆德少先队员开展"红领巾心向党,争做新时代好队员"主题队日活动

隆德二小少先队队员入队仪式

乡村旅游
XIANGCUN LUYOU

新河村

新河村农家乐文化长廊

夕阳西下

老巷子

盘龙山庄

观庄荞麦观赏基地

目 录

专 载

隆德县人民政府工作报告
——在隆德县第十八届人民代表大会第一次会议上的讲话 / 县人民政府代县长 马天峡 …………… 1

大事记

1月 …………………………………… 18
2月 …………………………………… 20
3月 …………………………………… 21
4月 …………………………………… 24
5月 …………………………………… 27
6月 …………………………………… 30
7月 …………………………………… 34
8月 …………………………………… 37
9月 …………………………………… 39
10月 ………………………………… 44
11月 ………………………………… 45
12月 ………………………………… 48

隆德概况

人口土地 …………………………… 51
政区概况・地形地貌

自然环境 …………………………… 51
水文・气候

中共隆德县委员会

机构组成 …………………………… 53
中共隆德县第十五届委员会组成人员・中共隆德县委纪律检查委员会・县委部门・群众团体・县直机关党工委、总支、支部书记・乡（镇）党委书记・区、市直属单位

重要会议 …………………………… 55
隆德县第十四届委员会第十二次全体会议・隆德县第十五届委员会第一次全体会议・隆德县第十五次代表大会第二次全体会议・县委常委班子2020年度民主生活会・全县党史学习教育动员大会・县党的建设领导小组2021年第一次会议・工程建设、政府采购等重点领域突出问题专项治理工作专题会议・2021年推进全面从严治党暨加强党风廉政建设专题会议

常委扩大会议 ……………………… 59
十五届县委2021年第一次常委会（扩大）会议・十五届县委2021年第三次常委会（扩大）会议・十五届县委2021年第四次常委会（扩大）会议・十

五届县委2021年第七次常委会（扩大）会议·十五届县委2021年第九次常委会（扩大）会议·十五届县委2021年第十次常委会（扩大）会议

县委理论学习中心组集体学习会议……………… 62

县委理论学习中心组2021年第七次集体学习会议·县委理论学习中心组2021年第十三次集体学习会议·县委理论学习中心组2021年第十五次集体学习会议·县委理论学习中心组2021年第十六次集体学习会议·县委理论学习中心组2021年第十七次集体学习会议·县委理论学习中心组2021年第十八次集体学习会议

常委会会议…………………………………………… 63

县委2021年第一次常委会会议·县委2021年第二次常委会会议·县委2021年第四次常委会会议·县委2021年第六次常委会会议·县委2021年第七次常委会会议·县委2021年第八次常委会会议·县委2021年第九次常委会会议·县委2021年第十一次常委会会议·县委2021年第十二次常委会会议·县委2021年第十七次常委会会议·县委2021年第十八次常委会会议·县委2021年第十九次常委会会议·县委2021年第二十二次常委会会议·县委2021年第二十三次常委会会议·县委2021年第二十六次常委会会议·县委2021年第二十七次常委会会议·县委2021年第三十四次常委会会议

疫情防控工作会议…………………………………… 70

全县疫情防控工作视频调度会·县委应对新冠肺炎疫情工作领导小组第十二次会议·县委应对新冠肺炎疫情工作领导小组第十三次会议·县委应对新冠肺炎疫情工作领导小组第十四次会议

扶贫开发领导小组会议……………………………… 73

扶贫开发领导小组2021年第一次会议·扶贫开发领导小组2021年第二次会议·扶贫开发领导小组2021年第三次会议·扶贫开发领导小组2021年第四次会议·县委财经委员会第五次会议·县委财经委员会第六次会议·县委农村工作领导小组2021年第一次会议·县委农村工作领导小组2021年第二次会议·县委农村工作领导小组2021年第三次会议·县委农村工作领导小组2021年第五次会议·县委全面深化改革委员会第八次会议·县委全面深化改革委员会第九次会议·县委全面深化改革委员会第十次会议·县委全面深化改革委员会第十一次会议

纪检监察……………………………………………… 79

中国共产党隆德县第十四届纪律检查委员会第六次全体会议·中国共产党隆德县第十五届纪律检查委员会第一次全体会议·政治监督·惩贪治腐·作风建设·政治巡察·监督执纪·维护群众利益·基层组织建设·县乡领导班子换届·建党100周年庆祝活动·党史学习教育活动·开展"基层党建全面提升年"活动·抓党建促乡村振兴·基层党建·党员队伍教育管理

宣传工作……………………………………………… 84

理论武装·党史学习教育·党史学习教育活动·民生实事·意识形态·舆论引导·精神文明建设·新时代文明实践建设·扫黄打非·网络宣传·网络建设·信息化建设

统战工作……………………………………………… 88

民族工作·少数民族发展资金·民主政治建设·非公有制经济发展·港澳台侨务工作

党校工作……………………………………………… 89

党史档案……………………………………………… 90

党史·档案宣传·档案查阅利用·脱贫攻坚档案整理移交·档案业务培训·档案数字信息化建设

目 录

隆德县人大常委会

机构组成……………………………… 92
隆德县第十八届人大常委会组成人员·隆德县第十八届人民代表大会第一次会议·县第十七届人民代表大会第五次会议议案办理·县十八届人大一次会议期间人大代表议案·代表选举

人大常委会会议……………………… 98
第十七届人大常委会第二十九次会议·第十七届人大常委会第三十次会议·第十七届人大常委会第三十一次会议·第十七届人大常委会第三十二次会议·第十七届人大常委会第三十三次会·第十七届人大常委会第三十四次会议·第十七届人大常委会第三十五次会议

人大常委会视察活动…………………100
第一次视察

隆德县人民政府

机构组成………………………………101
隆德县人民政府组成人员·政府工作部门及负责人·乡（镇）长

常务会议………………………………102
县人民政府第七十八次常务会议·县人民政府第七十九次常务会议·县人民政府第八十次常务会议·县人民政府第八十一次常务会议·县人民政府第八十二次常务会议·县人民政府第八十四次常务会议·县人民政府第八十六次常务会议·县人民政府第八十八次常务会议·县人民政府第八十九次常务会议·县人民政府第九十一次常务会议·县人民政府第九十二次常务会议·县安委会2021年第一次全体（扩大）会议暨全县安全生产专项整治三年行动领导小组工作会议·县人民政府党组2020年度民主生活会·2021年经济形势分析暨基本建设项目推进会议·2021年政府全体会议暨廉政工作会议·2021年县招生委员会工作会·法治政府建设工作推进会·"四大提升行动"工作推进会·产业发展和招商引资工作推进会·县政府党组2021年第十一次（扩大）会议·移民致富提升行动工作会议·生态环境保护专题会议

疫情防控工作会议……………………110
疫情防控工作推进会·新冠肺炎疫情防控工作推进会·县应对新冠肺炎疫情工作指挥部第四次会议·县应对新冠肺炎疫情工作指挥部召开第七次会议

机构编制………………………………111
基层整合审批服务执法力量改革·机构编制核查·机构编制法规宣传·调整县扶贫工作机构设置·机构编制资源优化配置·规范优化机构职能配置

地方志…………………………………113
地方志理论学习·地方志业务

政协隆德县委员会

组织概况………………………………115
政协隆德县十二届委员会

机构设置………………………………115
办公室·提案和委员联络委员会·经济委员会·教科文卫体委员会·社会治理委员会

全体委员会议…………………………115
十一届五次会议·十二届一次会议

常务委员会会议·················· 116
第二十一次会议·第二十二次会议·第二十三次会议·第二十四次会议·第二十五次会议·第二十六次会议

专门委员会工作·················· 118
提案和委员联络委员会·经济委员会·教科文卫体委员会·社会治理委员会

重要活动·························· 118
县政协党组召开党史学习教育动员会·县政协召开上梁老街建设协商会·县政协就推进全面依法治县工作召开专题议政性常委会议·县政协机关开展"学党史、悟思想、办实事、开新局"为群众办实事座谈会·县政协召开党组（扩大）会议和党组党史学习教育理论学习中心组会议·县政协举办党史学习教育暨2021年度委员履职能力提升专题培训班·县政协召开中共地下党在隆德李家沟红色教育馆展陈专家论证会·县政协开展以党史学习教育促履职能力提升活动·县政协视察全县产业发展、红色文化传承等工作·县政协召开党组（扩大）会议和党组党史学习教育理论学习中心组会议·县政协党组书记、主席王升同志在凤岭乡宣讲习近平总书记在庆祝中国共产党成立100周年大会上的重要讲话精神·县政协委员对老巷子旅游产业发展情况开展调研·县政协举办《情动山水间》等书及闽宁协作电视专题片发放仪式·县领导督办政协重点提案办理工作·县政协专题传达学习全国政协系统党的建设工作经验交流会精神·县政协机关召开十二届一次全委会议筹备工作会议·县政协党组开展党史学习教育传达学习党的十九届六中全会精神·县政协主席李国英到凤岭乡指导软弱涣散基层党组织整顿工作·县政协召开第十二届二次党组（扩大）会议·县政协主席李国英到凤岭乡督导巩固拓展脱贫攻坚成果同乡村振兴有效衔接工作

调研及对外交流·················· 122
固原市政协来隆德开展推进移风易俗、巩固提升脱贫成效开展"大家来商量"调研协商活动·固原市政协来隆德调研推进依法治市暨全民守法工作·自治区政协来隆德调研全面依法治县和普法宣传工作·县政协调研献策推进"互联网＋创新素养教育"·自治区政协副主席许宁带领调研组来隆德调研"推进我区黄河文化传承彰显区建设"情况·广西天等县政协考察组来隆德就"加快培育牛全产业链，巩固脱贫成果"开展考察学习·黑龙江省政协调研组一行来隆德考察调研"基层文化建设和少数民族历史文化资源挖掘、保护和利用"工作·贵州省遵义市政协来隆德考察交邮融合发展工作·海南省政协来隆德考察全域旅游助推乡村振兴工作·固原市政协来隆德调研优化营商环境助推民营经济高质量发展工作·贵州省湄潭县政协来隆德考察乡镇污水处理工作·中宁县政协来隆德调研红色教育及生态工作·全国政协调研组来隆德开展专题调研·自治区政协调研隆德重点产业高质量发展情况

重要文件·························· 124
十一届五次会议常委会工作报告·2020年度协商工作计划·中共隆德县委书记袁秉和在县政协十一届五次会议闭幕会上的讲话·十二届一次会议常委会工作报告·2021年度协商工作计划·中共隆德县委书记刘斌在县政协十二届一次会议闭幕会上的讲话·县政协党组书记、主席李国英在县政协十二届一次会议闭幕会上的讲话·县政协十一届五次会议提案和建议办理情况的通报

法治　军事

政　法……………………………………136
概况·工作主体落实·维护社会和谐稳定·政法队伍教育整顿·司法体制改革·扫黑除恶·平安隆德建设

公　安……………………………………138
概况·队伍建设·打击各类违法犯罪活动·基层社会治理·维护社会治安·执法规范化建设·警务基础设施建设·疫情防控

检察院……………………………………141
党史学习教育·队伍教育整顿·检察宣传·助力乡村振兴·依法守护公共利益·护航民营经济·依法办理刑事案件·法律监督·化解信访矛盾

法　院……………………………………143
概况·教育整顿·完善诉讼服务体系·规范基层治理·案件受理·案件执行

司　法……………………………………144
依法治县·"七五"普法·人民调解·社区矫正·公共法律服务·公证·政法队伍教育整顿

隆德县人民武装部………………………148
综述·党委理论学习中心组带机关学习·主题教育·国防教育·专武干部履职考评·双拥共建·乡村振兴·疫情防控

群团组织

隆德县总工会……………………………151
主题教育·组织建设工作·民主管理·宣传教育·权益保障·协调劳动关系·劳模管理·关爱女工·经费审查工作·创新工作亮点

共青团隆德县委员会……………………154
概况·青少年思想引领·党史学习教育·评优选先树典型·中长期青年发展规划·网上共青团建设·基层组织建设·团组织阵地建设·团干部作风建设·少先队工作·青年就业创业·乡村振兴·希望工程·志愿服务活动·青少年成长成才·疫情防控工作

隆德县妇女联合会………………………156
党史学习教育·我为群众办实事·巾帼创业行动·家庭建设·妇女儿童维权·乡镇、村（社区）妇联换届·"两规划"考核验收

隆德县残疾人联合会……………………159
理论学习·党建工作·民生项目落实·残疾人职业技能大赛

隆德县科学技术协会……………………159
科普宣传·科技活动·科普信息化建设

隆德县工商业联合会……………………160
换届工作·民营经济服务·引导企业守法诚信经营·学习培训·助力乡村振兴·基层组织建设

隆德县文学艺术界联合会………………161
党史学习教育·文联第三届三次全委会召开·文艺活动·文艺创新·乡土文艺人才培训项目·文联学习交流·刊发《六盘人家》

经济发展

综　述……………………………………164
概况

农业农村…………………………………164
概况·乡村振兴·科技兴农·农业安全·特色产业·品牌建设·改革创新·乡村治理·美丽乡村建设

科　技·· 169
科技投入·科技成果·项目申报·科技创新·科技特派员·科技培训、宣传·科技服务·中药材产业·扶持政策

自然资源·· 171
荒山造林·乡村绿化·生态经济林·县城绿化·规划编制·耕地保护

生态环境·· 172
生态环境·绿色生态·蓝天行动·碧水行动·净土行动·排污权改革·全域绿化·农村人居环境整治·生态环境监管

水　利·· 176
重点水利项目建设·"用水权"改革·"互联网+城乡供水"建设·河湖长制·灾害防御·水土保持

城乡建设·· 177
老旧小区改造·城市基础设施·污水治理·改厕工作·住房改造·人居环境整治·小城镇建设·美丽乡村建设·房地产·物业管理

交通运输·· 180
交通基础设施建设·农村公路养护·交通执法·疫情防控·公共交通·城乡交通一体化

乡村振兴·· 181
巩固脱贫成果·预警监测·特色产业·保障民生·项目资金实施·移民增收·社会帮扶·问题整改·扶贫档案整理

产业发展·· 184
项目建设·资金争取·工业经济运行·商贸服务·招商引资·价格调控·粮食和物资储备·工业园区建设·企业生产经营·稳企业保就业·第三产业

服务保障

财　政·· 188
财政收支·资金主要投入

审　计·· 189
审计监督·审计整改

市场监督·· 190
疫情防控·"食品药品安全区"·食品安全·药械监管·质量监管·特种设备监管·知识产权保护·市场监管

审批服务·· 192
概况·政务体系规范化·政务事项标准化·政务模式智能化·政务方式便民化·企业开办便利化

统　计·· 194
统计预警分析·"四大工程"

安全生产·· 194
安全生产·应急管理·行政执法改革

税　务·· 196
税费征管·"放管服"改革

民生服务

教育体育·· 197
概况·表彰奖励·教育改革·五育并举·校园平安建设·优质均衡·师资队伍建设·教育扶贫·全民健身

卫　生·· 202
概况·疫情防控·健康提升行动·健康扶贫

医疗保障·· 204
概况·医疗保险·城乡医疗救助·生育保险·医

保电子凭证·医保基金监管·医疗保障扶贫·药品招标采购

文　化 …………………………………… 205
文化基础建设·文化活动·旅游·非遗保护·文物保护利用·文旅市场监管

退役军人事务 …………………………… 207
服务体系建设·权益维护·优待抚恤·双拥共建·就业创业

民　政 …………………………………… 208
社会救助·养老服务·社会事务·地名管理及行政区划

劳动就业 ………………………………… 209
人事人才·工资管理·劳动保障·就业创业·社会保障·"放管服"改革·"一卡通"应用

电力通信

电力建设 ………………………………… 211
电力建设

网路信息 ………………………………… 211
网络意识形态·网络宣传·舆情管理·综合治理·网络安全·信息化建设

电　信 …………………………………… 212
中国电信

移动通信 ………………………………… 213
中国移动

金融保险

人民银行 ………………………………… 214
概况·货币政策管理·金融稳定

六盘山村镇银行 ………………………… 215

经营概况·业务发展·信息科技·风险管理·社会责任

财产保险 ………………………………… 216
概况·保险理赔·助力脱贫

人寿保险 ………………………………… 217
概况·保险保障民生·服务理赔·营销建设

表彰奖励

2021年度全县效能目标管理考核奖 ……… 219

隆德县2021年获奖情况一览表 …………… 220

隆德县2021年创新亮点工作一览表 ……… 228

乡镇概览

城关镇 …………………………………… 237
概况·机构设置·为民办实事·乡村振兴·产业发展·环境整治·六大治理工程·民生保障·四大提升行动·疫情防控

陈靳乡 …………………………………… 239
概况·巩固脱贫成果·特色产业·农村集体经济·环境整治·民生保障

山河乡 …………………………………… 241
概况·机构设置·乡村振兴·产业发展·基础设施·民生保障·社会治理

奠安乡 …………………………………… 243
概况·种养产业·乡村干部·特色产业·巩固脱贫成果·民生保障·环境整治·社会事业·疫情防控

温堡乡 …………………………………… 244
概况·乡村振兴·产业发展·生态建设·民生保障·基层治理

凤岭乡 ………………………………… 245
概况·乡村振兴·巩固脱贫攻坚成果·特色产业·生态环境·基础设施·民生保障·社会治理·疫情防控

沙塘镇 ………………………………… 247
概况·机构设置·巩固脱贫成果·产业发展·村集体经济·环境整治·乡村治理·民生保障·四大提升行动

神林乡 ………………………………… 249
概况·巩固脱贫成果·特色产业·环境整治·民生事业·乡村治理

联财镇 ………………………………… 250
概况·巩固脱贫成果·特色产业·村集体经济·环境整治·民生保障·社会治理

好水乡 ………………………………… 251
概况·巩固脱贫成果·特色产业·环境整治·民生保障·社会治理·疫情防控

观庄乡 ………………………………… 253
概况·乡村振兴·特色产业·村集体经济·环境整治·民生保障·乡村治理

杨河乡 ………………………………… 255
概况·乡村振兴·特色产业·环境整治·基础建设·民生保障·社会治理·疫情防控

张程乡 ………………………………… 257
概况·乡村振兴·肉牛产业·环境整治·民生保障·社会治理

附　录

隆德县2021年项目建设一览表（附1）…… 259
隆德县2021年项目建设一览表（附2）…… 273

专　载

隆德县人民政府工作报告

——在隆德县第十八届人民代表大会第一次会议上的讲话

县人民政府代县长　马天峡

（2021年11月10日）

各位代表：

现在，我代表县第十七届人民政府，向大会报告工作，请予审议，并请县政协委员和列席会议的同志提出意见。

过去五年工作回顾

县第十七届人大一次会议以来的五年，面对世界百年未有之大变局、国内经济下行之大挑战、打赢脱贫攻坚之大决战、新冠肺炎疫情之大考验，县人民政府始终坚持以习近平新时代中国特色社会主义思想为指导，深入贯彻习近平总书记视察宁夏重要讲话精神，坚决落实党中央和国务院、区市党委和政府以及县委的决策部署，坚持稳中求进工作总基调，统筹经济发展和常态化疫情防控，攻坚克难，砥砺奋进，圆满完成各项目标任务，胜利翻越了脱贫路上的"六盘山"，与全国一道如期全面建成小康社会，谱写了隆德发展的恢宏篇章。预计今年年底，完成地区生产总值38亿元，年均增长6.9%；完成全社会固定资产投资22.2亿元，年均增长5.7%；累计完成地方一般公共预算收入5.32亿元；城镇居民人均可支配收入27790元，年均增长6.7%；农村居民人均可支配收入12580元，年均增长11%。

五年来，我们致力于攻难点补短板，脱贫攻坚全面胜利。坚持精准扶贫、精准脱贫基本方略，下足下好"绣花"功夫，围绕"扶持谁"，探索建立"4个10户"精准比对机制，扎实做好精准识别、精准退出和动态调整。围绕"谁来扶"，创新"321"帮扶责任落实机制，引导各类扶贫资源优化配置。围绕"怎么扶"，实施"四个一"示范带动工程，创新"三带四联"产业带动模式，培育产业示范村31个、龙头企业19个、合作社102个；建成扶贫车间49个，培训致富带头人1200多人，累计带动8942户建档立卡贫困户发展致富产业。注入壮大村级集体经济资金2.15亿元，实现98个行政村全覆盖。投入资金12.6亿元，改造农村危房2.7万户，硬化道路1600公里。围绕"如何退"，健全科学评估退出机制，9985户38914名建档立卡贫困人口如期脱贫，历史性地解决了绝对贫困和区域性整体贫困问题。严格落实"四个不摘"要求，持续开展"四查四补"和"四大提升行动"，健全防返贫监测预警网格化管理和帮扶机制，有效防范规模性返贫风险，巩固拓展脱贫攻坚成果同乡村振兴有效衔接。

五年来，我们致力于提质效促升级，产业结构持续优化。特色农业产业布局进一步优化。逐步形成了北片万头肉牛、中片川道区万亩冷凉蔬菜、中南片万亩中药材、六盘山西麓阴湿区万亩马铃薯4个特色农业产业发展示范区。建成张程、杨河等肉牛标准化养殖示范乡4个，观庄乡田滩村等肉牛养殖示范村58个，兴鸿旺牧业等千头规模肉牛养殖场6个，奠安乡张田村等百头以上规模肉牛养殖场24个，全县肉牛饲养量达到10.1万头。建成沙塘镇新民村等千亩设施蔬菜园区15个，联财镇恒光村等永久性设施蔬菜基地10个，全县种植冷凉蔬菜5万亩。建成神林观音等千亩中药材规范化种植基地7个，全县大田中药材达到3万亩，林药间作24万亩。建成观庄、陈靳等乡镇2000亩以上一级种薯繁育基地10个，全县种植马铃薯10.3万亩。绿色工业初具雏形。探索政府基础配套、企业建设运营、政企共同发展的"园区＋工业地产"模式，引进上海医药、河南太龙等上市企业和黄土地食品、金誉生物等龙头企业落地生根，入园企业达到60家，以中药材加工、农副产品生产、特色轻工业为主的产业集群效应凸显。服务业活力增强。休闲农业与乡村文化旅游深度融合发展，陈靳乡新和村等6个行政村入选全国乡村旅游重点村，老巷子被评为国家3A级旅游景区；我县入选2017年全国休闲农业和乡村旅游示范县、2021年中国最美县域榜单。来隆旅游人数年均增长10%，旅游社会总收入年均增长8%。建成多元广场等商业综合体，打造龙泉苑特色休闲美食街区，培育了一批快递物流、电子商务、信息咨询等产业，现代服务业不断发展壮大。

五年来，我们致力于强治理优环境，生态文明走在前列。全面落实河长制、湖长制，实施渝河流域山水林田湖草综合治理等工程，系统解决了渝河跨界水污染纠纷，联财出境断面水质由劣Ⅴ类稳定达到Ⅲ类以上，成为全国第一批示范河湖之一，治理成效被国务院通报表扬，治理成果入选改革开放40周年成就展。全面完成县城集中供热燃煤锅炉脱硫脱硝除尘改造等工程，城市环境空气质量优良率达到98%以上，质量综合指数多年位列全区第一，2018年国家重点生态功能区县域生态环境质量考核名列全国第六。扎实推进农村人居环境整治三年行动，建成观庄乡等9个乡镇污水处理站和联财镇张楼村等4个村级污水处理站，改造农村水冲式厕所2.08万户，建立环卫保洁网格化管理机制，成功创建"国家卫生县城"，入选"全国农村生活垃圾分类和资源化利用示范县""全国农村生活污水处理示范县""全国农村人居环境整治激励县"。实施400毫米降水线精准造林和全域绿化提升等工程，全县森林覆盖率由2016年的26.5%提高到2020年的37.47%。

五年来，我们致力于蓄内涵提品质，城乡一体化发展日新月异。精心打造花园式文化旅游城市，建成三山府邸等8个小区，完成人行片区等6

个老旧小区改造，实施南凤嘉园等14个小区、六盘山大道等7条道路雨污分流工程，建成"三山两河一湖"环城生态景观带，城市形象和品位进一步提升。建成神林、好水等10个美丽小城镇和温堡乡新庄村等53个美丽村庄。改扩建"312"国道、隆张、隆庄、好兴二级公路110公里，新改建农村公路504公里，构建起以高速公路、国省干线公路为骨架，县乡公路为肌理的综合路网格局，获评自治区"四好农村路示范县"。大力推进城乡公交一体化建设，开通城乡公交线路19条、农村客运线路33条，建成"全微通"智能化农村客运服务平台，群众出行更加安全便捷，成功入选"全国第二批城乡交通运输一体化示范创建县"。

五年来，我们致力于惠民生促和谐，群众生活品质显著提升。民生保障资金连续五年超过县财政总支出的80%，累计达到105亿元。新改扩建校舍9.5万平方米，深入推进"互联网＋教育"建设，实现了宽带网络"校校通"、优质教育资源"班班通"、网络学习空间"人人通"，教育教学条件全面改善，教育质量大幅提升，高标准通过国家义务教育基本均衡验收。建成县医院内科综合楼，迁建县妇幼保健院和疾控中心；推进"互联网＋医疗健康"服务，全面推广"先诊疗后付费""一站式报销"服务模式，群众就医更加便捷高效。建成第三敬老院、老年养护院、残疾人康复中心和96个农村老饭桌，全县养老服务供给能力不断增强，残疾人"托养＋"模式在全区推广。建成运营"三馆一中心"（博物馆、文化馆、图书馆、全民健身中心），城乡基本公共文化服务水平进一步提升。城乡低保2次扩面4次提标，保障覆盖面逐年扩大。

五年来，我们致力于促改革优服务，发展活力不断增强。持续深化"放管服"改革，率先开展"创新优化基层政务服务"改革试点工作，县乡两级政务服务实现"一窗综合受理"，网上可办率达到90%以上。进一步优化营商环境，持续减税降费，助企纾困，新增市场主体637户。完成城乡低保审批权限下放乡镇全国试点工作，社会救助时效性和精准度不断提高。"四权"改革全面铺开，土地权改革主要围绕盘活集体土地、唤醒"沉睡"资产，敲响了宁夏集体经营性建设用地入市交易"第一锤"。持续完善政府法律顾问、政府性资金审计管理、政务公开等制度，强化廉政风险防范，法治政府、创新政府、廉洁政府建设不断加强。依法化解信访积案、重复信访和社会矛盾纠纷，社会大局和谐稳定，荣获全区"平安县"和全国信访"三无"县。全面落实县委决定事项，204件区市县人大代表议案、建议，184件政协委员提案、建议全部办结。"党政同责、一岗双责、齐抓共管、失职追责"的安全生产责任制得到有效落实。全面贯彻落实党的民族宗教政策和宗教工作方针，扎实开展民族宗教领域突出问题整治，持续做靓"六盘儿女一家亲"品牌，被命名为"全区民族团结进步示范县"。统计、科技、地震、气象、外事、国防动员、妇女儿童、红十字会等工作取得新进展。

各位代表，五年来，我们筚路蓝缕启山林，栉风沐雨砥砺行。办成了一系列影响深远的大事，解决了一系列事关全局的难事，取得了一系列令人振奋的成就。五年的生动实践启示我们，只有坚持以习近平新时代中国特色社会主义思想为指导，不折不扣贯彻落实党中央和国务院、区市党委和政府以及县委的决策部署，才能确保各项事业始终沿着正确方向前进；只有坚持解放思想不止步，摆脱传统路径依赖，以新观念应对新变化，以新理念谋划新格局，以新路径引领新发展，才能开创各项事业新局面；只有坚持以人民为中心的发展思想，不断保障和改善民生，增进人民福祉，才能汇聚推动发展的磅礴力量；只有坚持苦干实干拼命干，盯人盯事盯过程，推动工作落小落细落到地，才能创造出让群众信服、让历史铭记的业绩；只有坚持全县一盘棋，心往一处想，劲往一处使，才能攻坚克难、无往不胜。成绩来之不易，经验弥足珍贵。这是习近平新时代中国特色社会主义思想在隆德创新实践的结果，是党中央和国务院、区市党委和政府以及县委坚强领导的结果，是县人大、县政协有效监督、鼎力支持的结果，是全县人民团结奋斗、顽强拼搏的结果，是福建对口协作和厦门大学及社会各界无私帮扶、真诚相助的结果。在此，我代表县人民政府，向全县人民，向人大代表、政协委员，向各民主党派、工商联、人民团体和社会各界人士，向区市驻隆单位、武警官兵、公安干警、消防救援队伍指战员，向关心支持隆德发展的各界朋友，一并致以崇高的敬意和衷心的感谢！

在肯定成绩的同时，我们必须清醒地认识到，隆德的发展还存在不少困难和问题：一是经济基础薄弱，总量偏小，质量不高，发展不充分不平衡的问题依然存在；二是现代产业体系仍不健全，比较优势还不够明显，缺乏具有区域竞争力的特色产业集群；三是全面建成小康社会的标准相对较低，实现基本公共服务均等化还有一定差距；四是营商环境还不够优化，行政效能和服务水平有待进一步提升等等。对此，我们将始终以民之所望为施政所向，自觉扛起责任，尽心竭力解决好这些问题。

今后五年工作的总体思路和目标任务

一个月前召开的中国共产党隆德县第十五次代表大会，系统分析了隆德未来发展的"时"与"势"，辩证研判了隆德未来发展的"危"与"机"，准确定位了隆德未来发展的新坐标，科学擘画了隆德未来发展的新蓝图，加之有历届县委和政府打下的良好基础，加之有县四套班子的精诚团结，加之有全县干部群众的共同奋斗，县人民政府一定会全面贯彻落实好县第十五次党代会精神，因势而动、顺势而为、乘势而上、蓄势而起，一定会创造出不负时代、不负韶华的新业绩。

今后五年全县经济社会发展的指导思想是：高举中国特色社会主义伟大旗帜，坚持以习近平新时代中国特色社会主义思想为指导，以习近平总书记视察宁夏重要讲话精神为根本遵循，按照"五位一体"总体布局、"四个全面"战略布局和"守好三条生命线、走出一条高质量发展新路子"的战略要求，完整、准确、全面贯彻新发展理念，主动担当先行区建设时代使命，坚持稳中求进工作总基调，以推动高质量发展为根本路径，以改革创新为根本动力，以满足人民日益增长的美好生活需要为根本目的，对标对表谋发展，务实苦干抓落实，扎实推进五大特色产业、四大提升行动、"四权"改革、"1+6"基层治理等重点工作，着力培育竞争发展核心优势，着力开创新型工农城乡共融发展新局面，着力开辟绿水青山就是金山银山的实践路径，着力推动共同富裕取得明显成效，奋力谱写建设黄河流域生态保护和高质量发展先行区隆德新篇章。

今后五年的奋斗目标：聚焦全县2035年远景目标，全力推进经济社会大发展，治理效能大提升，地区生产总值年均增长7.5%，地方一般公共预算收入年均增长5%，城乡居民人均可支配收入年均分别增长9%和11%，社会消费品零售总额年均增长10%，工业增加值年均增长8%，城镇调查失业率控制在5.5%以内，全县现代化建设取得阶段性重大成效。

为实现上述目标任务，重点抓好以下工作。

一、坚持在创新发展上求突破，聚力完善现代产业体系

创新是建设现代化经济体系的战略支撑。必须依靠创新引领产业发展，围绕肉牛、绿色食品、文化旅游、特色加工、生态经济五大特色产业，进一步延链补链强链壮链，走出一条具有隆德特色的产业高质量发展新路子。

加快推进现代农业建设。着力构建以肉牛、绿色食品为主的现代农业产业体系、生产体系和经营体系。肉牛产业突出打造六盘山高端牛肉品牌，全面普及西门塔尔等优良品种，积极推广"出户入园""户繁场育"标准化规模化养殖模式，建设百头以上高标准规模养殖场26个、示范村10个。到2026年全县肉牛饲养量达到12.5万头，打造良种肉牛繁育基地和优质牛肉生产基地。推进冷凉蔬菜、中药材、马铃薯等绿色食品种植、加工、销售全产业链发展。沿渝河、甘渭河流域新建设施农业1万亩，提升改造沙塘、神林供港蔬菜基地和联财永久性蔬菜基地，加快新技术、新品种引进示范，优化品质，提升效益。坚持中药材生态种植之路，持续打造有机中药材种植基地，加大品牌培育力度，延长从原料药材到药品、保健品等终端产品的产业链条，着力构建六盘山道地中药材种植带，建设良种繁育基地5个，引进培育加工企业3家以上，推进中药材产业健康发展。坚持种薯繁育、鲜薯外销、淀粉加工、主食开发并举，发挥六盘山马铃薯科技示范园示范带动作用，新建脱毒种薯繁育基地15万亩，打造六盘山高海拔种薯培育推广基地。打响"六盘·隆德"区域农产品公用品牌，扶持龙头企业争创中国驰名商标、地理标志商标、宁夏名牌产品，推进品牌强农战略。

加快推进工业转型升级。树立绿色工业发展理念，科学定位、激发动力，进一步推动六盘山工业园区改革发展，提升质效，不断增强集聚效应和承载能力，推进企业向园区集中、业态向园区集聚，力争2026年入驻企业达到100家，新增规模以上企业10家以上。鼓励支持园企合作、校企合作等多种产学研模式，畅通科技成果发现、孵化、产业化全过程，新建市级以上科技创新平台5家，培育国家高新技术企业3家、自治区科技型中小企业6家、市级科技型中小企业10家，实现企业从量的扩张迈向质的提升。

加快推进文化旅游融合发展。打好红色、绿色、文化三张牌，加快长征精神研学基地、县级游客服务中心、自驾游（房车）营地、红荞花色彩农业带等项目建设，巩固提升神林乡辛平村等6个全国乡村旅游重点村和陈靳乡新和村等12个全区旅游示范村，打造以六盘山红军长征景区、杨家店"红军村"为重点的红色旅游区，以盘龙山庄、神林山庄等为重点的生态农业观光、自驾游营地休闲体验旅游区，以高台马社火、魏氏砖雕等为重点的非遗传承民俗文化旅游区，培育一批生态美、生产美、生活美的乡村旅游打卡地。以现代旅游消费为导向，积极引入星级酒店、农家乐、旅行社等旅游企业，依托丰厚的民俗文化资源开发文创产品，加大吃、住、行、游、购、娱全要素供给，拉长旅游产业链条。创新发展"旅游+""营地+"等新模式新业态，举办一批具有一定影响力的文旅节会、赛事活动，推进资源、产品、业态和旅游深度融合，争创国家级全域旅游示范县，旅游业社会总收入年均增长11%以上。

加快推进生态经济建设。坚持生态产业化、产业生态化，依托优质林地资源，沿六盘山自然保护区外围新建一批综合性林下经济示范园，新建元宝枫、杜仲等高产经济示范林7万亩，发展以秦艽、柴胡为主的林下道地中药材16.4万亩、林下菌菇2万亩、林蜂2万箱；在移民迁出区和退耕还林区，种植紫花苜蓿等优质牧草20万亩；推进国家储备林建设，积极发展森林康养旅游产业基地，鼓励企业、农户开展观光、采摘、农事体验等活动，创新"生态+"发展模式，推动实现山绿与民富"双赢"。

二、坚持在协调发展上下功夫，聚力推进城乡一体化建设

协调是持续健康发展的内在要求。必须协同推进乡村振兴与新型城镇化，协同建设城乡生产空间、生活空间、生态空间，加快城乡融合发展，加速构建城乡一体、优势互补的发展新格局。

巩固拓展脱贫攻坚成果。紧盯边缘易致贫户、脱贫不稳定户、突发严重困难户和低保户、五保户、重点难点监测对象，全面落实"四个不摘"要求，加强目标、政策、力量、责任"四个衔接"，健全完善防返贫动态监测网格化管理机制，长效化、常态化开展"四查四补"，分层分类及时帮扶，动态清零，有效化解返贫风险。实施移民致富提升行动，推进基础设施建设三年攻坚行动计划，加快补齐公共服务短板，多渠道促进创业就业，强化社会管理，实现"十四五"期间移民人均可支配收入增速始终高于全县农村居民平均水平，"十四五"末移民人均可支配收入基本达到全县农村居民平均水平，推动21个移民安置点一年一变样、三年大变样、五年上台阶。

全面推进乡村振兴。按照"产业兴旺、生态宜居、乡风文明、治理有效、生活富裕"的总要求，制定全县乡村振兴规划，推动农业全面升级、农村全面进步、农民全面发展，为实现共同富裕奠定坚实基础。全面推进产业振兴，发展多元化乡村振兴，完善利益联结机制。年均培育新型经营主体30家，村集体经济收入年均增长10%，特色产业提供居民收入的贡献率提高到29%。全面推进人才振兴，实施高素质农民培育和现代青年创新创业培养等工程，开展优秀农民工回乡创业行动，巩固提升农民田间学校15个、农村实训基地10个，培训农村实用人才1.25万人，培养一批有文化、懂技术、善经营、会管理的高素质农民队伍。全面推进生态振兴，实施农业绿色发展、农村人居环境整治、生态功能提升计划，持续推进"百村示范、千村整治、万户清洁"行动，推进生活垃圾分类集中收运处置，不断完善污水处理设施，卫生厕所普及率达到95%以上，争创国家级"农村人居环境整治提升示范县"。全面推进文化振兴，弘扬中华优秀传统文化，践行社会主义核心价值观，建好用好新时代文明实践中心（站），持续推进移风易俗，推动形成文明乡风、良好家风、淳朴民风。全面推进组织振兴，强化县乡村三级党组织书记抓乡村振兴机制，推进村委会规范化建设和村务公开"阳光工程"。

大力实施乡村建设行动。编制完成县域行政

村建设规划，建成联财、沙塘高标准重点小城镇和联财镇恒光村、神林乡庞庄村等98个美丽宜居村庄，推进城镇产业和商贸物流等服务业发展，推动市政公用设施向中心镇延伸，提升乡村水、电、路、网等公共服务设施，形成功能齐全、设施配套、资源节约、环境优美、商贸繁荣、社会和谐的发展新格局。加快数字乡村建设，构建现代化乡村治理体系，提升治理水平。

倾力打造特色品位城市。开展城市更新行动，完善以"三山"为骨、"两河一湖"为脉、绿地公园为底、文化元素为魂的花园城市空间发展体系。持续推进老旧小区改造。精心打造文化、餐饮、购物特色街区，全面开展"严管街""示范路"创建。实施添园增绿、添色增花、立体绿化等工程，新建南凤片区、南门片区4个街心公园，不断提升城区绿化养护精细化管理水平。推进10个社区规范化管理，配套建设养老、托幼、医疗等服务设施，实现智慧城市管理系统全覆盖。积极争创国家森林城市和文明城市，建设六盘山下的"小江南"。

三、坚持在绿色发展上出实招，聚力推动生态效益转化

绿色是可持续发展的必要条件。必须坚守改善生态环境生命线，深入实施"一屏七廊"（六盘山生态屏障、七大河流生态廊道）生态建设计划，统筹山水林田湖草系统治理，加快生态优势向发展优势转化，争创"两山"实践创新基地。

持续改善生态环境。围绕南部水源涵养区生态建设定位和六盘山天然水塔、生态绿岛功能，全面推行山长制、林长制，全力推进大规模国土绿化行动，加大森林草原生态系统修复，实施天然林保护、三北防护林、退耕还林还草、400毫米降水线以上造林绿化等重点生态工程。大力开展小流域综合治理，实施朱庄河、什字河等流域生态治理项目，争取建设渝河自治区级湿地公园，通过抚管护绿、空地植绿、见缝插绿、改建扩绿，到2026年，全县森林覆盖率达到41.8%。

铁腕整治环境污染。严格落实"三线一单"制度，深入推进大气、水、土壤污染防治三大行动，确保各项环境指标稳中向好，好中向优。落实能源消费总量和强度"双控"制度，积极推进煤改电、天然气、光伏、风能等清洁能源替代。深化"清废行动"，全面推进医疗、工业等危险废物安全处置和资源化利用，安全处理率达到100%。加强农业面源污染防治，加大农作物秸秆、残膜和畜禽养殖粪污综合利用，到2026年，农作物秸秆综合利用率达到92%以上，农用残膜回收率达到95%以上，畜禽粪污资源化利用达到98%以上。

科学推动绿色发展。持续加大耕地"非农化""非粮化"整治力度，坚守36.4万亩耕地红线。盘活用好存量土地，加大闲置和低效用地清理力度，提高土地投资强度和产出率。实行最严格的水资源管理制度，落实"以水定城、以水定地、以水定人、以水定产"原则，新增高效节水面积6.4万亩，建成渝河、甘渭河流域高效节水示范灌区，高效节灌率达到90%。推进海绵城市建设，加大雨水综合利用。加快35千伏风电和分布式光伏发电项目建设，实现天然气进城入户。积极倡导低碳生产生活方式，让绿色出行、绿色消费成为新时尚。

四、坚持在开放发展上作文章，聚力营造良好发展环境

开放带来进步，封闭导致落后。必须把高水平开放作为推动全县高质量发展的必由之路，主动融入新发展格局，更大力度释放发展活力，更深层次激活发展潜能。

坚定不移推改革。抓住确权、赋能、定价、入市4个关键环节，持续推进"四权"改革。用水权改革重在"节水增效"，科学合理调配用水权管控指标，加大水资源循环利用，促进水资源向高利用率、高附加值、高效益的产业流动，2026年万元GDP用水量下降13%。土地权改革重在"盘活增值"，深化农村承包地"三权分置"，持续推动集体经营性建设用地入市交易，盘活利用闲置土地，全面提高土地利用效率。排污权改革重在"降污增益"，倒逼企业进行节能改造、减污降碳，推动排污减量化、生产清洁化、发展绿色化。山林权改革重在"植绿增绿"，开展林业资源价值评估，因地制宜发展以特色经果林、林下经济为支撑的林业生态产业。持续推进"放管服"改革，加快"数字政府"建设，推行"163"极简集成审批服务，深化"一网通办"，实现"最多跑一次"向"不见面""零跑腿"迈进。推进企业开办全程网上办理，推行个体登记即时办结，落实减税降费政策。建立领导包抓企业机制，以"保姆式"服务优化营商环境。

全力以赴促开放。争取兰州经定西至平凉过境铁路、隆德至庄浪高速公路、桃山经凤岭至神林二级公路、范家峡至野荷谷二级旅游公路、沙塘至凤岭隧道公路等重大交通基础设施项目，构建内通外达、高效便捷的现代综合交通网络体系，畅通对外开放通道。加快完善信息基础网络，实现城乡千兆光纤和城区5G网络全覆盖，探索发展"数字经济"新业态，推进数字经济与实体经济融合发展，为传统产业转型升级赋能加力。深化闽宁协作和中央单位定点帮扶，加强互联互通、互补互帮，加快构建全方位、多层次、宽领域的山海协作新格局，打造"山海协作"升级版。

凝心聚力谋项目。紧紧围绕主导产业、城乡建设、新能源、新基建等重点领域，精心谋划和争取一批强基础、增功能、利长远的重大基础项目；加大招商引资力度，推进天然气、光伏、风能等清洁能源建设项目；积极争取养老、护残、保幼等大健康、大教育、大体育民生改善项目。建设余家峡供水管网连通、甘渭河流域库坝等水系连通工程，全面实现7大流域30座库坝互连互通，真正构建起"南水北调、丰枯补给"的水资源配置体系；加快"互联网＋城乡供水"建设步伐，推动供水工程网络化、城乡水务管理一体化，破解高质量发展用水瓶颈。

五、坚持在共享发展上重实效，聚力增强社会治理效能

共享是发展的出发点和落脚点。必须坚持以人民为中心的发展思想，持续加强社会治理、改善民生需求、增进人民福祉。

倾心办好人民满意教育。大力实施基础教育质量提升行动，落实立德树人根本任务，推进德智体美劳"五育并举"，培育选树一批德育示范学校、自治区体育传统特色学校，争创自治区"劳动教育示范县"。实施学前教育行动计划，巩固提升乡镇中心幼儿园办园质量，扩大普惠性学前教育资源供给，争创"全国学前教育普及普惠县"；推动集团化办学，深化"县管校聘"改革，提升"互联网＋教育"建设应用水平，落实减轻义务教育阶段学生作业负担、减轻校外培训负担"双减"政策，大力促进普通高中教育多样化特色化发展，2024年实现县域内义务教育优质均衡发展目标；实施中等职业教育优质校和优质专业

"双优"计划,健全产教融合、校企合作机制,实现专业设置与产业需求、教学过程与生产过程全面对接,切实提高职业教育的适应性;实施特殊教育提升计划,深入开展"医教结合"康复训练,促进特殊儿童身心健康发展,实现更高质量教育公平。

全力提升全民健康水平。大力实施全民健康水平提升行动,深化医药卫生体制改革,推进中医药传承创新发展,加快公立医院综合改革,加强紧密型医共体医联体建设,建成县域医疗中心,加大社区卫生服务站和乡镇卫生院标准化建设力度,推进基本公共卫生服务均等化,提升县域医疗救治能力和医疗服务质量,创建自治区"互联网+医疗健康"示范县。坚持预防为主,完善突发公共卫生事件应急响应机制,落实常态化疫情防控措施。强化健康教育,广泛开展爱国卫生运动和全民健身运动,增加老年医疗卫生和医养结合服务供给,全方位全周期保障人民健康。

全面繁荣发展文化事业。扎实开展文艺人才培养提升和传统文化浸润工程,创作一批具有隆德地域特色的文化作品。完善基层公共文化设施规范化建设,优化公共文化资源配置,创新实施文化惠民工程,广泛开展群众性文化活动,打造城区15分钟和农村30分钟文化圈。传承弘扬地方优秀传统文化,加强文物遗址、非遗文化系统性保护,改造提升高台马社火、魏氏砖雕、杨氏泥塑非遗传承保护基地,开发特色化、品牌化、个性化、多样化的非遗产品,提升文化软实力。

大力提高社会保障能力。实施更加灵活的就业政策,做实"岗位供给"和"就业需求"两个清单,争创2个自治区级、2个市级创业孵化基地,加强就业技能和新型农民培训,做好高校毕业生等重点群体就业。深入推进全民参保计划,扩大医保跨省结算范围,健全基本医疗保险、大病保险和医疗救助保障制度体系,切实提高医疗保障水平。兜实最低生活保障、特困人员供养基本底线,建立城乡居民基本养老保险县级基础养老金增长机制,健全多层次养老服务体系。依法保障退役军人、妇女儿童、老年人、残疾人合法权益,让全县群众共享现代化建设丰硕成果。

铸牢中华民族共同体意识。认真贯彻落实习近平总书记关于加强和改进民族工作的重要思想,扎实开展"传承党的百年光辉史基因、铸牢中华民族共同体意识"主题教育,引导各族人民牢固树立休戚与共、荣辱与共、生死与共、命运与共的共同体理念,进一步强化"三个离不开""五个认同",夯实共同思想基础,形成共同价值追求,构筑共有精神家园。加强民族事务治理体系和治理能力建设,着力促进各民族广泛交往全面交流深度交融,创建自治区"铸牢中华民族共同体意识示范县"。

持续优化社会治理体系。强化"1+6"基层治理,不断提升治理体系和治理能力现代化。加快村级治理服务中心标准化建设,推进自治、法治、德治"三治融合"。搭建共建平台、培育志愿组织,实现社区、社会组织、社会工作者"三社联动"。强化宗教治理"导""管""改"各项工作措施。加快平安校园建设,净化校园周边环境。推进企业工会建设,保障职工合法权益,推进企业守法诚信经营。推动社团社会化建设,加强网格化管理,激发社团活力。高压严打电信诈骗等违法犯罪行为,常态化开展扫黑除恶专项斗争。严格落实安全生产责任制,纵深推进安全生产专项整治三年行动，着力提高应急处置能力，坚决防范和遏制各类安全事故，确保人民群众生命财产安全。实施"互联网+智慧"监管，全面提高食品检验检测能力，全域创建"食品药品安全区"。持续加强法治政府建设，有序推进"八五"普法，进一步提升公民法治素养，推进普法与依法治理有机融合。

2022年重点工作

2022年是落实"十四五"规划承上启下的关键之年。主要预期目标是：力争完成地区生产总值41.7亿元，增长7.5%，其中实现工业增加值1.5亿元，增长8%；完成全社会固定资产投资24.4亿元，增长8%；完成地方一般公共预算收入0.96亿元，增长5%；实现社会消费品零售总额11.99亿元，增长10%；城乡居民人均可支配收入分别达到30291元和13964元，分别增长9%和11%；城镇调查失业率控制在5.5%以内；单位地区生产总值能耗降低4%，主要污染物排放量保持下降，完成区市下达的各项约束性指标。

完成以上目标，我们必须全力抓好以下重点工作。

一、巩固脱贫攻坚成果，在接续乡村振兴上开创新局面

认真贯彻过渡期相关政策，建立健全"领导包抓+专班推进+驻村帮扶"机制，持续推进"四查四补"，坚决防止规模性返贫致贫。大力实施"四大提升行动"，全面推进乡村振兴。集中打造城关镇红崖社区、沙塘镇清泉村等22个乡村振兴示范村（社区）。争取闽宁协作帮扶资金5000万元以上，建设闽宁农业示范园区2个，新建、提升扶贫车间6个，培育龙头企业30家以上，力争产业富民惠及90%以上脱贫人口，村集体经济年收入百万元、五十万元、三十万元以上的村分别达到10个、22个、25个。加快补齐基础设施短板，维修村组道路、排水渠150公里，安装太阳能路灯3000盏，建设凤岭乡李士村等27个数字乡村。

二、强力推进项目建设，在增强发展后劲上蓄积新动能

实施高质量项目建设行动计划，从严落实"一个项目、一个包抓领导、一个责任单位、一名责任人、一套工作方案、一抓到底"的"六个一"重点项目协调推进机制，建立健全统计监测、排名通报、督查约谈责任链条，做好项目谋划、争取、实施、储备等工作。计划投资52.9亿元，实施光伏风电新能源开发、灌区节水改造提升配套等84个重点项目；积极争取实施天然气加气站、老年康复服务中心等88个重点项目。聚焦国家重大战略，精准把握政策动向，以"两新一重"为引领，围绕基础设施、公共服务、乡村振兴等领域，谋划一批打基础、利长远、增后劲的大项目、好项目，确保固定资产投资稳定增长。启动"重大项目谋划引进建设年"活动，设立招商引资奖励基金，强力开展产业链招商、精准招商、以商招商，全年招商引资落地资金增长10%以上。

三、聚焦绿色有机健康，在提升农业质效上再上新台阶

加快农业产业结构调整步伐，积极创建有机农业县，全县有机农业面积达到20万亩。种植青贮玉米12万亩，建设5000亩高产优质苜蓿基地，新建2个千头规模肉牛养殖场，创建杨河乡杨河村等36个示范村，全县肉牛饲养量达到11万头。坚持走"优质+高端"肉牛品种改良技术路线，冷配改良基础母牛3.6万头，提升肉牛品质。力争新建设施大拱棚3700亩、露地蔬菜5000亩，建成温堡乡杜堡村等蔬菜示范园区9个，全县种植冷凉蔬菜5.5万亩以上，打造粤港澳大湾区优质蔬菜供应基地。加强与北京同仁堂、国药集团合作，种植有机黄芪、柴胡、艾草等1.2万亩。持续提升神林观音等7个千亩中药材规范化种植基地，全县大田中药材面积稳定在3万亩以上。支持桐君堂、上药、中药等企业进行技术改造，培育发展1家中药材加工企业。打造立足区域、面向西北的中药材交易集散地和精深加工集聚区。依托马铃薯科技示范园区，建立原种基地3000亩，一级种薯繁育基地3万亩，推广一级种薯6.7万亩，全县马铃薯种植面积稳定在10万亩以上，创建六盘山（隆德）高海拔马铃薯绿色食品基地。

四、推动工业转型升级，在做强实体经济上实现新突破

力争实施园区蒸汽管线节能改造、光伏发电、智慧园区建设项目，不断完善园区基础配套，提高园区承载力。新建兴达沥青拌合站、建佳建材和六盘春牛羊肉加工项目，加快推进源杞中药材发酵项目建设和六盘山中药配方颗粒投产进度，推进弘兴玻璃提产扩能。支持爱丽纳地毯等6家企业技改升级，争取培育规模以上企业3家、自治区级高新技术企业1家。引进培育中药材精深加工和肉牛屠宰加工、辣酱制作等农副产品生产企业，力争新落地企业10家，园区工业总产值达到6亿元，增长15%；完成税收800万元，增长20%，新增就业300人以上。

五、推动全域旅游发展，在促进文旅融合上构建新格局

推动文旅产品融合、生态融合，编制《北联池和伏羲崖人文生态景点旅游发展规划》，招商建设北联池、伏羲崖人文景区，讲好六盘天池、伏羲孕生地等人文故事。建成长征精神研学基地、杨家店"红军村"、老巷子旅游休闲综合服务体、观庄千亩红荞花色彩农业带等一批网红打卡地和旅游新IP，改造提升观庄乡前庄村、神林乡辛平村等乡村旅游重点村和陈靳岳家峡、盘龙山庄等绿色休闲避暑汽车露营地，扶持农户发展精品民宿、特色餐饮100家。繁荣发展新兴服务业，做优"文旅+工业"等"文旅+"新业态，把六盘山工业园区作为新的旅游打卡地，规划建设文化创意园，在人造花、正观花灯等企业发展工业观光、婚纱摄影、儿童游乐等项目；广泛布点建设房车营地，利用全县29座农业灌溉水库，发展休闲垂钓，举办全国房车旅游节、生态垂钓大赛、老巷子写生大赛。运营县游客服务中心，引进专业团队经营县内景点，老巷子争创国家4A级景点，创建凤岭乡齐岔村、城关镇杨家店村全国乡村旅游重点村，争创全域旅游示范县，力争来隆旅游人数突破155万人次，旅游社会总收入达到6.2亿元。

六、统筹城乡协调发展，在建设宜居家园上展现新作为

改造中关村等4个老旧小区和长乐街、文化街基础设施，新建县城北片区雨污分流等基础工程，争取实施文化城片区商住楼项目。加强城市网格化、精细化、智慧化管理，打造阳光小区、三山府邸等25个智慧小区，建设党校片区等小微游园和龙泉苑广场等街心绿地花坛，持续推进人民路、解放街"严管街区"专项整治，全面提升城市形象。加快推进联财高标准重点小城镇二期工程建设，新建、续建神林乡庞庄村等3个高质量美丽宜居村庄。推进人居环境改善，全面实行农村生活垃圾资源化利用积分管理，推进城乡环卫一体化和城乡生活污水统筹治理，为所有行政村配齐垃圾收集设施，新建杨河乡红旗村、奠安乡梁堡村等35个村级垃圾分拣中心，实施联财镇恒光村等22个行政村污水管网工程，建成温堡乡老庄村等7个村级污水处理站，大力发展分布式光伏发电、风电项目，增加农村清洁能源供应。

七、筑牢绿色生态屏障，在加强生态建设上厚植新优势

实施全域绿化行动，推进南部水源涵养林建设和乡村绿化等生态工程，新增造林7.5万亩。鼓励支持农户发展庭院经济，引进企业发展以元宝枫、杜仲等为主的生态经济林1万亩，在渝河、甘渭河、朱庄河流域村庄种植以早酥梨、红梅杏为主的果树2000亩。实施什字河下游红堡小流域水土流失综合治理工程，治理面积11平方公里，全县水土流失治理程度达到83.5%。落实环境保护"红黑榜"制度，全面抓好各级各类环保督察反馈问题整改。实施清凉、黄家峡、张士3个水源地水质自动监测站提标改造、生活垃圾填埋场渗滤液处理站提升工程，持续推进大气污染防治，推动空气优良天数、优良率等指标持续稳定提升。

八、全力保障改善民生，在增进民生福祉上满足新期盼

深入实施基础教育质量提升行动，建成县第二小学实验楼、张程中心小学综合教学楼等教育基础工程，扎实推进校园治理达标县（校）创建、"五项管理"和"双减"工作，持续推进新时代教育评价改革和教师队伍建设，深化"互联网+教育"，大力推动专递课堂、名师课堂、名校网络课堂建设普及，全力推动教育质量提档升级。深入实施全民健康水平提升行动，深化拓展与厦门大学附属翔安医院、北京市昌平区医院和火箭军医学特色中心等闽宁、京宁、军地合作，加强县级重点专科和县医院胸痛、卒中、创伤、新生儿急救、危重孕产妇和危重儿童救治"五大中心"建设，全面提升县域医疗服务水平。慎终如始抓好疫情防控，持续巩固来之不易的疫情防控成果。培养民间文化艺术人才100名，新建神林乡综合文化服务站，常态化开展"书画隆德"系列文化惠民活动。深入实施城乡居民收入提升行动，鼓励支持创业带动就业，创建城关镇杨家店村红色旅游和联财镇联合村商贸创业孵化示范基地，力争入驻创业实体70家，吸纳就业200人以上。新增城镇就业1000人，农村劳动力技能培训4000人，转移就业4万人以上。改造提升沙塘社会福利院和杨河、桃山等4个敬老院，高标准运营老年养护院和残疾人康复中心，加强居家养老适老化改造，建强县乡村三级养老服务体系，健全分层分类的社会救助体系，兜牢民生保障底线。

九、深化推进"四权"改革，在赋能加力上释放新活力

制定"四权"改革年度工作清单，完善确权、赋能、定价、交易、监管操作流程。实施"互联网+城乡供水"项目，配套完善全县各行业用水计量设施，建立水权交易工作机制。健全国土空间用途管制制度，规范建立农村土地交易等工作制度，实现融资抵押功能，持续推进农村土地入市交易。开展工业用地"标准地"试点，多渠道盘活土地资源，单位GDP建设用地使用面积下降3%。有序推进碳排放交易等改革任务落实，配合完成排污权储备工作，逐步推进排污许可全覆盖。探索林业碳汇计量监测和林草资源价值评估机制，拓展山林权融资等功能和规模，推行森林保险业务，招商建设国家储备林，加快建立"以林养林""以地换林"绿色发展新模式、新路径。

十、推动社会治理创新，在维护和谐稳定上取得新实效

完善基层治理体系，提高基层治理效能，构建全民共建共治共享的基层治理格局，重点加强乡村、社区、宗教、校园、企业、社团6个领域基层治理。深入开展"八五"普法，积极推进民主法治示范乡村创建活动和"法律明白人"培养工程，巩固壮大人民调解组织和队伍，筑牢化解矛盾纠纷第一道防线。依法打击各类违法犯罪行为，强化市场综合监管，防范化解金融债务等风险，建设更高水平的平安隆德。深入推进安全生产专项整治三年行动，不断提升应急处置能力，切实保障人民群众生命健康和财产安全。维护退役军人合法权益，创新推进军地共建。坚持以铸牢中华民族共同体意识为主线，扎实开展"感恩、认同、法治"三项教育，成功创建"全国民族团结进步示范县"，依法加强宗教事务管理。大力支持工会、共青团、妇联、残联、科协、文联、红十字会等群团组织工作，加快形成社会有效治理新格局。

全面加强政府自身建设

担当新使命奋进新征程，对新一届政府提出了更高要求，我们将坚定不移把党的全面领导贯彻落实到政府工作始终，推进政府治理体系和治理能力现代化，"以实干展现新作为、靠实干交出新答卷"，努力建设让人民满意的服务型政府。

忠诚坚定守初心。始终将政治建设摆在首位，坚持以习近平新时代中国特色社会主义思想武装头脑、指导实践、推动工作，增强"四个意识"、坚定"四个自信"、做到"两个维护"，不断提高政治判断力、政治领悟力、政治执行力，坚定不移贯彻落实党中央和国务院、区市党委和政府以及县委的决策部署，强化政府班子建设，切实做到人民有呼声，党委有要求，政府有落实，件件有回应。

务实高效担使命。从"国之大者"的政治高度和"千秋大计"的战略高度，奋力扛起先行区建设的历史使命，践行习近平总书记"社会主义是干出来的"伟大号召，增强历史担当，发扬"三牛"精神，切实做到抓学习、抓研究、抓机遇、强本领、强作风、强动力，坚持"干"字当头、"实"字为要，建立工作项目化、项目清单化、清单责任化工作推进体系，砥砺奋进求突破，锲而不舍抓落实，强力推动政府各项工作走在前、创一流，以政府的"辛苦指数"换取人民群众的"幸福指数"。

依法行政立根本。把习近平法治思想贯彻落实到政府工作全过程，进一步增强依法行政观念，坚持职权法定原则，做到法定职责必须为、法无授权不可为，以法治政府建设的率先突破带动法治社会建设。落实重大行政决策公众参与、风险评估、专家论证和集体讨论等制度，深入推进政务公开标准化规范化，依法接受人大及其常委会的监督，自觉接受人民政协的民主监督，主动接受社会和舆论监督，让政府在阳光下高效运行。

廉洁奉公守底线。落实全面从严治党要求，坚决贯彻落实中央八项规定及其实施细则精神和区市有关规定，驰而不息纠"四风"转作风，特别是力戒形式主义、官僚主义，持续推进清廉政府建设。加强审计监督，从严抓好财政、投资、民生等领域审计监管，严格财政预算绩效管理，把有限的资金用到隆德发展最急需的地方，用到老百姓最急盼的地方，集中财力办大事、解民忧。

各位代表，梦想是前进的方向，奋斗是时代的底色。击鼓催征，不变的是追梦步伐。让我们更加紧密地团结在以习近平同志为核心的党中央周围，在区市党委和政府以及县委的坚强领导下，紧紧依靠全县人民，强力攻坚突破，强势开局起步，奋力在促进共同富裕、建设黄河流域生态保护和高质量发展先行区中谱写隆德新篇章，以优异成绩喜迎党的二十大胜利召开！

隆德县2021年国民经济稳定运行

今年以来，县委、县政府深入贯彻落实习近平总书记视察宁夏重要讲话精神，坚决落实中央、区、市各项决策部署，坚持以新发展理念为引领，立足新发展阶段，积极融入新发展格局，开拓创新、锐意进取，全县经济在困境中取得了较好成绩，经济运行平稳，处在合理区间。

根据自治区统计局反馈的统一核算数据，2021年，全县完成地区生产总值372210万元，按可比价格计算，同比增长5.8%，增速较上年下降1.9个百分点，较2019年增长13.9%，两年平均增长6.7%。

分产业看，第一产业完成增加值70146万元，同比增长2.4%，两年平均增长3.4%；第二产业完成增加值72335万元，同比下降1.5%，两年平均增长10.5%；第三产业完成增加值229729万元，同比增长9.5%，两年平均增长6.5%。一产拉动全县经济0.5个百分点，二产下拉经济0.3个百分点，三产拉动经济5.6个百分点；三次产业结构为18.8：19.4：61.8，对全县经济增长的贡献率分别为9.1%、-4.9%、95.8%。

一、农业生产稳步发展

2021年，全县预计完成农林牧渔业总产值161576万元，同比增长2.1%，比2019年增长7%，两年平均增长3.4%。其中，农业产值103149万元，同比增长0.5%，比2019年增长11.5%，两年平均增长5.6%；林业产值9109万元，同比增长56.2%，是2019年的1.18倍，两年平均增长47.5%；牧业产值40836万元，同比增长2.9%，比2019年增长7.6%，两年平均增长3.7%；农林牧渔服务业产值8482万元，同比增长4.2%，比2019年增长8.6%，两年平均增长4.2%。

2021年，全县生猪存栏14237头，同比下降34.6%，出栏27810头，同比下降11.7%；牛存栏63433头，同比增长19.1%，出栏24977头，同比下降8.2%；羊存栏24822只，同比增长8.7%，出栏21410只，同比下降24%；家禽存栏72651只，同比增长6.4%，出栏26579只，同比下降79%；肉类总产量6732吨，同比下降15.6%。

二、工业建筑业发展呈下行态势

2021年，全县完成工业增加值15673万元，同比下降5.3%，增速较上年回落22.4个百分点，较2019年增长10.9%，两年平均增长5.3%。其中，规模以上工业企业完成增加值6920万元，同比增长2.7%，比2019年增长27.9%，两年平均增长13.1%；完成规模以下工业增加值8753万元，同比下降20.3%，较2019年下降11%，两年平均下降5.6%。

2021年，全县完成建筑业增加值56661万元，同比下降0.5%，增幅较去年回落25.1个百分点，较2019年增长25.8%，两年平均增长12.1%。

三、服务业发展良好

2021年，全县服务业完成增加值229729万元，同比增长9.5%，比2019年增长13.4%，两年平均增长6.5%。其中，批发零售业完成增加值26822万元，同比增长19.7%，比2019年增长16.5%，两年平均增长7.9%；交通运输、仓储和邮政业完成增加值8786万元，同比增长13%，比2019年增长20.1%，两年平均增长9.6%；住宿餐饮业完成增加值5046万元，同比增长6.8%，比2019年下降15.5%，两年平均下降8.1%；金融业完成增加值20755万元，同比增长3.9%，比2019年增长11.9%，两年平均增长5.8%；房地产业完成增加值20528万元，同比增长3.3%，比2019年增长7.3%，两年平均增长3.6%；信息传输、软件和信息技术服务业完成增加值7242万元，同比增长18.2%，比2019年增长41%，两年平均增长18.7%；非营利性服务业完成增加值126731万元，同比增长9.6%，比2019年增长15.1%，两年平均增长7.3%。

四、固定资产投资稳步回升

2021年，全县完成固定资投资225479万元，同比增长4.7%，比2019年下降8.5%，两年平均下降4.3%。其中，县内500万元以上项目投资197132万元，同比增长21%；房地产投资950万元，同比下降97%；厅局级投资27397万元，同比增长81%。

五、消费市场逐步回暖

2021年，全县实现社会消费品零售总额106356万元，同比增长3.5%，比2019年下降4.6%，两年平均下降2.3%。其中，批发零售业93032万元，同比增长3%，比2019年下降4.6%，两年平均下降2.3%；住宿餐饮业13324万元，同比增长7%，比2019年增长24.9%，两年平均增长11.7%。

六、城乡居民收入稳定增长

2021年，全县城镇居民人均可支配收入28283.5元，同比增长8.9%，比2019年增长13%，两年平均增长6.3%；农村居民人均可支配收入12589.3元，同比增长8.6%，比2019年增长21.7%，两年平均增长10.3%。

七、居民消费价格温和上涨，工业生产者出厂价格上涨较快

2021年，居民消费价格总水平（CPI）同比上涨1.6%，工业生产者出厂价格（PPI）同比上涨20%。

八、财政、金融运行符合预期

2021年，全县完成财政一般预算收入9173万元，同比增长3.1%，其中税收收入5314万元，同比增长12.9%，非税收入3859万元，同比下降8%；完成财政一般预算支出340865万元，同比增长6.6%。截至年底，全县金融机构各项存款余额647773万元，同比增长10.2%；各项贷款余额367185万元，同比增长17.6%。

总的来看，2021年，全县经济总体运行平稳，产业发展相对协调。但也存在一些问题，农业发展对经济总量拉动力不强，工业发展缺乏结构矛盾突出，固定资产投资库存不足，经济全面发展仍面临困难和挑战，市场消费外溢流失。下一阶段，要坚持以习近平新时代中国特色社会主义思想为指导，全面贯彻落实党的十九大和十九届历次全会精神，认真贯彻中央经济工作会议精神，坚持稳中求进工作总基调，完整、准确、全面贯彻新发展理念，加快构建新发展格局，推动高质量发展，科学统筹疫情防控和经济社会发展，继续做好"六稳""六保"工作，着力稳定宏观经济大盘，保持经济运行在合理区间，保持社会大局稳定，以实际行动迎接党的二十大胜利召开。

2021年国民经济和社会发展主要经济指标

指标名	单位	2021年度	增速
地区生产总值	万元	372210	5.8%
第一产业	万元	70146	2.4%
第二产业	万元	72335	-1.5%
第三产业	万元	229729	9.5%
农林牧渔业总产值	万元	161576	2.1%
农业产值	万元	103149	0.5%
林业产值	万元	9109	56.2%
牧业产值	万元	40836	2.9%
农林牧渔服务业产值	万元	8482	4.2%
生猪存栏	头	14237	-34.6%
生猪出栏	头	27810	-11.7%
牛存栏	头	63433	19.1%
牛出栏	头	24977	-8.2%
羊存栏	头	24822	8.7%
羊出栏	头	21410	-24.0%
家禽存栏	头	72651	6.4%
家禽出栏	头	26579	-79.0%
肉类总产量	吨	6732	-15.6%
工业增加值	万元	15673	-5.3%
规模以上工业增加值	万元	6920	2.7%
规模以下工业增加值	万元	8753	-20.3%
建筑业增加值	万元	56661	-0.5%
服务业增加值	万元	229729	9.5%
批发零售业增加值	万元	26822	19.7%
交通运输、仓储和邮政业增加值	万元	8786	13.0%
住宿餐饮业增加值	万元	5046	6.8%
金融业增加值	万元	20755	3.9%
房地产业增加值	万元	20528	3.3%
信息传输、软件和信息技术服务业增加值	万元	7242	18.2%

续表

指标名	单位	2021年度	增速
非营利性服务业增加值	万元	126731	9.6%
固定资产投资	万元	225479	4.7%
500万元以上项目投资	万元	197132	21.0%
房地产投资	万元	950	−97.0%
厅局级投资	万元	27397	81.0%
社会消费品零售总额	万元	106356	3.5%
批发零售业	万元	93032	3.0%
住宿餐饮业	万元	13324	7.0%
城镇居民人均可支配收入	万元	28283.5	8.9%
农村居民人均可支配收入	万元	12589.3	8.6%
财政一般预算收入	万元	9173	3.1%
财政一般预算支出	万元	340865	6.6%
全县金融机构各项存款余额	万元	647773	10.2%
全县金融机构各项贷款余额	万元	367185	17.6%

指标名	2021年数值	2020年	增量	增长贡献率	拉动增长率
地区生产总值	374743	354116	20627		
第一产业	79182	77308	1874	0.091	0.005
第二产业	67154	68167	−1013	−0.049	−0.003
第三产业	228407	208641	19766	0.958	0.056

续表

大事记

1月

3日，县委副书记、县长、县应对新冠肺炎疫情工作指挥部指挥长潘建宁主持召开县应对新冠肺炎疫情工作指挥部疫情防控工作推进会，传达学习陈润儿书记在自治区党委常委会会议暨应对新冠肺炎疫情工作领导小组第十六次会议上的讲话精神，听取县相关部门疫情防控工作开展情况汇报，并对全县冬春季疫情防控工作进行再安排、再部署。

4日，县长潘建宁主持召开县人民政府第七次常务会议，传达学习自治区党委经济工作会议精神、自治区建设黄河流域生态保护和高质量发展先行区第三次推进会精神。研究《隆德县国民经济和社会发展第十四个五年规划纲要（草案）》。

6日，县委书记袁秉和主持召开县委2021年第一次常委会会议，传达学习市委四届九次全会精神。

7日，中国共产党隆德县第十四届委员会第九次全体会议在县行政中心召开。出席本次全会的有县委委员23人，候补委员5人。县纪委委员、有关方面负责同志，部分自治区第十二次党代会代表、市第四次党代会代表和县第十四次党代会代表列席会议。县委书记袁秉和作重要讲话。全会听取和讨论县委常委会工作报告，审议通过《中共隆德县委员会关于制定国民经济和社会发展第十四个五年规划和二〇三五年远景目标的建议》，总结2020年工作，部署2021年任务。

9日，中国人民政治协商会议隆德县第十一届委员会第五次会议在县行政中心召开。县委书记袁秉和，县委副书记、县长潘建宁，县人大常委会主任王勇，县政协主席王升，县委副书记杨超，县委副书记、政法委书记马金平，政协副主席毕世喜、任小红、任慧琴及其他县级领导出席开幕会并在主席台就座。县政协副主席、大会秘书长毕世喜主持会议。大会应出席委员143人，因事、因病请假21人，实到会委员122人，符合政协章程规定。县政协主席王升代表政协隆德县第十一届委员会常务委员会向大会作工作报告。

10日，县第十七届人民代表大会第五次会议在县行政中心召开。会议应出席代表162名，实到会代表146名，符合法律规定。大会执行主席袁秉和、王勇、潘建宁、马金平、徐万廷、马国强、刘玲、杨智军、柳国仁，县政协主席王升，县委副书记杨超在主席台就座；在主席台就座的还有不是主席团成员的在职县级领导和大会主席团成员。大会由县人大常委会主任王勇主持。县人民政府县长潘建宁向大会作政府工作报告。报告分2020年及"十三五"工作回顾、"十四五"工作谋划与展望、2021年发展目标和重点工作三部分。

11日，最高人民法院公布"全国优秀法院"名单，全国共83家法院获评，隆德县人民法院成为宁夏唯一获此殊荣的法院。

13日，县长潘建宁主持召开县人民政府第七十九次常务会议，传达学习中央农村工作会议精神、《中共中央国务院关于实现巩固拓展脱贫攻坚成果同乡村振兴有效衔接的意见》精神和自治区应对新冠肺炎疫情工作指挥部《关于进一步加强当前疫情防控工作的通知》精神，安排部署疫情防控等重点工作。

14日，宁夏综义律师事务所固原分所在隆德县正式挂牌运营，这是继宁夏六盘山律师事务所和宁夏燕翼律师事务所后，第三家在本县挂牌运营的律师事务所，有效补齐了县律师资源缺乏的短板。

20日，宁夏回族自治区改善农村人居环境工作领导小组授予隆德县"全区农村人居环境整治示范县"，凤岭乡李士村、薛岔村、观庄乡前庄村、联财镇恒光村、赵楼村、城关镇咀头村、陈靳乡新和村、沙塘镇清泉村8个村被授予"全区农村人居环境整治示范村"。

22日，县委副书记、县长潘建宁调研工业园区重点项目建设工作。潘建宁一行先后到六盘山工业园区杞明科技、达高食品、桐君堂药材、黄土地食品、金誉生物科技及上药（宁夏）中药资源等企业项目建设现场，与企业负责人和部门负责同志深入交谈，详细了解项目推进过程中遇到的困难和问题，共同研究解决办法。

是日，县委副书记、县长潘建宁调研全县2021年"四个一"林草产业示范点建设工作，强调各乡（镇）、各部门（单位）要按照"生态效益与经济效益结合、生态建设与稳定脱贫攻坚成果结合"的理念，巩固提升近几年"四个一"林草产业试验示范推广建设成果，对重点推广品种实行集中连片栽植，努力拓宽群众增收渠道，真正实现"山绿"与"民富"的有机统一。

25日，全县2021年度人民武装工作暨征兵工作、民兵组织整顿工作会议召开。传达学习宁夏军区、固原军分区党委全体（扩大）会议精神，总结2020年征兵暨民兵调整改革和人民武装工作，安排部署2021年度征兵工作、民兵组织整顿工作及人民武装工作。市人大常委会副主任、县委书记、县人武部党委第一书记袁秉和出席会议并讲话。

26日，县委副书记、县长潘建宁主持召开隆德县2021年基本建设项目推进会，听取全县基本建设项目工作进展情况汇报，并就下一阶段相关工作进行安排部署。2021年，全县共确定基本建设项目108项，总投资43.35亿元，年度计划投资31.14亿元。其中：新建项目101项，总投资32.12亿元，年度计划投资29.68亿元；续建项目7项，总投资11.23亿元，年度计划投资1.46亿元。

27日，县委政法委员会召开2021年第一次会议暨政法委员述职会议，传达学习习近平总书记对政法工作的重要指示及中央政法工作会议精神，听取政法委员会副书记、委员及各乡镇政法委员工作述职报告，安排部署2021年政法工作。县委副书记、政法委书记马金平主持会议并讲话。

2月

1日，宁夏大唐房地产开发有限公司、宁夏宁程建筑工程有限公司、宁夏顺通工程有限公司、宁夏永丰公路工程有限公司等爱心企业慰问隆德县一线环卫工人，把捐赠的350袋大米、350袋面粉和350桶食用油送到环卫工人手中，对环卫工人的辛勤付出表示衷心感谢，并送上新春祝福。

2日，县委书记袁秉和，县委副书记、县长潘建宁，县委常委、纪委书记、监委主任徐万廷在银川参加自治区纪委十二届五次全体会议。王勇、王升、马金平等县级领导，各乡镇党委书记、纪委书记，各部门（单位）主要负责人通过视频形式在本县分会场参加会议。

7日，隆德县召开推进基层整合审批服务执法力量改革工作动员会，深入贯彻落实中央关于构建简约高效基层管理体制的部署要求，全面贯彻落实区、市基层整合审批服务执法力量改革工作会议精神，动员部署全县基层整合审批服务执法力量改革工作。县委书记、县基层整合审批服务执法力量改革领导小组组长潘建宁出席会议并讲话；县委副书记、提名政府县长候选人、县基层整合审批服务执法力量改革领导小组第一副组长刘斌主持会议。

18日，县委书记、县城乡规划设计方案审查领导小组组长潘建宁主持召开2021年第一次城乡规划设计方案审查专题会议。刘斌、王勇、王升、马金平等县领导参加会议。会议分别听取县中药材国家农村产业融合发展示范园基础设施建设项目、县第一幼儿园教学楼重建工程、好水河水环境综合治理工程、奠安乡新街村集体经济扶贫车间（养兔场）二期扩建项目、河道水生植物种植及312国道提升工程、六盘山大道和文化南街雨污分流项目等规划设计方案的汇报，原则上通过各项目工程设计方案，并对部分设计细节提出修改意见。

20日，中央农办、农业农村部发布《2020年全国村庄清洁行动先进县名单》，宁夏2县（区）上榜，隆德县位列其中。

23日，代县长刘斌主持召开县人民政府第八十一次常务会会议，传达自治区党委书记陈润儿在全区领导干部学习贯彻党的十九届五中全会精神专题研讨班开班式上的讲话精神和市纪委四届六次全体会议精神，安排部署当前重点工作。

是日，县委副书记、代县长刘斌调研全县水利工作，他强调，相关部门（单位）要深入落实"节水优先、空间均衡、系统治理、两手发力"的治水思路，践行改革发展总基调，补短板、强监管，狠抓各项工作落实，努力开创水利工作发展新局面，为"十四五"经济社会高质量发展提供坚实的水利支撑和保障。

25日，全国脱贫攻坚总结表彰大会在北京人民大会堂隆重举行。中共中央总书记、国家主席、中央军委主席习近平向全国脱贫攻坚楷模荣誉称号获得者颁奖并发表重要讲话。隆德县扶贫开发办公室，宁夏黄土地农业食品有限公司荣获全国脱贫攻坚先进集体荣誉称号，联财镇党委书记李荣林荣获全国脱贫攻坚先进个人称号。

是日，中国共产党隆德县第十四届纪律检查委员会第六次全体会议召开。县委书记潘建宁出席会议并讲话，强调要始终保持"赶考"的状态和斗争的定力，全面贯彻落实党中央及上级党委、纪委的各项决策部署，同心同德、顽强拼搏，开拓进取、务实苦干，以更大力度推进全面从严治党，为全县"十四五"发展开好局、起好步提供坚强保证。县委副书记、代县长刘斌，县人大常委会主任王勇，县政协主席王升，县委副书记、政法委书记马金平等在家县级领导出席会议。

26日，经过县公安、交通、运管及沿途各乡镇的积极协调，沙塘镇锦华村、观庄乡后庄村公交车开通运营。

27日，县委党校新校区迁建项目全面复工。党校新校区由自治区和县财政投资建设，计划新建教学行政楼、学员宿舍楼、教工餐厅等建筑，建成后将同时容纳150人的食宿和培训学习。县委党校于2020年10月1日开工建设，预计2021年10月底建成投用。

28日，隆德县2021年政府全体会议暨廉政工作会议召开，深入学习贯彻习近平新时代中国特色社会主义思想，贯彻落实中央和区市县各级纪委全会精神、自治区政府第五次全体（扩大）会议精神，回顾总结2020年全县政府系统党风廉政建设、反腐败工作和政府工作，安排部署2021年各项工作，确保全面完成经济社会发展目标任务，实现"十四五"发展良好开局。代县长刘斌出席会议并讲话。

3月

1日，隆德县召开2021年第一次信访工作联席会议，总结2020年信访工作，分析当前信访形势，安排部署近期重点信访工作及全国两会期间信访保障工作。

3日，全县党史学习教育动员大会召开，深入学习贯彻习近平总书记在党史学习教育动员大会上的重要讲话精神，全面落实全区党史学习教育动员大会和全市党史学习教育启动会精神，对隆德县党史学习教育进行启动部署。县委书记、县委党史学习教育领导小组组长潘建宁出席会议并讲话，县人大常委会主任王勇、县政协主席王升等县级领导参加会议，县委副书记、政法委书记、县委党史学习教育领导小组副组长马金平主持会议。

是日，县委书记潘建宁主持召开县委2021年第四次常委会会议，传达学习习近平总书记在中央政治局第二十七次集体学习时的重要讲话、在全国脱贫攻坚总结表彰大会上的重要讲话、在河北省阜平县考察扶贫开发工作时的重要讲话和在党史学习教育动员大会上的重要讲话精神等。县人大常委会主任王勇、县政协主席王升、县委副书记杨超，县委副书记、政法委书记马金平等在家县级领导参加会议。

5日，主题为"建好先行区 生态作贡献"的全市2021年生态建设大会战隆德县建设点在沙塘镇张树村簸箕湾启动。市、县领导罗永红、云生元、袁秉和、童东、杨彦文、刘斌、王勇、王升等，到沙塘镇张树村簸箕湾生态建设点，与县直（区、市属）各部门（单位）干部职工、部分群众、新时代文明实践志愿者们一起参加生态建设大会战活动，为生态隆德建设挥锹培土、增姿添绿。

6日，宁夏回族自治区党委常委、政法委书记雷东生一行到隆德县调研基层社会治理及政法工作。固原市委常委、政法委书记、宣传部部长吴会军，县委副书记、代县长刘斌，县委副书记、政法委书记马金平陪同调研。

8日，自治区副主席王和山带领调研组调研隆德县农村人居环境综合整治工作。他强调，要准确把握新发展阶段，深入贯彻新发展理念，以全区农村人居环境整治示范县建设为契机，加强统筹协调、部门联动，不断深化改革，创新体制机制，精准精细抓好农村人居环境综合整治工作，不断提升群众获得感、幸福感，为全区创造出可借鉴、可复制的样板和经验。市、县领导张立君、潘建宁、刘斌等陪同调研。

9日，县委农村工作会议召开。县委书记潘建宁出席会议并讲话，强调要认真学习贯彻中央农村工作会议和全国巩固脱贫攻坚成果同乡村振兴有效衔接工作会议精神，全面落实自治区党委和市委农村工作会议精神，全面推进乡村振兴，加快农业农村现代化建设。县委副书记、代县长刘斌主持会议，县领导王勇、王升、马金平等出席会议。

11日，隆德农村商业银行正式挂牌开业，标志着隆德县农村信用合作联社圆满完成改制农商行任务，向股权明晰、运营健康、服务高效的现代股份制银行迈出实质性一步，翻开农商银行新篇章。黄河农村商业银行党委委员、副行长黄君辛，副县长祁忠出席挂牌仪式。

12日，潘建宁、刘斌、王升等县级领导集体前往西吉县将台堡红军长征会师纪念园，开展党史学习教育，通过敬献花篮、集体宣誓、听党课等形式，缅怀革命先烈，重温党的历史，接受革命传统教育。

是日，隆德县举办县委理论学习中心组学习暨党史学习教育读书班专题辅导讲座，邀请自治区党委党史研究室副主任饶彦久作党史专题辅导。县委书记潘建宁，县委副书记、代县长刘斌，县人大常委会主任王勇、县委副书记马金平等县级领导聆听讲座。县委常委、组织部部长徐虎主持讲座。

△，自治区交通运输厅党委委员、副厅长金花带领调研组调研隆德县城乡公交一体化工作。县委副书记、代县长刘斌及相关部门（单位）负责人陪同调研。

15日，隆德县在县城生活垃圾填埋场集中销毁一批假冒伪劣商品，进一步震慑不法分子制售假冒伪劣商品违法行为，净化市场秩序。

是日，县人民武装部组织全体干部职工和2021年春季征兵已定兵员开展党史学习教育及重走长征路活动。旨在重温中国共产党艰苦卓绝的长征历程，增强广大军人积极服务家乡的意识，弘扬长征精神。

16日，固原市委常委、纪委书记、监委代主任赵晓东一行到隆德县调研纪检监察工作。县委常委、纪委书记、监委主任徐万廷陪同调研。

是日，由县委宣传部、县教体局主办的"青春向党 童心向党"中小学生庆祝中国共产党成立100周年系列主题教育活动在县青少年活动中心启动，引导青少年树立正确的世界观、人生观、价值观，培养他们心心向党、永跟党走的爱国主义情怀。

△，县委书记、县委全面深化改革委员会主任潘建宁主持召开县委全面深化改革委员会第八次会议。县委全面深化改革委员会副主任、委员、各涉改单位主要负责人参加会议。传达学习中央全面深化改革委员会第十六、十七、十八次会议，自治区党委常委会会议暨全面深化改革委员会第十一、十二次会议，自治区党委办公厅《关于印发〈全区全面深化改革重点任务和举措落实情况督查调研通报〉的通知》和自治区改革办《关于

抓好改革任务落实工作的通知》精神。

18日，宁夏社会科学界联合会一级巡视员、自治区党委党史学习教育第三巡回指导组组长吴勇带领指导组督导隆德县党史学习教育工作开展情况。他要求，隆德县要抓住党史学习教育重点，紧扣"三个节点"，紧密结合工作实际，继续创新形式，抓实抓细党史学习教育，确保推动学习教育高起点开局、高标准推进、高质量完成。市政协副主席、市委第三巡回指导组组长呼延俊杰，县委书记、县委党史学习教育领导小组组长潘建宁等市、县领导陪同督导。

20日，中国移动隆德分公司开工建设超级5G基站，计划建设40处，其中城区28处、乡镇12处，涉及配套传输光纤网络建设45公里和通信管道建设4公里，投资金额约2300万元。

22日，隆德县开展"世界水日""中国水周"节水护水宣传活动，引导广大群众牢固树立爱水、惜水、节水意识，促进水资源科学开发、利用。

是日，自治区政协常委、教科卫体委员会副主任马希荣带领调研组到隆德县，调研"互联网+创新素养教育"工作。

23~24日，自治区教育厅二级巡视员孙忠铭带领第三评估组对隆德县实施宁夏妇女儿童发展规划（2011—2020年）情况进行终期评估。市妇儿工委副主任、妇联主席王萍，县委常委、组织部部长徐虎陪同评估。

24日，隆德县廉政文化教育馆开馆，成为固原市首家以廉政文化教育为主题的展馆，是集中展示反腐倡廉建设的新平台和开展党性党纪教育的新阵地。开馆后，将面向社会各界开放。县委书记潘建宁，县委副书记、代县长刘斌出席开馆仪式并为廉政文化教育馆揭牌，县委副书记、政法委书记马金平致辞，县领导祁忠、毕世喜、任小红及县人民法院院长陈君礼一同出席。开馆仪式由县委常委、纪委书记、监委主任徐万廷主持。

25日，自治区退役军人事务厅副厅长马莉方带领调研组到隆德县调研全县退役军人事务工作。调研组认为隆德县高度重视退役军人工作，能够主动扛起工作责任，注重发挥基层作用，积极为退役军人办好事、办实事，有效提高了退役军人的归属感、获得感和幸福感。

26日，隆德县举办2021年第一期"我来讲"党史和党建理论专题学习研讨集中展示交流活动，着力推动各级党组织把讲党课、上党课融入日常、做在经常，边讲边学边受教育。县领导徐虎、柳国仁、任慧琴参加交流活动。

29日，县委书记潘建宁主持召开县委2021年第六次常委会会议，传达学习习近平总书记在福建考察调研时的重要讲话精神，通报县委2021年第五次常委会决定事项落实情况，听取一季度全县安全生产和森林草原防火工作汇报，并就当前重点工作进行安排部署。县委副书记、代县长刘斌，县人大常委会主任王勇，县政协主席王升，县委副书记、政法委书记马金平等县级领导参加会议。

30日，隆德县庆祝中国共产党成立100周年党史知识竞赛在文化馆举行。县领导徐万廷、柳国仁、任慧琴和200余名观众一起观看了比赛。比赛采取现场知识擂台赛的形式，设必答题、抢答题、风险题三个答题环节，内容涵盖党史、党章党规、习近平总书记重要讲话精神及其他历史基础知识。此次活动旨在激励引导广大党员干部学史明理、学史增信、学史崇德、学史力行，进一步增强"四个意识"、坚定"四个自信"、做到

"两个维护"，不断提高政治判断力、政治领悟力、政治执行力。

是日，自治区检察院党组书记、检察长、自治区政法队伍教育整顿领导小组副组长时侠联一行督导调研隆德县政法队伍教育整顿开展情况。自治区政法队伍教育整顿第四驻点指导组组长蔡珺，市、县领导吴会军、潘建宁、马金平陪同调研。

31日，县政协十一届二十四次常委会会议召开，县政协主席王升主持会议并讲话。会议传达学习习近平总书记在党史学习教育动员大会上的重要讲话精神；传达学习十三届全国人大四次会议和全国政协十三届四次会议精神及区、市两会精神；学习《政协隆德县委员会2021年协商工作计划》；协商通过人事任免事宜；审议通过《政协隆德县委员会2021年工作要点》，听取全面依法治县工作情况汇报并开展评议。

4月

1日，县委书记、县委国家安全委员会主任潘建宁主持召开县委国家安全委员会2021年第一次工作会议，传达学习自治区国家安全宣传教育工作会议和市委国安办会议精神，安排部署下一阶段全县国家安全工作。县委副书记、代县长、县委国家安全委员会副主任刘斌，县委副书记、政法委书记、县委国家安全委员会副主任马金平等县领导参加会议。

是日，隆德县组织开展英烈祭扫活动。县委常委、人武部部长赵敬，县退役军人事务局、公安局、法院、检察院、教体局等部门（单位）干部职工代表及老干部、军人烈属、少先队员、青年志愿者齐聚北象山英烈李友禄墓地，深切缅怀为民族独立、人民解放和国家富强、人民幸福英勇献身的革命烈士。

2日，隆德县好水乡三星村和永丰村公交线路开通运营，这是继沙塘镇锦华村后，又一条打通群众出行"最后一公里"，连接城乡公共交通服务的公交班线。

3日，自治区政府副主席、固原市委副书记、市长马汉成调研隆德县红色文化遗址保护工作。市、县领导吴会军、潘建宁、刘斌等陪同调研。马汉成一行到好水乡中心小学红二十五军军部驻地遗址和红色文化展厅，详细听取了红军长征时三过隆德的革命故事。他强调，隆德县历史文化积淀深厚，有丰富的红色文化资源，要把党的历史作为学校思想政治课的重要内容，使广大青少年全面了解党的艰辛历程和辉煌成就，培养和增进对党的感情，激发他们为祖国繁荣昌盛刻苦读书、健康成长的精神动力。要在好水乡中心小学修建红二十五军军部驻地遗址纪念碑，篆刻碑文，深入挖掘红二十五军在隆德的红色文化资源，做好史料的收集、整理工作，使革命故事得以保存流传，让革命精神更好地传承下去。

6日，隆德县新开通县城第四中学至观庄乡石庙村的乡村公交专线，全程32公里，解决了沿途群众和石庙村2113名群众以及200余名走读学生出行难问题。

7日，《求是》主管主办的综合类新闻刊物《小康》杂志社发布了"2021中国最美乡村百佳县市"榜单，隆德县入选"2021中国最美乡村百佳县市"榜，位列第46位。

是日，自治区科技厅生产力促进中心在隆德县举办"科技强企服务行"政策培训班。开班仪式上，自治区科技厅生产力促进中心主任赵功强就企业在运行管理过程中如何做好人才引进、科技成果转化、技术创新等方面给出指导意见。自治区科技厅生产力促进中心党支部、第一党小组还分别与县科技局党支部、六盘山工业园区党工委签订"结对子"服务协议。

9日，中国移动隆德分公司的超级基站5G网络设备在县三山公园开通运行，运行后覆盖行政中心、三山公园等地。调整优化后网络速率提升20%，为附近行政机关办公、群众休闲娱乐提供稳定、高速的5G网络服务。

12日，隆德县召开2021年发展壮大村级集体经济观摩推进会，通过到村组一线、生产车间、种养基地现场观摩和点评总结的方式，互观互学、交流经验、查摆问题，进一步明确目标任务，压实主体责任，推动全县村级集体经济取得新突破。县委书记潘建宁主持会议并讲话。县委副书记、代县长刘斌，县人大常委会主任王勇，县政协主席王升，县委副书记、政法委书记马金平等县领导参加会议。

13日，银川市人大常委会党组书记、主任李鸿儒带领考察组，到隆德县渝河流域综合治理县城段、博物馆、老巷子等地，就生态综合治理和文化旅游工作进行考察。市人大常委会主任罗永红，县委副书记、代县长刘斌，县人大常委会主任王勇等陪同考察。

是日，县委副书记、政法委书记马金平到沙塘镇实地调研指导"我为群众办实事"实践活动，主持召开乡村两级干部座谈会，征集"我为群众办实事"事项。

15日，自治区政协常委、农工党宁夏区委会主委杨淑丽，带领调研组调研隆德县畜禽粪污资源化利用工作。县委常委、副县长谢国玉陪同调研。调研组先后来到正荣肉羊繁育场、方圆养殖有限公司和向兴养牛专业合作社等地，通过听取汇报、实地查看等方式，对本县畜禽粪污资源化利用模式、工艺流程及企业运行等情况进行全面了解，并就存在的问题和今后发展方向同企业负责人进行深入细致的交流。

是日，自治区司法厅政治部主任位西北到隆德县调研政法队伍教育整顿工作，他强调，要进一步增强行动自觉，做好四个"紧紧盯住"，抓好学习教育、查纠整改、总结提升"三个环节"的有效衔接，持续推动教育整顿工作取得更大实效。县委副书记、政法委书记、县政法队伍教育整顿领导小组常务副组长马金平陪同调研。

△，隆德县中小学劳动教育基地挂牌暨全县中小学2021年"劳动教育活动月"启动仪式在县职业技术学校山河中草药种植与加工专业实训基地举行，副县长柳春梅出席启动仪式并为劳动教育基地揭牌。

16日，银川市委副书记、市长赵旭辉带领银川市委常委班子到隆德县考察工业园区建设、渝河生态治理等工作。市、县领导马玉芳、余剑雄、潘建宁等陪同考察。

18日，自治区党委常委、固原市委书记马汉成到隆德县调研生态经济发展及"四权"改革工作。他强调，要深入贯彻习近平生态文明思想和习近平总书记视察宁夏重要讲话精神，把推进用水权、土地权、排污权、山林权"四权"改革作为建设黄河流域生态保护和高质量发展先行区的重要举措，结合实际、找准问题、研究措施，探索建立共建共享利益机制和生态补偿机制，着力推进一二三产融合发展，真正让老百姓得到实惠。

市、县领导吴璞、刘斌等一同参加调研。

19日，文化和旅游部非物质文化遗产司副司长李晓松带领调研组到隆德县，调研《中华人民共和国非物质文化遗产法》贯彻落实情况。调研组先后深入县博物馆、陈靳乡新和村高台马社火传承保护基地、凤岭乡于河村魏氏砖雕非遗传承基地等地，对本县贯彻落实情况进行详细了解。调研组对隆德县贯彻落实工作给予充分肯定，截至目前，全县共有国家级非遗代表性项目3项，包括高台马社火、杨氏泥塑、魏氏砖雕，自治区级非遗代表性项目10项、市级非遗代表性项目9项、县级非遗代表性项目53项。有自治区级非遗保护传承基地7个、市级非遗保护传承基地9个。有国家级非遗传承人3人，自治区级非遗传承人19人，市级非遗传承人29人，县级非遗传承人53人。

20日，县委书记、县委全面深化改革委员会主任潘建宁主持召开县委全面深化改革委员会第九次会议，传达学习自治区党委和市委全面深化改革委员会相关会议精神，通报隆德县改革任务落实"回头看"工作进展情况，听取各部门改革"回头看"工作和全县水权、土地权、排污权、山林权"四权"改革进展情况汇报，并对相关改革工作进行再安排再部署。县委副书记、代县长、县委全面深化改革委员会副主任刘斌，县委副书记、政法委书记、县委全面深化改革委员会副主任马金平等县领导参加会议。

是日，县委宣讲团集中为县委部委和群团组织宣讲党史知识，进一步坚定广大党员干部理想信念，锤炼党性，引导大家凝聚共识、真抓实干。

21日，固原市关工委主任肖志光一行到隆德县，对隆德县关工委各项工作开展情况进行调研。县委常委、组织部部长徐虎参加调研座谈会。会议传达全国、全区关工委工作会议精神，听取县关工委2020年工作开展和今年工作安排部署情况汇报。并为获得全国关心下一代工作先进工作者颁发奖牌和证书。

是日，县人大常委会主任王勇带领常委会组成人员，深入宁夏食添康现代农业科技开发有限公司、县老年养护院、数字化预防接种门诊和宁夏中草药智能化繁育隆德技术创新中心，视察科技、民政和卫生健康工作，并就《中华人民共和国传染病防治法》贯彻落实情况开展执法检查。

22日，固原市委党史学习教育宣讲团到隆德县，深入乡镇、部门（单位）开展宣讲活动。激励引导广大党员、干部学党史、悟思想、办实事、开新局，进一步增强"四个意识"、坚定"四个自信"、做到"两个维护"，不断提高政治判断力、政治领悟力、政治执行力，营造"学党史、悟思想、办实事、开新局"的浓厚氛围。

23日，中国作家协会副主席、著名报告文学作家何建明的长篇报告文学《诗在远方——"闽宁经验"纪事》在隆德新华书店首发。该书以东西部扶贫协作积累的成功经验——"闽宁经验"为创作命题，诠释了宁夏各族干部群众在党的坚强领导下，在闽宁对口扶贫协作模式的推动下，团结一心、接续奋斗，苦干实干、久久为功，最终打赢了脱贫攻坚战。诠释了习近平总书记创造性倡导推动的闽宁对口扶贫协作的经验和启示，展现出了"凝心聚力、以文化人、育德养心、涵养正气"的文化作用，在推动闽宁合作方面具有特殊的纽带和示范意义。

是日，为庆祝中国共产党成立100周年，县图书馆举行2021年第26个世界读书日"塞上宁夏·书香隆德读书节"系列活动启动仪式，切实唱响爱党爱国的时代主旋律，引导广大群众养成良好阅读习惯，营造"读书好、好读书、读好书"的浓厚氛围。

△，隆德县召开民族团结进步创建工作推进会，对创建全国民族团结示范县工作进行再动员、再部署，确保创建工作目标如期完成。县委副书记、政法委书记马金平等县领导出席会议，各乡镇党委书记、各相关部门（单位）负责人参加会议。

25日，隆德县庆祝中国共产党建党100周年暨老巷子第五届民俗文化旅游节开幕。县领导刘玲、柳春梅、毕世喜出席开幕式。该旅游节为期一个月，由县委宣传部、县文化旅游广电局主办，县人力资源和社会保障局、城关镇人民政府、县文化馆、宁夏隆德县隆腾旅游公司承办，县文联、老巷子文化影视传媒有限公司协办，将通过召开旅游推介会、座谈会，举行皮影展演、音乐篝火晚会、现场书画创作、商贸交流、美食展示等一系列丰富多彩的活动，吸引更多游客走进隆德，进一步提升隆德县知名度，助推全县文化旅游业快速发展。

26日，银川市金凤区委书记赵会勇带领观摩团到隆德县观摩农村环境卫生整治工作。县人大常委会主任王勇、县委副书记、政法委书记马金平等县领导陪同观摩。

27日，隆德县在行政中心分会场参加全区实施百万移民致富提升行动工作会议。自治区党委书记、人大常委会主任陈润儿出席会议并讲话，强调要深入贯彻落实党的十九届五中全会和习近平总书记视察宁夏重要讲话精神，大力实施百万移民致富提升行动，巩固拓展脱贫攻坚成果、全面推进乡村振兴。县委书记潘建宁，县委副书记、代县长刘斌在银川主会场参加会议，王勇等县领导在县分会场参加会议。

是日，西吉县委副书记、政法委书记李国英带领观摩团到隆德县观摩农村人居环境整治工作。观摩团先后到凤岭乡李士村、沙塘镇清泉村，通过听取汇报和实地察看，详细了解隆德县在农村村容村貌整治提升、垃圾分类、卫生厕所改造、污水治理等农村人居环境整治工作方面的经验做法。

28日，隆德县庆祝中国共产党成立100周年诗词朗诵大赛，153名参赛选手用真挚的感情，为中国共产党成立100周年献上美好祝福。

29日，团县委组织开展"青春向党·奋斗强国"系列活动，通过党史宣讲、英雄模范分享交流会、未成年人法制讲座等，激励广大团员青年深入学习贯彻习近平新时代中国特色社会主义思想，继承和发扬"五四"精神，引导广大青年树立爱党、爱国、爱社会主义的情感。

5月

6日，县政协主席王升主持召开中共地下党在隆德李家沟红色教育馆展陈专家论证会。隆德县地下党早期的革命活动，23名党员像星星之火，在李家沟点燃了隆德人民的火种，为迎接隆德解放作出重要贡献。展陈馆将结合中国工农红军三过隆德，及在隆德开展地下活动的实际进行布展。通过红色教育馆的建设，让更多的人知道中共地下党在隆德李家沟辉煌过往，缅怀先烈，面向未来。

是日，隆德县按照国家、区、市新冠疫苗接种工作部署及相关要求，开始新冠疫苗全民免费接种工作，着力建起全民免疫屏障，确保人民群众生命安全和身体健康。

△，县文联采风创作基地暨艺术活动中心揭牌仪式在红崖老巷子丝路翰墨文化大院举行。副县长柳春梅参加揭牌仪式并讲话。

7日，六盘山工业园区集中供能扩建项目正式施工建设。该项目估算总投资为3399.43万元。项目计划拆除原有2台20t燃煤热水锅炉，扩建刚架结构锅炉房建筑面积1535.45平方米；将原有建筑面积1464平方米的锅炉房改造为配煤库；安装额定蒸发量45t循环流化床燃煤蒸汽锅炉及附属配套设备1套，变配电系统1套，锅炉烟气除尘脱硫脱硝设备1套；新建消防水泵房（含消防控制室）建筑面积123.26平方米，消防水池756立方米。预计10月投入使用。

7~8日，县委书记潘建宁，县委副书记、代县长刘斌，县人大常委会主任王勇等县领导带领全县党政观摩团，赴西吉县、原州区、海原县观摩学习肉牛养殖、蔬菜种植、食品加工、装备制造等产业发展的典型经验、成功做法，进一步认清差距，补足短板，加快推进全县产业转型升级，推动经济社会高质量发展，以优异成绩迎接建党100周年。

8日，国务院办公厅发布通报，对2020年落实有关重大政策措施真抓实干成效明显地方予以督查激励。隆德县等全国17个县（市、区）被评为"开展农村人居环境整治成效明显的地方"，获得2000万元激励支持，并在2021年国务院大督查及专项督查中予以"免督查"。这也是隆德县连续两年被国务院办公厅督查激励。

9日，自治区党委常委、固原市委书记马汉成带领调研组到隆德县调研党史学习教育、政法队伍教育整顿和重点项目建设工作。他强调，要把"我为群众办实事"实践活动作为党史学习教育的重要内容，用心用情用力解决好群众的急难愁盼问题；要树牢政治忠诚，把"忠诚"贯穿政法队伍教育整顿全过程；要因地制宜发展特色产业，保质保量完成重点项目建设工作，让人民群众有更多获得感、幸福感。固原市委常委、政法委书记吴会军一同参加调研。潘建宁、马金平等县领导陪同调研。

是日，张程乡和宁夏义工志愿服务联合会固原工作站组织100多名老党员、困难群众身穿红军服在六盘山红军长征纪念馆、西吉将台堡爱国主义教育基地开展"永远跟党走 奔赴新征程"群众性主题教育活动。

10日，中卫市委常委、海原县委书记徐海宁带领海原县党政观摩团到隆德县观摩城市建设、生态建设、产业发展、农村人居环境综合整治等工作。县委书记潘建宁等陪同观摩。

11日，中纪委信息中心二级巡视员韩英带领中纪委调研组到隆德县，就纪检监察信息化建设工作进行课题调研。自治区监委委员路晋军，固原市委常委、市纪委书记、监委主任赵晓东，县委常委、纪委书记、监委主任徐万廷陪同调研。调研组先后到城关镇、凤岭乡李士村和纪委监委机关，采取走访交流和实地察看等方式，详细了解隆德县乡镇纪委（监察办）"三化建设"、检举举报平台运行、"村廉通"监督机制运行、村勤廉监督室"三网合一"运行机制、"331"监管机制推广运用等信息化建设工作开展情况。

12日，固原市委党史学习教育领导小组办公室观摩隆德县党史学习教育开展情况，通过互学经验做法、互找差距不足，推动党史学习教育走深走实走细，营造学习党史的浓厚氛围。

13日，县委书记潘建宁调研全县生态建设和中药材种植情况，他强调，各乡镇和相关单位要牢固树立绿水青山就是金山银山的理念，加快生态建设步伐，强力推进中药材种植工作，把中药材产业做大做强，切实带动群众增收致富。

17日，2021年全县科级领导干部学习贯彻党的十九届五中全会精神暨党史学习教育培训班在县委党校开班。县委副书记、政法委书记、县委党校校长马金平出席会议并讲话。

是日，厦门大学党委常委、副校长邓朝晖带领调研组到隆德县调研对口帮扶工作，表示将充分发挥厦门大学资源优势，与本县进一步深化对口帮扶工作，重点从产业发展、教育培训等方面进行精准帮扶，全面助力我县加快实施乡村振兴战略、推动经济社会高质量发展。县委副书记、代县长刘斌，县委副书记、政法委书记马金平等县领导陪同调研。

18日，厦门大学促进隆德县乡村振兴工作站在六盘山工业园区挂牌成立，工作站的成立，将推动本县与厦门大学在人才培养、科技推广、企业创新等方面深入合作，为加快实施乡村振兴战略、推动经济社会高质量发展提供强有力的智力支持。厦门大学党委常委、副校长邓朝晖和县委副书记、代县长刘斌等县领导出席揭牌仪式。

19日，由县委党史学习教育领导小组、县委宣传部主办，县融媒体中心承办的庆祝中国共产党成立100周年学党史"微宣讲"大赛在县文化馆举行。旨在引导全县党员群众重温党的光辉历史，继承和弘扬党的优良传统，满怀信心开启全面建设社会主义现代化国家新征程。

是日，隆德县召开"十四五"规划及专项规划编制情况汇报会。县委副书记、代县长刘斌主持会议并讲话。会议指出，要坚持政治引领，充分认识做好"十四五"规划及专项规划编制的重大意义。始终坚持正确的发展方向，牢牢把握高质量发展主题，坚持系统思维，科学编制规划。要用马克思主义世界观和方法论指导规划编制，主动融入新发展格局、"一带一路"、先行区建设等重大战略。要着眼长远全局，把握好"十四五"发展重点，坚持以黄河流域生态保护和高质量发展先行区建设为统领，抢抓国家战略机遇，着力构建完善的基础设施体系、现代产业体系、生态体系和公共服务体系。

△，自治区人大常委会法工委主任朱赟带领调研组调研隆德县非物质文化遗产传承与保护工作。调研组一行先后到县博物馆、魏氏砖雕传承保护基地和杨氏彩塑传承保护基地，与相关负责同志和非遗传承人深入交流，详细了解县非物质文化遗产传承与保护工作开展情况和存在的实际问题，调研组认为隆德县非遗传承和保护工作有亮点、有特色，希望今后要进一步增强保护意识，挖掘文化产业潜力，全力推动我县文化产业做大做强。

20日，隆德县红十字会联合市中心血站在县人民医院开展"热血奉献 感恩永远"无偿献血志愿服务活动。

是日，隆德县城乡供水水源连通（水源替换）工程基本竣工。该工程建成后，可有效改善区域水资源合理配置，解决项目区苦咸水水质不达标问题，让居民喝上卫生、放心的自来水。该项目区涉及城关镇、神林乡、陈靳乡、好水乡、观庄乡、杨河乡、张程乡、凤岭乡等11个乡镇4.1万人。项目建设内容包括：北部水源替换，渝南水源替换和自来水改造提升三部分。工程概算总投资为3219.69万元，其中土建及机电设备2266万元，观庄乡前庄村、田滩村自来水改造提升440万元，独立费用250万元，其它费用263.7万元。

△，隆德县在沙塘镇马河村开展水库防洪应急演练，进一步提高全县防汛抗旱指挥部及水库管理单位的应急响应能力、组织指挥能力，检验相关应急预案的可操作性。

23日，隆德县召开县级领导包抓重点工业项目现场督办会。县委书记潘建宁强调，各责任县级领导和相关部门要进一步提高思想认识，加强统筹协调和服务，加快重点工业项目建设步伐；确保项目建设早投产、早见效，助推全县经济社会高质量发展。县委副书记、代县长刘斌，县人大常委会主任王勇，县政协主席王升等县领导参加督办会。

25日，县委副书记、代县长刘斌调研2021年全县基本建设项目工作，他强调，各部门（单位）、项目施工企业要进一步提高思想认识，压紧压实工作责任，加强统筹协调，及时解决项目建设中存在的困难和问题，抢抓施工"黄金期"，高效推进项目建设进度，确保如期完成项目建设任务，为全县经济高质量发展提供有力支撑。

是日，隆德县举办基层整合审批服务执法力量改革专题培训班。旨在进一步推进基层整合审批服务执法力量改革工作，全力推动县"三整合"改革各项工作落地落实。培训班邀请自治区党委编办体改处处长杜顺豪，围绕基层"三整合"改革中赋权清单梳理、审批服务便民化、一体化平台建设等内容进行培训。

26日，隆德县城至凤岭乡19路公交线路开通运营，全程42千米。

27日，县人大常委会主任王勇主持召开县十七届人大常委会第三十一次会议，传达全国县乡两级人大换届选举工作部署会议、自治区十二届人大常委会第二十五次会议和《中共宁夏回族自治区委员会转发＜中共宁夏回族自治区人大常委会党组关于做好全区县乡两级人民代表大会换届选举工作的意见＞的通知》精神。

28日，党史学习教育自治区党委宣讲团宣讲报告会在隆德县行政中心举行。自治区党委宣讲团成员、宁夏师范学院副教授单侠作宣讲报告。县人大常委会主任王勇等县级领导在主会场聆听讲座。县委常委、组织部部长、县委党史学习教育领导小组副组长徐虎主持报告会。

是日，全县教育系统举办"传承党的百年光辉史基因 铸牢中华民族共同体意识"宣讲活动。深入贯彻落实习近平总书记在党史学习教育动员大会上的重要讲话精神和视察宁夏重要讲话精神，铸牢全县教育系统广大党员和全体师生共同团结奋斗、共同繁荣发展的思想基础。

31日，为贯彻落实中央关于调整扶贫工作机构设置的决策部署和区、市总体安排，建立健全巩固拓展脱贫攻坚成果同乡村振兴有效衔接的体制机制，隆德县对扶贫工作机构设置进行调整，将隆德县扶贫开发办公室重组为隆德县乡村振兴局。是日，隆德县乡村振兴局正式挂牌成立。县委副书记、代县长刘斌，县委常委、组织部长徐虎和副县长陈国栋出席挂牌仪式。

6月

1日，固原市人大常委会副主任李志菊带领慰问组到隆德县开展慰问活动，向孩子们送上节日的祝福，勉励他们努力学习、健康成长，牢固树立社会主义核心价值观，长大后做对社会和祖国有用的人。

是日，隆德县桃山水库除险加固工程正式开工。桃山水库除险加固工程总投资1833.48万元，建设工期6个月，工程主要由均质土坝工程、输水建筑物、泄水建筑物、水库管理所等工程组成。工程实施后，对提高区域防洪减灾能力、供水保障能力，改善生态环境，助力地方经济社会发展具有重要作用。

2日，隆德县2021年"全民禁毒宣传月"活动在杨河乡文化活动中心启动。本次活动旨在充分调动社会各界力量参与禁毒斗争，群策群力、群防群治，真正形成全民禁毒浓厚氛围，努力建设全民参与、社会共治的禁毒工作新格局。活动现场，通过发放宣传资料、悬挂宣传横幅、摆放宣传展板、现场讲解等方式，向广大群众宣传禁毒知识。

3日，六盘山长征精神研学基地在城关镇杨家店村开工建设。固原市委常委、副市长马煜洲等市县领导出席开工仪式。六盘山长征精神研学基地位于隆德县城关镇杨家店村、六盘山红军长征旅游区内，规划占地30.63亩，设计建筑面积1.2万平方米，总投资1.1亿元。基地的建筑结构突出"弘扬长征精神、传承红色基因"核心理念，遵循节约土地资源原则，通过新时代红色精神的延续，融入六盘山自由建筑群落，树立"六盘山红色旅游新门户"的形象。

是日，中国石油化工集团公司乡村振兴办公室主任、油品销售事业部副总经理宋云昌带领调研组到隆德县，就消费帮扶等事宜进行调研。宋云昌一行先后到六盘山工业园区黄土地农业食品有限公司、天鸿食品有限公司、葆易圣药业有限公司、四兴醋业有限公司、兴宇粗粮加工有限公司，与相关负责同志和企业负责人深入交谈，详细了解园区企业发展状况。他表示今后与本县加强交流合作，充分发挥企业优势，在优质中药材、马铃薯产品和休闲食品等方面共寻合作商机，探索通过中石化易捷连锁便利店等平台，创新隆德特色农产品的销售渠道，助力隆德更多本土特色优质农副产品"走出去"，实现合作共赢，持续巩固拓展脱贫攻坚成果同乡村振兴有效衔接。

4日，县人武部召开宣布命令大会。固原军分区副司令员张理国出席大会并讲话，固原军分区政治工作处主任杨建军宣布任职命令，任命张延民为县人武部政委。县委常委、组织部部长徐虎出席会议，县委常委、县人武部部长赵敬主持并讲话。

是日，隆德县在行政中心分会场参加自治区"四大提升行动"部署推进会。自治区党委书记、人大常委会主任陈润儿出席会议并讲话，强调要深入学习贯彻习近平总书记视察宁夏重要讲话精神，把握目标要求、聚焦重点任务、扭住关键环节，以人民至上的情怀、只争朝夕的劲头、真抓实干的作风，把百万移民致富、城乡居民收入、基础教育质量、全民健康水平提升行动抓紧抓实抓出成效，不断朝着全体人民共同富裕的目标奋勇前进。县委书记潘建宁，县委副书记、代县长刘斌和县人大常委会主任王勇在固原分会场参加会议，县政协主席王升等县领导在我县分会场参加会议。

6日，宁夏调查总队调研组到隆德县开展城乡居民收入工作座谈会。宁夏调查总队党组成员、副总队长王旭明，副县长祁忠参加会议。调研组对本县城乡居民可支配收入提升及畜牧业发展工作给予肯定。

8日，县委副书记、代县长刘斌调研县智慧社区建设工作，他强调，要加快推进智慧社区建设、提升城市治理能力水平、让群众生活更安全更优质更便捷。刘斌一行先后到东关小区、龙城世家A区、南凤嘉园小区，通过实地查看、听取汇报等方式，就本县智慧社区建设工作进行调研。

10日，自治区党委常委、组织部长石岱到隆德县调研百万移民致富提升行动推进工作。强调要全面提升政治能力，以致富提升行动为引领，推动隆德县经济社会高质量发展，以全面提升治理能力为重点，推动基层党组织建设全面进步。固原市委常委、组织部部长余剑雄、县委书记潘建宁等市县领导陪同调研。

11日，隆德县举办集体林权制度改革专题讲座。邀请厦门大学公共政策研究院梁丹教授做题为《集体林权制度改革：理论、实践和展望》的专题讲座。各乡镇、相关部门单位负责人聆听讲座。

14日，县委书记潘建宁调研全县生态环境保护工作。先后到隆德县生活垃圾填埋场渗滤液处理提升项目、腾达汽贸有限公司VOCS处理设施安装、城关镇八里村渝河边砂石料清运和土地恢复、宁夏联强建材有限公司、方圆养殖有限公司污水处理设施安装、正荣有机肥科技有限公司环保设施竣工验收、正荣建材厂山体修复及隆德县污水处理厂等项目现场，通过听取汇报、实地察看等方式，详细了解全县生态环境存在的问题及整改推进情况。

15日，固原市人大常委会副主任李志菊一行到隆德县视察医疗保障工作。县人大常委会主任王勇陪同视察。视察中，李志菊一行先后深入到县医保服务中心、县人民医院、城关镇等地，通过实地查看、听取汇报等形式，对本县医保服务大厅窗口标准化服务、"互联网＋医疗保障"及远程会诊实施情况、医疗保障"一站式"结算、城关镇医疗保险参保等情况进行视察。

是日，隆德县召开"四权"改革部署推进会，认真学习贯彻习近平总书记视察宁夏重要讲话精神，全面贯彻落实自治区建设黄河流域生态保护和高质量发展先行区第四次推进会及全市"四权"改革部署推进会议精神，安排部署全县用水权、土地权、排污权、山林权"四权"改革工作。县委书记潘建宁主持会议并讲话，县委副书记、代县长刘斌，县人大常委会主任王勇，县委副书记、政法委书记马金平等县级领导参加会议。

16日，隆德县召开安全生产月活动启动会，传达学习全市安全生产工作情况通报精神，安排部署全县安全生产月相关工作，并开展安全生产宣传咨询日活动。

18日，宁夏师范学院党委书记张治荣带领调研组调研隆德县基础教育和职业教育工作。他指出，要坚持教育优先发展，围绕抓重点、补短板、强弱项，进一步提升办学质量，着力办好人民满意的教育事业，实现与基础教育、职业教育的合作共赢，全力推动隆德县教育工作再上新台阶。县委副书记、政法委书记马金平等陪同调研。

19日，吴忠市委副书记、同心县委书记王伟带领同心县党政观摩团到隆德县观摩渝河综合治理、生态建设、产业发展、基层治理、乡村振兴等工作。固原市委常委、县委书记潘建宁，县委副书记、代县长刘斌等县领导陪同观摩。

22日，隆德县举行县直机关工委和县离退休干部工委"光荣在党50年"纪念章颁发仪式。县委常委、组织部部长徐虎为老党员们颁发"光荣在党50年"纪念章，全体党员面对党旗重温入党誓词。

是日，南京大学地理与海洋科学学院赵宁曦教授受邀在隆德县第二中学学术报告厅作"3D中国"旅游赏析与探索地理科普讲座，县第二中学近三百名师生聆听讲座。

25日，隆德县举办"四权"改革专题培训班。邀请宁夏水文水资源监测预警中心高级工程师司建宁、自治区生态环境工程评估中心高级工程师严新峰、自然资源厅自然资源开发利用处处长马建军和宁夏湿地保护管理中心副主任朱莉华就用水权、土地权、排污权、山林权"四权"改革工作进行专题培训。旨在认真贯彻落实自治区建设黄河流域生态保护和高质量发展先行区第四次推进会和固原市上半年先行区建设重点工作观摩暨解放思想"四权"改革部署推进会议精神，推动县"四权"改革工作各项任务落实。县委副书记、代县长刘斌等县级领导参加培训。

28日，全国"两优一先"表彰大会在北京人民大会堂隆重举行，隆德县联财镇党委书记李荣林荣获"全国优秀党务工作者"荣誉称号，受到表彰奖励，并参加庆祝中国共产党成立100周年大会。

是日，隆德县召开党史学习教育"感恩、认同、法治教育"座谈会。号召全县各级党组织和广大党员干部进一步坚定理想信念，勇于担当作为，为推动全县经济社会高质量发展再立新功、再创佳绩，以优异成绩向党的百年华诞献礼。有关县领导出席会议，各乡镇负责同志参加会议。

△，县人大常委会主任王勇主持召开县十七届人大常委会第三十二次会议，听取和审议县人民政府关于城乡基础设施建设和城市管理工作情况的报告；关于贯彻执行《宁夏回族自治区河湖管理保护条例》及水务工作情况的报告；关于贯彻执行《中华人民共和国固体废物污染环境防治法》及环境保护工作情况的报告；关于自然资源管理工作情况的报告；关于司法行政工作情况的报告等工作报告；审议通过《隆德县县乡两级人民代表大会换届选举工作实施方案》、关于县乡两级人民代表大会换届选举时间的决定、关于设立县选举委员会的决定等。

29日，固原市委常委、县委书记潘建宁，县委副书记、代县长刘斌，县人大常委会党组书记、主任王勇，县政协党组书记、主席王升等全体县级领导到六盘山红军长征纪念馆广场、城关镇杨家店村红色美丽村庄和凤岭乡李家沟中共地下党活动地，重温入党誓词，接受红色教育。潘建宁强调，要从党的百年光辉史中传承发扬党的优良传统，牢记初心使命，从党的百年奋斗历程中汲取前进力量，以实干实绩回报组织的重托和人民的信任。

是日，隆德县召开优秀共产党员、优秀党务工作者和先进基层党组织表彰大会，激励全县各级党组织和广大党员，坚定信仰信念、践行初心宗旨、发扬革命精神、弘扬优良传统、传承红色基因，团结带领全县广大干部群众继续在巩固脱贫攻坚成果、推进乡村振兴、建设黄河流域生态保护和高质量发展先行区新征程中奋勇争先、建功立业。固原市委常委、县委书记潘建宁出席大会并讲话。县委副书记、代县长刘斌主持大会，县人大常委会主任王勇、县政协主席王升等县级领导出席大会。

29~30日，自治区人民政府副主席王道席调研隆德县百万移民致富提升行动推进情况，他强调，要坚持以人民为中心的思想，紧紧抓住特色种养殖业发展，走差异化发展路线，以致富提升行动为引领，着力推动隆德经济社会高质量发展。

市县领导张立军、刘斌等陪同调研。

30日，隆德县在体育馆举行主题为"永远跟党走"庆祝中国共产党成立100周年文艺晚会，回首百年岁月，共忆百年征程，讴歌百年辉煌，祝福党的百年华诞。

7月

1日，在中国共产党百年华诞之际，隆德县长征国家文化公园（宁夏段）隆德红二十五军遗址保护利用工程开工建设，以此特有的形式纪念红军长征、缅怀革命先烈，庆祝中国共产党成立100周年。长征国家文化公园（宁夏段）隆德红二十五军遗址保护利用工程项目占地总面积11200平方米。建设游客服务中心建筑面积1830平方米，为地上两层，首层为游客服务接待、地方特色产品展示区、公共卫生间等公共区域及附属设施；二层为红二十五军革命遗址展厅及内部装修展陈等。另有一处景观标志塔和一处室外展廊。广场及绿化面积9370平方米包含停车场及房车营地、广场及道路，建设房车所需的水电管线及停车场铺装工程。

2日，隆德县疾病预防控制中心实验楼迁建项目正式开工建设。总投资1920.94万元，规划建筑面积2445.68平方米，建筑规模为地上四层，单层建筑面积565.56平方米，地下局部一层为消防水泵房，面积68.63平方米。建设内容主要包括实验室、配套用房及附属工程等。

4日，住房和城乡建设部村镇建设司副司长董红梅带领调研组，调研隆德县农村房屋安全隐患排查整治工作。县委副书记、代县长刘斌及区市县相关部门负责人陪同调研。调研组先后到沙塘镇清泉村、凤岭乡李士村和城关镇红崖老巷子民俗文化村等地，通过听取汇报、随机走访等方式，就农村房屋安全隐患排查整治、美丽村庄建设、农村生活垃圾分类、村级集体经济发展和传统村落保护利用等工作情况进行调研。

6日，市委常委、县委书记潘建宁调研全县农村人居环境整治和卫生厕所改造工作，他强调，要认真学习贯彻习近平总书记在庆祝中国共产党成立100周年大会上的重要讲话精神，深入践行以人民为中心的发展思想，扎实做好农村人居环境整治和卫生厕所改造工作，不断提高人民群众获得感、幸福感。

7日，党史学习教育中央第十指导组组长魏大鹏带队到隆德县调研指导党史学习教育开展情况，他强调，要进一步深入学习领会习近平总书记关于党史学习教育的重要论述，切实增强政治责任感和历史使命感，立足实际、突出特色，严格按照目标要求和部署安排抓好落实，推动党史学习教育向广度拓展、向深度推进。马汉成、潘建宁等市县领导陪同调研指导。

是日，全国优秀共产党员、宁夏农林科学院枸杞科学研究所党支部书记、所长曹有龙带领30余名科技人员到隆德县联财镇观摩学习基层党建及特色产业等工作。观摩组一行先后深入联财镇赵楼村、联合村等地，通过实地观摩、听取介绍、查阅资料及座谈交流等方式，详细了解联财镇农村基层党建工作，以及村容村貌和群众生产生活情况。随后，观摩联合村1500亩大跨度全钢架拱棚及无籽西瓜种植和产业培育基地。观摩组对联财镇"抓党建、促脱贫"的主要做法给予充分肯定。

△，固原市委常委、县委书记、县委党史学习教育领导小组组长潘建宁为党员领导干部讲党课。他强调，要从百年党史中汲取砥砺前行的奋

进力量，团结带领全县人民满怀信心投入现代化建设新征程，以更加奋发有为的精神状态推动隆德县各项工作再创新辉煌，在建设黄河流域生态保护和高质量发展先行区伟大实践中建功立业，为继续建设经济繁荣、民族团结、环境优美、人民富裕的美丽新宁夏作出隆德贡献。刘斌、王勇、王升、张佐、徐万廷等县级领导和全国全区"两优一先"代表、县直各部门（单位）副科级以上领导干部、党组织关系在隆的中央和区市属单位党组织负责人、各乡（镇）领导班子成员及干部职工、村（社区）"两委"班子成员、部分村（社区）党员代表一起聆听党课。

△，隆德县召开庆祝建党100周年全国全区"两优一先"先进事迹报告会。固原市委常委、县委书记潘建宁主持报告会并讲话。刘斌、王勇、王升、张佐、徐万廷等县级领导，县直各部门（单位）副科级以上领导干部、党组织关系在隆的中央和区市属单位党组织负责人在主会场参加会议；各乡（镇）领导班子成员、干部职工、村（社区）"两委"班子成员和部分村（社区）党员代表在分会场参加会议。全国优秀党务工作者、联财镇党委书记李荣林，全国先进基层党组织、泾源县泾河源镇冶家村党支部书记兰胜利，全区优秀共产党员、杨河乡串河村致富带头人摆世虎，全区优秀党务工作者、六盘山工业园区管委会主任刘勇，全区先进基层党组织、凤岭乡李士村党支部书记齐永新作了催人奋进的报告。潘建宁在讲话中代表县委向荣获全国全区"两优一先"殊荣的李荣林、兰胜利、摆世虎、刘勇、齐永新，表示热烈祝贺和崇高敬意。

9日，中国共产党隆德县第十四届委员会第十次全体会在县行政中心召开。出席这次全会的县委委员25人，不是县委委员的县级领导干部列席会议。大会的主要议程是：听取和审查中国共产党隆德县第十四届委员会工作报告；听取和审查中国共产党隆德县纪律检查委员会工作报告；选举中国共产党隆德县第十五届委员会；选举中国共产党隆德县纪律检查委员会；选举隆德县出席中国共产党固原市第五次代表大会代表。

10日，由隆德县委宣传部、县文广局和文联主办，县文化馆、美术馆承办的中国共产党百年华诞"百家百扇"中国书画名家扇面藏品展在银川市文化城嘉麓书院开展。画展汇集了县文化馆、美术馆馆长陈伟荣二十余年来收藏的100多幅现当代百位著名书画家的百幅扇面作品，作品内容包括人物、山水、花鸟等不同题材的国画作品以及真、草、隶、篆、行等不同书体的书法作品，其中不乏潘龄皋、谭嗣同、方增先等诸多个书画名家扇面作品。

12日，自治区党委常委、固原市委书记马汉成到隆德县调研新时代文明实践工作，他强调，要结合党史学习教育，突出新时代文明实践站的特色和亮点，切实发挥好党的创新理论宣传宣讲主阵地作用，在"学党史、悟思想、办实事、开新局"中教育群众、关心群众、服务群众。市、县领导吴会军、潘建宁、徐万廷等陪同调研。

13日，由宁夏农村专业技术协会、宁夏科普工作队主办，隆德县科协承办的全区肉牛养殖技术培训班在隆德县举办，来自各市县（区）130余名专业养殖户参加了培训。培训邀请原农业农村厅王健林老师和同心县农业技术推广中心杨正义老师围绕畜禽养殖技术、常见疾病的诊断与治疗以及饲草加工与利用等方面，进行深入浅出的理论讲解和实践经验的传授。

14日，全区2021年山区高标准农田建设项目现场推进培训会在隆德县召开。此次现场推进培训会旨在为加快推进全区高标准农田建设项目实施进度，交流各地高标准农田建设项目管理经验，提高各地高标准农田项目建设质量和管理水平，在全区农田建设行业形成比学赶超的良好氛围。自治区农业农村厅副厅长王生林及各市、县（区）农业农村局相关负责人参加现场推进培训会。

是日，县委副书记、代县长刘斌主持召开县人民政府第八十七次常务会议。会议研究了2021年自治区财政衔接推进乡村振兴补助资金安排事宜、浩德纸业瓦楞纸板生产奖补资金事宜、应急救援保障资金事宜等，原则通过《隆德县集体经营性建设用地使用权出租出让管理办法（试行）》《隆德县观庄乡大庄村集体经营性建设用地使用权出让实施方案（送审稿）》。

△，由宁夏回族自治区农业农村厅、商务厅、固原市人民政府主办，宁夏园艺技术推广站，固原市农业农村局，宁夏蔬菜产销协会承办的第六届全国知名蔬菜销售商走进宁夏暨固原市冷凉蔬菜节直播活动在隆德县李士村举办，进一步推进蔬菜产业高质量发展，以产业振兴带动乡村振兴。线上推介隆德农副产品有六盘山工业园区六盘春牛羊肉、枸杞茗茶，李士村土方油、醋、桃核、荞皮枕头等20余个品类。

15日，习近平总书记"七一"重要讲话精神全县宣讲动员备课会暨培训班开班。相关县领导及县委党史学习教育各巡回指导组组长、副组长，县委各部委、县直各部门主要负责人，各乡（镇）党委书记，部分区市属单位负责人以及宣讲团成员参加培训班。培训邀请自治区党委宣讲团办公室主任宋丽萍，围绕习近平总书记"七一"重要讲话的重点内容及提出的重大创新理论等方面，作了主题鲜明、视野深邃、意蕴深厚、内涵丰富的讲解。

是日，隆德县退役军人事务局为本县31名退役军人、在乡老复员军人、烈属等听力障碍优抚对象开展前期听力障碍免费筛查工作。筛查后将为符合佩戴条件的听力障碍退役军人免费配备助听器，让他们重获听力，感受有声世界的多彩生活，用实际行动向人民英雄致敬。

16日，县工商联第九次（民间商会第三次）会员代表大会召开。县委副书记、代县长刘斌出席会议并讲话，县委副书记、政法委书记徐万廷主持会议。会议听取县工商联第八届执行委员会作的工作报告，选举产生卜文俊、王俭等61位代表为县工商联九届执行委员会委员。

是日，县工商联第九届（民间商会第三届）执委会第一次会议召开，选举吕霄为县工商联第九届执行委员会主席，王具科、张正继、王毅、王立会、王立群、刘超垒、杜原东、何总、林小辉、周少伟、摆世虎、潘文贤为副主席、张正继为秘书长。选举吕霄为县民间商会第三届会长，王俭、王雪娟、方向、许强、李立平、李敏峰、张海升、金镒、张杜林为副会长，张正继（兼）为秘书长。

18日，福建省闽侯县县委书记赵明正带领党政代表团，到隆德县考察对口帮扶和产业发展等工作。县委副书记、代县长刘斌等县级领导陪同考察。

20日，隆德县城关镇六盘山菌菇基地正式投产。六盘山菌菇生产基地占地21.04亩，建成集菌菇生产、加工、品鉴、展示、培训等功能为一体的研发中心和标准化控温、控光、控湿的智能化大拱棚6幢，分别培育驯化大球盖菇、双孢蘑菇、茶树菇、羊肚菌、香菇和灵芝等食用菌。基于红色旅游的区位优势，打造食用菌产业链，与六盘山红军长征纪念馆有效衔接，为游客提供便利、舒适、特色的旅游观光服务，同时推介和宣传物美价廉的菌菇产品。

22日，自治区党委常委、纪委书记、监委主任艾俊涛到隆德县调研推进脱贫攻坚成果同乡村振兴有效衔接、经济社会高质量发展及基层党风廉政建设工作开展情况。市、县领导赵晓东、刘斌等陪同调研。艾俊涛一行先后深入凤岭乡李士村、宁夏隆德人造花工艺有限公司、宁夏黄土地农业食品有限公司、县纪委监委机关、县廉政文化教育馆，通过听取汇报和实地查看等方式，分别就全县村级集体经济发展、村勤廉监督室运行、工业园区企业发展、纪检监察工作等情况进行调研。

是日，隆德县供电公司紧急驰援河南防汛救灾保供电工作。7月19日17时至20日17时，河南省大部分地区遭遇千年一遇的强降水，全省平均降雨量73.1毫米。强降雨天气给河南省电网运行、设备安全、电力供应带来严峻考验。县供电公司选派3名工作人员，携1台应急发电车紧急驰援河南省郑州市，开展防汛救灾保供电工作。

23日，图书《上梁中学》发行捐赠仪式在县图书馆举行。《上梁中学》由原上梁中学老师梁海主编。梁海，1945年1月生于内蒙古。1968年宁夏大学农学系毕业分配到原上梁中学任教，1983年调离，先后在自治区党委统战部和文史研究馆工作，2005年退休在家开始收集撰写。该书近百名校友参与，历时3年半完成，全面真实地记录原上梁中学攻坚克难、艰苦创业的奋斗历程。

24日，隆德县召开2021年基层农技推广补助项目特聘农技员评审会，进一步充实基层农业技术推广人员队伍，增强基层农技推广服务供给能力，深入推进农业产业发展，为乡村振兴提供强有力的科技支撑和人才保障。

30日，隆德县举办《中国共产党机构编制工作条例》专题培训班，邀请自治区党委编办行政机构编制管理处处长张江川围绕机构编制工作的职能、《条例》出台的背景意义、主要内容等方面内容进行专题培训。

31日，隆德县召开"四权"改革推进会，传达学习自治区党委常委、固原市委书记马汉成在《关于对"四权"改革和中央及自治区党委部署重点改革任务落实情况的督查通报》上的批示精神，通报全县"四权"改革7月份工作督查情况以及自治区关于"四权"改革目标要求等情况，听取全县用水权、土地权、排污权、山林权"四权"改革进展情况汇报。

县委副书记、代县长刘斌主持会议并讲话，县委副书记、政法委书记徐万廷等参加会议。

8月

1日，隆德县召开新冠肺炎疫情防控工作推进会，就全县常态化疫情防控工作进行安排部署。县委副书记、代县长、县应对新冠肺炎疫情工作指挥部指挥长刘斌主持会议并讲话，相关县领导、县应对新冠肺炎疫情工作指挥部成员单位主要负责人参加会议。

是日，隆德县召开"四大提升行动"工作推进会，通报全县"四大提升行动"督查情况，听取相关工作进展情况汇报，明确目标任务，确保各项工作有序推进。县委副书记、代县长刘斌主持会议并讲话。

2日，宁夏回族自治区党委副书记陈雍到隆德县调研"四大提升行动"实施情况，他强调，要深入学习贯彻习近平总书记"七一"重要讲话和视察宁夏重要讲话精神，加大工作力度，加快实施进度，确保"四大提升行动"见真章、见实效。市县领导冼国义、刘斌等陪同调研。

3日，固原市委常委、副市长陈论生带领调研组到隆德县调研闽宁协作工作。他强调，要继续加大闽宁对口协作力度，高质量谋划和推进好"十四五"时期闽宁协作各项工作，在招商引资、乡村振兴等方面携手做好"巩固""提升"文章，全方位推动经济社会高质量发展。陈论生一行先后到县残疾人托创中心、黄土地农业食品有限公司和凤岭乡李士村，详细了解残疾人就业创业、招商引资企业发展和村级集体经济发展状况。

5日，文化和旅游部发布第三批全国乡村旅游重点村名单，隆德县凤岭乡李士村入选第三批全国乡村旅游重点村。

6日，隆德县新冠疫苗累计接种110486人次，其中第一剂接种61734人，完成目标人群的73.75%；第二剂接种48752人，完成目标人群的58.24%，全程接种率78.97%。

是日，县委副书记、代县长、县委农村工作领导小组第一副组长刘斌主持召开县委农村工作领导小组2021年第三次工作会议，传达学习全区乡村振兴系统建设和推进会精神，研究我县贯彻意见；传达学习《中华人民共和国乡村振兴促进法》，听取防返贫预警监测网格化管理和扶贫车间运行情况汇报，安排部署下阶段重点工作。县委副书记、政法委书记、县委农村工作领导小组副组长徐万廷等县领导出席会议。

9日，县委副书记、政法委书记徐万廷主持召开隆德县扫黑除恶常态化暨重点行业领域整治推进会。传达学习全国、全区第一次扫黑除恶常态化暨重点行业领域整治推进会精神，安排部署县扫黑除恶常态化暨重点行业领域整治工作。各成员单位主要负责人、各乡、镇政法委员参加会议。

10日，固原市人大常委会副主任成世杰带领调研组调研隆德县城乡社区建设工作，对县社区建设与管理工作给予充分肯定。调研组先后深入城关镇竹林社区、凤岭乡李士村等地，通过听取汇报、实地查看等方式，围绕基层党组织领导核心作用、社区居民参与能力、社区服务供给能力、社区信息化应用、社区综合服务设施建设等内容进行调研。

11日，县委副书记、代县长刘斌带领观摩团，深入全县13个乡镇27个观摩点，分别围绕产业发展、基层治理、"四权"改革、"四大提升行动"等工作进行现场观摩，从工作成效上互比互学，找差距补不足，确保高质量全面完成目标任务，为"十四五"开好局、起好步。县人大常委会主任王勇，县委副书记、政法委书记徐万廷等县级领导参加观摩。

13日，水利部公布2021年度农村供水规范化水厂名单，隆德县第二水厂名列其中，是宁夏仅有的两家水厂之一。县第二水厂于2003年建成并投入使用，2017年和2020年先后进行了改造提升，其水源地为直峡水库和黄家峡水库，供水区域为城关、沙塘、神林、联财等乡镇，年供水量约172万立方米，覆盖居民10987户、门店1118处、单位59个，总人口25670人。水厂采用了斜管沉淀、活性炭过滤、高精度过滤等先进的水处理工艺，各项指标均符合国家饮用水水质标准。

18日，固原市人大常委会副主任云生元带领调研组调研我县肉牛产业发展情况。云生元一行到杨河乡，通过实地查看、听取汇报、召开座谈会等形式对肉牛产业发展情况进行调研，对本县肉牛产业发展给予充分肯定。

是日，隆德县召开脱贫攻坚、疫情防控"两类档案"归集整理工作推进会，通报全县脱贫攻坚、疫情防控"两类档案"归集整理工作进展情况，并对相关工作进行再安排、再部署。县委副书记、政法委书记徐万廷主持会议并讲话。

25日，固原市"土地权""山林权"改革暨地质灾害防范工作会议在隆德县召开。副市长吴璞出席会议并讲话。会议传达学习习近平总书记、李克强总理关于防灾减灾重要指示批示精神；各县（区）相关负责同志汇报"土地权""山林权"改革暨地质灾害防范工作开展情况；安排部署全市"土地权""山林权"改革及地质灾害防范工作。实地观摩"土地权""山林权"改革和地质灾害防治工作做法、经验。

26日，隆德县举办学习贯彻习近平总书记"七一"重要讲话精神专题宣讲报告会。自治区党委宣讲团成员、自治区纪委副书记、监委副主任刘跃成作专题宣讲报告。全体县级领导，各乡镇党委书记，县委各部委、县直各部门（单位）主要负责人在主会场聆听报告会；各乡（镇）、各行政村（社区）全体党员通过"云视讯"视频形式，在分会场收听收看报告会。

28日，固原市委常委、副市长陈论生带领调研组到隆德县调研文化旅游产业发展情况。他强调，要深入挖掘红色文化资源，开发地方特色文化旅游产品，扩大文化的影响力，提升隆德文化旅游品位。陈论生一行先后来到六盘山红军长征纪念馆、六盘山长征精神研学基地、城关镇杨家店村、红崖老巷子和闽宁驿站，详细了解景区经营模式、游客结构、公共基础设施建设以及文旅项目规划、功能布局、建设进度等情况。

30日，福州市33名专业技术人员到隆德县开展对口帮扶工作，他们将奔赴教育、文化、医疗、卫生等领域，进行为期一年的帮扶工作。

9月

3日，宁夏大学政法学院、宁夏大学法学院和宁夏社会主义学院民族宗教理论教研室组成的第三方评估组对隆德县创建第十一批全区民族团结进步示范单位工作进行测评，帮助和指导各乡镇、各部门（单位）查找创建工作中存在的不足，补齐短板，提升创建工作质量，为迎接本县创建全国民族团结进步示范县评估验收做充分准备。

5日，全国政协农业和农村委员会副主任杜宇新、陈雷带领调研组到隆德县，围绕"加强高标准农田建设"开展专题调研。区、市、县领导李泽峰、冼国义、马玉芳、刘斌、马天峡等陪同调研。

是日，隆德县出台《关于开放县城单位停车位的通告》，对县城38个单位1387个停车位错时免费对外开放，有效解决群众停车难问题。

6日，县委书记、县全面依法治县委员会主任刘斌主持召开县委全面依法治县委员会第四次会议，传达学习中央全面依法治国工作会议、自治区党委全面依法治区工作会议和固原市委全面依法治市委员会第三次会议精神，审议《法治隆德建设规划（2021—2025）（送审稿）》《隆德县法治社会建设实施方案（2021—2025）（送审稿）》

等相关文件，安排部署全面依法治县工作。

是日，隆德县与宁夏环保集团国家储备林建设项目签约仪式在县行政中心举行。县委书记刘斌，县委副书记、提名政府县长候选人马天峡，县委副书记、政法委书记徐万廷及宁夏环保集团董事长尹新安等出席签约仪式。签约仪式上，双方代表就本县国家储备林建设项目合作事宜进行座谈。

7日，全县科级领导干部学习贯彻习近平总书记在庆祝中国共产党成立100周年大会上的重要讲话精神专题培训班在县委党校开班。本次培训班为期五天，全县460名科级领导干部通过轮训方式先后参加培训。培训内容主要包括：习近平总书记在庆祝中国共产党成立100周年大会上的重要讲话精神、习近平法治思想及习近平总书记关于宣传思想工作重要论述等。

是日，隆德县首宗农村集体经营性建设用地专场拍卖会在县自然资源局举行，观庄乡大庄村五组37.57亩土地被宁夏六盘峰绿色农业有限公司以166.31万元拍卖，出让年限为30年。本次拍卖的集体土地位于六盘山下的马铃薯核心产区，用于马铃薯高新科技示范园的建设。

8日，在第37个教师节来临之际，固原市人大常委会副主任李志菊带领慰问组慰问隆德县一线教师，向广大教师和教育工作者致以节日的问候和崇高的敬意。

9日，全市产业发展和招商引资观摩团到隆德县观摩，对本县产业发展和招商引资取得的成绩给予充分肯定。观摩团一行先后到宁夏六盘山长征精神研学基地、上药（宁夏）中药资源有限公司、宁夏杞茗食品科技有限公司和隆德县弘兴玻璃有限公司等地，通过实地查看、听取汇报等方式，对本县产业发展和招商引资等工作进行观摩。

10日，县政协举办"情动山水间""履职印记""委员红色讲堂"及闽宁协作电视专题片、MV发放仪式。王升等县领导参加发放仪式。

10日，县政协召开第十一届二十五次常委会会议。县政协主席王升等参加会议、政协党组副书记李国英主持会议。会议传达习近平总书记在庆祝中国共产党成立100周年大会上和中央民族工作会议上的重要讲话精神，学习《关于印发＜中国人民政治协商会议宁夏回族自治区委员会协商工作规则＞的通知》精神。学习全国政协系统党的建设工作经验交流会主要精神，王升就全国政协系统党的建设工作经验进行宣讲。最后，审议《关于老巷子旅游产业发展情况的调研报告》。

12日，全区农村厕所革命现场推进会与会人员到隆德县观摩。位西北、马天峡等市、县领导陪同观摩。近年来，隆德县坚持以习近平新时代中国特色社会主义思想为指导，按照"农业高质高效、乡村宜居宜业、农民富裕富足"的发展要求和自治区农村人居环境整治行动总体部署，狠抓农村垃圾治理、城乡污水治理、卫生厕所改造、村容村貌提升、问题厕所摸排整改"五个狠抓"，加快推进农村卫生厕所改造和生活污水治理工作，努力解决农村突出生态环境问题，着力补齐各方面短板，积极打造"农村美"的人居环境。

13日，隆德县开展主题为"百年再出发·迈向高水平科技自立自强"全国科普日宣传活动。通过普及科学知识，激发科学梦想和科学志向，推动形成崇尚科学的风尚，助推全民科学素质全面提升。

是日，县委书记刘斌调研交通运输、文化旅游、卫生健康和城市公共服务工作，县委副书记、提名政府县长候选人马天峡等一同参加调研。

14日，自治区党委常委、固原市委书记马汉成到隆德县调研乡村振兴工作，他强调，要深入学习贯彻习近平总书记关于乡村振兴重要论述，坚决落实党中央和区、市党委决策部署，以实施"四大提升行动"为抓手，培优壮大特色产业，激活群众内生动力，全面推进乡村振兴。固原市委常委、副市长陈论生一同调研。县领导刘斌、马天峡、徐万廷等分别陪同。

15日，隆德县召开第一次全国自然灾害综合风险普查调查工作培训会，提升参训人员对普查工作的认识，明确各部门分工、掌握普查工作的各项业务知识和实施流程，为全面推进普查调查阶段工作奠定坚实的基础。全国自然灾害综合风险普查是一项重大的国情国力调查，是提升自然灾害防治能力的基础性工作。普查内容包括：主要自然灾害致灾调查与评估，人口、房屋、基础设施等承灾体调查与评估，重点隐患调查与评估等。通过开展普查，摸清自然灾害风险隐患底数，制定科学实用的灾害综合防治区划，最大程度上减轻灾害风险，为推动经济社会高质量发展提供强有力的支持。

是日，县退役军人事务局组织全县120余名烈士遗属、复员老军人、参战人员、伤残军人、带病回乡军人及因公牺牲军人家属进行免费体检。此次免费体检，旨在全面掌握隆德县退役军人优抚对象身体状况，进一步提升重点优抚对象的医疗保障水平，使他们切切实实感受到党和政府的关心关爱，提高优抚对象的获得感、归属感、幸福感，在全社会营造"一人参军，全家光荣"的浓厚氛围。

16日，隆德县召开产业发展和招商引资工作推进会，传达学习固原市产业发展和招商引资大会精神，动员全县上下以更大决心、更实举措、更硬作风抓好产业发展和招商引资工作，形成"大抓产业、狠抓招商"的浓厚氛围，为推动隆德经济社会高质量发展、加快先行区建设蓄积强大动能。县委书记刘斌出席会议并讲话，县委副书记、提名政府县长候选人马天峡主持会议，县委副书记、政法委书记徐万廷等县领导参加会议。

是日，宁夏文化和旅游厅、自治区发展和改革委员会联合发布自治区文化和旅游厅、自治区发展和改革委员会关于公布第一批宁夏特色旅游村镇名单的通知，隆德县凤岭乡李士村、齐岔村，陈靳乡新和村、城关镇红崖村、温堡乡新庄村、神林乡辛平村、观庄乡前庄村7村入选宁夏特色旅游村镇名录。

17日，县人大常委会主任王勇主持召开县第十七届人大常委会第三十四次会议。马天峡等县级领导列席会议。会议听取县、乡（镇）选举委员会组成人员辞职情况的报告、县选举委员会关于县第十八届人民代表大会代表选举结果的报告；听取和审议县十七届人大常委会代表资格审查委员会关于县第十八届人民代表大会代表资格审查情况的报告。会议依法接受刘斌辞去隆德县人民政府代理县长职务，任命马天峡为县人民政府副县长，决定代理县长职务。

是日，自治区党委宣传部一级巡视员李虹带领调研组调研隆德县宣传思想文化工作并召开座谈会。座谈会上，调研组听取了县宣传思想文化工作开展情况的汇报，并与各相关单位负责人就学习贯彻习近平总书记"七一"重要讲话精神、落实《中国共产党宣传工作条例》、开展党史学习教育等情况进行深入交流。

△，由中国科学技术馆、宁夏科学技术协会主办，宁夏科学技术馆承办的中国流动科技馆（第二轮）区域常态化巡展活动在县博物馆启动。此次巡展以《二十四节气与中国农业发展》为主题，共设置"序厅""农业大展""四季农耕""魅力固原""未来农业""尾厅"6个主题展区，展品共计40件，集科学性、教育性、趣味性于一体，巡展活动通过科学体验、科学实验、科普影视展览相结合的形式，展示科学原理，普及科学知识。

18日，在县委和县政府安排部署下，依托闽宁协作，由共青团隆德县委打造的"闽宁驿站"向广大市民开放。闽宁驿站设置"科技体验、休闲茶艺、亲子互动、静享阅读"四个主题板块。科技体验区运用8DVR可视技术，可提供更为生动有趣的线上VR景观观赏体验，通过虚拟手势操作参与到系统互动的情节。休闲茶艺区以现代温馨的"高颜值"休闲茶饮、咖啡饮品为特色，是广大市民工作学习之余的理想场所。亲子互动区专门为儿童设计活动学习空间，配备儿童游乐设备适合与父母互动体验。静享阅读区，空间可分为书画、茶艺及休闲阅读区域，可为读者提供优美的环境，满足读者需求。

23日，中国共产党隆德县第十四届委员会第十二次全体会议在县行政中心召开。出席全会的县委委员25人。县委书记刘斌作重要讲话。县委副书记徐万廷就中国共产党隆德县第十四届委员会报告（讨论稿）作说明，县委常委、纪委书记、监委代主任胡巧琴就中国共产党隆德县第十四届纪律检查委员会工作报告（讨论稿）作说明。县委常委、组织部部长、宣传部部长徐虎就中国共产党隆德县第十五届委员会委员、候补委员和第十五届纪律检查委员会委员候选人预备人选建议名单及隆德县出席固原市第五次党代会代表候选人初步人选推荐情况作说明。

是日，自治区党委办公厅组织20余名退休干部到隆德县就企业发展、渝河治理、闽宁协作等工作进行观摩考察。固原市市委常委褚一阳，县委副书记、政法委书记徐万廷陪同考察。

24日，自治区政协党组副书记李彦凯带领观摩团，到隆德县观摩生态循环利用项目建设和移民致富提升行动，市、县领导位西北、杨彦文、刘斌、马天峡、李国英、陈昊等陪同观摩。

25日，中国共产党隆德县第十五次代表大会在县行政中心开幕。县委书记刘斌代表中国共产党隆德县第十四届委员会向大会作题为《担当新使命 展现新作为 为开启建设黄河流域生态保护和高质量发展先行区隆德新篇章而努力奋斗》的报告。大会执行主席刘斌、马天峡、徐万廷、赵文福、赵敬、徐虎、刘君彬、田云、胡巧琴、陈昊、叶建彪在主席台前排就座；王勇、张佐、李国英等主席团其他成员也在主席台就座。县委副书记、代县长马天峡主持会议。大会应到代表239名，实到230名，符合规定人数。刘斌向大会作报告，报告共分三个部分：过去五年工作回顾；未来五年工作的总体要求、奋斗目标和主要任务；深入推进全面从严治党，为推动高质量发展提供坚强政治保证。

26日，中国共产党隆德县第十五届纪律检查委员会召开第一次全体会议，选举产生县纪委常委和书记、副书记。会议应到县纪委委员19名，实到18名，符合规定人数。会议表决通过《中国共产党隆德县第十五届纪律检查委员会第一次全体会议选举办法》、监票人名单和中国共产党隆德县第十五届纪律检查委员会第一次全体会议决议。

是日，中国共产党隆德县第十五届委员会召开第一次全体会议，选举中国共产党隆德县第十五届委员会常务委员会委员和书记、副书记。刘斌主持会议并讲话。会议应到县委委员33名、候补委员8名，实到会县委委员31名、候补委员8名，符合规定人数。会议以无记名投票的方式，选举产生中国共产党隆德县第十五届委员会常务委员会委员、书记、副书记，刘斌、马天峡、徐万廷、赵文福、赵敬、徐虎、田云、胡巧琴、陈昊当选为县委常委，刘斌当选为县委书记，马天峡、徐万廷当选为县委副书记。会议还表决通过中国共产党隆德县第十五届纪律检查委员会第一次全体会议选举结果的报告和中国共产党隆德县第十五届委员会第一次全体会议决议。

27日，隆德县召开2021年发展壮大村集体经济联席协调机制暨第二次推进会，全面落实中央和区市县党委关于加强扶持发展壮大村集体经济工作的部署要求，进一步了解和掌握全县村集体经济工作情况，及时研究解决困难和问题，明确任务，压实责任，推动落实，确保全县村集体经济稳定持续健康发展，为全面推进乡村振兴奠定坚实基础。县委书记刘斌出席会议并讲话。

是日，隆德县宁夏兴宇绿色粗粮加工有限公司、宁夏隆德人造花工艺有限公司、宁夏黄土地农业食品有限公司、宁夏隆德浩德纸业包装有限公司4家企业获得宁夏回族自治区应急管理厅颁发的安全生产标准化三级达标证书。

28日，固原市人大常委会副主任李志菊一行视察隆德县重点产业发展情况。县人大常委会主任王勇等陪同视察。视察组先后到宁夏食添康现代农业科技开发有限公司和宁夏千峰兔业科技有限公司。视察中，视察组通过现场查看、听取汇报、观看视频等方式，详细了解企业规划布局、发展模式、发展规模、市场销路、经济效益、发展前景等。

29日，由共青团隆德县委主办的"相约驿站　情牵团缘"单身青年交友联谊会在闽宁驿站举行，50多名单身青年欢聚一堂，在轻松惬意的氛围中寻找自己的另一半。

是日，隆德县召开农村人居环境整治提升工作观摩推进会，通过互观互学、查找不足和总结经验，对农村人居环境整治工作进行再安排、再部署，全面营造乡风文明、治理有效、宜居宜业的农村人居新环境。县领导刘斌、李国英、徐万廷带队观摩并出席总结会。

30日，第八个烈士纪念日，隆德县在六盘山红军长征纪念碑前举行烈士纪念日"鲜花献英烈"公祭活动，深切缅怀革命先烈的丰功伟绩，热情讴歌革命先驱的崇高精神，激发爱国热情，凝聚奋进力量。县委书记刘斌，县委副书记、代县长马天峡，县人大常委会主任王勇，县政协党组副书记李国英，县委副书记、政法委书记徐万廷等县级领导同社会各界代表参加公祭活动。

是日，隆德县组织40余名离退休干部，到神林乡辛平村和凤岭乡李士村等地，就县域经济社会发展情况进行实地观摩。

△，隆德县首家机动车检测站正式运营。目前该检测站有两条审验线，可对车辆进行安全性能检测、环保检测和综合性能检测，主要服务的车检对象是小轿车和大中型客车、货车，日检测量达80辆。

10月

9日,固原市原州区委常委、统战部部长马耀军带领观摩组一行到隆德县观摩学习农村人居环境综合整治工作。观摩组一行先后深入城关镇咀头村、沙塘镇清泉村、联财镇赵楼村等地,实地察看各村人居环境综合整治工作成效,了解本县农村人居环境综合整治工作过程中的垃圾收集处理、污水处理、厕所改造、村庄美化绿化等工作具体实施及后续运行管理情况。

12日,县委书记刘斌等县领导调研隆德县民族团结进步创建工作。他强调,要深入学习贯彻习近平总书记在中央民族工作会议上的重要讲话精神和党中央决策部署,切实加强党对民族工作的全面领导,促进各民族交往交流交融,让各族群众的日子越过越富裕,生活越来越幸福。

是日,以火情处置、人员疏散和应急救援为主题的综合性隧道突发事件应急演练活动在隆德县体育馆、六盘山特长隧道等地开展。强化公路隧道运营安全,提升应急管理水平,增强公路交通突发事件应对处置能力,持续保障特长隧道安全稳定。

14日,水利部科技推广中心主任吴宏伟带领水利部门专家人员到隆德县对创建国家水土保持示范县工作进行现场复核。宁夏回族自治区水利厅二级巡视员江静、县委书记刘斌等陪同。

是日,固原市人大常委会副主任袁秉和带领检查组,到隆德县检查固原市第四届人民代表大会第五次会议代表议案建议办理情况。马天峡、王勇等县领导陪同检查。检查组一行先后到六盘山工业园区上药(宁夏)中药资源有限公司和神林观音中药材规范化种植基地,通过听取汇报、实地查看的方式,对市四届人大五次会议提出的《关于扶持隆德县道地中药材产业发展的建议》议案办理情况进行检查。

△,隆德县召开中共隆德县教育工作委员会第五次全体会议,传达学习《关于进一步减轻义务教育阶段学生作业负担和校外培训负担的实施方案》《国务院教育督导委员会关于印发〈教育督导问责办法〉的通知》精神、《关于规范民办义务教育专项工作的实施方案》精神、全区基础教育质量提升行动现场推进会及李金科、杨培君在全区基础教育质量提升行动现场推进会上的讲话精神。审议通过《隆德县关于全面加强新时代语言文字工作的实施方案(送审稿)》《隆德县教育事业发展"十四五"规划(送审稿》《关于成立隆德县义务教育阶段学生"双减"工作专班的通知(送审稿)》、听取校园治理工作专班关于第二批校园治理达标校创建评估验收情况的汇报。县委常委、组织部部长徐虎出席会议并讲话。

15日,隆德县召开涉粮问题专项巡察工作动员部署会,传达学习十九届中央第八轮巡视动员会和十二届自治区党委第十二轮巡视动员部署会精神,对全县涉粮问题专项巡察相关工作进行安排部署。

18日,大北农希望小学揭牌仪式在张程中心小学活动大厅举行。该校是大北农集团投入援建资金60万元,建立的希望小学。大北农希望小学的揭牌,标志着大北农集团"在红军长征沿线建立100所希望小学"助学工程正式启动,也是该集团在六盘山革命老区建立的第一所大北农希望小学。

21日,固原市人大常委会副主任童全成带领调研组调研隆德县招商引资工作，县人大常委会主任王勇陪司调研。童全成一行先后到宁夏金誉生物科技有限公司、浩德纸业包装有限公司、千峰兔业养殖园区等地，通过实地走访、现场听取汇报等方式，详细了解县招商项目建设、企业生产经营等情况，对本县招商引资工作取得的成效给予充分肯定。

23日，宁夏回族自治区党委常委、固原市委书记马汉成在隆德县调研，他强调，要深入贯彻落实中央民族工作会议和自治区党委十二届十三次全会精神，扎实推进四大提升行动，推进乡村全面振兴。严格落实"四早"要求，压实"四方责任"，毫不松懈抓实抓细疫情防控工作。市、县领导周文贵、褚一阳、刘斌、马天峡等陪同调研。

27日，县委书记刘斌调研隆德县党建工作，他指出，抓基层党建工作不是立竿见影的事情，需要久久为功、绵绵用力。各级党组织要切实做到查漏补缺、补齐短板，把党建工作作为重点工作来抓。要不断增强基层党组织的领导力、组织力、执行力，以高质量党建引领基层治理现代化，助力全县经济高质量发展。

28日，固原市委常委、宣传部部长褚一阳一行调研隆德县宣传思想文化工作。褚一阳先后到城关镇峰台社区六盘山红色书院、县融媒体中心、县新时代文明实践中心、沙塘镇新时代文明实践所、凤岭乡李士村新时代文明实践站、魏氏砖雕非遗传承基地等地，就新时代文明实践中心、所（站）和融媒体中心建设运行及非物质文化遗产保护情况等进行调研。

是日，宁夏回族自治区疫情防控联合巡视第三督导组组长于建文带领督导组到隆德县督导疫情防控工作，要求隆德县要进一步提高思想认识，认真贯彻落实党中央和自治区疫情防控部署要求，细化深化防控措施，科学安全防控，守好宁夏"南大门"，切实维护好人民群众生命安全和身体健康。刘斌、马天峡等县领导出席反馈会。

29日，县委书记刘斌主持召开"四大提升行动"推进会，听取相关部门移民致富提升、城乡居民收入提升、基础教育质量提升、全民健康水平提升行动情况汇报，安排部署当前重点工作。马天峡、徐万廷等县领导参加会议。

31日，隆德县人民医院精选12名医务人员驰援银川开展新冠肺炎疫情救治工作。

11月

8日，厦门大学促进隆德县乡村振兴阶段性工作成果展开展。县领导刘斌、马天峡、王勇、张佐、徐万廷等县级领导与参加两会的代表委员参观成果展。成果展共设9个板块，内容涉及教育部直属高校创新实验基地建设、教育帮扶、健康帮扶、消费帮扶、科技产业帮扶、厦门大学康业扶贫产业园区等内容。

9日，中国人民政治协商会议隆德县第十二届委员会第一次会议开幕。县委书记刘斌，县委副书记、代县长马天峡，县人大常委会主任王勇，县人大常委会党组副书记张佐，县政协党组书记李国英，县委副书记、政法委书记徐万廷，政协副主席毕世喜、任小红、任慧琴及其他县级领导出席开幕会并在主席台就座。大会应出席委员157人，实到会委员145人，符合《中国人民政治协商会议章程》规定。李国英受政协隆德县第十一届委员会常务委员会委托向大会作工作报告。

10日，县第十八届人民代表大会第一次会

议在县行政中心开幕。县委书记、大会主席团常务主席、执行主席刘斌主持大会。大会主席团常务主席、执行主席张佐、马天峡、徐万廷、徐虎、胡巧琴，县政协党组书记李国英在主席台前排就座。在主席台就座的还有不是主席团成员的在职县级领导和大会主席团成员。会议应出席代表180名，实到会代表175名，符合法律规定。代理县长马天峡代表县人民政府向大会作政府工作报告。

是日，中国人民政治协商会议隆德县第十二届委员会第一次会议举行第二次全体会议，表彰优秀提案、提案办理先进单位和先进工作者，9名委员作交流发言。县委书记刘斌，县委副书记、县人民政府代县长马天峡，县政协党组书记李国英，县委副书记、政法委书记徐万廷等县领导出席会议并在主席台就座。李国英主持会议。会议应出席委员157人，实到会委员143人，符合《中国人民政治协商会议章程》规定。

11日，县第十八届人民代表大会第一次会议举行第二次全体会议，听取县人大常委会、县人民法院、县人民检察院工作报告，表决通过县十八届人大一次会议选举办法草案。大会执行主席刘斌、张佐、马天峡、李国英、徐万廷、徐虎、胡巧琴在主席台前排就座。在主席台就座的还有不是主席团成员的在职县级领导和大会主席团成员。徐万廷主持大会。大会应到代表180人，实到175人，符合法律规定。

是日，中国人民政治协商会议隆德县第十二届委员会第一次会议举行第三次全体会议，选举政协隆德县第十二届委员会主席、副主席、秘书长和常务委员。县政协党组书记李国英主持会议，县委副书记、政法委书记徐万廷等县级领导出席会议并在主席台就座。会议应出席委员157人，实到会委员145人，符合规定。会议选举李国英为县政协第十二届委员会主席；许学军、董玉科、吕霄为县政协第十二届委员会副主席；孙小宁为县政协第十二届委员会秘书长。会议还选举产生24名县政协第十二届委员会常务委员。

12日，隆德县第十八届人民代表大会第一次会议举行第三次全体会议。会议应到会代表180名，实到会代表175名，符合法律规定。县委书记、大会主席团常务主席、执行主席刘斌主持大会。大会执行主席张佐、李国英、徐万廷、徐虎在主席台前排就座。在主席台就座的还有不是主席团成员的在职县级领导和大会主席团成员。会议选举张佐为县第十八届人民代表大会常务委员会主任；马天峡为县人民政府县长；毕世喜、任小红、党锁锁、陈作彬为县第十八届人民代表大会常务委员会副主任；陈昊、何冬华、柳春梅、金宝文、李龙君为县人民政府副县长；胡巧琴为县监察委员会主任；高睿为县人民法院院长；张贤儒为县人民检察院检察长。会议还选举产生26名县第十八届人民代表大会常务委员会委员和38名隆德县出席固原市第五届人民代表大会代表。

13日，隆德县召开人武部党委第一书记任职宣布大会。会上宣布固原军分区党委决定，任命刘斌同志为县人武部党委第一书记。市委常委、固原军分区司令员苏开吉出席会议并讲话。县委书记刘斌等县领导和县国防动员委员会各成员单位负责人、各乡镇党委书记、武装部长参加会议。

是日，固原市委副书记、市长冼国义在隆德

县调研重点项目建设及疫情防控工作，他强调，要毫不松懈抓好疫情防控工作，统筹推进重点项目建设和谋划，确保完成全年目标任务。

16日，县委书记刘斌主持召开十五届县委2021年第七次常委会（扩大）会议，传达学习党的十九届六中全会精神，对全县学习宣传贯彻工作进行安排部署。马天峡、张佐、李国英、徐万廷等县级领导参加会议。

17日，县政协党组书记、主席李国英主持召开党组（扩大）会议，传达学习中国共产党第十九届中央委员会第六次全体会议精神和《中国人民政治协商会议宁夏回族自治区委员会专门委员会通则》文件精神，安排部署当前重点工作。

18日，宁夏回族自治区生态环境保护领导小组办公室发布2021年前10个月城市环境质量状况排名，涉及五地市及宁东基地、8个市辖区、14个县（市、区），隆德县环境空气质量位居14个对比县（市、区）首位。

是日，文化和旅游部公共服务司对第五次全国文化馆评估定级拟命名一二三级文化馆名单进行公示，隆德县文化馆被拟命名为一级文化馆。

19日，刘斌、马天峡、张佐、李国英、徐万廷等县领导带领各乡（镇）党委书记、有关部门负责同志，现场观摩学习城关镇竹林社区等7个村人居环境整治和沙塘法庭等6个单位平安隆德建设方面的先进工作经验做法，旨在以互观互学的方式，找差距、补短板，助推隆德县人居环境整治及平安隆德建设工作再出新成效。

20日，福建闽侯县人大常委会副主任郑铭魁带领考察组，到隆德县考察闽宁协作、文化旅游等工作，希望两地继续加强沟通交流，在招商引资、乡村振兴、文化旅游等方面携手做好"巩固""提升"文章，全方位推动县经济社会高质量发展。县委副书记、县长马天峡，县人大常委会主任张佐等县领导陪同考察。

21日，文化和旅游部公共服务司公布2021—2023年度"中国民间文化艺术之乡"拟命名名单，隆德县凭借陈靳乡新和村高台马社火光荣上榜。近年来，新和村先后获得自治区、国家农业农村部、文化和旅游部特色产业示范村、最美休闲乡村，特色民俗村，全国文化旅游重点示范村、国家森林乡村等殊荣。

24日，隆德县在行政中心分会场收听收看学习贯彻党的十九届六中全会精神中央宣讲团宣讲报告会。中央宣讲团成员、中央政策研究室副主任田培炎作党的十九届六中全会精神宣讲报告。

30日，隆德县老年养护院正式揭牌投入运营。为丰富老年人的日常生活，院内设有棋牌、书画、阅读等娱乐场所，切实提升老年人的幸福指数。县老年养护院由隆德福利医院以政府购买社会公共服务的形式承接，是一所集养老、护理、医疗、康复为一体的综合性养老机构。院内配备了医疗康复室、观察室以及护士站，有专门的医护人员全天24小时值班，为入住老人提供及时的医疗和保健服务。

30日，县委宣讲团在行政中心宣讲党的十九届六中全会精神。宣讲会上，县委宣讲团成员围绕党的十九届六中全会重大意义、过去一年来党和国家事业发展取得的重大成就、总结党的百年奋斗重大成就和历史经验的重大意义、党的百年奋斗的主题主线和重大成就、讲中国特色社会主义进入新时代的历史性成就和历史性变革以及隆德县学习宣传贯彻的具体举措和实际行动等内容作专题辅导。

12月

1日，隆德县在城关镇隆泉社区启动自治区妇联提升基层妇女参政议政能力和组织力项目。启动会上，固原市委讲师团副团长、教授海明贵，围绕学习贯彻党的十九届六中全会精神和全会通过的《中共中央关于党的百年奋斗重大成就和历史经验的决议》，结合妇联工作实际作系统阐释。

2日，县委书记刘斌主持召开十五届县委2021年第九次常委会（扩大）会议，传达学习自治区建设黄河流域生态保护和高质量发展先行区第六次推进会、自治区党委十二届十四次全会、中共固原市委四届十二次全会和中国共产党固原市第五次代表大会精神，研究贯彻意见。李国英、兰秀全等县级领导参加会议。

2~3日，县委副书记、县长马天峡带领县党政代表团赴福建省闽侯县、厦门大学开展友好协作，座谈交流、考察走访等对口协作有关事宜。

4日，隆德县召开迎接中央第二轮第五批生态环保督察工作安排部署会，传达全市迎接中央第二轮第五批生态环境保护督察任务分工协调会精神，安排部署县迎接中央第二轮第五批生态环保督察工作。县委书记刘斌出席会议并讲话。

5日，国家广电总局下发《国家广播电视总局办公厅关于公布2020年度广播电视公益广告扶持项目评审结果的通知》，隆德县广播电视台荣获2020年度公益广告优秀传播机构。

7日，隆德县召开实施乡村振兴战略工作成效第三方评估汇报会。宁夏大学地理科学与规划学院副院长、评估小组组长文琦主持会议并讲话，刘斌、马天峡、张佐、李国英、兰秀全等县领导出席会议。会议听取县实施乡村振兴战略进展情况汇报。

7日，中央第四生态环境保护督察组副组长张雪樵带领督察组调研隆德县生态环境保护工作。区市县领导刘可为、冼国义、刘斌、马天峡等陪同调研。调研组到渝河流域综合治理项目县城段，通过观看渝河治理宣传片和听取汇报的方式，详细了解县在渝河流域综合治理方面的工作成效及先进经验。渝河治理模式和治理经验被环保部向全国推广，治理成果入选国家改革开放40周年成就展；同时，渝河被水利部列为全国示范河湖建设单位，因河湖长制工作推进有力、成效明显，受到国务院通报表扬。渝河流域生态环境的全面改善，全国818个重点生态功能区县域生态环境质量考核中，隆德县排名前六，是全区唯一进入生态环境质量"变好"序列的县域。

8日，隆德县举办2021年农家书屋线上点单选书活动。活动推荐书籍300余种，涵盖文化、少儿、科技、医疗卫生、生活等类，每个农家书屋按照2520元的标准进行选书。

是日，宁夏回族自治区公共资源交易管理局局长郑忠安带领工作组到隆德县开展调研和帮扶工作。县委书记刘斌出席座谈会，县委副书记、县长马天峡参加捐赠仪式。

10日，宁夏回族自治区教研室、宁夏大学教育学院组织全区思想政治课教师在隆德县召开"宁夏红色文化融入大中小学教育教学研讨会"。

13日，县委副书记、县长马天峡主持召开县十八届人民政府第一次常务会议。传达学习中国共产党第十九届中央委员会第六次全体会议精神、宁夏回族自治区党委十二届十四次全会精神。听取全县宣传防范和打击治理电信网络新型违法犯罪专项行动汇报、全县安全生产工作情况汇报，研究部署生态环保等工作。

16日，党的十九届六中全会精神自治区宣讲团宣讲报告会在我县举行，深入学习宣传贯彻党的十九届六中全会精神，教育引导全县广大党员干部把思想和行动统一到全会精神上来，把智慧和力量凝聚到以习近平同志为核心的党中央决策部署上来，推动全会精神在隆德落地生根。

是日，县农业农村局特邀原国家蜂产业体系中蜂产业岗位科学家，福建农林大学教授周冰峰，国家蜂产业体系中蜂产业岗位科学家、福建农林大学教授朱翔杰一行到隆德县，指导全县中蜂产业发展情况。近年来，隆德县积极发展蜜蜂产业，目前已在观庄、城关、山河、奠安等乡镇建成100群以上中华蜜蜂养殖示范场13个，发展50群以上养蜂户60个，中蜂蜂旅结合养殖示范基地1个。2021年8月，我县被确定为国家蜂产业技术体系示范县。

18日，共青团中央发布关于表彰第十三届中国青年志愿者优秀个人奖、组织奖、项目奖的决定，隆德县青年志愿者协会获评"第十三届中国青年志愿者优秀组织"。县青年志愿者协会作为本县唯一从事志愿服务的社会组织，成立于2015年8月，目前拥有会员1400余名。协会成立以来，组织各种志愿服务活动530余场次，参加活动志愿者达1.5万人次，帮助人次超过4万人次，志愿服务时长约15万小时。组织支教活动16次，受益学生达4500人，参加实践代课大学生320人次，对接各类爱心资金140万元。

22日，隆德县召开迎接国家巩固脱贫成果后评估暨衔接资金绩效评价部署会，安排部署迎接国家巩固脱贫成果后评估暨衔接资金绩效评价重点工作。县委书记刘斌出席会议并讲话，县委副书记、县长马天峡主持会议。张佐、李国英、兰秀全等在家县级领导和各部门主要负责人在主会场参加会议，各乡镇领导班子、全体干部、第一书记、村"两委"干部在分会场参加会议。

是日，县委副书记、县长马天峡调研隆德县巩固拓展健康扶贫成果同乡村振兴有效衔接工作，他强调，要全面评估卫生健康服务体系短板弱项，在积极落实好各项帮扶政策基础上，持续巩固"基本医疗有保障"建设成果，补齐补强基层医疗卫生服务短板，充分利用信息化提升服务管理水平，健全基层医疗防治体系，持续为乡村振兴战略提供健康保障。

23日，宁夏回族自治区党委常委、固原市委书记马汉成到隆德县调研生态经济综合体建设发展、居民收入提升以及推进乡村振兴补助资金使用等工作。市县领导周文贵、位西北、陈论生、张立君、刘斌、马天峡等一同参加调研。

是日，县委书记、县委统一战线工作领导小组组长刘斌主持召开县委统一战线工作领导小组第二次会议。县委副书记、县长马天峡，县委副书记、政法委书记兰秀全等县级领导出席会议。会议传达学习十九届六中全会精神、中央民族工作会议精神、全国宗教工作会议精神，自治区党委十二届十三次全会、十四次全会精神及市第五次党代会精神。听取县委统一战线工作汇报，审议《中共隆德县委员会关于以铸牢中华民族共同体意识为主线推进新时代党的民族工作高质量发展实施方案（送审稿）》。

24日，隆德县召开2021年推进全面从严治党暨加强党风廉政建设专题会议，深入学习贯彻习近平总书记关于全面从严治党以及党风廉政建设和作风建设的重要论述，全面贯彻落实党中央和区市党委的安排和部署，系统把握党风廉政建设和反腐败斗争的总体思路和主要任务，全力推动全县全面从严治党向纵深发展。县委书记刘斌出席会议并讲话；县委副书记、县长马天峡主持会议；张佐、李国英、兰秀全等县领导参加会议。

27~28日，团县委在全县13个乡镇开展"暖冬行动志愿相伴"新时代文明实践爱心义务剪发志愿服务活动。

隆德概况

人口土地

【政区概况】 隆德县位于宁夏南部地区，六盘山西麓，县境西北毗连静宁、西吉，东南直接泾源、庄浪，东北周边与固原接界，312国道纵贯东西，青兰、福银高速穿境而过，隆庄公路全线开通。介于北纬35度21分至35度47分、东经105度48分至106度15分之间。南北长47千米，东西宽41千米，全县面积985平方千米。清凉河在城南，清流河在城北，二水在城西三里店交汇，注入渝河主流。全县下辖3镇10乡，98个行政村，452个村民小组，10个社区，县政府驻城关镇，户籍人口49116户153064人。2021年地区生产总值312210万元，全县城镇居民人均可支配收入28283.5元，同比增长8.9%，农村居民人均可支配收入12589.3元，同比增长8.6%。

2021年荣获宁夏回族自治区"平安县""四好农村路示范县"；被命名为"全区民族团结进步示范县"；入选2021—2023年度"中国民间文化艺术之乡"，隆德县花灯制作技艺入选第五批宁夏回族自治区级非物质文化遗产扩展项目。

【地形地貌】 隆德县地处黄土高原西部，系祁连山地槽与华北地台的过渡带。地形东高西低，十山九沟，六盘山东峙，7条河西流，形成谷地，丘陵插在众水之间。最高海拔2942米，大部分区域在1900至2500米之间。地貌类型分为黄土丘陵沟壑区（占55.70%）、阴湿土石山区（占33.26%）、河谷川道区（占11.04%）。除六盘山外，散布于全县较为有名的山脉有凤太山、牧丹山、峰台梁、清凉山、北象山、蟠龙山等。沟道138条，山峰115座，峡谷5条，湾296个，滩15个，梁104个。

自然环境

【水文】 隆德县境地表水有渝河、庄浪河、好水河、什字河、水洛河、唐家河、甘渭河等七大河流，地势东高西低，水流方向为东西走向。内河道属葫芦河流域，流域面积985平方千米。主要河流三级河7条，总长162.7千米；四级河8条，总长92.8千米。河流总长255.5千米，河网密度0.26公里/平方公里，径流总量0.721亿立方米。其中渝河、十字河、好水河、甘渭河、庄浪河、水洛河、唐家河出境注入葫芦河再转而入渭河。年平均流量1.91立方米/秒，流水均值5640.5万立方米，全年产水均值5.3亿立方米。境内最大的河流为渝河，从东至西流经境内陈靳、城关、沙塘、凤岭、张程、神林、联财，长47.1千米，流域面积481.2平方千米，年均流量8.24立方米／秒，主要支流有朱庄河、甜水河、筛子河、清流河、清凉河等。地下水分白垩系基岩风化裂隙潜水，河谷第四系砂砾石层潜水含水和黄土上层滞水。

【气候】 隆德县气候属中温带季风区半湿润向半干旱过渡性气候，春低温少雨，夏短暂多雹，秋阴涝霜旱，冬严寒绵长，年平均日照时数2255.1小时，无霜期125天，最少94天。2021年年平均气温为6.1℃，比历年平均值偏高0.5℃。年总降水量为496.7毫米，比历年平均值偏多4.7毫米。年日照时数为2212.4小时，比历年平均值偏少42.7小时。本年气温除1月、4月、8月、10月偏低外，其他各月均偏高。年极端最高气温为30.7℃，出现在7月13日；年极端最低气温为-22.4℃，出现在1月7日。降水量除3月、4月、5月、9月、10月、12月偏多外，其他各月均偏少，年一日最大降水量为42.3毫米，出现在8月19日。

中共隆德县委员会

机构组成

中共隆德县第十五届委员会组成人员

书　记：刘　斌

副书记：马天峡（回族）　兰秀全（回族）

常　委：刘　斌　马天峡（回族）
　　　　兰秀全（回族）　刘君彬（挂职）
　　　　胡巧琴（女）　叶建彪（挂职）
　　　　赵文福（回族）　田　云（回族）
　　　　徐　虎　赵　敬　陈　昊

中共隆德县委纪律检查委员会

书　记：胡巧琴（女）

副书记：刘旭升　张炳刚

常　委：胡巧琴　刘旭升　张炳刚　马　旺
　　　　张菲菲　王　珍（女）　刘富荣

县委部门

县委办公室	主任	何　斌
组织部	常务部长	李耀国
宣传部	常务部长	惠　方（女）
统战部	常务部长	摆清选
政法委	副书记	杨志胜
网信办	主任	祁　华（女）
政策研究室	主任	梁彦飞
编　办	主任	李长兄
巡察办	主任	马　旺
档案馆	馆长（党史办主任）	刘安堂
党校常务	副校长	张兴科

群众团体

工会常务	副主席	王　峰
团县委	书记	王小冬
妇　联	主席	彭军娥（女）
残　联	理事长	柳永奎
科　协	主席	杨金福（回族）
工商联	主席	吕　霄（女）
文　联	主席	王君宏

县直机关党工委、总支、支部书记

县直机关	工委书记	
县委办公室	党支部书记	何　斌
县人大机关	党支部书记	马天智
县政府办公室	党支部书记	杨卫东
县政协机关	党支部书记	孙小宁
县纪委	党支部书记	刘旭升

组织部	党支部书记	李耀国	统计局	党组书记	张广斌
宣传部	党支部书记	惠　方（女）	扶贫开发办	党组书记	辛学发
统战部	党支部书记	摆清选	医疗保障局	党组书记	李麟才
编办	党支部书记	李长兄	审批服务管理局	党组书记	魏　瑜
网信办	党支部书记	惠　方（女）	隆德县普通高中教育集团	党总支书记	郭永寿
工青妇科	党支部书记	王　峰	隆德二中	党总支书记	古永胡
法院	党支部书记	张禄强	**乡（镇）党委书记**		
检察院	党支部书记	陈国忠	城关镇	书记	罗永长
县委党校	党支部书记	张兴科	沙塘镇	书记	刘江龙
离退休干部	党工委书记	王彦文	联财镇	书记	李荣林
县档案局	党支部书记	梁喜太	神林乡	书记	赵忠宁
县文联	党支部书记	王君宏	陈靳乡	书记	陈建祯
残联	党支部书记	柳永奎	山河乡	书记	杨平安
发展和改革局	党组书记	王　浩	奠安乡	书记	田云（回族）
教育党工委、教体局	党组书记	董玉科	温堡乡	书记	胡耀军
科技局	党组书记	王东海	凤岭乡	书记	王志强
公安局	党委书记	何冬华	好水乡	书记	温仲乐
民政局	党组书记	马国林（回族）	观庄乡	书记	薛须良
司法局	党组书记	党君强	杨河乡	书记	田　野
财政局	党组书记	许学军	张程乡	书记	李　铎
人力资源和社会保障局	党组书记	张　莉（女）	**区、市直属单位**		
自然资源局	党组书记	马进川	国税局机关	党委书记	马红军
住房和城乡建设局	党组书记	梁龙祥	供电局	党委书记	张世平
交通运输局	党组书记	柳钰明	调查队	党支部书记	杜丁宁
水务局	党组书记	魏先学	烟草局	党支部书记	赵文云
农业农村局	党委书记	冶文军（回）	邮政局	党支部书记	仇永宁
文化旅游广电局	党组书记	刘永兴	人行	党支部书记	陶　勇
卫生健康局	党委书记	齐海军	建行	党支部书记	陈永胜
退役军人事务局	党组书记	柳志刚	农行	党委书记	张　衡
应急管理局	党组书记	马彦斌	隆德县农村信用合作联社	党委书记	李红星
审计局	党组书记	赵学斌	村镇银行	党支部书记	张根东
市场监督管理局	党组书记	张世科	移动公司	党支部书记	田永刚

联通公司	党支部书记	陈鹏鑫
电信局	党支部书记	张云霞（女）
石油公司	党支部书记	陈建辉
气象局	党支部书记	范晓华（女）
六盘山气象站	党支部书记	高国清

重要会议

【隆德县第十四届委员会第十二次全体会议】中国共产党隆德县第十四届委员会第十二次全体会议，于2021年9月23日在县行政中心召开。出席这次全会的县委委员25人。全会由县委常委会主持。县委书记刘斌作了讲话。县委副书记徐万廷就中国共产党隆德县第十四届委员会报告（讨论稿）作了说明，县委常委、纪委书记、监委代主任胡巧琴就中国共产党隆德县第十四届纪律检查委员会工作报告（讨论稿）作了说明。县委常委、组织部部长、宣传部部长徐虎就中国共产党隆德县第十五届委员会委员、候补委员和第十五届纪律检查委员会委员候选人预备人选建议名单及隆德县出席固原市第五次党代会代表候选人初步人选推荐情况作了说明。

全会讨论并通过了中共隆德县第十四届委员会向县第十五次党代会的报告、中共隆德县第十四届纪律检查委员会向县第十五次党代会的工作报告，决定将这两个报告提请中共隆德县第十五次代表大会审议；审议并通过了《关于中共隆德县第十五次代表大会召开日期的决议》，决定中共隆德县第十五次代表大会于2021年9月24日在县行政中心召开；酝酿了中共隆德县第十五届委员会委员、候补委员和第十五届纪律检查委员会委员候选人预备人选建议名单；圈选确定了隆德县出席固原市第五次党代会代表候选人预备人选，提交县第十五次党代会进行正式选举。

全会认为，县第十四次党代会以来，在区市党委的坚强领导下，县委团结带领全县各级党组织和广大党员干部，坚持以习近平新时代中国特色社会主义思想为指导，深入学习贯彻党的十九大和十九届二中、三中、四中、五中全会精神，全面贯彻落实习近平总书记视察宁夏重要讲话精神，始终秉承"赶考"之心，坚定"赶考"之志，走实"赶考"之路，开拓创新，务实苦干，锐意进取，保持了经济持续健康发展良好态势，社会大局和谐稳定，党的建设事业得到新发展，谱写了隆德发展进程中极不平凡、成效显著的恢宏篇章。

全会指出，县第十五次党代会是在"两个一百年"奋斗目标历史交汇的关键节点，在中国共产党成立100周年的辉煌时刻，在全面开启"十四五"新征程的关键时期召开的一次重要会议。开好这次党代会，对于高举中国特色社会主义伟大旗帜，认真贯彻习近平总书记在庆祝中国共产党成立100周年大会上的重要讲话精神和视察宁夏重要讲话精神，传承弘扬伟大建党精神，紧盯"十四五"各项目标任务，组织动员广大干部群众，自觉站位新发展阶段，深入贯彻新发展理念，主动融入新发展格局，担当新使命，展现新作为，为巩固拓展脱贫攻坚成果，全面推进乡村振兴，开启建设黄河流域生态保护和高质量发展先行区隆德新篇章，具有重大而深远的意义。

全会号召，全县各级党组织和广大党员干部要更加紧密地团结在以习近平同志为核心的党中央周围，在区市党委的坚强领导下，凝心聚力、锐意进取、奋力拼搏、攻坚克难，以实际行动确保县第十五次党代会圆满成功!

【隆德县第十五届委员会第一次全体会议】 9月26日下午,中国共产党隆德县第十五届委员会召开第一次全体会议,选举中国共产党隆德县第十五届委员会常务委员会委员和书记、副书记。刘斌主持会议并讲话。会议应到县委委员33名、候补委员8名,实到会县委委员31名、候补委员8名,符合规定人数。会上,以无记名投票的方式,选举产生了中国共产党隆德县第十五届委员会常务委员会委员、书记、副书记,刘斌、马天峡、兰秀全、赵文福、赵敬、徐虎、田云、胡巧琴、陈昊当选为县委常委,刘斌当选为县委书记,马天峡、兰秀全当选为县委副书记。会议还表决通过了中国共产党隆德县第十五届纪律检查委员会第一次全体会议选举结果的报告和中国共产党隆德县第十五届委员会第一次全体会议决议。

新当选的县委书记刘斌在讲话中强调,要持续强化理论武装,筑牢政治信仰。县委委员作为全县领导干部的表率,更要时刻保持本领恐慌的危机感、补课充电的紧迫感,对照"七种能力",加快补齐本领上的短板、知识上的缺项、能力上的不足。要狠抓发展第一要务,增进民生福祉。切实把老百姓的急难愁盼抓在手上,紧紧围绕县第十五次党代会确定的工作任务,切实做到重农业、强工业、兴文化旅游业,不断实现好、维护好、发展好最广大人民的根本利益。要同心同德精诚团结,干事创业争先。自觉做到思想上同心、目标上同向、行动上同步、事业上同干,围绕重点工作、重点项目,共商共建共推,确保各项目标任务高效落实。要切实转变工作作风,更好履职尽责。县委委员要带头积极践行习近平总书记"社会主义是干出来的"伟大号召,用心走好新时代党的群众路线,大兴实干之风,带头深入一线抓落实、攻难点、促发展。要抓实党风廉政建设,永葆清廉本色。筑牢拒腐防变的思想道德防线,坚持用党的创新理论特别是习近平新时代中国特色社会主义思想武装头脑、净化灵魂、指导实践,奋力谱写建设黄河流域生态保护和高质量发展先行区的隆德新篇章。

县第十五届纪律检查委员会委员列席会议。

【隆德县第十五次代表大会第二次全体会议】 9月26日下午,中国共产党隆德县第十五次代表大会第二次全体会议,选举中国共产党隆德县第十五届委员会委员、候补委员和中国共产党隆德县第十五届纪律检查委员会委员以及隆德县出席中国共产党固原市第五次代表大会代表。

大会执行主席刘斌、马天峡、徐万廷、赵文福、赵敬、徐虎、刘君彬、田云、胡巧琴、陈昊、叶建彪。刘斌主持会议。大会应到代表239名,实到223名,符合规定人数。

会上,以举手表决的方式通过《隆德县第十五次代表大会选举办法》和监票人、总监票人名单。

会议以无记名投票的方式,选举产生中国共产党隆德县第十五届委员会委员33名、候补委员8名,中国共产党隆德县第十五届纪律检查委员会委员19名;选举50名同志为隆德县出席中国共产党固原市第五次代表大会代表。

【县委常委班子2020年度民主生活会】 1月26日,县委常委班子召开2020年度民主生活会,固原市委第四督导组组长、市纪委监委派驻第三纪检监察组组长黄选存同志，市委第四督导组成员虎兴宏同志到会指导。固原市人大常委会副主任、县委书记袁秉和主持会议，县委副书记、县长潘建宁及全体在隆县委常委参加会议。县人大常委会党组书记、主任王勇列席会议。

会议通报了《县委常委会2020年度民主生活会准备情况》《县委常委会"不忘初心、牢记使命"主题教育专题民主生活会意见建议整改落实情况》《县委常委会2020年度民主生活会征求意见情况》《2020年县委常委会贯彻执行中央八项规定精神、持续解决形式主义问题深化拓展基层减负工作情况》等。

会上，袁秉和代表县委常委班子作对照检查，深入查摆班子在严以修身、加强党性修养、坚定理想信念、树立忠诚干净担当新形象等方面存在的突出问题。袁秉和带头作个人对照检查，认真查摆自身存在的问题，明确提出下一步的改进措施。县委常委班子成员逐个发言，开展批评和自我批评，提出的意见建议。黄选存对县委常委民主生活会进行了点评。

【全县党史学习教育动员大会】 3月3日，全县党史学习教育动员大会召开，深入学习贯彻习近平总书记在党史学习教育动员大会上的重要讲话精神，全面落实全区党史学习教育动员大会和全市党史学习教育启动会精神，对隆德县党史学习教育进行启动部署。县委书记、县委党史学习教育领导小组组长潘建宁出席会议并讲话，县人大常委会主任王勇、县政协主席王升等县级领导参加会议，县委副书记、政法委书记、县委党史学习教育领导小组副组长马金平主持会议。

潘建宁强调，全县各级党组织和党员干部要进一步提高政治站位，深刻认识开展党史学习教育的重大意义。对标对表学，重点学习党的革命奋斗史、理论创新史和自身建设史，始终牢记全心全意为人民服务的宗旨，真正筑牢不忘初心、牢记使命的思想根基。把握主线学，以学思践悟习近平新时代中国特色社会主义思想为主线，把党史学习教育同贯彻落实习近平总书记考察宁夏重要讲话精神结合起来，分层次、多层面、全覆盖组织引导党员干部开展学习交流，切实在学思用贯通、知信行统一上下功夫见成效。突出特色学，用好六盘山红军长征纪念馆、红二十五军在隆德战斗事迹等红色资源，充分发挥革命历史教育引领功能，把隆德红色基因传承好、把红色传统发扬好。以上率下学，各级领导干部要发挥示范引领作用，先学一步、学深一层，成为知史学史、以史明志的表率。分级分类学，各级党组织要结合实际情况，对开展党史学习教育的内容安排、组织方式等进行精心策划，针对不同对象、不同群体"因材施教"，增强党史学习教育的感染力和渗透力，做到学党史、感党恩、听党话、跟党走。

【县党的建设领导小组2021年第一次会议】 7月6日，县党的建设领导小组召开2021年第一次会议，传达学习自治区党委、市委2020年度党（工）委书记抓基层党建述职考核会和市党的建设领导小组2021年第一次会议精神，听取上半年党的建设重点任务落实情况汇报，并就下半年相关工作进行安排部署。市委常委、县委书记、县党的建设领导小组组长潘建宁主持会议并讲话，县委副书记、政法委书记、县党的建设领导小组副组长徐万廷出席会议。

会上，审议通过了《隆德县2021年党的建设工作要点》《隆德县贯彻落实自治区党委〈关于在全区深入实施干部政治能力和专业能力提升工程的意见〉任务分工》。

会议强调，全县各级党组织要持续加强思想建设，深入开展党史学习教育，打牢学党史这个基础、抓住悟思想这个根本、提出办实事这个重点、实现开新局这个目的，扎实开展学习研讨，做好学用结合文章，确保学习取得实效。要强化配合协作、形成工作合力，压实责任抓党建、守正创新抓党建、凝聚合力抓党建、全程督导抓党建，推动形成党建工作高质量发展的长效机制。

【工程建设、政府采购等重点领域突出问题专项治理工作专题会议】 9月6日，县委书记刘斌主持召开全县工程建设政府采购等重点领域突出问题专项治理专题会议，分析前一阶段我县专项治理工作中存在的突出问题和原因，安排部署下一阶段专项治理目标任务。

会议要求，各乡镇、各相关部门（单位）要统一思想，压实工作责任，既要做好工作指导、组织协调、信息综合和督促检查等工作，又要按照"谁主管、谁负责"的原则，结合各自治理特点，主动认领问题，细化整改措施，加强协作配合，全力形成上下联动抓治理、齐心协力促攻坚的良好局面。要督促各相关单位切实履行主体责任，压实工作责任，制定切实可行的整改措施，保质保量按期完成整改。同时，要坚持问题导向，对工作推进、任务落实中作风漂浮、敷衍塞责的单位和干部要严肃问责，倒逼责任落实，确保专项治理工作取得显著成效。

【2021年推进全面从严治党暨加强党风廉政建设专题会议】 12月24日晚，隆德县召开2021年推进全面从严治党暨加强党风廉政建设专题会议，深入学习贯彻习近平总书记关于全面从严治党以及党风廉政建设和作风建设的重要论述，全面贯彻落实党中央和区市党委的安排和部署，系统把握党风廉政建设和反腐败斗争的总体思路和主要任务，压实责任，细化措施，持续用力，全力推动全县全面从严治党向纵深发展。县委书记、县党风廉政建设和反腐败工作领导小组组长刘斌出席会议并讲话；县委副书记、县长、县党风廉政建设和反腐败工作领导小组副组长马天峡主持会议；张佐、李国英、兰秀全等县领导参加会议。会议通报了全县2021年党风廉政建设和反腐败工作情况；宣读了《关于在全县开展"干事创业提精神、担当作为展形象"教育活动 进一步加强干部作风建设的实施方案》。

刘斌强调，深入推进全面从严治党和党风廉政建设既是政治保障，也是政治引领，更是政治责任。在正视成绩的同时，部分乡镇、部门（单位）还存在着从严治党主体责任落实不够到位、常态化开展教育监督管理不够深入、部分党员干部作风转变不够彻底等问题。各乡镇、部门（单位）领导干部要以此次会议为契机，长期坚持严的主基调，充分把握反腐败斗争的长期性、复杂性和艰巨性，以更加坚定的信心、更加有效的措施、更加务实的作风，把全县党风廉政建设和作风建设工作抓紧抓实抓出新成效。

马天峡在主持会议时要求，各乡镇、各部门（单位）要迅速召开会议传达学习此次会议精神，严格按照县委部署要求，切实提高政治站位，层层压实责任，抓好主业、当好主角。全县党员领导干部要知责于心、担责于身、履责于行，牢记党员身份，把遵守党的政治纪律和政治规矩作为做人干事的第一要求，坚持不懈、久久为功推进作风转变，切实发挥党员领导干部的示范引领和模范带头作用。全县各级纪检监察机关要切实把实现好、维护好、发展好广大人民群众的切身利益作为反腐败斗争的出发点和落脚点，真正把全面从严治党、党风廉政建设和反腐败工作融入日常、严在平常、抓在经常，抓出成效。

固原市纪委监委派驻第五纪检监察组组长李润良，以《学习新思想 新理论 一以贯之落实全面从严治党主体责任》为题，从明确党的领导、党的建设、全面从严治党、党风建设和反腐败斗争之间的关系，如何落实好全面从严治党主体责任、持之以恒纠治"四风"问题等方面，结合实际案例，作了深入浅出、内容丰富的专题讲解。

常委扩大会议

【十五届县委2021年第一次常委会（扩大）会议】 10月13日，县委书记刘斌主持召开十五届县委2021年第一次常委会（扩大）会议。会议传达学习习近平总书记在中央人才工作会议上的重要讲话，要求全县各级党组织要深入学习领会习近平总书记关于新时代人才工作的新理念新战略新举措，深刻领悟人才事业发展规律，聚焦补齐人才短板、破解人才瓶颈，突出教育、医疗和特色产业发展等重点领域，出台人才引进政策，下大气力全方位培养、引进、用好、留住人才，努力为加快推进全县高质量发展提供人才支撑。深入学习贯彻习近平总书记在纪念辛亥革命110周年大会上的重要讲话精神，围绕县第十五次党代会确定的各项工作任务，在体制机制改革创新上先行一步，在增进群众福祉中担当作为，在务实苦干中不断坚定道路自信，为全县高质量发展大局作出更大贡献。会议要求，要坚持强化审批服务和综合行政执法职能，严格按照"重心下移、依法下放、权责一致"的原则，加快基层职能转变，持续优化基层任重权小、资源分散、治理能力不高体制机制，用好综合便民服务机构和平台建设，推进基层治理体系和治理能力现代化。要坚持推动治理资源下沉，聚焦基层"看得见的管不着，管得着的看不见"的难题，持续推进行政执法权限和力量向基层下沉，进一步提升村（社区）代办点服务效能，推动"就近办""网上办"扩面提效，更好服务基层群众。

会议还研究了其他事宜。

【十五届县委2021年第三次常委会（扩大）会议】 10月13日，县委书记刘斌主持召开十五届县委2021年第三次常委会（扩大）会议，传达学习10月18日中共中央政治局会议、习近平总书记在中共中央政治局第三十四次集体学习和在《生物多样性公约》第十五次缔约方大会领导人峰会上的重要讲话精神。马天峡、王勇、李国英、徐万廷等县级领导参加会议。会议强调，推动黄河流域生态保护和高质量发展是以习近平同志为核心的党中央作出的重大战略部署。全县各级各部门要完整、准确、全面贯彻新发展理念，围绕先行区建设目标，加快形成以特色资源为支撑、以绿色崛起为特质、以三次产业深度融合为根本路径的竞争发展核心优势，努力走出一条具有隆德特色的更高质量、更有效率、更加公平、更可持续、更为安全的高质量发展新路子。

会议还研究了其他事宜。

【十五届县委2021年第四次常委会（扩大）会议】 10月29日，县委书记刘斌主持召开十五届县委2021年第四次常委会（扩大）会议。会议传达学习习近平总书记在深入推动黄河流域生态保护和高质量发展座谈会上的重要讲话，强调全县上下要切实把思想和行动统一到习近平总书记重要讲话精神上来，深入贯彻落实党中央和区市决策部署，结合先行区建设五次推进会议安排部署，牢记"国之大者"，把握准确功能定位，切实增强责任感、使命感，咬定目标、埋头苦干、久久为功，推动先行区建设各项任务落地落实。要坚持问题导向，强化系统观念，统筹发展和安全，积极推进山水林田湖草系统，统筹做好植绿增绿、治水用水、污染防治，以实施南部水源涵养林工程、什字河上游等水土流失综合治理工程为抓手，同步推进产业结构调整，构建水资源高效利用体系，筑牢六盘山绿色生态屏障。要加强组织领导和政策引领，对标对表谋发展，务实苦干抓落实，采取强有力的措施，健全组织领导体系，全力以赴把党中央和区市决策部署转化为实实在在的成效。

会议要求各相关部门要进一步提高思想认识，密切配合，认真做好隆德县十八届人民代表大会第一次会议和政协隆德县十二届委员会第一次会议会务组织工作，确保会议圆满召开。

会议还研究了其他事宜。

【十五届县委2021年第七次常委会（扩大）会议】 11月16日，县委书记刘斌主持召开十五届县委2021年第七次常委会（扩大）会议，传达学习党的十九届六中全会精神，对全县学习宣传贯彻工作进行安排部署。马天峡、张佐、李国英、徐万廷等县级领导参加会议。

会议强调，全县各级党组织要把学习宣传贯彻党的十九届六中全会精神作为当前和今后一个时期的重大政治任务，加强领导、精心组织、周密部署、先学一步，迅速掀起学习宣传贯彻全会精神的热潮。要学懂全会精神，原原本本学、反复深入学、融会贯通学、联系实际学，做到学思用贯通、知信行统一。要精心宣传宣讲，制定宣传方案，充分发挥媒体融合作用，结合新时代文明实践活动，多角度、全方位宣传解读；要抽调精干力量组成宣讲团，深入乡村、社区、学校、企业，开展分众化、互动式、全覆盖宣传宣讲，使全会精神家喻户晓、深入人心、直达基层，引导广大群众感党恩、跟党走，进一步凝聚人心、推动发展。要结合实际贯彻全会要求，把全会精神与统筹抓好当前各项工作结合起来，围绕黄河流域生态保护和高质量发展先行区建设目标，全力抓好"四大提升行动""四权改革"、基层治理等各项工作，全面完成年度各项目标任务，不断加快乡村振兴步伐；要把贯彻落实全会精神与谋划明年工作结合起来，加大招商引资力度，积极争取资金项目，做好产业结构调整，推动全会精神在隆德落地生根、开花结果，以优异成绩迎接党的二十大召开。

会上，还传达了《中共中央 国务院关于深入打好污染防治攻坚战的意见》精神，研究了我县2022年重点项目谋划储备工作等事宜。

【十五届县委2021年第九次常委会（扩大）会议】 12月2日，县委书记刘斌主持召开十五届县委2021年第九次常委会（扩大）会议，传达学习自治区建设黄河流域生态保护和高质量发展先行区第六次推进会、自治区党委十二届十四次全会、中共固原市委四届十二次全会和中国共产党固原市第五次代表大会精神，研究隆德县贯彻意见。李国英、兰秀全等县级领导参加会议。

会议要求，全县上下要深入学习领会全会精神，把学习贯彻区、市全会精神与学习贯彻党的十九届六中全会、中央民族工作会议精神结合起来，系统学习、统筹贯彻、知行合一，推动各项部署要求落地见效。要尽快组织召开全县领导干部专题学习班，抽调精干力量下沉宣讲，切实把社会各界思想、意志和行动统一到党的十九届六中全会精神上来，增强"四个意识"、坚定"四个自信"、做到"两个维护"；要全面贯彻落实党的民族政策，提高民族事务治理能力，着力防范化解民族领域风险隐患，加快创建民族团结进步示范县，为助力先行区建设、迈向现代化凝聚更大合力。同时，要把全会精神学习成果转化为年底冲刺的奋进力量，迅速掀起学习贯彻全会精神的热潮，切实增强学习贯彻全会精神的政治自觉、思想自觉、行动自觉，全力冲刺完成全年目标任务，精心谋划明年工作思路任务，确保各项工作开好局起好步，以优异成绩迎接党的二十大召开。

会议还研究了其他事宜。

【十五届县委2021年第十次常委会（扩大）会议】 12月25日，县委书记刘斌主持召开十五届县委2021年第十次常委会（扩大）会议，传达学习习近平总书记在中共中央政治局第三十五次集体学习时的重要讲话、致中国人民对外广播事业创建80周年贺信、向"2021从都国际论坛"开幕式发表视频致辞、中央经济工作会议和自治区党委经济工作会议等精神。马天峡、张佐、李国英、兰秀全等县领导参加会议。

会上，通报了十五届县委第五次常委会会议以来决定事项及11月份以来县委主要领导调研、批示件、各类会议决定事项落实情况，并就当前重点工作进行安排部署。

会议要求，要坚持以习近平新时代中国特色社会主义思想为指导，全面贯彻落实党的十九大、十九届历次全会精神和中央经济工作会议精神，深入推进更高水平的平安隆德建设，以优异成绩迎接党的二十大胜利召开。要把农村人居环境整治作为巩固拓展脱贫攻坚成果、推进乡村振兴的重要抓手，紧扣创建"全区农村人居环境整治示范县"目标，聚焦"五清、五净、五美"标准，大力实施"五大工程"，不断提升农村居民获得感、幸福感。要切实提高政治站位，加强组织领导，统筹做好元旦、春节期间各项工作，特别是安全生产、信访维稳、食品药品安全和森林草原防火等事关人民群众生命财产安全的重要工作，为新一年开好局打下坚实基础。要深刻领会党的百年奋斗重大成就和历史经验，深刻把握建设新时代文明实践中心的历史传承、现实使命、实践导向，进一步增强建设新时代文明实践中心的责任感、使命感、紧迫感。要坚持教育优先发展战略，加大教育投入，深化教育改革，聚焦办好人民满意教育目标任务，努力培养造就一支适应新时代教育发展需求的"四有"好老师。

会议还研究了其他事宜。

县委理论学习中心组集体学习会议

【县委理论学习中心组2021年第七次集体学习会议】 4月29日，县委书记潘建宁主持县委理论学习中心组2021年第七次集体学习会议并讲话。

会上，学习了习近平总书记关于新发展理念的重要论述、《中共中央办公厅关于印发〈党委（党组）网络意识形态工作责任制实施细则〉的通知》精神。王东海、袁亚亚、李龙君三位同志围绕准确把握新发展阶段、深入贯彻新发展理念、加快构建新发展格局、推动"十四五"时期高质量发展，确保全面建设社会主义现代化国家开好局、起好步进行了研讨发言。

【县委理论学习中心组2021年第十三次集体学习会议】 7月14日，固原市委常委、县委书记潘建宁主持召开县委理论学习中心组2021年第十三次集体学习会，集体学习习近平总书记在庆祝中国共产党成立100周年大会和中央政治局第二十六次集体学习时的重要讲话等内容。

本次学习主题是：深入学习贯彻习近平总书记关于学习和总结党的历史的重要论述精神，弘扬伟大建党精神。会上，刘君彬、杨智军、张兴科、田野4位同志围绕"弘扬伟大建党精神"主题，结合工作实际作了交流研讨发言。

【县委理论学习中心组2021年第十五次集体学习会议】 10月13日，县委书记刘斌主持召开县委理论学习中心组2021年第十五次集体学习会。主题是：深入学习贯彻习近平总书记"七一"重要讲话精神和有关党内法规，践行伟大时代使命。会上，柳志刚、李麒才、温仲乐、李铎4位同志以"践行伟大时代使命"为主题，结合工作实际作了研讨发言。

【县委理论学习中心组2021年第十六次集体学习会议】 10月26日，县委书记刘斌主持召开县委理论学习中心组2021年第十六次集体学习会。马天峡、王勇、李国英、徐万廷等县级领导参加集体学习会。

本次学习的主题是：深入学习贯彻习近平总书记关于加强和改进民族工作的重要思想，认真学习贯彻中央民族工作会议精神，全面学习贯彻中国共产党宁夏回族自治区第十二届委员会第十三次全体会议精神。会上，刘斌、赵文福、金宝文、冶文军、李铎5位同志围绕此次学习主题，结合工作实际作研讨发言。

【县委理论学习中心组2021年第十七次集体学习会议】 11月16日，县委书记刘斌主持召开县委理论学习中心组2021年第十七次集体学习会，集体学习《社会主义发展简史》《中华人民共和国简史》《改革开放简史》和党内法规制度等部分内容。马天峡、张佐、李国英、徐万廷等县级领导参加集体学习会。

会议指出，《社会主义发展简史》《中华人民共和国简史》《改革开放简史》三部简史，是党史学习教育的重要参考书，是广大党员干部和群众学习历史、理解历史的重要辅助读物，对于进一步推动学史明理、学史增信、学史崇德、学史力行具有重要意义。各级党组织要高度重视、精心部署、周密安排，结合工作实际，做好三部简史学习，进一步推动党史学习教育走深走实。

【县委理论学习中心组2021年第十八次集体学习会议】 12月25日，县委书记刘斌主持召开县委理论学习中心组2021年第十八次集体学习会，集体学习《中共中央关于党的百年奋斗重大成就和历史经验的决议》《中国共产党第十九届中央委员会第六次全体会议公报》等内容。县委副书记、县长马天峡，县人大常委会主任张佐，县政协主席李国英、县委副书记、政法委书记兰秀全等县级领导参加集体学习会。

本次学习的主题是：深入学习贯彻党的十九届六中全会精神。

会上，张佐、李国英、田云、胡巧琴、陈昊五位同志围绕学习主题，结合自己工作实际进行了研讨发言。

常委会会议

【县委2021年第一次常委会会议】 1月6日，县委书记袁秉和主持召开县委2021年第一次常委会会议传达学习市委四届九次全会精神。安排在全县范围内开展市委四届九次全会精神宣讲活动，充分利用新时代文明实践中心（所、站），针对不同层级分类宣传、不同领域深度宣传、不同对象灵活宣传，让干部群众听得懂、能领会、落得实。传达学习中央农村工作会议精神、中共中央政治局民主生活会精神、习近平主席2021年新年贺词和习近平总书记在全国政协新年茶话会上的重要讲话精神；传达学习《中共中央　国务院关于实现巩固拓展脱贫攻坚成果同乡村振兴有效衔接的意见》《中共中央关于印发〈法治中国建设规划（2020—2025年）〉的通知》《中共中央办公厅印发〈关于加强巡视巡察上下联动的意见〉的通知》精神；传达学习了自治区党委经济工作会议、自治区建设黄河流域生态保护和高质量发展先行区第三次推进会、自治区党委常委会暨应对新冠肺炎疫情工作领导小组第十六次会议精神，研究隆德县贯彻意见；通报了《2021年元旦期间"四风"问题和领导干部带班值班督查情况》；听取了全县政法工作和公安工作情况汇报；审议《隆德县国民经济和社会发展第十四个五年规划纲要（草案）》。

【县委2021年第二次常委会会议】 1月20日，市人大常委会副主任、县委书记袁秉和主持召开县委2021年第二次常委会会议，传达习近平总书记在省部级主要领导干部学习贯彻党的十九届五中全会精神专题研讨班开班式上的重要讲话和对政法工作的重要指示精神；传达学习《中共中央　国务院关于全面推进乡村振兴加快农业农村现代化的意见》精神，及市两会精神，研究隆德县贯彻意见。县委副书记、县长潘建宁，县人大常委会主任王勇，县委副书记杨超，县委副书记、政法委书记马金平等在家县级领导参加会议。

会议强调，全县各级各部门特别是政法系统要认真学习贯彻习近平总书记重要指示和中央政法工作会议精神，推动政法工作高质量发展。要聚焦政治建设，坚持党对政法工作的绝对领导，认真贯彻《中国共产党政法工作条例》及自治区实施细则，确保刀把子牢牢掌握在党和人民手中。要强化社会治理，建设更高水平"平安隆德"，坚持和发展新时代"枫桥经验"，落实"125""411"机制，加大矛盾纠纷调处化解力度，努力把矛盾纠纷化解在基层和萌芽状态。要持续推进"六清"行动，巩固和深化扫黑除恶专项斗争成果，加快健全完善常态化开展扫黑除恶专项斗争运行机制，推动举报受理、打击惩处、源头治理、督办检查常态化，不断提升扫黑除恶专项斗争整体水平。要加强队伍建设，以政法队伍教育整顿活动为切入点线，统揽各项工作，扎实开展活动，着力锻造忠诚干净担当的政法队伍。

会议还研究了其他事宜。

【县委2021年第四次常委会会议】 3月3日，县委书记潘建宁主持召开县委2021年第四次常委会会议，传达学习习近平总书记在中央政治局第二十七次集体学习时的重要讲话、在全国脱贫攻坚总结表彰大会上的重要讲话、在河北省阜平县考察扶贫开发工作时的重要讲话和在党史学习教育动员大会上的重要讲话精神、传达全区领导干部学习贯彻党的十九届五中全会精神专题研讨班精神、自治区党委农村工作会议和市委农村工作会议精神，研究隆德县贯彻意见。县人大常委会主任王勇、县政协主席王升、县委副书记杨超，县委副书记、政法委书记马金平等在家县级领导参加会议。

会议强调，全县各级党组织要认真贯彻落实党中央和区、市党委关于开展党史学习教育的安排部署，切实提高思想认识和政治站位，抓紧抓实抓好党史学习教育工作，引导广大党员干部学史明理、学史增信、学史崇德、学史力行。要在"学"上务求实效，学好必读篇目，用好红色资源，树好身边典型，联系实际学、带着问题学，确保学有所得、学有所获；要在"悟"上入脑入心，深化规律认识，增强历史自觉，提高政治判断力、政治领悟力、政治执行力，切实增强"四个意识"、坚定"四个自信"、做到"两个维护"；要在"干"上担当作为，通过党史学习教育，弘扬优良传统，砥砺初心使命，以为群众办实事、为发展开新局的实际行动，向党和人民交出满意答卷。

会议还研究了其他事宜。

【县委2021年第六次常委会会议】 3月29日，县委书记潘建宁主持召开县委2021年第六次常委会会议，传达学习习近平总书记在福建考察调研时的重要讲话精神，通报县委2021年第五次常委会决定事项落实情况，听取一季度全县安全生产和森林草原防火工作汇报，并就当前重点工作进行安排部署。县委副书记、代县长刘斌，县人大常委会主任王勇，县政协主席王升，县委副书记、政法委书记马金平等县级领导参加会议。

会议强调，各乡（镇）、各部门（单位）要切实提高政治站位，坚决把思想和行动统一到中央和区、市、县党委关于安全生产和森林草原防火工作部署要求上来，紧绷安全生产这根弦，强化责任落实，采取有力措施，坚决抓好安全生产和森林草原防火工作。要始终把安全生产作为全县经济社会高质量发展的基础和保障，严格按照森林草原防火网格化管理责任细化表安排，压实责任、加强监管、严防死守，最大限度减少森林草原火灾发生。要切实加强重点行业（领域）安全监管，结合安全生产专项整治三年行动，扎实开展危险化学品、建筑施工、道路交通等重点行业领域专项整治活动，把监管责任落实到每一道环节、每一个细节上，形成强有力的约束和科学有效的机制，坚决防范和遏制事故发生。要压紧压实责任，加大巡查检查力度，严格监管野外用火，做到每个重点山头、地块、坟区都有专人把守；时刻保持战备状态，及时组织开展防灭火应急演练，形成全方位防灭火安全网，确保出现火情能"打早、打小、打了"。要加强值班值守，严格执行领导干部带班和24小时值班制度，落实事故信息报告制度，确保一旦发生事故和火情，快速响应、有效应对、及时处置。

会议要求，全县各级各部门要认真学习领会自治区党委前八轮巡视整改"回头看"情况的通报要求，创新方式方法，全面加强各级巡视巡察反馈问题的整改，列出清单、责任到人、限定时限，确保高标准、严要求完成整改，以实际行动不断增强人民群众的获得感、幸福感、安全感。

会议还研究了其他事宜。

【县委2021年第七次常委会会议】 4月13日晚，县委书记潘建宁主持召开县委2021年第七次常委会会议，县委副书记、代县长刘斌，县人大常委会主任，县政协主席王升，县委副书记、政法委书记马金平等县级领导参加会议。

会议要求，全县各级党组织和广大党员干部要进一步提高思想认识，严格按照《隆德县党史学习教育实施方案》，进一步明确"时间表""路线图"，推动党史学习教育往深里走、往心里走、往实里走。要坚持以上率下，以"关键少数"示范带动"绝大多数"，引导广大党员干部学出坚强党性、学出信仰担当，形成领导带头、上下联动的生动局面。要坚持统筹结合，把党史学习教育同政法队伍教育整顿、项目建设、巩固拓展脱贫攻坚成果同乡村振兴有效衔接等重点工作结合起来，着力解决群众急难愁盼问题，努力把学习成效转化为工作成效。要坚持因地制宜，突出工作特色，用活用好红色资源，总结提炼各级各部门的特色经验做法，带动全社会形成学党史、用党史的浓厚氛围。要加强督促检查，采取明察暗访、联合督查等方式，对突出问题要及时通报、约谈问责，以强有力的监督问责推动党史学习教育取得实效。

会议还研究了其他事宜。

【县委2021年第八次常委会会议】 4月29日，县委书记潘建宁主持召开县委2021年第八次常委会会议，传达学习习近平总书记近期重要指示、重要讲话精神和《中共中央关于加强对"一把手"和领导班子监督的意见》《中国共产党组织处理规定（试行）》、全区建设黄河流域生态保护和高质量发展先行区第四次推进会、全区当前经济形势分析通报会、中央定点扶贫单位座谈会、全区脱贫攻坚总结表彰大会、全区实施百万移民致富提升行动会精神，研究我县贯彻意见。听取关于做好"五一""开斋节"假期全县安全生产工作和食品药品安全工作情况汇报。

会议强调，要认真贯彻落实全区建设黄河流域生态保护和高质量发展先行区第四次推进会、全区当前经济形势分析通报会、中央定点扶贫单位座谈会、全区脱贫攻坚总结表彰大会和全区实施百万移民致富提升行动会精神，各相关部门要对照自治区有关文件要求，尽快研究制定具体方案。要扎实开展"四权改革"工作，把准"四权"改革取向，充分发挥市场在资源配置中的决定性作用、更好发挥政府作用，大力推进资源要素市场化配置，真正实现资源有价、使用有偿、交易有市、节约有效。要明确"四权"改革目标，落实"用水权改革重在节水增效，土地权改革重在盘活增值，排污权改革重在降污增益，山林权改革重在植绿增绿"要求，确保改革取得实质性成效。要抓住"四权"改革关键，紧盯确权、赋能、定价、交易、监管5个环节，赋予"四权"商品属性、市场属性、价值属性，发现隐形资源、激活沉睡资产，促进资源要素优化配置、转化增值。要抓好防返贫预警监测网格化管理机制的落实，做到早发现、早干预、早帮扶，坚决守住不发生规模性返贫的底线；抓好全区农村人居环境整治示范县创建工作，全力打造宜居、宜业、宜游的美丽村庄；全面抓好乡村治理各项工作任务落实，确保乡村社会和谐稳定；加强对第一书记和驻村工作队的管理，压紧压实巩固拓展脱贫攻坚成果责任；要落实好移民群众到户产业发展计划，帮助移民群众通过发展产业增收致富。

会议还研究了其他事宜。

【县委2021年第九次常委会会议】 5月9日，县委书记潘建宁主持召开县委2021年第九次常委会会议，传达关于银川市确诊1例解除隔离返宁人员新冠肺炎病例情况，研究我县贯彻意见。县委副书记、代县长刘斌，县人大常委会主任王勇，县委副书记、政法委书记马金平等县级领导参加会议。

会议要求，各乡（镇）、各相关部门（单位）要切实提高思想认识，充分认识疫情防控的复杂性，坚决克服麻痹思想和厌战情绪，切实抓好常态化疫情防控工作。要严防输入，继续紧盯重点人群，采取有效措施，全面摸清隆德籍境外人员情况，做好跟踪管控；要强化联防联控，加强车站、商超、宾馆、园区、学校等重点场所和重点人群管控，认真落实验码、消毒、通风等疫情防控措施；要紧盯重点物流，加强跨境物流、冷链食品管控，确保风险冷链食品不流入我县；要科学调配人员力量，保障疫苗供应，抓紧做好疫苗接种工作，确保应接尽接。同时，要加强疫情防控宣传报道和防护知识普及，科学预防疫情。

【县委2021年第十一次常委会会议】 5月20日，县委书记潘建宁主持召开县委2021年第十一次常委会会议，传达学习有关会议、讲话和文件精神，研究我县贯彻意见。县委副书记、代县长刘斌，县人大常委会主任王勇、县政协主席王升等县级领导参加会议。

会议强调，各乡（镇）、各部门（单位）要始终坚持以习近平新时代中国特色社会主义思想为指导，增强"四个意识"、坚定"四个自信"、做到"两个维护"，坚持以人民为中心，坚持共同富裕方向，坚持开发式帮扶方针，从集中资源支持脱贫攻坚转向巩固拓展成果和全面推进乡村振兴，完善乡村振兴工作体系，健全农村低收入人口帮扶机制，实施"四大提升行动"，促进农业高质高效、乡村宜居宜业、农民富裕富足，为建设经济繁荣、民族团结、环境优美、人民富裕的美丽新宁夏作出隆德贡献。

会议还研究了其他事宜。

【县委2021年第十二次常委会会议】 5月26日，县委书记潘建宁主持召开县委2021年第十二次常委会会议。县委副书记、代县长刘斌，县人大常委会主任王勇、县政协主席王升等县级领导参加会议。

会议强调，党史学习教育开展以来，全县各级党组织深入开展学习贯彻习近平总书记在党史学习教育动员大会上的重要讲话精神，认真贯彻落实党中央决策部署和区、市、县党委要求，坚持高标准谋划、高质量推进，扎实细致落实各项任务，学习教育取得了积极成效。下一步，各乡（镇）、各部门（单位）要在抓实专题宣讲、解决群众"急难愁盼"、统揽统筹宣传教育、围绕中心服务大局等方面，坚持守正创新，突出工作特点，加强组织领导，精心谋划实施，用心用情用力推动党史学习教育走深走实，更好地将学习教育成效转化为攻坚克难、干事创业的实际行动，奋力开创全县经济社会发展新局面。

会议还研究了其他事宜。

【县委2021年第十七次常委会会议】 6月23日，固原市委常委、县委书记潘建宁主持召开县委2021年第十七次常委会会议，研究《隆德县"七一"前夕组织开展走访慰问活动实施方案（送审稿）》《隆德县村庄规划工作方案（送审稿）》和县城集中供热锅炉大修及热力管道网改造工作等相关事宜，安排部署近期重点工作。

会议指出，今年是中国共产党成立100周年，全县各级党组织要高度重视、加强统筹，扎实组织开展走访慰问活动，使开展走访慰问的过程成为进一步凝心聚力、振奋精神、推动工作的过程。要发扬党的优良传统作风，下基层、进家门，向走访慰问对象转达党中央和区市县党委对大家的关怀，褒扬他们为党的事业作出的贡献。

会议强调，要以习近平新时代中国特色社会主义思想为指导，牢固树立新发展理念，按照"产业兴旺、生态宜居、乡风文明、治理有效、生活富裕"的乡村振兴战略总要求和区市党委决策部署，有序抓好村庄规划工作方案编制工作。要扎实做好村庄调查、分类和布局，以科学的村庄规划引领我县乡村高质量发展，建设美丽宜居乡村

奠定坚实基础。

会议还研究了其他事宜。

【县委2021年第十八次常委会会议】 6月26日，固原市委常委、县委书记潘建宁主持召开县委2021年第十八次常委会会议，传达学习习近平总书记近期重要讲话精神和有关会议、文件精神。县委副书记、代县长刘斌，县人大常委会主任王勇，县政协主席王升等县级领导，各乡镇、各部门负责同志参加会议，部分"两代表一委员"列席会议。

会上，传达学习了习近平总书记参观"'不忘初心、牢记使命'中国共产党历史展览"时重要讲话精神等；传达学习了自治区党委全面依法治区工作电视电话会议精神，研究隆德县贯彻意见；听取了全县上半年意识形态工作汇报；研究了《隆德县先行区建设重点工作暨"四权"改革"四大提升行动"观摩推进会建议方案》等。

会议强调，各乡镇、各部门要严格落实党政主要负责人履行推进法治建设第一责任人职责，推行法律顾问参与重大行政决策机制，按要求制定、按时限公开重大行政决策目录，落实行政机关负责人出庭应诉制度，确保2021年行政机关负责人出庭应诉率达到100％。依法治县办公室要按照"八五"普法规划，持续加大全民普法工作力度，深入开展宪法宣传教育活动，加强宪法实施和监督，重点围绕学习宣传民法典、社区矫正法等开展2021年法治宣传工作，在全社会造浓厚法治氛围。

会议还研究了其他事宜。

【县委2021年第十九次常委会会议】 7月2日，

固原市委常委、县委书记潘建宁主持召开县委2021年第十九次会议，传达学习习近平总书记在中共中央政治局第三十一次集体学习时的重要讲话和祝贺金沙江白鹤滩水电站首批机组投产发电致信精神；传达《中共宁夏回族自治区委员会关于印发〈加强对"一把手"和领导班子监督实施办法（试行）〉〈"一把手"和领导班子开展党内谈话实施办法（试行）〉〈"一把手"述责述廉实施办法（试行）〉的通知》及全国政法队伍教育整顿中央第四督导组督导宁夏意见反馈会精神，研究我县贯彻意见。会议强调，中央第四督导组督导宁夏意见反馈指出的问题，一针见血、切中要害，提出要求精准有力、符合实际。各级政法单位要自觉从政治上认识问题、剖析根源、推动整改，坚决克服"厌战"思想，杜绝"过关"心态，以实际行动和整改成效践行"两个维护"。要以更大力度抓紧反馈整改"后半篇"文章，持续抓好重点案件挂牌攻坚，抓好顽瘴痼疾整改整治，把督导组反馈问题和自查自纠发现问题结合，试行责任清单制管理，既抓立行立改，又抓建章立制，确保问题整改改实改全改彻底。要注重坚持标本兼治，以反馈意见整改落实为抓手，巩固教育整顿各项成果，持续扩大战果，不断提升全县政法工作质量和水平。

会议还研究了其他事宜。

【县委2021年第二十二次常委会会议】 7月14日，固原市委常委、县委书记潘建宁主持召开县委2021年第二十二次常委会会议，传达学习习近平总书记在中国共产党成立100周年庆祝活动总结会和中央全面深化改革委员会第二十次会议上的重要讲话精神；传达学习《关于印发〈严肃换届纪律加强换届风气监督工作方案〉的通知》精神；听取全县城乡供水保障情况汇报。

会议要求，各乡（镇）、各部门（单位）要进一步增强忧患意识，高度重视极端气候，本着对人民群众高度负责的精神，居安思危，超前谋划，尽早动手，提前做好应对旱情准备。要加强研判会商，科学分析旱情发展趋势，做好土壤墒情信息监测和旱情信息统计报送工作，及时准确发布旱情信息，适时启动旱灾防御应急响应。要加强水资源管理，全面掌握库塘蓄水、供水工程运行、群众用水需求等情况，统筹好给排水工作，切实保障城乡居民生产生活用水。要加强天气预报分析，实时监测水雨情，抓住一切有利机会开展人工降雨，对蓄水严重不足的水库逐一强化落实蓄水增蓄措施。同时，要进一步加强节约用水宣传教育，压减市政绿化用水、限制洗车等高耗水行业用水，提高全社会节水意识，形成全民节水的良好氛围。

会议还研究了其他事宜。

【县委2021年第二十三次常委会会议】 7月22日晚，受固原市委常委、县委书记潘建宁委托，县委副书记、代县长刘斌主持召开县委2021年第二十三次常委会会议，传达学习习近平总书记对防汛救灾工作重要指示精神，安排部署全县防汛减灾工作。

会议强调，各乡（镇）、各部门（单位）要认真贯彻落实习近平总书记重要指示精神，坚决克服松懈麻痹和侥幸心理，时刻绷紧防汛减灾和地质灾害防治这根弦，进一步强化工作措施、压实工作责任，把防汛减灾各项工作做得更实更细更到位，确保人民群众生命财产安全。要继续加强监测预警，健全防汛抗旱期间会商调度机制，及时研判天气变化和汛情发展趋势，全面抓好气象、洪涝、地质灾害等动态监测和预警预报，确保警示在前、预防在前。要继续强化应急准备，认真落实领导带班和24小时值班值守等制度，细化防灾、抢险、撤离、救援等具体措施，强化物资资金保障和医疗、电力、特种设备等专业队伍储备，确保一旦发生灾情能够快速行动、按时到位、全力抢险。

会议还研究了其他事宜。

【县委2021年第二十六次常委会会议】 8月9日，县委副书记、代县长刘斌主持召开县委2021年第二十六次常委会会议暨县委应对新冠肺炎疫情工作领导小组第10次会议，传达学习7月30日中共中央政治局会议精神和习近平总书记对深入推进农村厕所革命重要指示、向新冠疫苗合作国际论坛首次会议发表书面致辞精神；传达学习全国、全区、全市疫情防控工作电视电话会议精神和自治区第一次扫黑除恶常态化暨重点行业领域整治推进会精神，研究隆德县贯彻意见。

会议强调，全县各级各部门（单位）要全面落实全国、全区和全市疫情防控工作电视电话会议精神，进一步提高责任感、紧迫感，克服松懈麻痹思想，落实"四早"要求，压实"四方责任"，从严从紧落实各项防控措施，坚决遏制疫情扩散蔓延，守住来之不易的防控成果。要切实加强疫情防控工作的组织领导，严格落实辖区、行业、单位、个人"四方"责任，对本乡镇、本部门（单位）、本系统的疫情防控工作进行再动员、再部署、再落实，做好聚集性突发疫情应对处置准备，加强防控各环节督导检查。要强化重点环节防控，严格执行离返隆人员审批报备制度；常态化做好社区、娱乐休闲场所、校园、客运等各类重点部位的环境消杀等防控工作；要严格落实冷链物流、农贸市场、超市等重点场所管控措施，以冷链食品为重点，严格进行检疫查验，从源头上防范输入性风险。同时，要加快疫苗接种进度，确保疫苗供应到位、接种服务到位、接种安全措施到位、接种宣传到位，稳妥有序推进疫苗接种工作。

会议还研究了其他事宜。

【县委2021年第二十七次常委会会议】 8月18日，县委副书记、代县长刘斌主持召开县委2021年第二十七次常委会会议，传达学习《中共中央 国务院关于优化生育政策促进人口长期均衡发展的决定》《中共中央办公厅 国务院办公厅印发〈关于进一步减轻义务教育阶段学生作业负担和校外培训负担的意见〉》；传达全区疫情防控工作会议精神，研究隆德县贯彻意见。

会议要求，全县各级各部门（单位）要认真贯彻落实"双减"政策精神，明确专项治理路线图、时间表，突出工作重点、关键环节、薄弱部位，开展全面排查整治，确保各项措施落实落细落到位。县教体局要严格落实"双减"主体责任，通过专项督查、集体督导和常规检查等多种方式，进一步加强对学校执行"减负"规定的指导检查力度，进一步健全"减负"家校联动工作机制，强化课后服务，形成家校育人合力，共同推动"减负"工作取得实效。同时，要全面规范管理校外培训机构，坚持从严治理，对存在不符合资质、管理混乱、借机敛财、虚假宣传等问题的机构，要严肃查处。

会议强调，各乡镇、各部门（单位）要认真

学习贯彻全区疫情防控工作会议精神，始终保持高度重视、高度警惕、高度戒备，坚决做到思想丝毫不松、标准丝毫不降、力度丝毫不减，慎终如始做好疫情防控各项工作。要紧盯重点人员、重点地区、重点环节，对省外来隆人员第一时间进行摸排备案。要强化重点部位、重点场所防控，建立完善日常排查机制，加强社区、厂区、校区、园区"四区"和农贸市场、大型商场、文化广场、宗教活动场所"四场"漏洞排查。要对酒店、宾馆、民宿等人员密集场所全面落实防控措施，进行体温检测、健康码查验、人流登记等措施，坚决杜绝漏管失控。要坚持疫情信息报告制度，坚持日报告、零报告，做到有事报情况，无事报平安，决不能迟报漏报瞒报假报。

会议还研究了其他事宜。

【县委2021年第三十四次常委会会议】 9月15日晚，县委召开2021年第三十四次常委会会议，传达学习习近平总书记在中央党校（国家行政学院）中青年干部培训班开班式上的重要讲话、全国政协系统党的建设工作经验交流会、全区党委国安办主任会议、全区农村厕所革命现场会议、固原市产业发展和招商引资大会精神，研究我县贯彻意见。听取"中秋""国庆"两节期间全县安全生产和秋冬季安全防范工作情况汇报，安排部署相关工作任务。县委书记刘斌主持会议并讲话。

会议要求，县政协党组和全体政协委员要深入贯彻落实全国政协系统党的建设工作经验交流会精神，积极履行政治协商、民主监督、参政议政职能，为推动隆德高质量发展作出新的更大贡献。全县各级各部门要牢固树立总体国家安全观，保持战略定力、增强忧患意识、强化底线思维，坚决维护国家安全和社会稳定。要结合"我为群众办实事"实践活动，盯紧目标任务，强化工作措施，全力推进改厕工作。要坚持大抓产业、抓大产业理念，加大招商引资力度，扎实推进产业发展提质增效。

疫情防控工作会议

【全县疫情防控工作视频调度会】 1月20日，县委应对新冠肺炎疫情工作领导小组召开全县疫情防控工作视频调度会，对当前和今后一个时期全县疫情防控工作进行再动员、再部署。市人大常委会副主任、县委书记、县委应对新冠肺炎疫情工作领导小组组长袁秉和主持会议并讲话，县长、县应对新冠肺炎疫情工作指挥部指挥长潘建宁安排部署全县疫情防控工作。

会议强调，坚持"外防输入、内防反弹"，落实落细各项防控措施，是抓好疫情防控工作的关键所在。全县各级党组织要认真落实"三个减少"、提高"四个能力"等要求，研究制定更加严谨务实、精准高效、全环节管控和处置的工作方案，切实有效形成精准防控、联防联控的长效常治模式，确保疫情防控常态化措施落地见效。要强化指挥协调，加强重点人群、重点关口、重点领域管控，减少人口流动、聚集活动、相互走动，提高核酸检测能力、流调溯源能力、医疗救治能力、社会保障能力，做好应急准备，加强宣传引导。

会议要求，各乡镇要加强组织领导和统筹协调，做到守土有责、守土担责、守土尽责，各乡镇党委书记要亲自研究部署，加强分析研判，制定针对性工作措施并组织实施，及时发现薄弱环节、防控漏洞，切实采取有效措施，整改到位。各部门要按照职责分工，认真履行防控责任，同心协力、相互配合，形成工作合力，做到不推诿、不缺位。卫健局、市监局、教体局、民政局等部门要组织对本系统、本行业落实常态化疫情防控措施情况开展督导检查，确保防控责任落实到位。各企事业单位、社会组织要按照常态化疫情防控工作要求，认真落实主体责任，建立健全防控工作责任制和管理制度，加强内部风险隐患排查和安全防范，做到每个企业单位有防护指南、有防控管理制度和责任人、有防护物资设备、有应急预案，严格落实人员出入管理、个人防护、测温扫码、通风消毒等防控措施。要加强从外地特别是中高风险地区来隆返隆人员的思想工作，讲清楚政策，动之以情、晓之以理，督促引导他们真实主动报告个人行程和健康状况，并配合做好管控措施。对因不按照要求报告情况、不配合疫情防控工作造成严重后果的人员，要严肃追究法律责任。

会上，还传达学习了全国、全区疫情防控工作电视电话会议和固原市疫情防控工作会议精神；通报了近期疫情防控工作进展情况；宣读了《关于调整隆德县委应对新型冠状病毒肺炎疫情工作领导小组和县应对新型冠状病毒肺炎疫情工作指挥部组成人员的通知》《关于进一步落实县直部门（单位）包抓县城小区卡点疫情防控工作方案》《关于进一步健全乡村干部包抓农村疫情防控工作方案》《进一步强化县级查验站查验工作方案》。

会议以云视讯形式在县、乡、村（社区）同步召开，杨超、马金平等县级领导，县委各部委，县直各部门，各人民团体、直属事业单位，区、市驻隆各单位主要负责同志，县级各医疗机构主要负责同志，县城各中小学校校长、幼儿园园长在主会场参加会议；各乡镇领导班子成员、乡镇干部，乡镇各中小学校校长、幼儿园园长，卫生院院长，各包村干部，村"两委"（社区居委会）班子成员、第一书记、各村级小学校长、社区卫生服务站负责人、各行政村村医在分会场参加会议。

【县委应对新冠肺炎疫情工作领导小组第十二次会议】 11月2日晚，县委书记、县委应对新冠肺炎疫情工作领导小组组长刘斌主持召开县委应对新冠肺炎疫情工作领导小组第十二次会议。马天峡、徐万廷等县领导参加会议。

会议指出，党中央和习近平总书记高度重视人民群众生命安全和身体健康，全县上下要切实从思想上高度重视，坚决落实国务院联防联控机制工作要求，严格按照区市党委和政府的具体安排部署，全面推进各项疫情防控措施落实到位。要克服麻痹思想、侥幸心理和松劲心态，把好关口、主动排查、弥补漏洞、强化措施、协作同步，落实落细备战应急各项工作，坚决打好外防输入阻击战和疫情防控攻坚战。

会议强调，面临严峻的疫情防控形势，各乡（镇）、相关部门（单位）要进一步提高思想认识，牢固树立"底线思维"，切实统筹好安全和发展的关系，从具体环节抓好各项工作落实。要突出抓好督查问题整改，对标对表，针对区市督查反馈的相关问题，及时纠正整改、坚决堵塞漏洞；要突出抓好"外防输入"关键，严格落实疫情防控措施，把好入隆关口；要突出抓好联防联控措施落实，科学有效抓好重点人员、重点场所、重点行业管控工作，全面落实体温检测、健康码查验、人流登记等措施，坚持人物同防，加强冷链食品核酸检测和预防性消毒，降低疫情输入风险；要突出抓好物资储备保障，采取自主采购、动员征集等多种方式，保持防护服、口罩、护目镜等专用装备和生活物资储备数量，确保在紧急任务下，能够得到快速保障；要突出抓好应急培训演练，切实提升部门组织协调和应急处置能力；要突出抓好宣传发动，加大疫情防控和疫苗接种宣传引导力度，强化自我防护意识，引导群众戴口罩、勤洗手、多通风、不聚集，形成"群防群控　全民抗疫"的良好氛围。同时，要突出抓好责任落实和日常督查，深化细化防控措施，确保全县疫情防控形势稳定、人民群众健康安全。

【县委应对新冠肺炎疫情工作领导小组第十三次会议】 11月5日晚，县委书记、县委应对新冠肺炎疫情工作领导小组组长刘斌主持召开县委应对新冠肺炎疫情工作领导小组第十三次会议，马天峡、王勇、李国英、徐万廷等县领导参加会议。

会议指出，要认真学习区、市疫情防控工作相关会议及文件精神，形成工作机制，建立工作制度，依法科学有序落实疫情防控措施，不讲任何条件切实抓好贯彻落实。要真正进入疫情防控应急状态，做好各项工作。疫情风险就在身边，要从思想上高度重视，千万不可麻痹大意，切实抓好外防输入工作，坚持人、物和环境同防，尽快建立应急和常态化疫情防控机制。要增强工作力量，优化工作专班，切实把疫情防控一线工作做好做实做细。坚持"非必要不外出、非必要不聚集"，严格落实值班值守和审批报备制度。

会议要求，各乡镇、各部门（单位）要克服麻痹思想、侥幸心理和松劲心态，把好关口、主动排查、弥补漏洞、强化措施、协作同步，落实落细备战应急各项工作，坚决打好外防输入阻击战和疫情防控攻坚战。县应对新冠肺炎疫情工作指挥部要对标对表，对照具体任务一一细化措施，抓紧完善我县应急和常态化疫情防控工作预案，对应列出任务清单和责任清单。各乡（镇）、部门（单位）要对照具体任务把措施和责任细化到点、细化到人，严格落实网格责任，层层落实网格化管理，切实把防控网格责任落到实处；要加强医疗机构规范管理，查找薄弱环节，科学规范设立医院"三区两通道"，规范核酸检测采样，建立发热门诊、就诊、住院陪护等工作预案；要突出抓好科学安全规范化防控，加强居家、查验点、集中隔离点科学防控，规范化处置查验站（点）医疗废弃物、生活垃圾，最大限度消除风险隐患；要坚持人物同防，加强快递物流、冷链食品核酸检测和预防性消毒，倡导群众少"网购"，降低疫情输入风险；要突出抓好宣传发动，引导群众戴口罩、勤洗手、多通风、不聚集，形成"群防群控　全民抗疫"的良好氛围。

【县委应对新冠肺炎疫情工作领导小组第十四次会议】 12月25日，县委书记刘斌主持召开县委应对新冠肺炎疫情工作领导小组第十四次会议，就我县当前疫情防控各项工作进行安排部署。县委副书记、县长马天峡，县人大常委会主任张佐，县政协主席李国英，县委副书记、政法委书记兰秀全等县领导参加会议。

会上，传达学习了全国全区新冠肺炎疫情防控工作电视电话会议精神和《自治区党委办公厅　人民政府办公厅关于印发〈2022年元旦春节期间新冠肺炎疫情防控工作实施方案〉的通知》

等文件精神。

会议强调，当前我县疫情防控形势总体平稳有序，但输入风险依然存在。各级各部门要始终保持高度警惕，深刻认识当前疫情防控的严峻复杂形势，坚决克服麻痹思想、侥幸心理、松劲心态，时刻绷紧疫情防控这根弦，落实常态化疫情防控措施，坚持超前部署，认真抓好"两节"期间疫情防控，坚决守住来之不易的防控局面。要强化预警监测，严格落实"四早"要求，依托大数据平台，认真做好人员摸排查验等工作，对重点地区来返隆人员逐一落实核查，切实做到"应查尽查、应检尽检、应隔尽隔、应收尽收"，确保不漏一人，全力以赴做好全链条防控。要强化重点防控，抓好学校、旅游景区、餐饮住宿、车站交通等重点场所疫情防控，加强发热门诊和定点医院建设管理，严格执行院内感染防控措施，积极引导群众做好个人防护。要强化人员管控，坚持"非必要不离宁"，倡导就地过节，严控聚集性活动、大型会议活动、大规模人员流动。要强化应急保障，加快提升核酸检测、流调溯源、医疗救治和物资保障能力，宁可备而不用、不可用时无备。继续加快60岁以上老年人新冠疫苗接种工作，提高加强针接种率，确保"愿接尽接、应接尽接"。

扶贫开发领导小组会议

【扶贫开发领导小组2021年第一次会议】 2月27日，县委书记、县扶贫开发领导小组组长潘建宁主持召开县扶贫开发领导小组2021年第一次会议。传达学习相关文件精神，安排部署我县当前脱贫攻坚重点工作。县委副书记、代县长、县扶贫开发领导小组组长刘斌等县领导及各乡（镇）、相关部门（单位）负责人参加会议。

会上，传达学习了全国脱贫攻坚总结表彰大会、自治区党委农村工作会议、市委农村工作会议、全区扶贫办主任会议精神；通报了《自治区党委办公厅　人民政府办公厅〈关于2020年度各市、县（区）脱贫攻坚成效考核情况〉》；听取了全县金融扶贫小额信贷逾期清收及2021年全县金融扶贫小额信贷任务分解情况、2021年"两类人群"帮扶政策落实情况、全县农村扶贫车间运营情况汇报；审议了《隆德县防返贫监测预警网格化管理实施方案》。

会议指出，各乡（镇）、相关部门（单位）要加快马铃薯种植、草畜产业等农业产业发展，合理利用自然资源和各种能源，找准产业发展定位，让农业产业发展形成规模。要进一步增强责任感和使命感，认真思考、科学规划、精心组织，推动马铃薯种植基地和种薯繁育科技示范园建设各项工作取得新进展，保质保量完成各项目标任务，着力推进隆德县农业产业高质量发展。

【扶贫开发领导小组2021年第二次会议】 3月31日，县委书记、县扶贫开发领导小组组长潘建宁主持召开县扶贫开发领导小组2021年第二次会议，传达学习固原市扶贫开发领导小组2021年第一次会议精神，听取全县防返贫监测预警网格化管理、农村扶贫车间运营和粮场整治及农村环境卫生网格化管理工作汇报，并就当前工作进行安排部署。

会议强调，各乡镇、各部门（单位）要切实加强组织领导，压紧压实工作责任，采取有力措施，抓实抓紧当前各项重点工作。要全面加强防返贫监测预警网格化管理，及时梳理问题，建立台账、对账销号，做好动态监测，落实干部帮扶措施，确保返贫致贫监测预警风险及时消除。要进一步加大扶贫车间政策宣传，鼓励引导农村闲散劳动力进车间就近就业、务工创收。要严格按照时间节点，高质量完成粮场整治任务，进一步改善农村人居环境，不断提升人民群众的幸福感、获得感。

【扶贫开发领导小组2021年第三次会议】 4月25日，县委书记、县扶贫开发领导小组组长潘建宁主持召开领导小组2021年第三次会议，传达学习全国东西部协作和中央单位定点帮扶工作推进会精神，听取三月份监测预警网格化管理督查情况通报和农户风险消除措施落实、四月份防返贫监测预警网格化管理、2021年扶贫项目进展、全县金融扶贫小额信贷逾期清收情况汇报，并对当前扶贫开发重点工作进行安排部署。

会议强调，要建立健全巩固拓展脱贫攻坚成果长效机制，推动脱贫攻坚同乡村振兴有效衔接，以优异成绩迎接建党100周年。要保持现有帮扶政策、资金支持、帮扶力量总体稳定，健全防止返贫监测帮扶机制，始终做到一天不懈怠、一刻不放松、一时不停顿，全力巩固拓展脱贫攻坚成果；要聚焦脱贫户和边缘户动态监测、低收入人群帮扶、就业帮扶；要强化组织领导，落实工作责任，为巩固拓展脱贫攻坚成果提供坚实保障。同时，县纪委等部门要强化跟踪问效，持续开展督导督查。

会上，还审议了《隆德县2021年度脱贫不稳定人口与边缘易致贫人口消除风险的请示》和《隆德县防返贫监测预警网格化管理办法》。

【扶贫开发领导小组2021年第四次会议】 5月26日，县委书记、县扶贫开发领导小组组长潘建宁主持召开县扶贫开发领导小组2021年第四次会议，传达学习国家乡村振兴局健全防止返贫监测和帮扶机制工作部署视频会议精神，听取我县防返贫监测预警网格化管理机制运行情况汇报，并就当前工作进行安排部署。

会议强调，今年是巩固拓展脱贫攻坚成果同乡村振兴有效衔接尤为关键的一年，各乡镇、各相关部门（单位）要进一步提高政治站位，深入学习国家及自治区相关工作会议精神，做到思想不松、标准不降、力度不减，严格落实"四个不摘"要求，大力发扬"上下同心、尽锐出战、精准务实、开拓创新、攻坚克难、不负人民"的伟大脱贫攻坚精神，确保各项工作、各项政策全面落实。

【县委财经委员会第五次会议】 4月20日，县委书记、县委财经委员会主任潘建宁主持召开县委财经委员会第五次会议，传达学习中央经济工作会议和中央财经委员会第九次会议、固原市委财经委员会第五次会议精神，审议通过《中共隆德县委财经委员会2021年工作要点》，听取相关部门工作情况汇报，安排部署下一阶段全县经济工作。县委副书记、代县长、县委财经委员会副主任刘斌，县委副书记、政法委书记、县委财经委员会副主任马金平等县领导参加会议。

会议强调，要全力抓好产业发展，坚持把产业培育作为推动高质量发展的主攻方向，紧盯自治区九大产业布局，围绕固原市四大产业，打造六盘山西麓绿色农业示范区、新兴工业发展集聚区、三产融合发展先导区，创造出一条符合隆德实际、"山绿"与"民富"共赢的发展新路子。

要全力抓好生态建设，牢固树立绿水青山就是金山银山的理念，坚持生态优先、绿色发展，统筹治水用水、植绿护绿，开辟生态致富路。要全力抓好重点项目建设，加大协调调度，紧抓关键环节，解决好项目建设中的困难和问题，加速度、抓质量、抓进度，助推我县经济社会高质量发展。

【县委财经委员会第六次会议】 9月3日，县委书记、县委财经委员会主任刘斌主持召开县委财经委员会第六次会议，传达学习中央财经委员会第十次会议精神和固原市财经委员会第六次会议精神，安排部署下阶段全县经济工作。马天峡、徐万廷等县领导参加会议。

会议指出，全县上下要深入学习贯彻习近平总书记在中央财经委员会第十次会议上的重要讲话精神，充分认识共同富裕是社会主义的本质要求，始终坚持以黄河流域生态保护和高质量发展先行区建设为统揽，以防范化解重大金融风险为抓手，以乡村振兴为重点，坚持底线思维，增强系统化观念，主动担当重任，在处理好生态保护与经济发展关系的同时，统筹做好产业、生态、项目、改革等工作，进一步发展壮大县域特色产业，狠抓项目建设，推动中央和区市党委各项决策部署落细落实，全面开创隆德经济社会高质量发展的新局面。

会议要求，各乡镇、各部门（单位）要抓好工作谋划，结合深化供给侧结构性改革，按照"巩固、增强、提升、畅通"八字方针，加强调研、出台措施，集中谋划大事要事，针对创新特色产业发展、创新生态建设、创新平台搭建、创新企业培育、创新人才集聚等重大问题，提出对策建议，帮助完善创新驱动战略顶层设计，助推全县经济创新发展、转型发展。要全力抓好冷凉蔬菜、中药材、马铃薯、草畜等特色产业发展，以产加销全产业链为主线，树品牌、精包装，倒逼传统农业，延长产业链，真正把产业做大，把特色做优。要牢固树立"抓发展必须抓项目　抓项目必须抓招商"的发展理念，依托闽宁协作、校县帮扶等桥梁纽带作用，推动重点产业建链、补链、延链、强链；加大招商引资力度，优化审批程序，确保招商引资项目早落地、早开工、早投产。要完善文化旅游产业扶持政策，创新发展"旅游+"的新模式、新业态，推动我县红色文化、非遗文化、田园休闲、传统手工艺、健康养生五大特色景点遍地开花，促进旅游业全要素发展。

【县委农村工作领导小组2021年第一次会议】 3月3日，县委农村工作领导小组2021年第一次会议召开，安排部署2021年全县农业农村工作和巩固拓展脱贫攻坚成果同乡村振兴有效衔接工作。县委副书记、政法委书记、县委农村工作领导小组副组长马金平等县领导及领导小组成员单位负责人参加会议。会上，传达学习了中央农村工作会议、全国巩固拓展脱贫攻坚成果同乡村振兴有效衔接工作会议、全国扶贫开发工作会议、自治区党委农村工作会议、固原市委农村工作会议精神；审议了《隆德县2021年农业农村工作要点》《隆德县2021年"一村一年一事"县级任务清单》；研究讨论了《关于召开全县农村工作会议的建议方案》。

会议指出，"三农"工作是事关民生福祉的重要事项，各乡镇、相关部门（单位）要立足新发展阶段，贯彻落实新发展理念，以实现农业农村现代化为总目标，围绕全面推进乡村振兴中心任务，全力做好"衔接"和"振兴"两篇文章。

会议强调，各乡镇、相关部门（单位）要坚持从讲政治的高度认识做好"三农"工作的重要性，切实增强责任感、紧迫感、使命感，统一思想，凝聚共识，把中央、区、市农村工作会议精神领会好、贯彻好、落实好；要切实抓好2021年"三农"重点工作落实，按照工作职责，围绕2021年乡村振兴工作要点，抓好各项工作落实，为全县农业农村现代化建设开好局、起好步；要切实加强党对"三农"工作全面领导，全面贯彻落实《中国共产党农村工作条例》《自治区党委贯彻落实〈中国共产党农村工作条例〉实施办法》，建立健全上下贯通、一抓到底的乡村振兴工作体系，压实工作责任，各司其职，协同推进"三农"重点工作落实。

【县委农村工作领导小组2021年第二次会议】7月6日，固原市委常委、县委书记、县委农村工作领导小组组长潘建宁主持召开县委农村工作领导小组2021年第二次工作会议，传达学习《中华人民共和国乡村振兴促进法》、全国乡村振兴系统建设和工作推进电视电话会议精神，审议相关文件，安排部署当前农业农村重点工作。县委副书记、代县长、县委农村工作领导小组第一副组长刘斌，县委副书记、政法委书记、县委农村工作领导小组副组长徐万廷等县领导出席会议。

会上，审议通过了《隆德县关于创新乡村治理机制推进乡村治理服务中心建设的实施方案》《隆德县创新机制推进数字乡村建设实施方案》和《隆德县农村人居环境综合整治积分卡管理实施方案》；听取全县卫生厕所改造、村集体经济、农业产业验收和六月份防返贫监测预警网格化管理工作进展情况汇报。

会议强调，县委农村工作领导小组各成员单位、各乡（镇）要认真学习《中华人民共和国乡村振兴促进法》及全国乡村振兴系统建设和工作推进电视电话会议等有关精神，坚决把中央、区、市党委和政府的决策部署贯彻到农村、落实到田间地头，为巩固脱贫攻坚成效、促进乡村振兴奠定坚实基础。要全力抓好巩固脱贫攻坚成果工作，针对脱贫不稳定户和边缘易致贫户"两类人群"因病、因学、因重大灾害、因突发事件等易返贫致贫关键因素，紧盯10类30项指标，开展常态化预警监测大排查，对进入预警红线的及时纳入帮扶范围，进行分类精准帮扶，跟踪监测帮扶成效，消除预警风险，做到早发现、早干预、早帮扶，让脱贫基础更加稳固，成效更加持续。

【县委农村工作领导小组2021年第三次会议】8月6日，县委副书记、代县长、县委农村工作领导小组第一副组长刘斌主持召开县委农村工作领导小组2021年第三次工作会议，传达学习全区乡村振兴系统建设和推进会精神，研究我县贯彻意见；传达学习《中华人民共和国乡村振兴促进法》，听取防返贫预警监测网格化管理和扶贫车间运行情况汇报，安排部署下阶段重点工作。县委副书记、政法委书记、县委农村工作领导小组副组长徐万廷等县领导出席会议。

会议要求，各乡镇、各部门（单位）要对防返贫预警监测网格化管理工作进行督查督促，抓好问题整改落实，按照既定实施办法和整改方案的要求，不断规范整改台账，精准实施动态帮扶，及时更新信息系统中脱贫户、边缘易致贫户等收入信息，确保相关数据真实、准确，顺利通过国家巩固脱贫攻坚成果评估。同时，要切实强化主体责任，把扶贫车间建设运营管理作为日常工作来抓，不断完善车间健康安全运营规章制度，积极鼓励动员更多年轻劳动力走进扶贫车间务工，通过线上线下多种形式增加订单销量，促进农村扶贫车间良性发展，真正让扶贫车间"活起来"。

【县委农村工作领导小组2021年第五次会议】 11月15日，县委书记、县委农村工作领导小组组长刘斌主持召开2021年第五次会议，听取自治区纪委调研反馈问题整改、闽宁协作工作进展、扶贫项目资产后续管理和防返贫监测预警网格化管理工作情况汇报，审议相关文件，安排部署近期重点工作。马天峡、徐万廷等县领导参加会议。

会议强调，从脱贫攻坚到全面推进乡村振兴，是"三农"工作具有里程碑意义的重大转变，巩固拓展脱贫攻坚成果同乡村振兴有效衔接是当前各项工作的重中之重。各乡（镇）、各部门（单位）要进一步提高政治站位和思想认识，进一步增强抓好工作的紧迫感、责任感和使命感，坚决克服松劲厌战思想、麻痹大意倾向，切实把思想和行动统一到区市县各项安排部署上来，压实党政主体、部门帮扶和属地监管责任，全面围绕各级各类反馈问题整改、闽宁协作、扶贫项目后续管理、防返贫预警监测等方面，开展"大排查"，找准薄弱环节和短板弱项，采取针对性的措施进行弥补，确保各项工作取得实质性进展。

会议要求，各乡（镇）、各部门（单位）要严格落实"四个不摘"要求，思想上高度重视，从严从实，扎实推动各项重点任务落实。要以更高标准、更严要求，对标对表，做好各类档案资料收集归档；要聚焦短板弱项，精准整改发力，加强动态监测和帮扶，加快推进"四大提升行动"，抓牢抓实巩固脱贫攻坚成果后评估重点任务。同时，要把"乡村振兴"和基层治理结合起来，细化目标、任务、举措到村，以全面思维、战略眼光精准施策、精准对接、精准服务，加快推进我县"三农"工作高质量发展。

【县委全面深化改革委员会第八次会议】 3月16日，县委书记、县委全面深化改革委员会主任潘建宁主持召开县委全面深化改革委员会第八次会议。县委全面深化改革委员会副主任、委员、各涉改单位主要负责人参加会议。

会上，传达学习了中央全面深化改革委员会第十六、十七、十八次会议，自治区党委常委会会议暨全面深化改革委员会第十一、十二次会议，自治区党委办公厅《关于印发〈全区全面深化改革重点任务和举措落实情况督查调研通报〉的通知》和自治区改革办《关于抓好改革任务落实工作的通知》精神。

会议要求，各涉改部门（单位）主要负责人要按照自治区党委关于开展改革"回头看"工作要求，重要改革亲自部署、重大方案亲自把关、关键环节亲自协调、落实情况亲自督察，始终把改革任务记在心上、抓在手上、扛在肩上，做到既各司其职、各负其责，又相互协作、密切配合，形成强大改革合力。各分管县级领导要负起责任，亲自去抓去督，适时召开专项小组会议，积极协调督促各牵头单位和配合单位落实改革事项，及时研究解决有关问题，确保改革事项落地落实。县委改革办要认真梳理中央、区、市改革事项，细化任务清单、问题清单、责任清单，及时掌握各专项小组落实进度。各涉改单位要主动认领改革任务，扎实做好各自领域具体工作，做到"不滞后、不延时、不脱节"。要紧盯改革目标任务，以"咬定青山不放松"的劲头，坚持问题导向、凝聚改革合力、狠抓改革落实。

【县委全面深化改革委员会第九次会议】 4月20日，县委书记、县委全面深化改革委员会主任潘建宁主持召开县委全面深化改革委员会第九次会议，传达学习自治区党委和市委全面深化改革委员会相关会议精神，通报我县改革任务落实"回头看"工作进展情况，听取各部门改革"回头看"工作和全县水权、土地权、排污权、山林权"四权"改革进展情况汇报，并对相关改革工作进行再安排再部署。县委副书记、代县长、县委全面深化改革委员会副主任刘斌，县委副书记、政法委书记、县委全面深化改革委员会副主任马金平等县领导参加会议。

会议指出，在"四个全面"战略布局中，全面深化改革是实现战略目标的关键一招。习近平总书记定期研究部署全面深化改革重点任务，全县上下要深入学习贯彻习近平总书记重要讲话和重要指示批示精神，认真贯彻落实区、市党委全面深化改革委员会相关会议精神，充分认识全面深化改革的重大意义，把落实各项改革任务作为践行"两个维护"的重要标尺。各相关部门（单位）要主动对标、查找差距，结合改革重点任务和举措落实情况，聚焦改革"回头看"存在的短板、弱项和差距，坚持问题导向、突出改革成效，推进改革任务落实。对目前未完成和落实不到位的改革事项，县委全面深化改革委员会办公室要仔细梳理，列出问题清单，明确责任领导和牵头部门，限期整改落实，确保工作取得实质性进展。

会议要求，要对照自治区关于土地权、用水权、山林权、排污权"四权"改革实施意见，自然资源局、水务局、生态环境局要在前期工作基础上，聚焦建设黄河流域生态保护和高质量发展先行区，注重在重点改革任务破题和措施落地上下功夫，通过改革探索建立交易平台，盘活沉睡资源，用好用活资源，使资源优势转化为经济优势。

【县委全面深化改革委员会第十次会议】 6月29日，固原市委常委、县委书记、县委全面深化改革委员会主任潘建宁主持召开县委全面深化改革委员会第十次会议，对全县改革任务落实"回头看"和"四权"改革工作进行安排部署。

会上，传达学习了中央全面深化改革委员会第十九次会议精神；听取了有关部门改革"回头看"整改任务落实进展情况汇报；审定了我县用水权、土地权、排污权、山林权改革实施方案。

会议强调，要压实"四权"改革责任，各分管县级领导要扑下身子，狠抓落实，把"四权"改革任务放在突出位置来抓，勇于挑最重的担子、啃最硬的骨头，做到重要改革亲自部署、重大方案亲自把关、关键环节亲自协调、落实情况亲自督查，确保各项任务顺利推进；各相关牵头单位要履职尽责，精准制定任务推进的路线图、时间表，明确目标任务、实现路径、进度节点和衡量标准，做到主动推进、一抓到底；各配合单位要加强改革的组织协调，积极配合，按照"四权"改革实施方案和责任清单要求，全力做好改革中的具体工作，推动形成各负其责、各司其职、齐抓共管的良好工作格局。要确保"四权"改革取得实效，县"四权"改革指导督导组及县委、县政府督查室要全程跟踪督查改革进度和成效，及时发现、解决改革推进过程中存在的问题，全力推进"四权"改革落实落地；各改革专项小组要切实发挥好牵头抓总的作用，及时研究解决改革中遇到的困难和问题，对任务推进落实情况实行挂账销号，紧盯细抓各项改革任务落实；县委改革办、各牵头部门要对工作进展缓慢、落实不力的部门（单位）在全县范围内进行通报，并将存在的问题以督办单的形式反馈给各分管领导和相关牵头单位及责任单位；县融媒体中心要对问题整改不及时、工作落实不到位的单位和部门进行曝光；县纪委监委、县委组织部要启动问责程序，对工作进度严重滞后、工作态度敷衍塞责或整改弄虚作假的，严肃追究责任。

【县委全面深化改革委员会第十一次会议】 10月19日，县委书记、县委全面深化改革委员会主任刘斌主持召开县委全面深化改革委员会第十一次会议。

会议要求，全县上下要认真贯彻落实中央和区、市党委全面深化改革委员会相关会议精神，充分认识全面深化改革的重大意义，把落实各项改革任务作为践行"两个维护"的重要标尺。各相关部门（单位）要主动对标、查找差距，抓好改革任务落实，聚焦改革"回头看"存在的短板、弱项和差距，坚持问题导向、突出改革成效，推进改革任务落实。对目前未完成和落实不到位的构建智慧城管、促进中医药传承创新发展等改革事项，要切实提高责任担当，仔细梳理列出问题清单，限期抓好整改落实，取得实质性工作进展。总结经验，靶向发力，共促各项工作取得新成效。

会议强调，要加强"四权"改革亮点打造，对照自治区关于土地权、用水权、山林权、排污权"四权"改革实施意见，全面完成基础工作，结合我县实际，主动争取改革试点任务，积极打造亮点，确保我县"四权"改革工作在区、市有创新、有亮点、有典型、有经验、有效果，形成一批能在全市和全区先行先试、引领示范可推广的创新成果。要强化责任落实，各专项小组要对各自领域改革任务全程负责、全程跟进、全程问效，加强对改革任务落实的协调、督促；改革办要充分发挥统筹协调、督促检查、推动落实的职能作用，加强上下衔接、左右互通，全力推进改革任务落实、落细。

会上，还审议通过了《隆德县重要改革方案制定工作细则（试行）》《隆德县重要改革任务推动落实工作细则（试行）》《中共隆德县委全面深化改革委员会专项小组工作细则（试行）

纪检监察

【中国共产党隆德县第十四届纪律检查委员会第六次全体会议】 2021年2月25日，中国共产党隆德县第十四届纪律检查委员会第六次全体会议在县行政中心召开，时任县委书记潘建宁出席会议并讲话。县委、人大、政府、政协领导班子成员，县人民法院院长，县人民检察院检察长，县纪委委员出席了会议。全会回顾总结2020年纪检监察工作，安排部署2021年任务，审议通过了徐万廷同志代表县纪委常委会所作的《推动纪检监察工作高质量发展 为"十四五"开好局起好步提供坚强保障》工作报告。

【中国共产党隆德县第十五届纪律检查委员会第一次全体会议】 2021年9月26日,中国共产党隆德县第十五届纪律检查委员会第一次全体会议在县行政中心召开,县纪委委员出席了会议。会议通过了《中国共产党隆德县第十五届纪律检查委员会第一次全体会议选举办法》,选举了中国共产党隆德县第十五届纪律检查委员会书记、副书记、常务委员会委员。

【政治监督】 围绕落实党中央及区市县党委决策部署,聚焦立足新发展阶段、贯彻新发展理念、构建新发展格局、推动高质量发展、守好三条生命线、先行区建设、"十四五"规划实施等重大战略任务和常态化疫情防控、"四权"改革、"四大提升行动"等部署要求,开展专项督查14次,约谈提醒26人,确保了政令畅通、令行禁止。紧盯换届作风纪律跟进监督,受理村"两委"换届信访举报16件,出具党风廉政意见401人次,对200余名新任领导干部进行任前廉政谈话,确保换届风清气正。面对新一轮疫情大考,坚决担起监督保障职责,推动全县各级党组织压紧压实疫情防控责任,督促整改问题95个、处理党员干部12人,有力促进防控责任、防控措施落实。

【惩贪治腐】 开展工程建设政府采购等重点领域突出问题专项治理,紧盯政法领域腐败问题,靶向减少存量、遏制增量。全县纪检监察机关共受理信访举报148件,处置问题线索169件,立案47件61人,给予党纪政务处分66人,移送司法机关1人,严肃查处了古红喜职务犯罪案件。深化运用"三会两书两报告",做实查办案件"后半篇文章",制发纪检监察建议书46份,督促问题整改,堵塞制度漏洞。常态化推进警示教育,开展"全县领导干部廉政警示教育周"活动,建成县廉政文化教育馆,分批组织全县党员领导干部接受警示教育2800余人次,《一封信》《底线》等廉政微视频先后在"清廉宁夏"公众号、中国纪检监察杂志"玉琮杯"微视频大赛刊发并荣获表彰,讲好了正风肃纪反腐隆德故事,切实引导党员干部修身律己、廉洁齐家。

【作风建设】 监督推动全县党员干部认真贯彻落实中央八项规定及其实施细则精神,严格执行自治区"八条禁令"和固原市"十项规定",协助县委制定《关于深入贯彻落实自治区八条禁令和固原市十项规定进一步严明纪律加强作风建设的通知》,从讲政治的高度审视和纠治"四风"。紧盯重要节点,精准发现、严肃查处隐形违规吃喝等违纪行为,查处违反中央八项规定精神问题3起5人,坚决防止"四风"问题反弹回潮。聚焦贯彻上级决策部署只表态不落实、维护群众利益不担当不作为、对群众合理诉求推诿扯皮等形式主义官僚主义问题,督查推动各部门(单位)整改问题,约谈2名直接责任人。推进作风建设常态长效,运用远程实时视频监控平台对13个乡(镇)民生服务中心和全县窗口服务单位办事大厅进行监督,下发通报2期,通报单位15个。

【政治巡察】 围绕"三个聚焦",开展1轮对4个县直部门的巡察"回头看"和2家国有企业的常规巡察,移交问题线索2件,发现并反馈问题58条,整改率94.8%,高质量完成十四届县委巡察全覆盖任务。推进边巡边改、立行立改,对中央及区市党委巡视巡察反馈意见整改自查和十四届县委前九轮巡察整改"回头看"情况进行督查，发现并督促整改问题23条，十四届县委巡察发现问题925个，整改率99.1%，对整改不到位的部门（单位）在全县范围内通报，进一步督促做实巡察整改"后半篇文章"。制定《县委巡察工作协作配合实施办法》，明确县委巡察办与纪检、组织、审计等部门信息沟通和协作配合机制，形成巡前信息共享，巡中协作联动，巡后齐抓共管的巡察工作格局。

【监督执纪】 探索运用领导干部廉政档案大数据暨智能化应用系统，实现对全县政治生态的直观分析和科学研判，为县委主体作用发挥当好参谋助手。全面加强对"一把手"的监督，制定7种党内谈话模板，督促各乡（镇）、各部门（单位）"一把手"开展各类谈话142人次，压实管党治党责任。深化纪律监督、监察监督、派驻监督、巡察监督统筹衔接，健全"四项监督"信息、力量、手段、成果等资源共享机制，织密监督网络。严把党风廉政意见回复关，针对评先选优、选人用人回复意见1348人次。严格落实《隆德县廉政提醒谈话工作实施办法（试行）》《隆德县廉政约谈工作实施办法（试行）》，对苗头性、倾向性问题及时处理，共提醒谈话、廉政约谈19人次。准确运用"四种形态"教育帮助和处理干部196人次，其中，第一种形态130人次、第二种形态52人次、第三种形态3人次、第四种形态11人次，占比分别为66.3%、26.5%、1.5%、5.7%。认真落实"三个区分开来"要求，对13名受到不实举报干部予以澄清正名，对54名受处分干部开展教育回访，充分保护干部干事创业积极性。

【维护群众利益】 紧盯巩固拓展脱贫攻坚成果同乡村振兴有效衔接目标任务，对国务院扶贫开发领导小组督查、国家和自治区巩固脱贫成果后评估、区市纪委专项监督调研等反馈问题整改情况跟进监督，围绕乡村环境综合整治、防返贫监测预警网格化监管机制落实、乡村治理等情况开展专项监督检查22轮次，发现并推动解决问题76个，约谈相关责任人14人，以强有力的监督推动巩固拓展脱贫攻坚成果同乡村振兴有效衔接。制定《关于开展群众身边腐败和不正之风专项整治的实施方案》，针对教育、民政、住建、医疗等10个领域全面部署，分3批公布整治成果，自觉接受人民群众监督，严肃查处侵害群众利益问题15件，给予党纪政务处分21人。常态化开展扫黑除恶"打伞破网"，建立涉黑涉恶腐败问题线索与黑恶势力违法犯罪问题双向移送制度和查办结果反馈机制，实现纪检监察与政法机关协调配合、分级负责、齐抓共管的工作合力，查处涉黑涉恶腐败和"保护伞"问题1起1人，给予政务处分1人。人民群众在正风肃纪反腐中更加感受到公平正义，获得感幸福感安全感不断增强。

【基层组织建设】 现有基层党组织313个，其中乡镇党委13个，县直部门党（工）委10个，党总支9个，党支部281个。2021年新成立党组织12个，撤销党支部1个。有县直部门（单位）党组35个，党小组865个。社区党支部10个，机关事业单位党组织158个（含学校党组织45个、医疗卫生机构党组织11个），非公经济组织和社会组织党组织31个，国有企业党组织2个。有党员9448名，其中农村党员5837人，占61.8%，社区党员1095人，占11.6%；女党员2144人，占22.7%；少数民族党员734人，占7.8%；大学及以上学历的党员1802人，占比19.07%，离退休党员910人，占9.6%。

【县乡领导班子换届】 严格落实《中国共产党地方组织选举工作条例》《中国共产党基层组织选举工作条例》，开展全县领导班子和领导干部政治素质专项考察和优秀年轻干部调研考察工作，精准掌握429名科级领导干部政治素质、个人特点、工作状态、工作实绩等情况；采取"背靠背"打分、"面对面"推优等方式，推荐出优秀年轻干部118人。充分考虑乡镇、部门工作需要和班子结构，提拔交流干部7批235人，完成乡镇党委换届，选举新一届乡镇党委班子成员117名，各项指标均顺利实现（乡镇党政班子成员中具有2年以上乡镇工作经历的达97%以上，大学及以上学历的达92%；35岁以下的43人，其中35岁以下党政正职5人，30岁以下14人；女干部30名，其中担任乡镇党政正职的2名）。坚持把政治标准放在首位，切实提高党代表质量，指导乡镇顺利完成党代表选举、党代会组织实施。

【建党100周年庆祝活动】 组织全县各级党组织收听收看庆祝中国共产党成立100周年大会实况和"七一勋章"颁授仪式，开展"党旗在我心中，我为党旗增辉"集体宣誓仪式156场次，组织党员干部到六盘山红军长征纪念馆、将台堡红军长征会师纪念园等红色教育基地，接受革命传统教育142场次。做好"七一勋章"和全国、全区、全市"两优一先"推荐评选及全县"两优一先"评选表彰、"光荣在党50年"纪念章颁发、"向党送祝福、感恩新时代"主题党日等活动，走访慰问生活困难党员、老党员等983名，推荐全国和区、市表彰"两优一先"27人，成功推荐李荣林同志获评"全国优秀党务工作者"，凤岭乡李士村、卫健局党委、一小党总支等被评为全区先进基层党组织。凤岭乡李士村作为唯一村党组织代表在全区"两优一先"表彰大会上进行了交流发言。县委表彰"两优一先"65人，为405名党员发放了"光荣在党50年"纪念章。开展"青春向党""童心向党"主题教育、"请党放心，强国有我"重走长征路研学教育实践等活动，教育引导青少年传承红色基因，弘扬革命精神，坚定理想信念，厚植广大青少年爱党爱国爱社会主义情怀。

【党史学习教育活动】 组织全县313个基层党组织9448名党员全覆盖参加党史学习教育，全县各级党组织围绕4本指定学习资料、"四史"等学习内容，制定学习计划，通过领导干部带头学、全体党员主动学、集体研讨交流学、现场教育感受学、开展宣讲辅导学、主动送教上门学等形式，做到学有所思、学有所悟、学有所得。推进"传承党的百年光辉史基因、铸牢中华民族共同体意识"主题教育活动和"感恩、认同、法治教育"。开展"看变化、讲故事"等7个专题活动，县委宣讲团围绕习近平总书记"七一"重要讲话精神等开展集中宣讲300余场次，各乡镇相应成立13支百姓宣讲团，相关部门成立青年志愿者、劳模宣讲小分队，深入村组、社区、企业，开设板凳课堂、田间课堂、车间课堂，让党史学习教育更接地气。坚持把办实事、解难题贯穿学习教育全过程，县级领导干部和各部门（单位）主要负责人深入各自联系乡镇、企业、帮扶村，通过走访群众、座谈交流等形式，倾听广大群众和一线党员干部的意见建议。全县4批次共征集民生事项

571件，办结424件。结合"我为群众办实事"实践活动，全县各行政村（社区）党支部开展"十大百小"行动，每个党支部每年至少为群众办理十件大事，每名党员承诺为群众办2至3件小事，通过党员亮姓名、亮党龄、亮身份、亮承诺、亮践诺、亮红星"六亮"行动，汇集成为民服务百件小事，全年实现"微心愿"1万件以上。在9月28日召开的全区"我为群众办实事"实践活动推进会上，隆德县委组织部以"发挥两个作用，办好为民实事"为题进行了交流发言。

【开展"基层党建全面提升年"活动】 落实基层党建"3322"机制，推动"三级书记带头抓"，27名县级领导带头深入调研，带头联系乡镇，包抓软弱涣散村和移民村（社区）党建，每月开展调研，每季度听取汇报，每年实地走访所联系乡镇的所有村，帮助联系点解决突出问题。党（工）委书记落实抓党建主责主业，健全设立13个乡镇党建办公室，结合支部联系点设置，乡镇领导班子成员包抓村（社区）党建工作，每周到村指导，每年为党员讲党课，推动"三会一课"、组织生活会、民主评议党员等基本制度落地见效。党支部书记落实抓党建直接责任，直接教育监督管理党员，直接组织服务群众，有效将党建工作与重点业务工作相结合，提升党组织凝聚力战斗力号召力和群众满意度，组织开展党组织书记素质能力提升和持续组织各级党组织开展党建工作"大会战"，通过党支部规范化建设和党建工作项目化管理，每月调度、双月督办，组织开展党建观学评促活动，采取"实地观摩+现场测评+总结交流"方式，对全县党建考核评估，评估结果与年度考核、述职评议考核、奖励补贴等挂钩，促进党建工作活力转变为改革创新的内生动力、党建工作优势转变为基层治理效能、党建工作成效转化为经济社会发展强大动能。

【抓党建促乡村振兴】 开展"抓乡促村、整乡推进、整县提升"示范县乡创建行动，扎实推进"一抓两整"和"六项行动"，创建示范乡镇10个、示范村73个；拨付村级组织办公经费、村干部任职补贴等3700余万元；村干部任职补贴与同工龄段乡镇干部基本持平，组织148名村干部参加区市学历提升行动。完成村（社区）"两委"换届，村（社区）"一肩挑"比例分别达80%和100%，为478名村干部购买了人身意外伤害险及大病保险。培育致富带头人1285人，对13个基层党组织和237名党员"亮黄星"。完成杨家店村红色美丽村庄建设红色展室布设等内容，挖掘红色资源，讲好红色故事，传承红色基因。严格落实"四个一"措施，"一村一策"整顿软弱涣散村和薄弱村党组织12个，先后4次对各软弱涣散村和薄弱村整顿情况进行全面督查，现场指出问题、现场推进整顿。组织召开全县基层党建观学评促活动，互观互学促进基层党建，完善"355"运行管理机制，累计投入2.15亿元扶持104个村（社区）发展壮大村级集体经济，召开全县村集体经济观摩推进会，压实责任、查摆问题、推动落实，2021年经营性收入5215.68万元（村均50.14万元）、收益1010.73万元（村均9.72万元）。选派297名干部担任驻村第一书记和工作队员，建立"十个一"长效工作机制，加强教育培训及日常管理，督促他们积极发挥作用。

【基层党建】 设立《隆德基层党建》月刊，每月通报各领域党建工作亮点、问题，对重点工作和业务知识进行提醒。落实加强和改进城市基层党的建设工作意见，完善"四联四化"机制，认真落实机关党组织和在职党员"双报到、双报告"制度，探索推行"菜单式"模式，组织2460多名机关单位在职党员到共驻共建社区认领服务项目和岗位，开展志愿服务活动，认领"微心愿"，扎实推动城市基层党建和机关党建工作有机融合。深化拓展"三强九严"工程，深入开展"让党中央放心、让人民满意"模范机关创建活动，层层压实党委（党组）主体责任和第一责任人责任，推动机关党建、意识形态等工作落地落实。常态化开展"我来讲"——理论政策业务学习研讨活动，开展模范机关创建活动，举办"我来讲"—理论政策业务学习研讨活动，组织5名优秀党组织书记作交流，促进党建工作和业务工作互融提升，推动机关党建工作走在前、做表率。统筹加强学校、医院、企业等各领域党建工作，"千场党课"活动扎实开展。在县电视台设立"百名书记谈党建"栏目，每2天安排一名党组织书记谈基层党建工作。

【党员队伍教育管理】 严格执行2021年发展党员计划，注重向产业工人、青年农民、高知识群体、大学生以及非公有制经济组织和社会组织从业人员等重点群体和重点领域倾斜发展党员，全年发展党员190名。建立党外群众"先进分子"队伍，进一步壮大入党积极分子队伍，提高发展党员质量。持续巩固农村发展党员违规违纪问题排查整顿和党员信仰宗教和参与宗教活动整治工作成效，开展发展党员违规违纪问题排查整顿"回头看"。完善落实党内关怀帮扶机制，加强党务工作者队伍建设。深入推进"党课开讲啦"和"学习身边榜样"活动，举办全县"两优一先"代表先进事迹报告会，邀请李荣林、兰胜利等全国、全区"两优一先"代表，为900多名党员作了事迹报告。

宣传工作

【理论武装】 制定《县委理论学习中心组2021年专题学习计划》，确保各级党委（党组）理论学习中心组学习高质量开展。2021年，开展县委理论学习中心组集体学习19次，交流研讨15次。结合党史学习教育，制定《关于在全县开展党史学习教育的实施方案》《县委党史学习教育巡回指导工作方案》《隆德县党史学习教育宣传报道工作方案》等文件，各级党组织开展集中学习1800余次、交流研讨300余次。组建县委宣讲团和13支乡镇宣讲团，集中开展主题宣讲800余场次。扎实开展大走访大调研活动，县级领导领题调研课题4个、点题调研课题18个，各乡镇、各部门（单位）结合行业实际确定选题调研课题70个，共形成高质量调研报告92篇。

【党史学习教育】 自党史学习教育开展以来，全县上下认真贯彻落实中央和区市党委的安排部署，细化目标任务，严格落实"规定动作"，创新开展"自选动作"，全县党史学习教育扎实有效开展。全县各级党组织和广大党员干部深入学党史，形成了知史爱党、知史爱国的思想自觉、政治自觉和行动自觉。抓实领导干部带头学、全体党员主动学、集体研讨交流学、开展宣讲辅导学、现场教育感受学、主动送教上门学"六种形式",引导广大党员干部深学细悟红色政权来之不易、新中国来之不易、中国特色社会主义来之不易。县级领导带头讲党课、作辅导、搞调研,率先举办党史学习教育读书班,围绕不同主题开展集中学习8次、交流研讨10次,带动全县各级党组织开展集中学习1800余次、交流研讨300余次。全县各级党组织依托六盘山红军长征纪念馆等红色资源,开展革命传统教育256场次。组建县委宣讲团和13支乡镇宣讲团,相关部门成立宣讲小分队,集中开展主题宣讲800余场次。针对行动不便的老党员、流动党员、离退休党员学习问题,开展上门送教材、邮寄教材、讲党史活动。为确保党史学习教育无死角、全覆盖,县财政拿出70万元资金,为农村党员购买党史学习教育用的4本图书。

【党史学习教育活动】 全县各级党组织和广大党员干部深刻悟思想,坚决做党创新理论的坚定信仰者、坚决拥护者、忠诚践行者。隆重庆祝党的百年华诞,颁发"光荣在党50年"纪念章,召开全县"两优一先"表彰大会,举办了党史知识竞赛、演讲比赛、摄影大赛和"脱贫小康感恩党、振兴共富跟党走"主题文艺晚会、"百年变迁——献礼建党100周年"大型书法绘画摄影刺绣展等"十个一"系列活动。精心举办"今昔对比看变化、感恩奋进跟党走"主题展。全面推进"传承党的百年光辉史基因、铸牢中华民族共同体意识"主题教育活动,广泛开展"三知三强"实践和"感恩、认同、法治"教育。各学校启动"青春向党""童心向党"主题教育活动,开展喜迎建党100周年"没有共产党就没有新中国"主题文艺展演,举办了朗诵比赛、知识竞赛、讲述红色故事活动,厚植了广大青少年爱党爱国爱社会主义情怀。

【民生实事】 全县各级党组织和广大党员干部真情办实事,以善作善成的决心和魄力解决了一批群众的难事、基层的难题、发展的难点。开展大走访大排查大调研活动,县级领导领题调研课题4个、点题调研课题18个,各乡镇、各部门结合行业实际确定选题调研课题70个,形成高质量调研报告92篇。聚焦县城小区老旧、停车不便和乡村道路水毁、特殊群体生活困难等问题,分4批次征集到571件民生实事。突出特殊人群,走访慰问老党员、烈士遗属1095人,安排困难群众救助资金1亿元,购买60岁以上老年人意外伤害险3.17万份。组织全县2400余名党员到共驻共建的10个社区报到。针对冬季煤炭价格上涨实际,按照每户500元标准发放取暖补贴700余万元,确保了全县1.42万户困难群众温暖过冬。全县各行政村(社区)党支部开展了"十大百小"活动,每个党支部每年至少为群众办理十件大事,每名党员承诺为群众办理2至3件小事,实现群众"微心愿"1万余件。全县各级党组织和广大党员干部奋力开新局,以实干作风和务实担当推动经济社会发展。坚决扛起建设先行区的时代重任,自觉站位新发展阶段、坚定贯彻新发展理念、主动融入新发展格局,持续推动高质量发展,确保了"十四五"起步有力、开局良好。把党史学习教育同全面深化改革结合,对2015年以来全县改革事项进行全面梳理、盘点、总结,着力抓好"放管服"等重点领域改革,全力推进用水权、土地权、山林权、排污权"四权"改革。把党史学习教育同巩固脱贫成果结合,严格落实"四个不摘"

要求，扎实开展防返贫监测预警、基础设施建设、产业升级转型、移民致富提升和闽宁协作等重点工作，多措并举推进巩固拓展脱贫攻坚成果同乡村振兴有效衔接。把党史学习教育同特色产业发展结合，坚持区域化布局、标准化生产、品牌化经营、融合化发展，初步探索形成肉牛、绿色食品、文化旅游、特色加工、生态经济"五大特色产业"体系。把党史学习教育同项目建设结合，建立项目建设联席会议制度和县级领导包抓机制，紧盯108项基本建设项目，倒排工期，挂图作战，推动余家峡水库、老旧小区改造等一批重点民生项目建设。把党史学习教育同生态环境保护结合，坚持抓治水、抓增绿、抓整治不放松，全面落实河长制，定期开展巡河，实施植树造林，持续推进农村人居环境综合治理，生态环境质量得到持续提升。把党史学习教育同党的建设结合，全面推进"干部作风转变年"活动，扎实开展"基层党建全面提升年"活动，精心抓好县乡换届选举，持续整顿软弱涣散基层党组织，着力推动基层党组织全面提升、全面进步、全面过硬。

【意识形态】 制定《2021年全县意识形态领域重点工作安排》，明确2021年全县意识形态工作重点任务，修订完善《隆德县党委（党组）意识形态工作责任制实施细则》，制定《全县意识形态领域防止出现政治性风险问题监测预警审核制度》，与各乡镇、各部门（单位）签订意识形态工作责任书，不断压实主体责任。健全落实意识形态工作责任制协作工作机制和分析研判及风险防控制度，县委常委会专题研究意识形态工作2次。召开意识形态工作联席会议，定期梳理上报意识形态领域风险点。严格教育、文化文艺、新闻媒体、党校教学、民族宗教、网络建设等意识形态领域阵地管理，加强对哲学社会科学领域讲座、培训班的审批备案和融媒体中心编审单的审核。深入开展"扫黄打非"，持续开展"正道""新风"集中行动，坚决打击各类非法有害出版物，依法依规处置网络有害信息。

【舆论引导】 密切联系中央和区、市主流媒体，以宣传隆德县经济社会发展取得的成就为重点，2021年，在中央及区、市主流媒体刊发新闻稿件914篇（条）。积极发挥全媒体优势，精心策划党史学习教育专题专栏，统筹运用广播电视，"隆德融媒体中心""隆德发布"微信公众号、快手、抖音等平台，突出宣传隆德县深厚的红色底蕴和丰富的党史资源，广泛宣传各条战线、社会各界学党史的典型经验、做法、成效等。创新开设《党史百年·天天读》《我为群众办实事》《学党史 悟思想 办实事 开新局乡（镇）党委书记县直部门党委（党组）书记访谈》等一系列专题专栏，切实为党史学习教育全方位推进营造浓厚的社会舆论氛围。

【精神文明建设】 制定《隆德县群众性精神文明创建活动2021—2023年度工作规划》和《隆德县精神文明建设指导委员会2021年工作安排》，对2021年精神文明建设重点工作进行安排部署。深入学习贯彻"两个纲要"，推进"四德"建设，广泛开展精神文明创建活动，推荐全区精神文明建设先进单位、未成年人思想道德建设先进单位各1个，全区移风易俗先进乡镇、先进红白理事会各2个，全区移风易俗模范户3户、先进工作者2名，推荐各级各类道德模范8人。制定印发《全县推动文明健康绿色环保生活方式的实施方案》，深入开展文明出行、文明旅游、文明餐桌、文明习俗、文明上网"五大文明行动"，组织全县教师党员、共青团员、少先队员代表100多人，在北象山老红军李友禄墓碑前，参加"建党百年 追忆英烈"清明祭扫英烈暨爱国主义教育活动。隆德二中组织"请党放心，强国有我"重走长征路研学教育实践等活动，教育引导青少年传承红色基因，弘扬革命精神，坚定理想信念，厚植广大青少年爱党爱国爱社会主义情怀。

【新时代文明实践建设】 2021年，隆德县在继续深化拓展新时代文明实践中心建设工作上精心设计活动项目、健全志愿活动机制、盘活资源平台，积极探索新方法，新举措，建成新时代文明实践所7个、新时代文明实践站62个，实现县、乡、村三级新时代文明实践中心（所、站）全覆盖，围绕"讲、帮、乐、树、行"五种形式，按照"一月一主题、月月有计划、周周有活动"的工作安排，结合庆祝中国共产党成立100周年，精心组织开展"学党史、知党恩、颂党情、跟党走""品味端午·传承文明""七彩假期""疫情防控""三关爱""团圆中秋、共庆丰收""倡导国庆新民俗 打造爱国活动周""进农村 助秋收 献爱心"和环境综合整治等各类新时代文明实践活动860余场次，参与群众6万多人次。

【扫黄打非】 2021年县"扫黄打非"办对全县20余万册出版物、23部宣传片、4.6万余条电子读物、87件音像制品进行排查，依法依规关停无证经营出版物的书屋2家。对一起私设摊点销售中小学生教材教辅违法违规行为行政立案并处罚款2000元。对沙塘、凤岭等10所中小学校图书室图书、期刊、电子读物等进行专项检查，督促下架不适宜图书115本。出动各相关单位280余名执法人员检查文化单位680家，查处和清理危害中小学生身心健康有害出版物925本。

【网络宣传】 推进习近平新时代中国特色社会主义思想进网络，组织全县政务新媒体开设"学习进行时"等专题专栏，转载转发习近平总书记重要活动和重要讲话精神相关稿件5000余篇。紧扣县委、县政府中心工作，策划开展各类主题宣传活动，推出"学党史 悟初心""万众一心 抗击疫情""奋斗百年路 启航新征程""我为群众办实事"等网上主题宣传专栏20余个，做好网上正面宣传工作。组织全县网络评论员开展实战演练活动，围绕中央和区市县重大决策部署、重大活动、社会热点等开展舆论引导，全年共转发跟帖6801条。

【网络建设】 利用舆情监测软件等技术手段，做好涉隆舆情日常巡查和处置引导工作，全年共监测转办涉及疫苗接种、交通运输、拖欠农民工工资、民生热点难点等相关网络舆情72件，下发舆情督办单12份。加强对网络有害信息的监测处置力度，对2家因微信公众号出现错误信息的单位进行约谈。加强网络舆论阵地建设，对全县8个备案网站、3个APP、118个政务新媒体、22个自媒体进行动态管理，规范网络传播秩序。推进"清朗"系列专项整治行动，依法依规对3名在直播中语言低俗、随意谩骂他人的网络主播进行约谈，对1名违规主播账号永久性封禁，关停2个恶意营销账号、22个僵尸账号、7个假冒账号，重点关注2个转世直播账号。落实网络安全主体责任，对全县8家重点涉网单位开展网络攻防实战演练，对21家部门（单位）开展网络安全检查，处置网络安全事件5起，及时排查风险隐患、修补漏洞。开展2021年网络安全宣传周系列活动，组织观看启动仪式、开展集中宣传和6大主题日宣传等活动。

【信息化建设】 推进"互联网＋城乡供水、医疗健康、教育"等项目的建设，建成全县水资源"东水西用，南水北调，丰枯调剂"的配置体系，实现医疗信息查询、电子健康档案管理、在线咨询、电子处方、远程会诊、远程治疗和康复等多种形式的健康医疗服务有机整合，完成辖区内60所学校的校园网络升级改造。

统战工作

【民族工作】 县委高度重视民族工作，把民族工作纳入县委重要议事日程，与党建、意识形态、经济工作等同安排、同部署、同考核。坚持一体谋划统筹推进。以铸牢中华民族共同体意识为主线，紧紧围绕"两个共同"主题，以做靓"六盘山下民族团结进步之花盛开渝河两岸"品牌，强化宣传教育，深挖红色资源，传承爱国主义精神，进一步提升全县民族团结进步创建活动的规范化、制度化、科学化水平。深入开展"中华民族一家亲，同心共筑中国梦""拥护核心感党恩，同心携手奔小康""传承党的百年光辉史基因、铸牢中华民族共同体意识"等教育活动；结合党史学习教育，组织统战系统党员干部和统一战线成员60余人到六盘山红军长征纪念馆开展"学习党的历史，传承党的百年史光辉基因"学习教育实践活动；组织召开统战成员"脱贫小康感党恩 振兴共富跟党走"座谈会；常态化开展马克思主义"五观""百场万人"大宣讲等一系列活动，累计开展宣讲活动150余场次，受众1.6万余人，使党的民族宗教理论和铸牢中华民族共同体意识更加深入人心。扎实开展"民族团结进步月"活动。通过开展系列中央民族工作会议精神学习贯彻活动、举办"山海同心"主题书画展、文艺汇演等"八个一"活动，大力发扬民族团结优良传统，打造了具有隆德特色的人文化、大众化、实体化宣传教育活动，力促"民族团结进步月"活动取得实效。认真学习贯彻会议精神。以开展大宣传大宣讲、组织领导干部轮训、开辟学习宣传专栏、举办线上知识竞答、开展"民族团结一家亲"为主题的秋收助农等"八个一"活动为牵引，把中央民族工作会议和自治区党委十二届十三次全会精神从会场搬到了田间地头，让会议精神与群众工作深度融合，推动中央民族工作会议和自治区党委十二届十三次全会在隆德走深走实，真正做到知行合一。以点带面精心培育先进典型。打造了县检察院、二小等5个民族团结进步创建示范点，积极营造宣传氛围，提升创建活动成效，为创建全国民族团结进步示范县（区）奠定了坚实基础。

【少数民族发展资金】 2021年自治区财政厅下拨隆德县少数民族发展资金981万元，在资金使用上优先助推脱贫攻坚成果同乡村振兴有效衔接。与张程、杨河两乡对接实地考察调研，严格按照设计、招投标的程序在10个自然村实施，维修水毁硬化路面982米（4795平方米）；新建硬化道路

2427米，铺砂砾路1316米，疏通乡村发展的毛细血管，打通服务群众"最后一公里"，助推了2个民族乡镇产业兴旺，少数民族发展资金的有效使用，得到国家关于脱贫攻坚成果同乡村振兴衔接资金绩效第三方评估组的肯定和高度评价。

【民主政治建设】 县委将党的统一战线理论列入县委中心组学习内容，纳入县委党校干部教育培训课程。建立健全民主党派成员、无党派人士、党外知识分子、新的社会阶层人士信息库。全县目前共有无党派知识分子553人。有民主党派（九三学社、民进）成员7人，党外知识分子联谊会1个，会员336人、理事27名、副会长8名、会长1名。新的社会阶层人士62人。完成了县伊协、县工商联换届工作，选举产生伊斯兰教协会会长1名，副会长7名，委员37名；选举产生了61名县工商联第九届执行委员会委员，主席1名，副主席11名，秘书长1名（兼）。制定《隆德县2021年政协换届委员协商提名工作方案》，把握大团结大联合主题，严格工作程序，加强沟通协商，优化委员结构，设置19个界别，完成157名政协委员提名工作，其中民主党派成员和无党派人士等党外代表95名，占比60%，党外常委19名，占比65%。完成县无党派人士认定工作，15名副高以上知识分子及副科级以上领导干部被认定为无党派人士。进一步巩固和壮大爱国统一战线。充分发挥隆德县党外知识分子联谊会作用，加强沟通联系交流，拓宽知情明政渠道，引导民主党派、无党派人士和党外知识分子、新的社会阶层人士围绕县委中心工作开展调研。

【非公有制经济发展】 加强非公有制经济领域统战工作，组织民营企业聚焦"三农"领域，开展"百企兴百村"行动，有效衔接乡村振兴战略，助推农村产业发展。结合党史学习教育，开展了非公有制经济人士理想信念教育实践活动，促进非公有制经济"两个健康"发展。积极引导非公有制经济人士"致富思源、富而思进、扶危济困、感恩回报社会"的光彩事业活动，累计组织80多家企业为困难群众、贫困学生和社会公益事业捐款捐物达500多万元。组织全县非公企业通过产业扶贫、就业扶贫和捐赠扶贫等形式，积极投身到脱贫攻坚和疫情防控工作中，帮助贫困户改造危房，解决建档立卡贫困户就业，提供产业和技术帮扶。

【港澳台侨务工作】 建立完善全县港澳台侨信息资源数据库，扩大交流合作，争取福建省侨联资金10万元，资助优秀教师28名，贫困学生、三好学生56名。

党校工作

依据《2019—2023年全县干部教育培训规划》，制定教育培训计划，设置教育培训课程，落实党性教育和理论教育目标任务。2021年共举办7个专题培训班，培训学员3081人，其中2期238名新任村干部专题班；1期党员发展对象专题班；4期科级领导干部学习贯彻党的十九届五中全会精神暨党史学习教育专题班；1期驻村帮扶第一书记和工作队员乡村振兴专题班；5期科级领导干部深入学习贯彻习近平总书记在庆祝中国共产党成立100周年大会上的重要讲话精神专题培训班；1期全县科级领导干部和村（社区）干部深入学习贯彻中央民族工作会议精神暨自治区党委十二届十三次全会精神专题培训班；1期全县2021年新任乡村干部和驻村干部巩固拓展脱贫攻坚成果同乡村振兴有效衔接专题培训班。督促"宁夏干部教育网络培训学院"平台学习，全县处、科级干部和公务员962人参加网络培训，参学率100%、结业率100%。县委党校8位干部教师先后深入13个乡镇和有关部门进行"四史""传承党的百年光辉史基因　铸牢中华民族共同体意识"、习近平总书记在庆祝中国共产党成立100周年大会上的重要讲话精神和党的十九届六中全会精神理论宣讲35场次，受众达3000人次。

党史档案

【党史】 深化对习近平新时代中国特色社会主义思想的研究宣传。全年在县直各单位、各村开展党史宣讲40场次。深入推进党史"进机关、进校园、进企业、进军营、进社区、进乡村、进网络活动"，积极推动各级各类学校开展党史学习教育，帮助广大党员、干部、群众，特别是青少年了解党的伟大历程、基本经验、光荣传统和优良作风。编撰出版党史基本著作。启动编写《中国共产党隆德历史（1921—1949）》第一卷工作，书写党在隆德的历史，全面、系统、科学、准确地阐述党领导隆德人民进行斗争，争取解放的历史进程，历史成就和经验教训，为隆德经济社会发展提供历史借鉴和启示。《中国共产党隆德历史（1921—1949）》第一卷已完成初稿；编撰《中国共产党隆德百年大事记1921—2020》；完成年度《中国共产党隆德历史大事记2021》的征集、整理、编辑工作，已完成初稿；配合固原市党史研究室收集整理并上报《中国共产党固原历史第三卷1978—2012年》隆德史料。

【档案宣传】 做好《中华人民共和国档案法》学习宣传贯彻实施工作，确保新修订档案法在全社会得到有效实施。利用广播、电视、网络等媒介和"6.9"国际档案日等时间节点，深入乡镇、社区，张贴宣传标语，发放档案法宣传册，面向全社会开展有针对性的档案法宣传解读，提高人民群众的档案意识。组织全县各单位档案工作人员参加由国家档案局在线举办的"6.9"国际档案日线上培训讲座和"'十四五'全国档案事业发展规划公益大讲堂"，切实提高全县档案工作者对新档案法和"十四五"档案发展规划的理解认识深度，形成知悉、遵守、运用档案法的良好氛围。制作"薪火相传文明史，筑梦兰台谱新曲"——隆德县档案工作纪实宣传片，大力宣传近年来档案工作发展情况。

【档案查阅利用】 建立信息登记簿，及时进行记录整理，及时调整档案利用工作重点，对近期查档动态进行利用需求预测，提前做好准备，疫情期间按上级要求，采取电话预约、单人进馆、窗口提供等方式，为查询人员提供服务，严禁多人一次进入库房，同时配备专人进行安全管理和监督。以方便群众前来利用档案。截至目前，今年已接待查询单位和个人265人次，提供档案1836卷件/次，复制档案438页，充分发挥档案便民利民作用，得到了查档人员的普遍好评。

【脱贫攻坚档案整理移交】 根据自治区党委办公厅《关于抓紧做好脱贫攻坚档案移交工作的通知》

（宁党办发〔2021〕8号），聚焦脱贫攻坚档案整理中存在的突出问题，以乡村振兴、各乡镇作为脱贫攻坚档案整理重点单位和脱贫攻坚的主阵地。聚集组织协调、业务指导、督促等各方面的力量，限时推进、齐心协力、对症下药、精准施策、统筹兼顾，按时圆满完成全县所有脱贫攻坚档案整理归档工作。全县13个乡镇21个部门纸质档案整理工作已全部结束，共完成综合类、精准识别类、精准施策类、精准脱贫类档案资料5129盒20504件8745卷，其中，乡村振兴局1977盒4271件3867卷，各成员单位957盒1732件1672卷，乡镇1085盒4504件1280卷，村级1110盒9997件1926卷。

【档案业务培训】 为进一步加强和规范全县档案管理工作，从源头切实提高档案管理人员综合素养，进一步提升档案整理人员业务素质和能力，县档案馆联合乡村振兴局对涉及扶贫档案的21个县直单位及13个乡镇分批次举办档案整理业务培训，举办培训班8期共培训92人，实地业务指导和微视频业务讲解累计200多次。在培训中，重点对脱贫攻坚综合类、精准识别类、精准施策类、精准脱贫类及照片、音像等特殊载体按照归档范围和保管期限进行分类讲解，以乡村振兴局、城关镇、张程乡、农业农村局等作为脱贫攻坚档案整理先行试点单位，对档案资料的归档范围、期限划分、档号编制、编目、排列、档号章、目录、封面、备考表等填写过程作为现场演示。通过实践与理论相结合，每个档案管理人员业务知识有了很大的提高，档案整理技能得到了更新和完善，也为今后的疫情防控档案指导整理各方面打下基础。

【档案数字信息化建设】 为了便于资料的查询与提档，减少纸质档案查询的耗时耗力和查阅的磨损，提升档案管理工作的效率，县档案馆紧紧围绕大数据管理信息采集需求，严格按照《宁夏脱贫攻坚档案整理及移交规范》（202106）通知，要求各立档单位围绕脱贫攻坚档案综合类、精准识别类、精准施策类、精准脱贫类等四大类建立电子档案目录，并扫描数字化副本，按照电子目录及档案数据存放路径依次将整理好的纸质档案转化为单页JPG格式及多页PDF格式，安全保存数字化档案管理系统，为实现与全区脱贫攻坚档案系统无缝对接以及扶贫开发大数据的建立做好资源准备。截至目前，脱贫攻坚档案数字化档案扫描工作已完成90%。

隆德县人大常委会

机构组成

隆德县第十八届人大常委会组成人员

主　任：张　佐

副主任：毕世喜（回族）　任小红　党锁锁
　　　　陈作彬

委　员（26名，按姓名笔画为序排列）：
　　　　马天智　马存真（回族）　王小龙
　　　　王志强　王昌盛　王春花（女）
　　　　车怀文（回族）　田　野　刘　伟
　　　　刘变过（女）　李绿琴（女）
　　　　沈镇隆　张立红　张志宏　张晓峰
　　　　张毅龙　陈小明　陈金龙
　　　　陈婉君（女）　柳陇西　柳沛林
　　　　彭军娥（女）　摆世军（回族）
　　　　蒲旭明　鲍彪虎　魏红霞（女）

办公室主任：马天智

办公室副主任：卜　军

法制工作委员会主任：车怀文（回族）

财政经济工作委员会主任：刘　伟

教科文卫工作委员会主任：蒲旭明

代表联络与选举工作委员会主任：张立红

【隆德县第十八届人民代表大会第一次会议】隆德县第十八届人民代表大会第一次会议于2021年11月10日—12日在县行政中心召开，会期3天。会议应出席代表180名，实到会代表175名，符合法律规定参加会议总人数。会议听取和审议县人民政府工作报告、隆德县2021年国民经济和社会发展计划执行情况与2022年国民经济和社会发展计划草案的报告、隆德县2021年财政预算执行情况和2022年财政预算草案的报告、隆德县人大常委会工作报告、隆德县人民法院工作报告、隆德县人民检察院工作报告和《隆德县第十八届人民代表大会第一次会议主席团关于代表议案的决定》。大会选举张佐为县人大常委会主任；毕世喜、任小红、党锁锁、陈作彬4人为县人大常委会副主任；马天智、车怀文、等26人为县人大常委会委员；选举马天峡为县人民政府县长；陈昊、何冬华、柳春梅、金宝文、李龙君5人为县人民政府副县长；胡巧琴为县监察委员会主任；高睿为县人民法院院长；张贤儒为县人民检察院检察长；罗永红、李志达等38人为隆德县出席固原市第五届人民代表大会代表。

出席政协隆德县第十二届委员会第一次会议的县政协委员列席会议。

【县第十七届人民代表大会第五次会议议案办理】 县第十七届人民代表大会第五次会议期间，人大代表提出并转交县人民政府办理的议案、建议共37件，其中议案5件、重点督办建议15件、建议17件。37件议案、建议全部按时高效办结，并及时予以答复，获得代表们的满意评价。

（一）议案办理情况

1.关于神杨（神林至杨河）公路改造提升的议案。争取项目资金7714万元，实施神林至杨河公路改造提升项目，公路全长22.4km，设计路基宽7.5m、路面宽6.5m、时速30km/h，于4月1日完成招投标并开工建设，陆续完成路基工程施工、沥青混凝土路面铺设、边沟清理整修等工作，目前已建成通车，有效改善了沿线居民的出行条件。

2.关于对县城六盘山大道进行改造提升的议案。争取项目资金3775.21万元，完成六盘山大道改造提升项目，铺设雨水管道3830米，增设合流制管道改污水管道支管430米，在文化南街、德顺街、德胜路、隆庄路等铺设雨水管道4560米，修复道路3982.974米，有效改善了车辆通行条件。

3.关于建设全县肉牛养殖园区的议案。一是以多年生苜蓿为主，建成城关北塬万亩高产优质苜蓿示范基地，奠安马湾、张程杨袁、神林观音3个千亩高产优质苜蓿示范基地，种植优质紫花苜蓿5900亩，全县紫花苜蓿留床面积稳定在23万亩以上。以屯玉168、铁研53等品种为主，采购青贮玉米种子200吨，种植青贮玉米10万亩，形成多元化饲草种植基地。二是建成养殖圈舍、青贮池、干草棚及附属设施，补栏肉牛2860头，建成张程杨袁和杨河红旗存栏千头以上标准化肉牛养殖园区。三是发展"50"模式养殖大户162户，"20"模式养殖大户30户，扩大养殖规模，形成全县肉牛养殖的强劲势头。

4.关于支持建设全县高标准设施农业园区的议案。一是建成神林辛平大跨度拱棚10幢50亩，露地蔬菜展示区50亩，建成沙塘街道大跨度拱棚6幢30亩。二是建成联财恒光、沙塘新民、温堡杨堡等全钢架大拱棚6000亩，全县设施农业面积达到2.5万亩。三是打造渝河流域川道区联财、神林、沙塘蔬菜种植示范乡镇3个，培育神林辛平、沙塘新民等千亩蔬菜种植示范村18个。四是改造提升联财联合、温堡杜堡等蔬菜种植园区16个，带动全县种植冷凉蔬菜5万亩。

5.关于扶持发展壮大全县村集体经济的议案。制定《隆德县2021年村集体经济发展实施方案》，争取资金4050万元，重点支持杨河穆沟等57个村发展壮大村集体经济，其中，整合中央和自治区财政扶持资金2200万元，用于沙塘张树、奠安马坪等22个村发展壮大村集体经济；整合县扶贫专项资金1850万元，用于观庄大庄、山河石碑等35个村发展壮大村集体经济，发展特色种养业、农产品加工业、农资服务创收业、乡村旅游业，全面提高村集体经济收益。

（二）重点督办建议办理情况

1.关于在温堡乡张杜沟村修建排洪渠的建议。投资202.95万元，为张杜沟村新建规格为（1.2m+1.6m）×1.2m/2浆砌石梯形排洪渠3520米，壁厚30cm，有效保障群众生活生产安全。

2.关于修建联财镇恒光村万只羊场南山防洪

渠的建议。投资7.92万元，实施联财镇恒光村万只羊场南山防洪渠等基础设施建设项目，新建规格为40×40矩形浆砌排洪渠780米，彻底解决防洪渠口径窄、泥沙淤积、汛期排洪不畅等问题。

3. 关于对观庄乡姚套、石庙等片区农村供水管网进行提升改造的建议。投资4728.69万元，积极对接"互联网+城乡供水"运行管理平台与水利厅"云平台"入网联通工作，累计完成入户改造720户，改造管道14.5公里，切实提升农村地区供水保障能力。

4. 关于修建好兴公路好水段护坡和排水等附属工程的建议。投资62万元，对好兴公路好水段护坡和排水设施进行整修，清理边沟2公里，清理边坡塌方3500平方米，完成护坡挂网喷播12000平方米，有效保障了好兴公路安全畅通。

5. 关于神林乡神林村五组、六组道路建设的建议。投资23万元，完成神林乡神林村五组、六组道路水毁路段维修，开挖土方2920立方米，翻压回填土方2010立方米，新建混凝土边沟110米，维修路面192平方米，增设护栏12米，新建涵洞2道20米，为群众提供了便捷安全的出行环境。

6. 关于消除奠安乡景林村地质滑坡点隐患与道路维修的建议。投资7万元，维修奠安乡景林村地质滑坡路段，开挖土方1.91万立方米，翻压土方1502立方米，清理疏通边沟620米，整修砂砾路面580平方米，切实保障了群众出行安全。

7. 关于奠安乡至隆泾路口段道路维修的建议。投资13万元，实施奠安乡至隆泾路口段道路维修工程，清理落石及塌方3000立方米，维修路面1100平方米，使群众出行更加畅通。

8. 关于村集体经济盈利与村干部（各理事长）报酬相挂钩的建议。制定《隆德县发展壮大村级集体经济管理办法（试行）》，对村集体经济组织的经营管理、奖惩管理等做了明确规定，对自主经营发展村集体经济当年净收益10万元以上，参与村集体经济发展的村干部和相关负责人给予绩效奖励。绩效奖补基金提取按3个档次落实，年内村集体经济收益增加10~20万元的（含20万元）、20~30万元的（含30万元）及30万元以上的，分别提取本年增加收益的6%、8%和10%予以奖补，提取奖补资金最高不超过5万元。具体由村党支部和村委会提议，村集体经济组织理事会制订方案讨论通过，成员（代表）大会决议，报乡镇党委和政府审批并备案。本年度村集体经济组织收益情况将于年底进行核算，核算结束后，按照程序对符合条件的村干部进行绩效奖励。

9. 关于开展山河乡石碑、二滩、王庄三村土地整理的建议。投资368万元，对山河石碑、二滩、王庄土地进行平整、表土回填、田地深耕、土壤培肥，修建田间道路，建设高标准农田2700亩，其中王庄1540亩、二滩810亩、石碑350亩，有效提高土地利用率。

10. 关于建设凤岭乡村集体经济企业产品研发、精深加工、冷链配送中心的建议。争取项目资金796万元，新建产品研发技术中心194.24平方米，精深加工基地1435.5平方米，冷链配送中心及冷库664.44平方米；成立凤康食品加工厂，带动全乡就业20余人，月收入3000余元；收购全乡8个行政村280户水果玉米18万公斤，户均收入10000元左右，年可生产冻干水果玉米、荞麦面条等各类肉制品和方便代餐食品40吨以上，全面延长农产品时令性、推广本地传统味道，推动乡村经济发展。

11. 关于修建联财镇恒光村村内排污管网的

建议。投资342.5万元，实施恒光村污水管网敷设工程，敷设污水管道2320米、入户管道1550米，布置钢筋混凝土检查井155座，建设钢筋混凝土化粪池2座，有效改善群众生活环境。

12. 关于为城关镇吴山村配套排污管网的建议。投资382.6万元，3月中旬开工实施吴山村排污管网工程，敷设各类排水管5910米，设置检查井180座，安装玻璃钢化粪池1座、20立方米玻璃钢化粪池2座，解决了群众污水排放和处理问题。

13. 关于成立乡镇城管中队及环卫队的建议。按照乡镇机构改革权利下沉的目标要求，13个乡镇均已成立城管中队及环卫队，执法队员及环卫人员共364人，建立了运营管理机制，解决了乡村保洁难题。

14. 关于温堡乡配套蔬菜大棚基础设施建设的建议。一是水利方面。投资680万元，维修改造旧干管各类闸阀井32座，新建干管取水、排水闸阀井16座，支管各类闸阀井20座，总配套各类建筑物242座，维修建筑物14座。铺设干管ϕ500PVC管3500多米，铺设各片区支管、分支管12450多米，更换管道92米，维修干管320米。新建维修农田及温棚给水栓617个，出地竖管1.41千米，维修灌溉渠道1.3千米。二是电力方面。投资6.5万元，于5月10日全面完成32家蔬菜种植企业配备电力设施工程。三是道路方面。投资182万元，完成道路建设18.19千米。

15. 关于修建联财镇恒光、张楼、联财等村2000亩设施农业产业园区水电路配套工程的建议。累计投资200万元，实施联财恒光、张楼、联财等村2000亩设施农业产业园区水电路配套工程，新铺设排洪渠管道7.9千米，修建砂石路7.5千米，并安排专人定期维护供电设备，确保园区生产生活用电畅通。

（三）建议办理情况

1. 关于在温堡乡温堡村二组修建塘坝的建议。投资105.35万元，为温堡村二组修建小塘坝一座，配套现浇C30砼箱式涵洞一道，有效解决排洪不畅问题。

2. 关于实施渝河联财段清淤维修改造的建议。投资514.8万元，对渝河联财段河道进行清淤疏浚，对两岸护坡进行维修，对河道及岸上枯草、垃圾进行清理。累计清淤6.86千米，清除杂草及垃圾1050亩，修剪、清理河道及岸上树木32304棵，蓄水池苗木平茬8.48万平方米，有效保障渝河河道畅通。

3. 关于为神林乡神林村、双村、杨野河村的机修农田道路修建排水渠的建议。一是建成神林杨野河村高标准农田2933亩，配套建成4米宽田间道路7.24千米、铺设D=0.3mU型排水渠1.76千米，修建2米宽生产道路5千米，栽植农田防护林3175株。二是建成神林村、双村高标准农田5639亩，改扩建5米宽田间道路11.9千米，4米宽生产道路18千米，栽植农田防护苗木9200株，为群众生产生活提供了便利。

4. 关于对县城三山府邸小区门前巷道采取交通管制的建议。一是加强部门密切配合，开展集中整治。公安、城市公共服务中心、运管等部门联合，通过定人、定岗、定路段集中开展道路交通整治。二是加大交通巡逻的力度和密度。对县城三山府邸小区门前巷道车辆乱停乱放等进行疏导整治，共查处违停违法行为209起，形成严管氛围。三是强化宣传力度。充分利用电视广播、"两微一抖"等媒体平台，以案说法等形式，大力宣传道路交通相关的法律法规和政策，发放宣传资料2000余份、悬挂横幅3条、现场解答群众咨询50余件，通过宣传进一步提升群众道路交通安全意识。

5. 关于对杨河乡杨河村、穆沟村至好水乡中台村、庙湾村乡级公路进行维修的建议。投资16万元，对杨河乡杨河村、穆沟村至好水乡中台村、庙湾村农村公路水毁路段进行全面维修，维修路面3000平方米、清理塌方1500立方米、维修滑坡2处、回填土方2000立方米，有效保障了道路畅通。

6. 关于绿化杜堡等村道路的建议。投资33.83万元，完成杜堡村、张杜沟村、田柳沙村、吴沟村、新庄等道路绿化8.5公里，种植丁香19644株，旱柳190株，早酥梨4444株，有效美化了道路环境。

7. 关于为温堡乡吕梁等5个村安装太阳能路灯的建议。投资207万元，为温堡乡吕梁等5个村安装太阳能路灯800盏，其中，前进村150盏、杜川村100盏、吕梁村150盏、田柳沙村130盏、温堡村270盏，有效解决了群众夜间出行难问题。

8. 关于为312国道、隆张公路、隆庄公路县城段安装太阳能路灯的建议。投资207万元，为312国道及隆张公路安装太阳能路灯270盏，为群众出行提供了便利。

9. 关于继续加大对陈靳新和等旅游重点村旅游基础设施建设投入的建议。一是投资40万元，建设400平方米停车场1个，投资120万元，建成自驾游VIP营地6处，建设窑洞民宿8个。二是投资50万元，建成新和高台马社火非遗基地展厅1座240平方米，目前已完成主体工程。

10. 关于对伏羲崖—北联池景点基础设施进行改造提升的建议。一是投资50万元，改造提升北联池景区基础设施，维修伏羲崖—北联池景点道路护坡，安装木质围栏，衬砌道路两侧水渠，建成西北侧临时停车场，整治并绿化美化周围环境，延伸服务功能。二是充分利用伏羲崖—北联池资源优势，讲好隆德故事，宣传隆德文化。三是大力开展招商引资，将伏羲崖—北联池基础设施建设项目纳入招商引资项目储备库。

11. 关于扶持沙塘镇街道—和平村发展乡村旅游的建议。一是充分挖掘沙塘镇街道和平村的历史文化资源，好物优品，依托第二季"两晒一促"活动，加大宣传力度。二是在草莓成熟期进行宣传，吸引县内外群众采摘体验。三是在端午节期间，通过新媒体平台，大力宣传芍药花基地，吸引游客前来"打卡"观赏，提高沙塘乡村旅游的知名度和影响力。

12. 关于为神林乡庞庄村、辛平村、双村村部修建卫生厕所的建议。投资30万元，将神林庞庄、辛平、双村村部卫生厕所修建纳入美丽村庄建设项目，修建50平方米水冲式卫生公共厕所3座，进一步改善农村人居环境，提高群众生产生活条件。

13. 关于提升温堡乡新庄村美丽村庄基础设施建设的建议。投资254.01万元，于3月中旬开工建设温堡乡新庄村美丽村庄项目，修建M型小花园、文化广场1530平方米，硬化道路3226.26平方米，改造农户门前花园工艺护栏2388米，维修排水渠1300米，推进美丽乡村建设，提升群众幸福感获得感。

14. 关于温堡乡吴沟村提升改造的建议。投资399.07万元，于6月上旬开工建设吴沟村污水管网项目，敷设排水管网7560米，设置混凝土排水检查井215座，新建化粪池2座，改造乡村面貌，打造生态宜居环境。

15. 关于为城关镇城市社区配备网格管理员

的建议。制定《隆德县2021年城镇公益性岗位安置方案》，发布《2021年城镇公益性岗位报名公告》，受理审核城镇公益性岗位报名人员570人。经筛查最终确定50名城镇居民担任社区网格员，并于8月10日在政府网站、"隆德就业"微信公众号上进行公示，9月1日全部安置上岗。

16.关于修建联财镇联合村三组（刹坪）老年人活动场所的建议。争取项目资金90万元，实施联财镇联合村三组（刹坪）老年人活动场所建设项目，硬化篮球场3000平方米，建设绿化带2000平方米，硬化广场周边道路220米，搭建廊架80米，铺设休闲区域人行道150米，进一步夯实了农村公共文化服务体系建设基础，极大地丰富了群众业余文化生活。

17.关于加强对精神病人兜底保障的建议。将符合条件的289位精神病人纳入最低生活保障范围，给予残疾人生活补贴和护理补贴。其中，A类人员49人，每人每月补助500元；B类人员159人，每人每月补助400元；C类人员81人，每人每月补助245元。给予396名重度精神残疾病人每人每月110元的生活补贴，给予345名重度精神残疾病人每人每月120元的护理补贴，给予3名困难精神病人大额临时生活救助，全年共发放救助资金18500元。

【县十八届人大一次会议期间人大代表议案】 县十八届人大一次会议期间，共收到代表10人以上联名提出的议案、建议和意见67件，其中议案5件、建议和意见62件，涉及水利类6件、交通类7件、农林类14件、财政类3件、教育科学文化卫生类8件、住建类19件、综合类10件。经大会议案审查委员会审查，并与县人民政府及其相关职能部门协商沟通，提出审查意见建议，列为代表议案办理的5件，列为重点督办建议办理的19件，列为代表建议办理的18件，不列为本次会议建议的25件。

【代表选举】 隆德县县、乡两级人民代表大会代表选举工作从2021年7月1日开始，9月10日结束。整个代表选举工作在县委和县人大常委会的领导下，坚持以习近平新时代中国特色社会主义思想为指导，充分发扬民主、严格依法办事，切实保障选民民主权利，圆满完成了县第十八届人民代表大会代表的选举任务。

县第十八届人民代表大会代表名额为180名。经县第十七届人大常委会第三十二次会议审议决定，将180名代表名额分配到全县13个乡镇进行选举。在选举过程中，根据县人大常委会和县选举委员会的要求，各选区都能依法提名推荐代表候选人，对政党、人民团体推荐的代表候选人和选民十人以上联名推荐的代表候选人，都能一并列入代表候选人名单，提交选民充分酝酿讨论。全县共提名推荐代表初步候选人415名，其中政党、人民团体推荐的61名，占14.7%；选民十人以上联名推荐的354名，占85.3%。对公布的代表初步候选人，经选民多次协商讨论，县选举委员会严格审查，共确定正式代表候选人259名，占应选名额的144%，符合法定差额比例。经参加选举的100306名选民投票表决（参选率为85.9%），于9月6日至10日依法选出县第十八届人民代表大会代表180名，参加投票人数和当选代表均符合法定人数和票数。

当选代表的整体结构为：女性62名，占34.4%；35岁以下30名，占16.7%，36岁至55岁145名，占80.5%，56岁以上5名，占2.8%；中共党员125名，占69.4%；少数民族30名，占16.7%；大专及以上文化程度105名，占58.3%，初中及以下文化程度41名，占22.8%；党政干部70名，占38.9%，企业负责人2名，占1.1%，工人14名，占7.7%，农民71名，占39.4%，专业技术人员16名，占8.9%；连任代表39名，占21.7%。妇女、一线工人、农民和专业技术人员代表比例较上届均有所提高；所选代表既具有代表性，又具有广泛性，整体素质较高，结构符合有关要求。

人大常委会会议

【第十七届人大常委会第二十九次会议】 1月5日下午，县十七届人大常委会召开第二十九次会议。县人大常委会主任王勇，副主任马国强、刘玲、杨智军、柳国仁及委员共22人参加会议；县人民政府、县纪委监委、人民法院、人民检察院、政府有关工作部门负责人和部分县人大代表列席会议。县人大常委会主任王勇主持会议。

会上，听取和审议县人民政府关于退役军人事务、审批服务管理、审计整改落实、代表议案建议办理、审议意见办理五个方面的工作报告，并对会议审议的专项工作报告进行了满意度测评；作出了关于召开隆德县第十七届人民代表大会第五次会议的决定；听取了县第十七届人民代表大会第四次会议以来代表变动及补选代表资格审查情况的报告；审议了县第十七届人民代表大会第五次会议有关事项。

【第十七届人大常委会第三十次会议】 2月9日上午，县十七届人大常委会召开第三十次会议。县人大常委会主任王勇，副主任马国强、刘玲、杨智军、柳国仁及委员共27人参加会议；县委副书记、政府党组书记刘斌，县人民政府副县长祁忠同志列席会议。县人大常委会主任王勇主持会议。

会上，传达学习了自治区十二届人大四次会议精神；审议通过了县人大常委会2021年工作要点（草案）；审议通过了有关人事任免的议案，举行宪法宣誓仪式，县人民政府代理县长刘斌同志进行了宪法宣誓。县人大常委会主任王勇主持并监誓，县人大常委会副主任马国强、刘玲、杨智军、柳国仁及常委会委员见证宣誓。

【第十七届人大常委会第三十一次会议】 5月27日下午，县十七届人大常委会召开第三十一次会议。县人大常委会副主任刘玲、杨智军、柳国仁及委员共21人参加会议；县人民政府、县纪委监委、人民法院、人民检察院、政府有关工作部门负责人和部分县人大代表列席会议。县人大常委会主任王勇主持会议并讲话。

会上，传达学习全国县乡两级人大换届选举工作部署会议和自治区十二届人大常委会第二十五次会议精神、《中共宁夏回族自治区委员会转发〈中共宁夏回族自治区人大常委会党组关于做好全区县乡两级人民代表大会换届选举工作的意见〉的通知》精神；听取并审议了县人民政府关于贯彻执行《中华人民共和国传染病防治法》及卫生健康工作、科学技术工作、民政工作、人力资源和社会保障工作及2021年第一批新增地方政府债券资金安排事宜的报告，并进行了满意度测评；作出了关于批准2021年第一批新增地方政府债券资金安排的决定，补选了固原市第四届人民代表大会代表，表决通过了人事任免议案。举行宪法宣誓仪式，县人大常委会副主任刘玲主持并监誓，县人大常委会主任王勇，副主任杨智军、柳国仁及部分常委会委员见证宣誓。宣誓仪式上，县人大常委会组织对新任命的县人民政府副县长、人大常委会工作机构负责人、政府工作部门负责人、监察委员会委员、法院工作人员进行了集体宣誓。

【第十七届人大常委会第三十二次会议】 6月28日上午，县十七届人大常委会召开第三十二次会议。县人大常委会副主任马国强、刘玲、杨智军、柳国仁及委员共19人参加会议；县人民政府、县纪委监委、人民法院、人民检察院、政府有关工作部门负责人和部分县人大代表列席会议。县人大常委会主任王勇主持会议并讲话。

会上，听取和审议了县人民政府关于城乡基础设施建设和城市管理工作情况的报告；关于贯彻执行《宁夏回族自治区河湖管理保护条例》及水务工作情况的报告；关于贯彻执行《中华人民共和国固体废物污染环境防治法》及环境保护工作情况的报告；关于自然资源管理工作情况的报告；关于司法行政工作情况的报告等工作报告；审议通过了《隆德县县乡两级人民代表大会换届选举工作实施方案》，作出了关于县乡人大换届选举时间、县乡选举委员会组成人员、县乡两级人大代表名额分配和调整的决定。

【第十七届人大常委会第三十三次会议】 8月17日下午，县十七届人大常委会召开第三十三次会议。县人大常委会副主任马国强、刘玲、杨智军、柳国仁及委员共25人参加会议；县人民政府、县纪委监委、人民法院、人民检察院、政府有关工作部门负责人和部分县人大代表列席会议。县人大常委会主任王勇主持会议并讲话。

会上，听取并审议了县法检"两院"上半年工作情况报告，县人民政府关于2021年上半年计划、财政、审计、重点项目建设、国有自然资源管理、县十七届人大五次会议代表议案建议办理情况的报告并进行了满意度测评；批准了2020年全县财政决算，依法任命陈昊、叶建彪、何冬华、金宝文四位同志为县人民政府副县长，胡巧琴同志为县监察委员会代理主任，高睿同志为县人民法院代理院长。

【第十七届人大常委会第三十四次会议】 9月17日，县人大常委会主任王勇主持召开县第十七届人大常委会第三十四次会议。马天峡等县级领导列席会议。

会议听取了县、乡（镇）选举委员会组成人员辞职情况的报告、县选举委员会关于县第十八届人民代表大会代表选举结果的报告；听取和审议了县十七届人大常委会代表资格审查委员会关于县第十八届人民代表大会代表资格审查情况的报告。会议依法接受刘斌辞去隆德县人民政府代理县长职务，任命马天峡为县人民政府副县长，决定代理县长职务。

【第十七届人大常委会第三十五次会议】 11月6日上午，县十七届人大常委会召开第三十五次会议，县人大常委会主任王勇主持会议并讲话，县人大常委会组成人员出席会议，县人民政府有关工作部门负责同志列席会议。会议应出席常委会组成人员28人，实到18人，符合法定人数。

会议传达学习了中央人大工作会议、中央民族工作会议和自治区党委十二届十三次全会精神，听取和审议了县人民政府关于2021年下半年预算调整（草案）的报告和县人大常委会法工委关于规范性文件备案审查工作情况的报告，作出关于批准2021年下半年预算调整的决议和召开县十八届人大一次会议的决定，审议了人大常委会工作报告和县十八届人大一次会议有关事宜。

人大常委会视察活动

【第一次视察】 4月21日，县人大常委会主任王勇带领常委会组成人员，深入宁夏食添康现代农业科技开发有限公司、县老年养护院、数字化预防接种门诊和宁夏中草药智能化繁育隆德技术创新中心，视察科技、民政和卫生健康工作，并就《中华人民共和国传染病防治法》贯彻落实情况开展执法检查。

隆德县人民政府

机构组成

隆德县人民政府组成人员

县　长：马天峡（回族）
副县长：刘君彬　陈　昊　叶建彪
　　　　柳春梅（女）　何冬华（公安局局长）
　　　　金宝文（回族）　李龙君
工业园区：刘勇

政府工作部门及负责人

政府办公室	主任	杨卫东
发展和改革局	局长	王浩
教育体育局	局长	董玉科
科技局	局长	王东海
民政局	局长	马国林（回族）
司法局	局长	党军强
财政局	局长	许学军
人力资源和社会保障局	局长	张莉（女）
自然资源局	局长	马进川
住房和城乡建设局	局长	梁龙祥
交通运输局	局长	柳钰明
水务局	局长	魏先学
农业农村局	局长	冶文军
文化旅游广电局	局长	刘永兴
卫生健康局	局长	齐海军
退役军人事务局	局长	柳志刚
应急管理局	局长	马彦斌
审计局	局长	赵学斌
市场监督管理局	局长	张世科
统计局	局长	张广斌
扶贫开发办公室	主任	辛学发
医疗保障局	局长	李麟才
审批服务管理局	局长	魏瑜（女）
市生态环境局隆德分局	局长	王建平
国税局	局长	马红军
供电局	局长	刘存德
调查队	队长	马超
气象局	局长	范晓华（女）
烟草局	局长	赵文云
邮政局	局长	仇永宁
人行	行长	陶勇
建行	行长	陈永胜
农行	行长	张衡

信用联社	理事长	李红星
村镇银行	行长	张根东
邮政储蓄	行长	陈利雄
移动公司	经理	田永刚
联通公司	经理	陈鹏鑫
电信局	局长	张云霞（女）
网络公司	经理	杨升
人寿保险公司	经理	刘亮
财产保险公司	经理	刘湘
石油公司	经理	郑建明
新华书店	经理	李艳果（女）

乡（镇）长

城关镇	镇长	陈建宁（女）
沙塘镇	镇长	张旭东
联财镇	镇长	郑守明
神林乡	乡长	王根选
陈靳乡	乡长	杜晓龙
山河乡	乡长	郭晶（女）
奠安乡	乡长	丁玉柱
温堡乡	乡长	王坤
凤岭乡	乡长	张赛虎
好水乡	乡长	王海强
观庄乡	乡长	李尚彪
杨河乡	乡长	杨建军
张程乡	乡长	杨建军（回族）

常务会议

【县人民政府第七十八次常务会议】 1月4日，县长潘建宁主持召开县人民政府第七十八次常务会议，传达学习自治区党委经济工作会议精神、自治区建设黄河流域生态保护和高质量发展先行区第三次推进会精神。研究《隆德县国民经济和社会发展第十四个五年规划纲要（草案）》。

会议强调，"十四五"规划是开启全面建设社会主义现代化新征程的第一个五年规划，也是适应社会主要变化新要求和全面迈进新时代的第一个五年规划。全县上下要认真学习贯彻习近平总书记重要指示精神和自治区党委经济工作会议精神。充分认识编制好"十四五"规划的重大意义，高标准、高质量编制"十四五"规划，为推动隆德县经济高质量发展绘好蓝图。

会议还研究了其他事宜。

【县人民政府第七十九次常务会议】 1月13日，县长潘建宁主持召开县人民政府第七十九次常务会议，传达学习中央农村工作会议精神、《中共中央国务院关于实现巩固拓展脱贫攻坚成果同乡村振兴有效衔接的意见》精神和自治区应对新冠肺炎疫情工作指挥部《关于进一步加强当前疫情防控工作的通知》精神，安排部署疫情防控等当前重点工作。

会议强调，各乡（镇）、各部门（单位）要进一步认清疫情防控形势，认真落实党中央、国务院决策部署和区、市工作要求，严格落实常态化疫情防控措施，巩固好来之不易的疫情防控成果。要严格落实疫情防控"四方责任"，切实履行政府属地、行业监管、社会单位主体和家庭个人自我管理责任，严防严控、联防联控、群防群控，确保疫情防控全覆盖、无死角，全面打赢冬春季疫情防控主动仗。

会议还研究了其他事宜。

【县人民政府第八十次常务会议】 2月7日晚，县委副书记、提名政府县长候选人刘斌主持召开县人民政府第八十次常务会议。传达学习全国、自治区相关文件精神，研究隆德县贯彻意见及乡村振兴工作要点、扶持发展壮大村集体经济等事宜。

会上，传达学习了全国安全生产电视电话会议、2021年度自治区安委会第一次全体会议、自治区十二届人大四次、自治区政协十一届四次会议、自治区纪委十二届五次全体会议和自治区党委农村工作会议精神。

会议强调，县政府班子成员要带头履行"一岗双责"，把党风廉政建设与业务工作同研究、同部署、同检查、同推进，确保分管领域不出问题。要严格执行中央八项规定及其实施细则精神，秉持克己奉公的操守，正确使用人民赋予的权力，避免滥用职权，严禁以权谋私，不插手工程投标、不干预司法公正，坚持做到为民、务实、清廉，永葆共产党人的政治本色，树立廉洁从政的良好形象。要严守处人、处事、用权的底线，时时处处严格要求自己，自觉净化朋友圈、社交圈，自觉管好自己的家属和身边工作人员，自觉接受组织和群众的监督，做到作风上廉洁自律，工作上公道正派，生活上勤俭节约，让组织放心、让群众满意。

【县人民政府第八十一次常务会议】 2月23日，代县长刘斌主持召开县人民政府第八十一次常务会议，传达自治区党委书记陈润儿在全区领导干部学习贯彻党的十九届五中全会精神专题研讨班开班式上的讲话精神和市纪委四届六次全体会议精神，安排部署当前重点工作。

会议要求，要抓好春耕备耕。沙塘、联财、神林、温堡要在3月上旬前完成大棚搭建任务；涉农部门要早谋划、早安排，积极做好种子、化肥、农膜、农药等生产材料的调运和储备，确保不误农时；农业农村、市监部门要对全县农资经营场所进行拉网式检查，重点查办制售假劣农资和坑农害农的违法行为。要抓好项目建设。由发改部门牵头，各相关部门配合，对全县已确定的基本建设项目，严格按照责任分工，加快征地拆迁、土地报批、项目招投标等前期准备工作，确保3月底前项目开工率达到80%以上；各副县长要加强与自治区相关厅局对接，积极争取更多的好项目、大项目落地。要持续抓好森林草原防火、安全生产、疫情防控和矛盾排查化解等工作，为全县各项工作顺利、高效推进提供安全稳定的社会环境。

会议还研究了其他事宜。

【县人民政府第八十二次常务会议】 3月17日，代县长刘斌主持召开县人民政府第八十二次常务会议，传达学习十三届全国人大四次会议及全国政协十三届四次会议精神，并就当前项目建设、森林草原防火、农村人居环境整治等重点工作进行安排部署。

会议强调，各乡（镇）、各相关部门（单位）要把两会精神和习近平总书记的重要讲话精神转化为干事创业的强大劲头，把贯彻重要精神与工作紧密结合起来，围绕立足新发展阶段、贯彻新发展理念、构建新发展格局，统筹推进全县特色产业、重点领域、关键环节全面提质升级，推动全县经济社会高质量发展。要紧盯重点项目建设，压茬推进，确保3月底前项目开工率达到80%，6月底前必须全部开工。要抓好抓实抓细农村人居环境整治工作，持续巩固拓展脱贫攻坚成果同乡村振兴有效衔接。同时，要强化责任落实，切实把春季森林草原防灭火工作做实做细做到位；要不断加强防火宣传教育，切实增强人民群众安全意识，使护林防火成为全民的自觉行动，严防森林草原火灾事故发生；要持续强化监管巡查，坚决杜绝火源进入林区，严格落实各项防控措施，切实保障隆德县森林草原资源和人民生命财产安全。

会议还研究了其他事宜。

【县人民政府第八十四次常务会议】 5月19日晚，代县长刘斌主持召开县人民政府第八十四次常务会议，传达学习全区建设黄河流域生态保护和高质量发展先行区第四次推进会、当前经济形势分析通报会、中央定点帮扶单位座谈会、脱贫攻坚总结表彰大会、实施百万移民致富提升行动会精神，研究隆德县贯彻意见。

会议强调，要紧盯"四权"改革，推进先行区建设。坚持"四定"原则，强化水资源刚性约束，加快余家峡、"互联网+城乡供水"等工程建设进度，构建"南水北调、丰枯补给"的水资源合理配置大体系大网络；要严守耕地保护红线，严格耕地保护制度，对耕地"非粮化"情况进行全面摸排，尽快研究制定治理方案，确保耕地不减少、质量有提升；要严守生态保护红线、筑牢环境质量底线、把住资源利用上线，牢牢抓住"降污增益"这个重点，加强重点行业环境准入管理；要科学推进"四个一"林草产业发展，全面推进山林"三权分置"改革，吸引社会资本参与林业建设。要锚定重点领域，狠抓工作落实。坚持稳中求进工作总基调，围绕促进经济社会持续发展这个总要求，精准把握经济形势，加快推进项目建设，创新推动产业发展，全力保障改善民生，确保全面完成年度经济社会发展预期目标和各项任务。

会议要求，各乡（镇）、各部门（单位）要深入学习贯彻全区中央定点帮扶单位座谈会、脱贫攻坚总结表彰大会、实施百万移民致富提升行动会精神，结合当前巩固拓展脱贫攻坚成果、全面推进乡村振兴重点工作，扎实开展好防返贫监测预警网格化管理工作，强化中央单位定点帮扶，认真实施移民致富提升行动。

会议还听取了全县扫黑除恶专项斗争推进情况汇报，研究了《关于实现巩固拓展脱贫攻坚成果同乡村振兴有效衔接的实施意见（送审稿）》等。

【县人民政府第八十六次常务会议】 7月11日，代县长刘斌主持召开县人民政府第八十六次常务会议，传达学习自治区党委全面依法治区工作电视电话会议精神，研究隆德县贯彻意见；并就近期重点工作进行安排部署。

会议强调，要深入推进法治政府建设，坚持在法治轨道上全面正确履行政府职能。持续提升重大行政决策水平，严格落实重大行政决策法定程序，健全决策过程记录和立卷归档制度，积极发挥法律顾问的职能作用，加强决策合法性审查，确保行政决策科学、民主、合法。持续改善法治化营商环境，深化"放管服"改革，健全公平竞争审查制度和知识产权保护制度，全面推行证明事项告知承诺制，不断优化法治营商环境，打通服务群众的"最后一公里"。严格规范公正文明执法，全面推行行政执法"三项制度"和"双随机、一公开"监管制度，加强基层行政执法队伍建设，不断规范执法行为，切实解决执法"一刀切"等突出问题。同时，要深化司法体制改革，完善司法责任制综合配套措施，健全司法制约监督体系，加强司法人员职业保障机制，高水平推动司法体制改革走深走实，构建公正高效权威的司法体系。

会议还研究了其他事宜。

【县人民政府第八十八次常务会议】 8月13日，政府代县长刘斌主持召开县人民政府第八十八次常务会议，传达学习习近平总书记对防汛救灾工作重要指示精神和习近平总书记、李克强总理对疫情防控工作重要指示批示及全国、全区、全市疫情防控工作会议精神，研究隆德县贯彻意见。

会议强调，各乡镇、各部门（单位）要认真学习领会习近平总书记、李克强总理对疫情防控工作的重要指示批示要求，全面落实全国、全区、全市疫情防控工作会议精神，精准把握当前疫情态势，坚决克服麻痹思想、厌战情绪、侥幸心理，压紧压实属地、部门、单位、个人"四方"责任，将"外防输入、内防反弹"策略和"人、物"同防措施一抓到底，慎终如始做好疫情防控各项工作。县卫健局要紧盯重点人员、重点地区、重点环节，对省外来隆人员第一时间进行摸排备案。要确保疫苗供应到位、接种服务到位、接种安全措施到位、接种宣传到位，稳妥有序推进疫苗接种工作。要严格密集场所管控，对重点场所要全面落实防控措施，落实体温检测、健康码查验、人流管控等措施。同时，要加强常态化疫情防控宣传引导，及时发布风险地区、场所等疫情信息，倡导群众做好个人防护，严格执行相关防控政策，坚决守住来之不易的疫情防控成果。

会议还研究了其他事宜。

【县人民政府第八十九次常务会议】 9月8日晚，县委副书记、提名政府县长候选人马天峡主持召开县人民政府第八十九次常务会议。传达学习相关会议精神，研究隆德县贯彻意见。

会上，传达学习了全区全市法治工作会议、全区黄河流域生态保护和高质量发展先行区建设第五次推进会、陈润儿书记调研固原市实施"四大提升行动"推进乡村全面振兴工作座谈会、全市产业发展和招商引资大会等精神。

会议要求，各乡镇、各相关部门（单位）要切实增强责任感、使命感和紧迫感，以人民至上的情怀、只争朝夕的劲头、真抓实干的作风，把"四大提升行动"实施好。要切实提高政治站位、树立协同观念，坚持整体一盘棋、上下一条心，强化组织领导、整合资源力量，以强烈的责任感和紧迫感共同推进"四大提升行动"落实落地。要紧盯"四大提升行动"任务目标，坚持系统观念、综合施策、精准发力，确保各项工作有序衔接、齐头并进，做到"任务清单化、清单责任化、责任具体化、时间节点化"，量化目标任务，明确工作要求，扎实做好"四大提升行动"各项工作。

会议还研究了其他事宜。

【县人民政府第九十一次常务会议】 10月12日，县委副书记、代县长马天峡主持召开县人民政府第九十一次常务会议，传达自治区党委十二届十三次全会精神，听取全县2022年项目谋划情况、第三季度经济运行情况以及供热情况汇报，并就当前重点工作进行再安排再部署。

会议强调，要统一和深化抓项目就是抓发展，谋项目就是谋未来的思想认识，牢固树立"项目为王"理念，各分管县级领导、责任部门主要负责同志要进一步提高政治站位、认清形势、压实责任，切实增强谋项目的紧迫感和责任感，把主要精力投入到抓投资、抓项目、抓招商上来，在谋划的广度、细度、精度上下功夫、用实招，切实加快2022年项目谋划进度；要聚焦重点，精准谋划，围绕全县"十四五"规划和十五次党代会部署，在产业发展、基础设施、公共服务等领域以"小切口"带动"大投资"，精准谋划实施一批强基础、壮链条、补短板的重大项目；要细化举措，强化保障，增强服务意识，主动问需，强化水、电、路、气等要素保障，围绕项目审批、环境影响评价、规划施工许可等方面，主动送政策、送信息、送服务，帮助解决实际问题，力促项目早日开工建设。

会议还研究了其他事宜。

【**县人民政府第九十二次常务会议**】 10月20日，县委副书记、代县长马天峡主持召开县人民政府第九十二次常务会议。

会议强调，各乡镇、各部门（单位）要严格落实好值班值守，坚决克服麻痹思想、厌战情绪、侥幸心理，从严从紧、从实从细，慎终如始抓好常态化疫情防控工作。要加快推进疫苗接种，主动作为、协调配合，形成上下联动、齐抓共管的强大工作合力，全力完成疫苗接种工作。要压实县级领导包抓责任和主要领导统抓责任，各相关部门要抓住关键环节，对标对表，准确把握重点任务，高标准严要求实施好"四大提升行动"。要加强督查，聚焦重点工作、重点环节，建立上下联动、以严实的督查考核推动各项工作落实落地，为推动全县经济社会高质量发展提供坚强保证。

会议还研究了其他事宜。

【**县安委会2021年第一次全体（扩大）会议暨全县安全生产专项整治三年行动领导小组工作会议**】 1月19日，县安委会2021年第一次全体（扩大）会议暨全县安全生产专项整治三年行动领导小组工作会议召开，就隆德县安全生产和安全生产专项整治三年行动工作进行安排部署。县长、县安委会主任潘建宁出席会议并讲话。

会上，传达学习了习近平总书记关于安全生产重要指示批示精神；传达学习了《中共中央办公厅　国务院办公厅关于做好2021年元旦春节期间有关工作的通知》、全国安全防范工作紧急视频会议、自治区安委会2020年第四次全体（扩大）暨自治区安全生产专项整治三年行动领导小组工作会议等精神；通报了2020年全县安全生产及安全生产专项整治三年行动工作情况；县自然资源局、交通运输局、公安局、观庄乡、山河乡负责同志分别作了表态发言。

会议强调，要切实提高政治站位，增强安全发展意识。各乡镇、各部门（单位）要以高度的思想自觉、政治自觉和行动自觉，全力扛起"促一方发展、保一方平安"的政治责任，从严从细从实抓好各项防控措施落实，确保全县不发生安全生产事故。要切实压实"三个责任"，深入排查整治各类隐患。认真落实"领导责任、监管责任和主体责任"，全力抓好道路交通、森林草原防火、人员密集场所、危化品、烟花爆竹等领域安全生产隐患排查整治工作，确保不留死角、不留盲区。要切实做到严防死守，坚决遏制森林草原火灾。各乡镇要认真抓好重点关口、重点区域、重点人员和防火应急工作，确保防火责任落实到人头、山头和坟头。要切实加强道路管控，确保交通运输安全畅通。时刻绷紧道路交通安全工作这根弦，做好国道、省道、县道和乡村道路交通安全管控，加强交通运输企业安全管理。要切实抓住关键环节，深入推进安全生产专项整治三年行动。各乡镇、县安委会成员单位要注重工作实效，改进监管方式，强化督导考核，切实做好宣传引导和值班值守工作。要充分利用电视、网络媒体、短信、宣传栏、横幅标语、警示牌等形式，大力宣传安全生产法律法规，普及安全防范知识，做到电视中有影像、网络上有文字、手机上有短信、林草区有警示牌、人员密集区域有宣传公告，在全社会营造安全生产、人人有责、人人尽责的浓厚氛围。

【县人民政府党组2020年度民主生活会】 1月26日，县人民政府党组召开2020年度民主生活会。县长、县政府党组书记潘建宁主持会议并作总结讲话，当日在隆政府党组成员参加会议。县纪委监委、县委组织部负责同志列席会议。

会上，通报了县政府党组2019年度"不忘初心、牢记使命"主题教育专题民主生活会整改事项落实情况和2020年度民主生活会会前准备情况；印发和审阅了《隆德县政府党组及成员2020年度民主生活会征求意见和建议情况通报》。潘建宁代表县政府党组作对照检查，并带头作个人对照检查，其他党组成员逐一进行个人对照检查。会议紧扣主题，本着对自己、对同志、对党和人民事业高度负责的态度，实事求是、敞开心扉，深入细致查找问题、深刻剖析根源，明确整改措施，相互开展批评，达到了"团结—批评—团结"的目的，体现了高度的政治责任感。

【2021年经济形势分析暨基本建设项目推进会议】 2月24日，代县长刘斌主持召开隆德县2021年经济形势分析暨基本建设项目推进会议，预测分析第一季度全县经济运行情况，推进基本项目建设，确保全县经济社会开好局、起好步，实现"开门红"。

会上，听取了2021年第一季度全县经济形势预测分析和各相关部门主要经济指标预测完成情况汇报，通报了2021年全县基本建设项目整体推进情况及督查情况，听取了基本建设项目推进情况汇报。

【2021年政府全体会议暨廉政工作会议】 2月28日，深入学习贯彻习近平新时代中国特色社会主义思想，贯彻落实中央和区市县各级纪委全会精神、自治区政府第五次全体（扩大）会议精神，回顾总结2020年全县政府系统党风廉政建设、反腐败工作和政府工作，安排部署2021年各项工作，确保全面完成经济社会发展目标任务，实现"十四五"发展良好开局。代县长刘斌出席会议并讲话。

会上，还传达了十九届中央纪委五次全会、自治区纪委十二届五次全会、市纪委四届六次全会、县纪委十四届六次全会精神及自治区主席咸辉在自治区人民政府第五次全体（扩大）会议上的讲话精神；征求了《关于印发区市县2021年政府工作报告主要目标任务责任分工的通知（征求意见稿）》的意见建议；刘斌代表县人民政府与各副县长及乡（镇）、部门签订了党风廉政建设责任书，各副县长与分管部门签订了党风廉政建设主体责任书；各副县长对分管领域工作进行了安排部署。县发改局、县农业农村局、温堡乡政府主要责任人还分别就2021年工作及党风廉政建设作了表态发言。

【2021年县招生委员会工作会】 5月28日，隆德县召开2021年招生委员会工作会，安排部署今年中高考工作。会议强调，各部门（单位）务必从思想上认识到做好今年"两考"工作的重要性，抓好安全、疫情防控、保障、稳定等工作，努力做到公平保考、安全保考、暖心保考，确保2021年全县"两考"工作平稳顺利。

会上，传达学习了2021年全国、全区普通高校招生考试安全工作电视电话会议及固原市高、中考安全工作会议精神；宣读了县招生委员会组成人员；卫健局、公安局、网信办、城市公共服务中心负责人做了表态发言；教体、卫健、城市公共服务中心等部门相关负责同志签订了《隆德县国家及省级教育招生考试疫情防控、安全保密及考风考纪工作》责任书。

【法治政府建设工作推进会】 7月26日，隆德县召开法治政府建设工作推进会，传达学习中央全面依法治国、自治区全面依法治区、固原市全面依法治市工作会议精神和《重大行政决策程序暂行条例》《宁夏回族自治区重大行政决策规定》《宁夏回族自治区行政复议体制改革实施方案》精神，安排部署下阶段法治政府建设相关工作。县委副书记、代县长刘斌出席会议并讲话。

会上，听取了2020年全县法治政府建设第三方评估反馈问题整改措施情况的汇报，通报了2021年上半年法治政府建设工作督查情况。

会议强调，各乡镇、各部门（单位）要进一步提高思想认识，充分认识法治政府建设的深远意义，自觉增强法治政府建设的责任感和紧迫感。要狠抓贯彻落实，依法全面履行政府职能，认真执行相关工作机制，坚持科学、民主、依法决策，有序推进行政复议体制改革。要坚持以法治政治建设为统领，以开展政法队伍教育整顿和党史学习教育为抓手，强化组织领导，严格落实"第一责任人"职责，全面增强政府工作人员依法行政能力，建设一支高素质法治工作队伍，切实解决好问题、困难，努力在法治政府建设上实现新突破。

【"四大提升行动"工作推进会】 8月1日，隆德县召开"四大提升行动"工作推进会，通报全县"四大提升行动"7月份督查情况，听取相关工作进展情况汇报，进一步明确目标任务，确保各项工作有序推进。县委副书记、代县长刘斌主持会议并讲话。

会议强调，各乡镇、各部门要切实提高政治站位，树立协同观念，坚持整体一盘棋、上下一条心，强化组织领导，整合资源力量，推动"四大提升行动"各项工作落实落地。要立足实际，聚焦核心，持续用力，进一步抓实产业发展、完善分配机制、健全保障政策、补齐民生短板等具体问题，真正把就业收入提起来、教育质量强起来、健康服务优起来、民生底线兜起来。

【产业发展和招商引资工作推进会】 9月16日，隆德县召开产业发展和招商引资工作推进会，传达学习固原市产业发展和招商引资大会精神，动员全县上下以更大决心、更实举措、更硬作风抓好产业发展和招商引资工作，形成"大抓产业、狠抓招商"的浓厚氛围，为推动隆德经济社会高质量发展、加快先行区建设蓄积强大动能。县委书记刘斌出席会议并讲话，县委副书记、提名政府县长候选人马天峡主持会议，县委副书记、政法委书记徐万廷等县领导参加会议。

会上，安排部署了我县产业发展和招商引资工作，园区管委会、农业农村局、文广局和联财镇主要负责同志分别围绕推进重点产业发展和招商引资，结合实际，讲问题、谈思路，从不同角度作了表态发言。

【县政府党组2021年第十一次（扩大）会议】 9月27日，县委副书记、政府党组书记、代县长马天峡主持召开县政府党组2021年第十一次（扩大）会议，传达学习县第十五次党代会精神，并就当前重点工作进行安排部署。

会议强调，要深刻认识县第十五次党代会的重大意义，不断提高政治站位，扎实推进五个特色产业、四大提升行动、"四权"改革、"1+6"基层治理等重点工作，着力培育形成竞争发展核心优势，开创新型工农城乡共融发展新局面，开辟绿水青山就是金山银山的实践路径，推动共同富裕取得明显进展。要认真学习贯彻落实县第十五次党代会精神，把学习好、贯彻好、落实好会议精神作为当前和今后一段时期的重要政治任务，切实增强思想自觉和行动自觉，不折不扣贯彻落实县第十五次党代会各项决策部署。要坚决扛起发展重任抓落实，对标对表各项目标任务，在抓项目谋划储备、抓三次产业融合发展、抓"四大提升行动"、抓生态环境保护、抓民生保障事业、抓工作作风转变等重点工作中再下苦功夫、再花大力气，在推动建设黄河流域生态保护和高质量发展先行区中谱写隆德高质量发展新篇章。

会上，政府党组成员围绕贯彻落实县第十五次党代会精神进行了交流发言，县发改局、农业农村局、乡村振兴局等部门负责同志围绕贯彻落实县第十五次党代会精神作了表态发言。

【移民致富提升行动工作会议】 10月14日，县委副书记、代县长马天峡主持召开移民致富提升行动工作会议。会议强调，实施移民致富提升行动，是巩固拓展脱贫攻坚成果的重要途径，也是全面推进乡村振兴的重要载体。各乡镇、各部门（单位）要进一步提高政治站位，深刻认识实施移民致富提升行动的重大意义，明确目标任务，加强组织领导和统筹谋划，强化工作落实，突出抓好产业、就业、社会融入三件大事，围绕基础设施建设、就业培训、产业发展、医疗卫生等方面，梳理相关问题、建议，补齐短板弱项，努力让广大移民群众的生活越来越幸福。

【生态环境保护专题会议】 12月13日，隆德县召开生态环境保护专题会议，传达学习了《关于做好第二轮中央第四生态环境保护督察组转办生态环境保护信访投诉案件办理工作的通知》《关于进一步加强中央生态环境保护督察调阅资料报送工作的通知》精神，安排部署中央第四生态环境保护督察组下沉督察准备及环保整改销号工作。县委副书记、县长马天峡主持会议，县委副书记、政法委书记兰秀全等县领导出席会议。

会议强调，要明确目标任务，全力以赴抓好落实，用最短的时间集中补短板、抓落实，把存在的问题提前排查到位、整改到位，把各项工作做扎实，确保顺利通过督察。要坚持问题导向，锁定聚焦中央环保督察交办的案件、聚焦省级环保督察发现的问题、聚焦群众反复投诉举报的环境问题，扎实开展自查自纠，及时查漏补缺。要集中整改，坚持"新账""旧账"一起算，对于自治区督察反馈问题整改情况进行"回头看"，防止问题反弹；对于新发现的问题，要明确、压实整改责任，细化、完善整改措施，精准施策推动问题整改到位。

疫情防控工作会议

【疫情防控工作推进会】 1月3日晚，县委副书记、县长、县应对新冠肺炎疫情工作指挥部指挥长潘建宁主持召开县应对新冠肺炎疫情工作指挥部疫情防控工作推进会，传达学习陈润儿书记在自治区党委常委会会议暨应对新冠肺炎疫情工作领导小组第16次会议上的讲话精神，听取我县相关部门疫情防控工作开展情况汇报，并就全县冬春季疫情防控工作进行再安排、再部署。

会议要求，各乡（镇）、各相关部门（单位）要严格落实好"外防输入、内防反弹"的疫情防控策略，积极主动、严密防控。要严防输入，紧盯重点人群，对境外返隆人员、外出返乡人员、在外就学人员等重点人群，全面摸底掌握、积极做好工作；紧盯重点物流，对跨境物流、冷链食品和来自中、高风险地区的货物、商品和包裹、邮件等，该检测的全面检测，该消毒的彻底消毒，该处置的依法处置；紧盯重点环节，坚持全链条、无缝隙、闭环式管理，确保不出纰漏、万无一失。要严防传播，减少聚集活动，加强社区、厂区、园区、校区、医疗机构、农贸市场、金融机构、养老机构等重点场所管控，认真落实扫码测温、佩戴口罩、消毒消杀等疫情防控措施；减少相互走动，大力倡导移风易俗，尽量减少走亲会友、家庭聚会、朋友聚餐、人员接触；做好重点人群新冠病毒疫苗接种工作，做到有序接种、安全接种、应接尽接。同时，要加强疫情防控宣传报道和防护知识普及，正确引导广大群众落实个人防护措施，勤洗手、戴口罩，养成卫生健康的生活方式。

【新冠肺炎疫情防控工作推进会】 8月1日，隆德县召开新冠肺炎疫情防控工作推进会，就全县常态化疫情防控工作进行安排部署。县委副书记、代县长、县应对新冠肺炎疫情工作指挥部指挥长刘斌主持会议并讲话，相关县领导、县应对新冠肺炎疫情工作指挥部成员单位主要负责人参加会议。

会议强调，各乡镇、部门（单位）要进一步提高政治站位，坚持生命至上的理念，强化底线思维，精准把握当前疫情态势，坚决克服麻痹思想、厌战情绪、侥幸心理，全面落实属地、部门、单位、个人的四方责任，建立全社会共同防控体系，将"外防输入、内防反弹"策略和"人、物"同防措施一抓到底。

会议指出，各级党组织要履行好疫情防控的政治责任，各乡镇、各部门（单位）主要负责同志是疫情防控第一责任人，要提高政治站位、强化责任担当，严肃工作纪律，规范内部管理，切实做到守土有责、守土负责、守土尽责。各乡镇、部门（单位）要严格落实值班值守制度，领导要在岗带班，严肃值班纪律，落实疫情防控"日报告""零报告"制度，遇有突发事件要按规定及时报告，迅速处理。

【县应对新冠肺炎疫情工作指挥部第四次会议】 10月27日，县应对新冠肺炎疫情工作指挥部召开第四次会议，传达学习区、市、县党委应对新冠肺炎疫情工作领导小组相关会议精神和贯彻落实《关于采取果断措施严防疫情输入扩散的紧急通知》精神。县委副书记、代县长、县应对新冠肺炎疫情工作指挥部指挥长马天峡参加会议并讲话。

会议要求，各乡镇、部门（单位）要进一步增强紧迫感和责任感，坚决克服麻痹大意和松劲懈怠思想，一以贯之把疫情防控各项工作抓实抓细。要切实整改疫情防控工作中存在的问题，坚决摒弃厌战情绪、侥幸心理、松劲心态，时刻绷紧疫情防控这根弦，抓紧抓实抓细常态化疫情防控，做到责任落实不悬空、工作推进不断档。要加强来隆返隆人员的排查管控，严守外防输入关口，确保可疑人员不漏一人。要严控人员聚集活动，全面管控疫情传播风险隐患。各乡镇行政村要加强对进出车辆人员的检测排查，落实体温筛检全覆盖，切断疫情输入途径。各社区要严格落实门禁制度，测温、扫码一个都不能少，全力确保防疫安全。要高度重视信息报送"日报告、零报告"的重要性，按程序做好常态化疫情防控工作的信息报送，树立全县"一盘棋"思想，同心协力，切实筑牢疫情防线，打好这场遭遇战。

【县应对新冠肺炎疫情工作指挥部召开第七次会议】 12月20日，县委副书记、县长、县应对新冠肺炎疫情工作指挥部指挥长马天峡主持召开县应对新冠肺炎疫情工作指挥部第七次会议，深入贯彻习近平总书记关于对加强疫情防控工作的重要指示精神，全面落实中央和区、市部署要求，对疫情防控工作进行再安排、再部署、再细化，确保打好疫情防控人民战争。

会议指出，"两节"临近，人流、物流大幅增加，聚集性活动明显增多，疫情输入扩散风险将进一步加大，疫情防控形势更加严峻复杂。各乡镇、部门（单位）、疫情防控各工作组、工作专班要深刻认识疫情防控工作的长期性、复杂性和不确定性，坚决克服麻痹思想、厌战情绪、侥幸心理、松懈状态，以分秒不能等、分毫不能差的行动，从紧从严从细落实"外防输入"各项措施，坚决阻断疫情输入和传播链条。

会议强调，要压实指挥部及各工作组职责。综合协调组要加强区、市政策学习，强化分析研判，认真分析查找当前工作中存在的短板弱项，督促各乡镇、各部门落实防控各项工作，坚决堵住漏洞，不断提升整体防控工作水平；社会管控组要认真落实"外防输入"防控策略，扎实做好境外返隆人员、国内中高风险地区来隆人员、外出返隆人员排查工作，做好集中隔离医学观察和居家监测的各项准备和落实工作，严把4个交通查验站、南门汽车站等主要入隆通道；疫情防控救治保障组要做好防控救治方案和医疗救护物资储备等；市场监管组要做好物资质量监管和市场、商场等场所防控。要压紧压实辖区、行业部门、单位、家庭个人"四方"责任，将各项防控措施分解细化，做到责任到单位、任务到岗位和个人，真正做到守土有责、守土担责、守土尽责。

机构编制

【基层整合审批服务执法力量改革】 根据党中央、区、市党委关于推进基层整合审批服务执法力量改革安排部署，我县推进基层整合审批服务执法力量改革于2021年1月份启动，6月底结束。本次机构改革紧紧围绕以完善基层治理体系、提高基层治理能力现代化为导向，以推动乡镇机构职能优化协同高效为着力点，改革工作对标对表、措施到位、进展顺利，按期完成了各项改革任务，取得了积极成效。制定《隆德县推进基层整合审批服务执法力量的实施方案》《隆德县推进基层审批服务便民化改革实施方案》《隆德县乡镇综合行政执法实施意见》《隆德县推进基层整合网格管理和指挥平台工作方案》《隆德县乡镇机构改革方案》，本次机构改革紧紧围绕以完善基层治理体系、提高基层治理能力现代化为导向，以推动乡镇机构职能优化协同高效为着力点，改革工作对标对表、措施到位、进展顺利，按期完成了各项改革任务，取得了积极成效。通过整合基层审批服务执法力量，不断优化完善乡镇机构职能体系，推进治理重心和资源力量下沉，切实增强了基层各类机构服务群众的能力。

【机构编制核查】 制定《第二次全县机构编制核查实施方案》，全面核清核实全县机构编制资源的数量、结构、分布等实际配置情况，为加强和改进机构编制管理、持续深化机构改革、推进机构职能体系建设提供依据和保障。通过对机构设置、人员编制核查，与组织、人社、财政部门核查数据比对及与2014年第一次机构编制核查结果比较，全面完成第二次机构编制核查工作，撰写并向区市编办上报了《第二次隆德县机构编制核查情况报告》。严格执行机构编制管理相关规定，不断加强机构编制管理，取得了较好的效果。针对存在的问题，制定整改方案，列出整改问题清单，做到立行立改，举一反三，常抓不懈。

【机构编制法规宣传】 将学习宣传作为贯彻《条例》及配套法规制度的重要举措，坚持分类施策、聚焦重点、靶向发力，力求常做常新，把《条例》及配套法规制度纳入县委理论学习中心组和县委编委会、县委党校主体班次教学课程学习内容，发放《条例》500余份，促进各级领导干部真正学深悟透《条例》及配套法规制度精神实质和内涵要求，提升机构编制事项决策水平；采取轮流领学、集中研讨、内部交流等方式组织编办干部重点学习，坚持学用结合，提升服务能力和水平；开展学习大讨论，推动各级党员干部贯彻编制就是法制的要求，用法治思维和法治方式维护机构编制的权威性和严肃性。落实党中央和区市党委、编委有关决策部署，贯彻执行机构编制法规制度，遵守机构编制管理权限及程序。县编委及编办议事、办事规则制度健全，程序规范，上级机构编制管理各项规定得到严格执行。始终认真执行机构编制管理"三个一"和"五不准"制度，严守机构编制管理程序规定。凡按规定须报上级批准的重大改革方案和机构编制事项，均按管理权限上报区市委编办审批，在没有得到正式批复之前，坚持按规定不予实施。

【调整县扶贫工作机构设置】 根据《自治区党委办公厅 人民政府办公厅关于调整全区扶贫工作机构设置的通知》（宁党厅字〔2021〕14号）《中共固原市委办公室 市人民政府办公室关于调整固原市扶贫工作机构设置的通知》（固党办综〔2021〕13号）要求，为建立健全巩固拓展脱贫攻坚成果同乡村振兴有效衔接的体制机制，经县委研究同意调整县扶贫工作机构设置，不再保留县扶贫开发领导小组，将其职能并入县委农村工作领导小组。将隆德县扶贫开发办公室重组为隆德县乡村振兴局，为县人民政府工作部门，规格为正科级，由县农业农村局统一领导和管理，主要职责是巩固拓展脱贫攻坚成果、统筹推进实施乡村振兴战略具体工作。不再保留隆德县扶贫开发办公室。重组后的隆德县乡村振兴局，原有人员编制、领导职数、内设机构暂保持不变，待国家和自治区乡村振兴局职责及机构编制调整后，再对应调整优化。原县扶贫开发办公室所属事业单位县扶贫服务中心更名为县乡村振兴服务中心。

【机构编制资源优化配置】 坚持"严控总量、统筹使用、有减有增、动态平衡、保证重点、服务发展"的思路，继续从严从紧控制机构编制，强化刚性约束。做到"瘦身"与"健身"相结合，创新管理，挖潜增效，优化结构，动态调整，科学合理配置机构编制资源，提升机构编制资源使用效益。合理调整编制和人员转隶。全县推进基层整合审批服务执法力量改革中，按照综合化、扁平化的改革方向，将原部门管理的农、林、水派驻工作站所职责及人员编制全部下放乡镇。实行以乡镇管理为主、上级业务部门进行业务指导的管理体制。在乡镇综合设置了"五办四中心"，整合下放部门派驻机构人员编制149名，各乡镇人员编制平均增幅37%，核定行政编制和事业编制平均达到42名，充实加强了基层一线工作力量。

【规范优化机构职能配置】 规范管理事业机构编制及职能配置。6月份经编委会审定印发《隆德县机关事务中心机构编制方案》《隆德县融媒体中心编制方案》。机构编制方案是机构编制法定化的重要形式，具有权威性和严肃性，是各部门各单位机构职责权限、人员配备和工作运行的基本依据，各部门各单位都严格执行。设立"隆德县公安局网络安全保卫大队"。根据区市委编办文件精神，为加强新时代网络安全保卫工作，结合我县实际，设立"隆德县公安局网络安全保卫大队"，为副科级，加挂"隆德县公安局网络与信息安全信息通报中心"牌子。核定隆德县公安局网络安全保卫大队大队长职数1名（副科级），教导员职数1名（副科级）。核定隆德县公安局网络安全保卫大队政法专项编制4名。

地方志

【地方志理论学习】 学习有关地方志工作的方针政策和重要会议精神。组织全体干部职工认真学习党中央、国务院有关地方志工作的方针政策、领导讲话；学习区、市志办的重要文件和有关地方志工作资料；积极参加区、市召开的各种会议，认真传达学习会议精神，并抓好落实。克服新冠肺炎疫情影响，通过关注《方志宁夏》《方志中国》等微信公众号，年内组织干部职工学习6次，重点学习领导对地方志工作的重要讲话，国务院《地方志工作条例》和《全国地方志事业发展规划纲要（2015—2020）》以及有关业务知识。一名副局长参加了2021年第二期全国地方志工作机构新任负责人培训班，组织2名业务骨干7月23日参加了全区地方志业务培训班。

【地方志业务】 《隆德县精准扶贫志》完成定稿，正在争取经费，进入出版阶段。在《隆德年鉴

2020》的基础上，总结经验，在版面设计、内容上进行改革创新，突出新颖的特点，精心组织，收集资料。按照年鉴篇目、内容的要求，将年鉴的资料分解到各部门，年鉴编纂人员责任到人，分片负责收集汇总。收集文字资料100余万字，图片资料500多张。工作人员实行岗位责任编辑制，各章编辑责任落实到人，做到责任落实，任务落实，充分调动各编辑人员的积极性。县志办与各单位加强联系，督查各单位年鉴资料撰写情况，并对年鉴资料撰稿人给予适时指导。11月中旬，《隆德县年鉴2021》进入印刷出版阶段。抢救整理历史资料。翻印中华人民共和国成立后隆德县编纂第一部《隆德县志》，争取政府资金，完成翻印《隆德县志》500本，极大地满足了社会各界群众的需求。完成向《固原年鉴》《宁夏年鉴》报送资料，文字2万字、图片20幅。加强特色村志编纂指导服务工作。参与杨家店村美丽红色村庄建设，指导编修传承隆德红色文化的《杨家店村志》，初稿编纂已完成。开展地方志宣传工作，联合档案部门举办5·18方志宣传活动。在新冠肺炎疫情防控中，向值班值守的隆中小区志愿者赠送地方志地情资料书籍十套。向帮扶村沙塘街道村赠送书籍十套，开展向机关干部赠阅《隆德年鉴2020》活动，赠送102本。

政协隆德县委员会

组织概况

政协隆德县十二届委员会

主　席：李国英（女）

副主席：许学军　董玉科

　　　　吕　霄（女，民进会员）

秘书长：孙小宁

机构设置

政协隆德县第十二届委员会设办公室和4个专门专委会，即提案和委员联络委员会、经济委员会、教科文卫体委员会、社会治理委员会。

办公室

主　任：孙小宁

副主任：张　蓓

提案和委员联络委员会

主　任：党　斌

经济委员会

主　任：郭　锐

教科文卫体委员会

主　任：张金禄

社会治理委员会

主　任：陈启奋

全体委员会议

【十一届五次会议】 2021年1月9日至11日在隆德县行政中心召开。应出席会议委员143人，实到128人。县政协副主席毕世喜主持了开幕大会，县委书记袁秉和、县人民政府县长潘建宁、县人大常委会主任王勇等领导到会祝贺，县政协主席王升、副主席任慧琴受十一届常委会委托分别作了常务委员会工作报告和提案工作情况的报告。会议有8名委员做了大会发言。共收到提案、建议113条，经审查立案41件（条）。会议审议通过了《县政协十一届五次会议决议》。《决议》号召，县政协各参加单位和全体政协委员要更加紧密地团结在以习近平同志为核心的党中央周围，在县委的坚强领导下，不忘初心、牢记使命，勠力同心、锐意进取，为夺取全面建设社会主义现代化国家新胜利贡献政协力量。会议还审议通过了《政协隆德县第十一届委员会第五次会议关于常委会工作报告的决议》《政协隆德县第十一届委员会第五次会议关于提案审查情况的报告》和《县政协2021年协商工作计划》。县委书记袁秉和、县政协主席王升在闭幕会上作了讲话。

【十二届一次会议】 2021年11月9日至11日在隆德县汇德酒店召开。应出席会议委员157人，实到145人。县政协党组书记李国英主持了开幕大会，县委书记刘斌、县人民政府县长马天峡、县人大常委会主任王勇等领导到会祝贺，县政协党组书记李国英、副主席任慧琴受十一届常委会委托分别作了常务委员会工作报告和提案工作情况的报告。会议有9名委员做了大会发言，33名委员提交书面发言材料；共收到提案、建议133条，经审查立案56件（条）；会议表彰了优秀提案、提案办理先进单位和先进工作者。会议审议通过了《县政协十二届一次会议决议》。《决议》号召，县政协各参加单位和广大政协委员要更加紧密地团结在以习近平同志为核心的党中央周围，在中共隆德县委的坚强领导下，不忘初心、牢记使命，携手并肩、奋勇前进，以更加坚定的信念、更加振奋的精神、更加有为的担当，为建设黄河流域生态保护和高质量发展先行区隆德新篇章作出新的更大贡献！会议还审议通过了《县政协十二届一次会议关于十一届常委会工作报告的决议》《县政协十二届一次会议关于十一届常委会提案工作报告的决议》和《政协隆德县委员会2022年协商工作计划》。县委书记刘斌、县政协主席李国英在闭幕会上作了讲话。

常务委员会会议

【第二十一次会议】 2021年1月9日举行，应到常委29名，实到24名，县政协主席王升主持会议，县政协副主席毕世喜、任小红、任慧琴出席会议。会议审议政协隆德县第十一届委员会补选秘书长初步候选人、第十一届委员会第五次会议选举办法（草案）、第十一届委员会第五次会议总监票人、监票人建议名单（草案）、第十一届委员会第五次会议决议（草案）、第十一届委员会第五次会议关于常委会工作报告的决议（草案）、第十一届委员会第五次会议提案委员会关于提案审查情况的报告等。

【第二十二次会议】 2021年1月11日举行，应到常委29名，实到24名，县政协主席王升主持会议，县政协副主席毕世喜、任小红、任慧琴出席会议。会议听取各小组召集人关于小组讨论情况及秘书长候选人酝酿情况汇报，会议通过政协隆德县第十一届委员会常务委员会关于提名秘书长正式候选人的决定（草案）、政协隆德县第十一届委员会第五次会议选举办法（草案）、总监票人、监票人建议名单（草案）、政协隆德县第十一届委员会第五次会议决议（草案）、政协隆德县第十一届委员会第五次会议关于常委会工作报告的决议（草案）、政协隆德县第十一届委员会第五次会议提案委员会关于提案审查情况的报告（草案）、政协隆德县委员会2021年协商工作计划（草案）等。

【第二十三次会议】 2021年1月12日举行，应到常委29名，实到24名，县政协主席王升主持会议，县政协副主席毕世喜、任小红、任慧琴出席会议。会议听取中国人民政治协商会议隆德县第十一届委员会第五次会议选举结果，选举刘彤同志为政协隆德县第十一届委员会秘书长。

【第二十四次会议】 2021年3月31日举行，应到常委29名，实到26名，县政协主席王升主持会议并讲话，县政协副主席毕世喜、任慧琴、任小红出席会议。会议传达学习了习近平总书记在党史学习教育动员大会上的重要讲话精神、十三届全国人大四次会议精神、全国政协十三届四次会议精神、自治区十二届人大四次会议、自治区政协十一届四次会议精神、固原市四届人大五次会议精神、固原市政协四届五次会议精神；会议协商通过人事任免事宜，会议学习《政协隆德县委员会2021年协商工作计划》，审议通过《政协隆德县委员会2021年工作要点》。听取全面依法治县工作情况汇报并开展了评议。

【第二十五次会议】 2021年9月10日举行，应到常委29名，实到26名，县政协主席王升主持会议并讲话，县政协副主席毕世喜、任慧琴、任小红出席会议。会议传达学习了习近平总书记在庆祝中国共产党成立100周年大会上的重要讲话、习近平总书记在中央民族工作会议上的重要讲话精神、《关于印发〈中国人民政治协商会议宁夏回族自治区委员会协商工作规则〉的通知》；王升同志传达学习全国政协系统党的建设工作经验交流会主要精神，宣讲全国政协系统党的建设工作经验；会议审议了《关于老巷子旅游产业发展情况的调研报告》。

【第二十六次会议】 2021年11月5日举行，应到常委29名，实到26名，县政协党组书记李国英主持会议并讲话，县政协副主席毕世喜、任慧琴、任小红出席会议。会议审议通过政协隆德县第十二届委员会委员名单及界别设置、政协隆德县十二届一次会议议程（草案）、十二届一次会议日程（草案）、政协隆德县第十一届委员会常务委员会工作报告及报告人名单、政协隆德县第十一届委员会常务委员会提案工作报告及报告人名单、政协隆德县十二届一次会议主席团和秘书长建议名单、政协隆德县十二届一次会议主席团会议主持人建议名单、政协隆德县十二届一次会议主席团常务主席和常务主席会议召集人建议名单、政协隆德县十二届一次会议提案审查委员会建议名单、政协隆德县十二届一次会议各次大会执行主席和主持人建议名单、政协隆德县十二届一次会议副秘书长建议名单、政协隆德县十二届一次会议大会秘书处及各组负责人建议名单、政协隆德县十二届一次会议秘书处各组工作职责（草案）、政协隆德县十二届一次会议特邀人员建议名单、政协隆德县十二届一次会议列席人员建议名单、政协隆德县十二届一次会议人员分组及召集人建议名单、政协隆德县十二届一次会议委员提案提交截至时间的决定（草案）、政协隆德县十二届一次会议表彰2021年度优秀提案、提案办理先进单位和先进工作者建议方案、通过政协隆德县十二届一次会议委员大会发言建议方案、县政协2022年协商工作计划（草案）、审议通过关于召开政协隆德县十二届一次会议的决定。

专门委员会工作

【提案和委员联络委员会】 县政协十一届四次会议以来，共收到提案103件，立案39件。县委和政府重视，领衔督办重点提案，加大督办力度，推动提案办理落实，提案办复率100%。加强组织协调，形成提案工作合力，采取切实措施，努力提升提案质量，突出工作重点，加大跟踪督办力度，积极主动作为，提升提案工作服务水平，形成齐抓共办协调高效的提案工作机制。加强社情民意信息工作，先后向区、市政协报送社情民意信息10篇。坚持优秀提案和提案办理先进单位评选表彰，在十二届一次全体会议上筛选了一批优秀提案、提案办理先进单位予以表彰，进一步激发委员、承办单位的工作热情，为提案工作注入新的活力。

【经济委员会】 围绕县委和政府中心工作，先后组织委员对隆德县绿色工业、园区企业产业转型升级情况和推进山水林田湖草系统治理、持续改善环境质量进行专题视察、调研、协商，形成有情况、有问题、有分析、有建议的调研视察报告2份，撰写理论文章4篇。

【教科文卫体委员会】 围绕红色文化资源挖掘利用和中医药中药材产业发展组织外出考察学习，提出意见建议，推进隆德县红色文化资源保护开发利用，推动隆德县中医药工作中药材产业发展。发挥文史资料"存史、资政、团结、育人"的作用，编写完成《政协隆德县十一届委员会履职印记》，协助编辑出版《隆德县精准扶贫志》和创作《情动山水间》。全年编发《政协工作简报》62期，较好地宣传了委员履职成果，展示了政协委员风采。把"委员红色讲堂"作为凝聚共识的重要途径，2021年结合全县党史学习教育宣讲共开展宣讲活动60余场次，受众3100余人次。

【社会治理委员会】 围绕推进全面依法治县工作进行视察调研并组织开展评议活动，形成调研视察报告2份，撰写理论文章2篇。结合党史学习教育，制定"委员红色讲堂"宣讲方案，整理《委员红色讲堂资料集》，编辑《委员学习》2期。向区、市政协报送社情民意信息4篇。

重要活动

【县政协党组召开党史学习教育动员会】 2021年3月5日，县政协党组召开党史学习教育动员会，传达学习习近平总书记在党史学习教育动员大会上的重要讲话精神、《中共中央关于在全党开展党史学习教育的通知》精神，以及全区、全市、全县党史学习教育动员大会精神，动员部署县政协党组党史学习教育工作。县政协党组书记、主席王升作动员讲话，副书记、副主席毕世喜主持会议，副主席任慧琴、任小红及各委办主任、副主任、机关全体干部职工参加了会议。

【县政协召开上梁老街建设协商会】 2021年3月12日上午，县政协围绕在凤岭齐岔村原上梁老街建设，修建李家沟地下党活动纪念馆，保护和利用老街原有生产生活场景，挖掘陈添祥在隆德开展地下党活动等红色资源开展协商。政协委员，曾在上梁乡工作生活的老干部、村民代表，应邀人员20余人参加协商座谈。与会人员积极参与、踊跃发言，提出意见建议30余条。县政协副主席任小红、任慧琴，县委宣传部、发改、财政、住建、文广等部门和凤岭乡负责人参加协商会。

【县政协就推进全面依法治县工作召开专题议政性常委会议】 2021年3月31日，县政协召开专题议政性常委会议，就推进依法治县工作建言献策。会上，听取了全面依法治县工作情况汇报，委员们与相关单位互动交流，进行了评议发言。委员们对全面推进依法治县工作给予充分肯定，认为隆德县能不断加强党对全面依法治县工作的领导，自上而下牢固树立法治意识，坚持以依法行政为主线，不断夯实法治政府建设基础，着力在普法依法治理上谋创新，有效加快法治社会建设进程。

【县政协机关开展"学党史、悟思想、办实事、开新局"为群众办实事座谈会】 2021年4月1日上午，政协机关在凤岭乡薛岔村开展"学党史、悟思想、办实事、开新局"为群众办实事座谈会。座谈会由县政协机关党支部书记刘彤主持，主要听取群众需求，了解群众意愿，切实把实事好事办到群众急需之时，急盼之处。以实际行动庆祝中国共产党成立100周年，立足行业实际和本岗位服务群众，帮助他们纾解困难，从而形成心往一处想、劲往一处使的强大合力。座谈会中，征求到集体方面意见建议5条，农户个人意见建议3条。

【县政协召开党组（扩大）会议和党组党史学习教育理论学习中心组会议】 2021年4月14日，县政协召开党组（扩大）会议和党组党史学习教育理论学习中心组会议，会议由县政协党组书记、主席王升主持。会议传达学习了习近平总书记在参加首都义务植树活动时的重要讲话精神和习近平总书记对革命文物工作的重要指示精神、对深化东西部协作和定点帮扶工作的重要指示精神、对打击治理电信网络诈骗犯罪工作的重要指示精神及习近平总书记致厦门大学建校100周年的贺信精神，传达学习了《关于抓好抓实全县党史学习教育工作的通知》和《"我为群众办实事"实践活动方案》文件精神。

【县政协举办党史学习教育暨2021年度委员履职能力提升专题培训班】 2021年4月26日，隆德县政协举办党史学习教育暨2021年度委员履职能力提升专题培训班，深入学习贯彻习近平新时代中国特色社会主义思想和习近平总书记在党史学习教育动员大会上的重要讲话精神，进一步增强履职能力，统一思想认识，增强"四个意识"、坚定"四个自信"、做到"两个维护"。县政协党组书记、主席王升参加培训并讲话，县政协副主席毕世喜、任小红及全体政协委员、机关工作人员参加了培训。

【县政协召开中共地下党在隆德李家沟红色教育馆展陈专家论证会】 2021年4月30日，县政协主席王升主持召开中共地下党在隆德李家沟红色教育馆展陈专家论证会。论证会上，与会专家围绕李家沟红色教育馆展陈大纲就总体定位、空间布局、陈展体系以及下一步的设计施工、具体运营等各方面工作展开了细致讨论。王升要求，有关部门和单位要在节点控制上参考权威论断，在事件选择上择取典型代表，在结构布局、整体框架、文字细节上进行升级打磨，确保整体布展有层次感，体现红色教育的时代特征。

【县政协开展以党史学习教育促履职能力提升活动】 2021年5月28日，县政协党组书记、主席王升带领政协常委和机关干部职工赴西吉县、海原县开展以党史学习教育促履职能力提升活动。县政协副主席毕世喜、任小红参加活动。县政协观摩学习组先后深入西吉县兴隆单南村村史馆、中国工农红军长征将台堡会师纪念园，通过实地查看、翻阅资料、现场交流的方式，详细了解了单南村红色文化、红军三过驻扎单家集故事和民族团结等方面的内容。先后前往海原县华润希望小镇、非物质文化遗产传承基地，通过现场观摩、互动交流等方式，学习了解了海原县巩固脱贫攻坚成果同乡村振兴有效衔接的做法、非物质文化遗产和红色文化等内容。

【县政协视察全县产业发展、红色文化传承等工作】 2021年6月25日，县政协主席王升带领部分县政协委员及相关单位（部门）代表等30余人，先后深入六盘山工业园区、沙塘镇现代农业产业园和凤岭乡红色旅游建设项目施工现场等地，就隆德县产业发展、红色文化传承等工作进行视察，进一步发挥政协委员作用、激发政协委员活力、提高政协委员履职能力。

【县政协召开党组（扩大）会议和党组党史学习教育理论学习中心组会议】 2021年7月13日，县政协召开党组（扩大）会议和党组党史学习教育理论中心组学习会议，会议由县政协党组书记、主席王升同志主持。会议传达学习了习近平总书记在庆祝中国共产党成立100周年大会上的重要讲话和习近平总书记在"七一勋章"颁授仪式上的重要讲话，学习了习近平总书记在全国脱贫攻坚总结表彰大会上的重要讲话及习近平总书记关于脱贫攻坚的重要论述，学习了陈润儿在全区优秀共产党员、优秀党务工作者和先进基层党组织表彰大会上的讲话和自治区党委庆祝中国共产党成立100周年座谈会上的讲话，马汉成在全市优秀共产党员、优秀党务工作者和先进基层党组织表彰大会上的讲话，学习了自治区党委全面依法治区工作电视电话会议精神及隆德县政法队伍教育整顿第五次推进会精神，传达学习了《宁夏严肃换届纪律学习手册》文件精神。

【县政协党组书记、主席王升同志在凤岭乡宣讲习近平总书记在庆祝中国共产党成立100周年大会上的重要讲话精神】 2021年8月6日，县政协党组书记、主席王升同志在凤岭乡宣讲习近平总书记在庆祝中国共产党成立100周年大会上的重要讲话精神，凤岭乡人民政府全体职工、第一书记、村干部参加了会议。干部职工一致表示，王升同志的宣讲深入透彻，入心入脑。在今后的工作中，一定以建党百年为新起点，更加紧密地团结在以习近平同志为核心的党中央周围，始终忠诚核心、维护核心、看齐核心。一定大力弘扬伟大建党精神，牢记初心使命，坚定理想信念，践行党的宗旨，低调务实不张扬、埋头苦干，以更加昂扬的精神状态顽强拼搏、顽强奋斗，不断取得新气象新作为。

【县政协委员对老巷子旅游产业发展情况开展调研】 2021年8月18日,由县政协主席王升、政协党组副书记李国英带队,相关界别委员和有关部门负责人20余人组成调研组,通过实地调研、听取汇报、座谈交流等形式,对老巷子旅游产业发展情况开展了专题调研。

【县政协举办《情动山水间》等书及闽宁协作电视专题片发放仪式】 2021年9月10日,县政协举办《情动山水间》《履职印记》《委员红色讲堂》及闽宁协作电视专题片、MV发放仪式。王升、李国英等县领导参加发放仪式。

【县领导督办政协重点提案办理工作】 2021年9月10日,县委书记刘斌督办《关于实施隆德县凤岭乡齐岔村生态经济综合体项目的提案》和《关于为温堡乡配套蔬菜大棚基础设施的提案》,他强调,各承办单位要厚植为民情怀,压紧压实责任,精心办好政协提案、建议,切实把广大政协委员的思想和力量凝聚到助推隆德经济社会高质量发展上来,持续改善民生,增进人民福祉。县政协主席王升等一同参加督办。

【县政协专题传达学习全国政协系统党的建设工作经验交流会精神】 2021年9月13日,县政协专题传达学习全国政协系统党的建设工作经验交流会精神,县政协党组书记、主席王升同志主持学习并讲话,县政协党组副书记李国英,党组副书记、副主席毕世喜,副主席任小红和其他干部职工参加学习。

【县政协机关召开十二届一次全委会议筹备工作会议】 2021年10月21日下午,县政协机关召开十二届一次全委会议筹备工作会议,县政协党组书记李国英,副主席毕世喜、任小红、任慧琴和全体干部职工参加会议。会议明确了县政协十二届一次全委会议筹备工作机构及职责、筹备工作日程,并提出报告起草、征求意见、定稿等进度安排意见。孙小宁同志就十二届一次全委会议筹备工作分工作了安排,明确了参会人员、会议时间、材料起草分工、会议用品采购及其他事宜分工。

【县政协党组开展党史学习教育传达学习党的十九届六中全会精神】 2021年11月17日,县政协召开县政协党组党史学习教育暨中心组理论学习,会上县政协党组书记李国英同志传达学习党的十九届六中全会精神。

【县政协主席李国英到凤岭乡指导软弱涣散基层党组织整顿工作】 2021年11月22日下午,县政协主席李国英到凤岭乡指导软弱涣散基层党组织整顿工作。到巩龙村就软弱涣散村整治情况进行座谈交流,了解巩龙村党组织整顿提升和当前重点工作开展情况,对目前2021年党建示范村和软弱涣散党组织整顿验收工作提出要求和指导性建议。会后,结合巩固脱贫成果后评估工作实地走访了部分脱贫监测户。

【县政协召开第十二届二次党组(扩大)会议】 2021年12月3日,隆德县政协党组书记、主席李国英主持召开县政协党组(扩大)会议,传达学习自治区建设黄河流域生态保护和高质量发展先行区第六次推进会、自治区党委十二届十四次全会、中共固原市委四届十二次全会及中国共产党固原市第五次代表大会精神。

【县政协主席李国英到凤岭乡督导巩固拓展脱贫攻坚成果同乡村振兴有效衔接工作】 2021年12月14日，县政协党组书记、主席李国英到凤岭乡督导巩固拓展脱贫攻坚成果同乡村振兴有效衔接工作开展情况。李国英先后深入李士村、冯碑村进行实地调研，同乡、村干部亲切交谈，详细了解了"三类人群"家庭收入、产业发展、社会保障等情况。听取了两村巩固拓展脱贫攻坚成果同乡村振兴有效衔接工作开展情况汇报，并提出了指导意见。

调研及对外交流

【固原市政协来隆德开展推进移风易俗、巩固提升脱贫成效开展"大家来商量"调研协商活动】 县政协副主席任小红陪同调研。调研组一行先后深入隆德县沙塘镇清泉村、神林乡杨野河村，通过实地查看、听取汇报、座谈交流等方式详细了解了隆德县推进移风易俗、巩固提升脱贫成效工作情况。

【固原市政协来隆德调研推进依法治市暨全民守法工作】 2021年3月10日上午，固原市政协副主席呼延俊杰一行来隆德调研推进依法治市暨全民守法工作，县政协主席王升，县人民政府副县长、公安局局长石永忠，县人民政府副县长祁忠陪同调研。调研组一行通过听取汇报、查阅档案资料、实地查看等形式，对隆德县全面依法治县、普法依法治理、乡村法治建设等工作开展情况进行了详细了解。实地查看隆德县司法局公共法律服务中心、社区矫正指挥中心、法治展室，参观了新和村法治文化广场，深入市监局、教体局进行了实地调研。

【自治区政协来隆德调研全面依法治县和普法宣传工作】 2021年3月17日上午，自治区政协常委、民族和宗教委员会副主任杨占武一行先后到隆德县司法局、陈靳乡新和村及凤岭乡李士村调研全面依法治县、普法宣传和标准化调委会建设情况。县政府、政协分管领导陪同调研。调研组一行通过听取汇报、查阅档案资料、实地察看等形式，对隆德县全面依法治县、普法依法治理、乡村法治建设、民主法治示范村建设、矛盾纠纷排查化解等工作开展情况进行了详细了解。实地察看了隆德县司法局公共法律服务中心、社区矫正指挥中心、法治展室，参观了新和村法治文化广场、公共法律服务室及李士村标准化调委会。

【县政协调研献策推进"互联网+创新素养教育"】 2021年3月22日下午，由自治区政协常委、教科卫体委员会马希荣副主任带队，一行10人到隆德县张程中心小学、第二中学，采取现场观课、听课、评课等方式进行实地调研。在调研过程中，邀请教育专家围绕"基于创新素养教育的课堂教学信息技术运用情况；基于创新素养教育的信息技术应用对课堂教学带来的变化和影响；基于创新素养教育的信息技术与教育教学深度融合形成的典型经验、存在的问题及意见建议"的调研内容，对教育行政管理者、中小学校（园）长、教师，学生及家长分组进行访谈交流，在听取各有关方面意见建议的基础上，广泛凝聚共识。

【自治区政协副主席许宁带领调研组来隆德调研"推进我区黄河文化传承彰显区建设"情况】 2021年4月21日，自治区政协副主席许宁带领调研组来隆德县调研"推进我区黄河文化传承彰显区建设"情况。市政协副主席马宝福，县政协主席王升，副主席任小红陪同调研。调研组一行先后来到红崖老巷子、六盘山红军长征纪念馆等，通过实地查看、听取汇报等方式，详细了解了隆德县长征文化保护、利用和发展情况。调研组对隆德县保护和发展长征文化所取得的成绩给予了充分肯定，同时针对调研发现的问题，提出针对性的意见建议。

【广西天等县政协考察组来隆德就"加快培育牛全产业链，巩固脱贫成果"开展考察学习】 2021年5月25日至26日，广西天等县政协副主席苏光林带领考察组一行来隆德县就"加快培育牛全产业链，巩固脱贫成果"进行考察学习。县政协副主席任小红、县农业农村局负责同志陪同考察。考察组一行先后到城关镇向兴养殖合作社、杨河乡牧业养殖公司、杨河乡红旗养牛园区，通过实地查看、座谈交流等方式，详细了解了隆德县肉牛产业发展情况。随后在六盘山红军长征纪念馆开展了党史学习教育活动。

【黑龙江省政协调研组一行来隆德考察调研"基层文化建设和少数民族历史文化资源挖掘、保护和利用"工作】 2021年5月29日，黑龙江省政协副主席、省作协主席迟子建带领调研组，在自治区政协副主席许宁，市委常委、统战部部长、政协党组副书记周文贵等领导同志陪同下来隆德县考察调研"基层文化建设和少数民族历史文化资源挖掘、保护和利用"工作，县政协副主席任小红及相关部门（单位）负责同志陪同调研。调研组一行先后深入六盘山红军长征纪念馆和红崖老巷子，深刻感受了长征路上的千难万险和革命先辈不怕牺牲的伟大精神以及革命老区深厚的红色文化底蕴，上了一堂"缅怀先烈、不忘初心，走好新的长征路"微党课。调研组一行对隆德县基层文化建设和历史文化资源挖掘、保护、利用工作给予了充分肯定。

【贵州省遵义市政协来隆德考察交邮融合发展工作】 2021年6月18日，贵州省遵义市政协副主席胡小远带领考察组来隆德考察学习交邮融合发展工作，市政协副主席王政权、县政协副主席任慧琴陪同考察。考察组深入六盘山红军长征纪念馆开展了党史学习教育活动，随后前往邮政公司实地考察了隆德县交邮融合发展工作。

【海南省政协来隆德考察全域旅游助推乡村振兴工作】 2021年7月5日，海南省政协主席、党组书记毛万春带队，组织住琼全国政协委员考察团来隆德考察全域旅游助推乡村振兴工作。自治区政协党组副书记李彦凯、市政协副主席杨志荣、县政协主席王升陪同考察。考察组一行深入六盘山红军长征纪念馆、红崖老巷子进行了实地考察。

【固原市政协来隆德调研优化营商环境助推民营经济高质量发展工作】 2021年7月6日，固原市政协副主席何学虎带领调研组来隆德调研优化营商环境助推民营经济高质量发展工作。县政协副主席毕世喜陪同调研。调研组一行先后来到宁夏黄土地农业食品有限公司、宁夏隆德浩德纸业包装有限公司、宁夏隆德人造花工艺有限公司、隆德县政务服务大厅，通过实地查看，听取汇报、座谈交流等方式详细了解了隆德县持续优化营商环境、助推民营经济高质量发展工作情况。

【贵州省湄潭县政协来隆德考察乡镇污水处理工作】 2021年7月8日，贵州省湄潭县政协副主席黄建兴带领考察组来隆德考察乡镇污水处理工作。县政协副主席任小红陪同考察。考察组一行先后对县城东门渝河综合治理项目、三里店水库美化亮化、县污水处理厂和联财镇赵楼村污水处理一体化设施建设进行了实地考察。

【中宁县政协来隆德调研红色教育及生态工作】 2021年7月10日，中宁县政协党组书记妥大君带领调研组来隆德调研红色教育及生态工作。县政协副主席毕世喜陪同调研。调研组一行先后来到六盘山红军长征纪念馆、红崖老巷子进行了实地调研。中宁县政协对隆德县红色文化旅游、乡村文化旅游工作中的做法、成效给予高度评价。

【全国政协调研组来隆德开展专题调研】 2021年9月3日，全国政协农业和农村委员会副主任杜宇新、陈雷带领调研组来隆德县，围绕"加强高标准农田建设"开展专题调研。区、市、县等领导陪同调研。

【自治区政协调研隆德重点产业高质量发展情况】 2021年9月24日，自治区政协组织百名委员调研参观隆德县重点产业高质量发展情况。县委书记刘斌，县委副书记、政府代县长马天峡，县政协党组副书记李国英陪同调研。调研组先后前往六盘山红军长征纪念馆、隆德县工业园区参观宁夏金誉生物科技有限公司山桃杏核加工生态循环利用项目、隆德县沙塘镇清泉村生态移民点进行调研。

重要文件

【十一届五次会议常委会工作报告】（2021年1月9日）（摘要）2020年工作回顾：刚刚过去的2020年是隆德发展历程中极不平凡的一年。一年来，县政协常委会坚持以习近平新时代中国特色社会主义思想为指导，深入学习宣传贯彻中共十九届五中全会和习近平总书记视察宁夏重要讲话精神，全面贯彻落实中央和区、市、县党委政协工作会议精神，聚焦疫情防控、全县脱贫攻坚、生态环境保护、民生保障等工作，协商议政，建言献策，广泛凝聚社会共识，做了大量卓有成效的工作。一年来，常委会紧扣时代脉搏，突出重点，体现特色，着力凸显政协工作凝心聚力服务大局的新样子；一年来，常委会围绕县委政府中心工作，积极作为，尽职尽责，着力凸显政协委员政治坚定担当作为的新样子。2021年工作部署：2021年是开启新征程、奋进"十四五"的开局之年。县政协工作的总体要求是：以习近平新时代中国特色社会主义思想为指导，深入学习贯彻中共十九届五中全会和习近平总书记视察宁夏重要讲话精神，贯彻落实中央和自治区党委、市委政协工作会议精神，全面贯彻落实县委十四届九次会议和县委政协工作会议精神。把加强思想政治引领、广泛凝聚共识作为中心环节，以工作创新、制度建设、机制运行、质量提升为引领，以落实自治区政协2021年需继续坚持完善、重点推开、探索创新和推荐借鉴的四项工作清单为重点，在建言资政和凝聚共识上双向发力，充分发挥专门协商机构作用，为奋力谱写黄河流域生态保护和高质量发展先行区建设隆德新篇章贡献智慧和力量。

一是强化理论武装，在筑牢共同思想政治基础上有新成效；二是围绕中心工作，在发挥专门协商机构作用上有新作为；三是发扬实干精神，在发挥委员主体作用上有新气象；四是加强制度建设，在增强履职实效上有新举措。

【2020年度协商工作计划】（2021年3月19日）（摘要）根据《政协隆德县委员会年度协商计划办法》要求，经县政协主席会议研究，报请县委同意，确定了县政协2021年度协商计划，共4个协商议题。

【中共隆德县委书记袁秉和在县政协十一届五次会议闭幕会上的讲话】（2021年1月12日）（摘要）县政协十一届五次会议，在全体政协委员和与会同志的共同努力下，圆满完成了各项议程，即将顺利闭幕。会议期间，各位委员以胸怀全局的高站位、心系发展的大情怀、奋发有为的好状态，为推动隆德经济社会高质量发展建睿智之言，为增进民生福祉献务实之策，彰显了政协委员强烈的责任担当，展现了政协工作蓬勃的生机活力。会议开得圆满成功，是一次发扬民主、求真务实的大会，是一次解放思想、集思广益的大会，是一次共谋发展、狠抓落实的大会。在此，我代表县委，对大会的圆满成功，表示热烈的祝贺！刚刚过去的2020年，是全县上下深入学习贯彻党的十九届二中、三中、四中、五中全会和习近平总书记视察宁夏重要讲话精神，决战脱贫攻坚、决胜全面小康的关键一年，也是我县迎来了许多喜事、谋划了很多要事、办成了很多大事、解决了很多难事，各项工作持续取得重大突破、取得重要成绩的一年。一年来，县政协和全体政协委员坚持以习近平新时代中国特色社会主义思想、习近平总书记关于加强和改进人民政协工作的重要思想为指导，牢牢把握团结和民主两大主题，尽职尽责服务全县大局，献计献策助推产业发展，善作善为增进民生福祉，同心同德凝聚广泛共识，在疫情防控、脱贫攻坚、民生保障、生态保护等方面，深入调查研究，积极建言献策，认真履职尽责，做了大量卓有成效的工作，充分彰显了新时代人民政协新使命，展现了新时代人民政协新风采，干出了新时代人民政协新样子，为我县经济社会高质量发展作出了重要贡献。在此，我代表县委，对县政协取得的各项成绩表示热烈祝贺！向县政协和全体政协委员，向工商联、无党派人士、人民团体、政协工作者和社会各界人士，表示崇高的敬意和衷心的感谢！新故相推，日生不滞。今年是"十四五"开局之年，是全面建设社会主义现代化国家新征程开启之年，是乡村振兴全面推进之年，迈好第一步、走好新征程至关重要。刚刚闭幕的县委十四届九次全体会议，全面安排部署了隆德县"十四五"特别是2021年的各项工作，明确了总体要求、发展思路和行动举措。县政协和广大政协委员要进一步增强政治责任感和历史使命感，不忘初心、牢记使命，扎实履职、锐意进取，紧紧围绕县委决策部署，紧扣黄河流域生态保护和高质量发展先行区建设的战略问题、经济发展的重点问题、群众关注的民生问题，在参政议政中履职尽责，在本职工作中建功立业，在界别群众中示范带动，做有定力、有情怀、有担当、有作为的新时代政协人。一要坚持党的领导，牢牢把握人民政协工作的正确方向。二要聚焦中心任务，着力在服务发展大局中展现新作为。三要广泛凝聚共识，着力在增进团结民主中发挥新作用。四要加强自身建设，着力在提高履职能力水平上取得新突破。

【十二届一次会议常委会工作报告】（2021年11月9日）（摘要） 十一届政协工作回顾：十一届县政协任期的五年，是隆德务实苦干、创新发展的五年，也是县政协团结奋进、担当履职的五年。五年来，中共隆德县委高度重视政协工作，大力支持政协依法依照章程履行职能，政治上充分信任，工作上充分依靠，条件上充分保障，组织上充分加强，为政协事业发展注入了强劲动力、提供了根本保证。在县委的坚强领导下，县政协及其常委会坚持以习近平新时代中国特色社会主义思想为指导，认真落实习近平总书记关于加强和改进人民政协工作的重要思想、在庆祝中国共产党成立100周年大会上的重要讲话精神和视察宁夏重要讲话精神，对标对表中央和区、市、县党委政协工作会议部署，紧紧围绕团结和民主两大主题，同心实干促履职，抢抓机遇谋发展，乘势而上谱新篇，圆满完成各项目标任务，为推动隆德经济社会高质量发展贡献了政协智慧和力量。一是提高站位增强自觉，党对政协工作领导坚强有力。常委会坚持政治引领，不断夯实团结奋斗的共同思想政治基础，确保政协事业方向正确、行稳致远；二是聚焦中心精准建言，服务改革发展稳定卓有成效。常委会始终把政协工作放在全县发展大局中谋划，健全"53315+X"工作规则，探索"1234+"协商议政模式，"中心工作推进到哪里，政协履职就跟进到哪里"成为最自觉的行动、最铿锵的声音和最精彩的履职答卷；三是紧盯民生倾力助推，群众幸福感满意度不断提升。常委会不断强化人民政协为人民的理念，及时跟进、主动融入全县重点工作，深度调研、集中协商、竭力建言，在改善民生福祉中展示政协风采；四是发挥优势连心联谊，团结奋进的正能量加速汇聚。常委会牢牢把握团结和民主两大主题，为参加政协的各党派团体、各族各界人士发表意见、表达诉求提供畅通渠道，努力画出最大同心圆；五是创新履职积极作为，推进政协自身建设驰而不息。县政协及其常委会创新履职形式，夯实基层协商基础，完善政协履职平台，持续推进重心下移，不断开创协商民主建设新局面。今后五年工作建议：今后五年，是我县全面实施"十四五"规划、乘势而上全面建设社会主义现代化的关键时期。县第十五次党代会确定了着力培育竞争发展核心优势，着力开创新型工农城乡共融发展新局面，着力开辟绿水青山就是金山银山的实践路径，着力推动共同富裕取得明显进展的奋斗目标。开启建设黄河流域生态保护和高质量发展先行区隆德新篇章，是全县发展目标的最大公约数，是凝聚全县人民群众的最大同心圆，也是全县人民奋进的最大正能量。站在崭新的起点，面对时代赋予的历史重任，面对千载难逢的历史机遇，新一届县政协要坚持以习近平新时代中国特色社会主义思想为指导，深入贯彻《中共中央关于新时代加强和改进人民政协工作的意见》和区市县党委的实施意见，全面落实习近平总书记在中央政协工作会议上提出的新要求，牢牢把握新时代人民政协新方位新使命，聚焦县第十五次党代会确定的新愿景新蓝图，按照"服务中心贴得更紧、凝聚共识更加有效、委员作用发挥更好"的思路，积极履职尽责，主动担当作为，广泛凝心聚力，在开启建设黄河流域生态保护和高质量发展先行区隆德新篇章的征程中展现政协新担当、彰显政协新作为、绽放政协新光彩。一要坚定政治方向，着力展现政协队伍新风采；二要紧扣中心工作，着力交出政协议政好答卷；三要激情履职为民，着力推出协商民主实举措；四要发挥协商优势，着力汇聚团结奋进正能量；五要坚持守正创新，着力实现履职尽责高效能。

【2021年度协商工作计划】（2021年3月29日）（摘要）根据《政协隆德县委员会年度协商计划办法》要求，经县政协主席会议研究，报请县委同意，确定了县政协2021年度协商计划，共4个协商议题。

【中共隆德县委书记刘斌在县政协十二届一次会议闭幕会上的讲话】（2021年11月11日）（摘要）县政协十二届一次会议，经过全体委员和与会同志的共同努力，圆满完成了各项议程，即将胜利闭幕。这次会议是全县人民政治生活中的一件大事，也是推进全县政协工作承前启后、继往开来的一件大事。会议期间，全体委员以饱满的政治热情和强烈的责任担当，为高质量发展建睿智之言，为先行区建设献务实之策，提出了很多有高度、有深度、有温度的真知灼见，彰显了心系大局、情牵民生的政治情怀，展示了昂扬向上、奋发有为的精神风貌。大会审议通过了县政协常委会工作报告和提案工作报告，选举产生了新一届县政协领导班子和县政协常委。在此，我代表县委，对大会的圆满成功和新当选的同志表示热烈的祝贺！向各位委员和同志们致以诚挚的问候！县政协十一届一次会议以来的五年，是全县上下抢抓重大机遇、应对重大挑战、经受重大考验、取得重大成就的五年，是极不容易、极不平凡的五年。五年来，在区市县党委的坚强领导下，县政协和广大政协委员牢牢把握团结、民主两大主题，认真履行政治协商、民主监督、参政议政三大职能，坚持"县委中心工作推进到哪里、政协履职就跟进到哪里"，为发展而谋、为发展而议、为发展而干，在助推经济高质量发展、脱贫攻坚、民生保障、生态保护、疫情防控等方面做了大量富有成效的工作，为推动全县经济社会高质量发展作出了积极贡献，充分展现了为党政分忧、为发展尽责、为人民服务的价值追求。由于年龄和工作原因，十一届县政协的一些领导同志不再进入新一届政协领导班子，他们在任职期间辛勤工作、勤勉履职，为全县经济社会发展和人民政协事业进步付出了心血汗水、作出了重要贡献。在此，我代表县委，向他们致以崇高的敬意！各位委员、同志们！当前，我县正处在巩固脱贫攻坚成果同乡村振兴有效衔接、开启社会主义现代化建设新征程的关键时刻，做好当前和今后的各项工作，对于实现隆德经济社会高质量发展至关重要。前不久召开的县第十五次党代会，着眼大局大势，立足县情民情，明确了"着力培育竞争发展核心优势，着力开创新型工农城乡共融发展新局面，着力开辟绿水青山就是金山银山的实践路径，着力推动共同富裕取得明显进展，纵深推进新时代党的建设新的伟大工程"的奋斗目标，擘画了全县未来五年高质量发展的宏伟蓝图。县政协和广大政协委员要以新班子新作为、新委员新使命的担当和情怀，紧紧围绕县第十五次党代会和县两会确定的总体要求和目标任务，牢记使命、发挥优势，把智慧和力量激发出来，把创造性积极性调动起来，努力在新的奋斗征程中展现"政协新担当"，作出"政协新贡献"！一要旗帜鲜明讲政治，坚定同心同向跟党走的"政协站位";二要服务中心敢担当,展现齐心协力谋发展的"政协作为";三要发扬民主讲团结,彰显凝聚共识促和谐的"政协风采";四要持之以恒强本领,打造业务作风双过硬的"政协队伍"。

【县政协党组书记、主席李国英在县政协十二届一次会议闭幕会上的讲话】(2021年11月11日)(摘要)政协隆德县第十二届委员会第一次会议,在中共隆德县委的坚强领导下,在各有关方面大力支持下,经过全体委员和与会同志共同努力,圆满完成各项议程,就要胜利闭幕了。县委对本次会议高度重视。会前,县委常委会专题研究、作出部署要求。刘斌、马天峡同志对新一届政协寄予新期待、新厚望,激励我们在新的起点上迈出新步伐。刘斌同志作了重要讲话,充分肯定了十一届县政协的履职业绩,对十二届政协工作提出了"旗帜鲜明讲政治,坚定同心同向跟党走的'政协站位';服务中心敢担当,展现齐心协力谋发展的'政协作为';发扬民主讲团结,彰显凝聚共识促和谐的'政协风采';持之以恒强本领,打造业务作风双过硬的'政协队伍'"的明确要求,讲话立意深远、振奋人心,给我们划出了履职重点、指明了努力方向,我们一定要认真学习、深刻领会,不折不扣地贯彻落实。马天峡同志到会听取委员大会发言,充分体现了县委、县政府高度重视委员们的建言,让我们深深感到,县委、县政府主要领导对政协组织和政协工作的高度重视,对政协委员的充分肯定。站在新时代隆德发展的新起点上,抢抓新机遇、实现新跨越、开创新局面,更加需要凝聚人心和共识、汇聚智慧和力量。县政协、各参加单位和广大政协委员,要用县委、县政府重视支持激发新活力,本届委员学历最高、年纪最轻、联系最广泛、人才最密集,给人精神一振、焕然一新,促使我们以勇于担当的姿态、只争朝夕的劲头持续深化同心同德的"政协意识";要用认真和坚持书写履职新答卷,新蓝图承载新梦想,新征程开启新未来,比以往任何时候都需要各位委员奋进奋发、勇往直前,主动融入大局,聚焦中心任务,在隆德高质量发展的生动实践中书写浓墨重彩的"政协章节";要用奋斗加实干展现政协新作为,始终对党组织、对人民、对发展高度负责,立足全局、倾情履职,愈发强大为发展聚力的"政协能量",共同全方位建设黄河流域生态保护和高质量发展先行区隆德新篇章。新起点肩负新使命,要旗帜鲜明讲政治;新起点锚定新目标,要推动发展勇担当;新起点聚力新福祉,要履职为民担使命;新起点拓展新共识,要凝聚力量强根本;新起点树立新样子,要固本培元夯基础。

【县政协十一届五次会议提案和建议办理情况的通报】(2021年11月8日)(摘要)县政协十一届五次会议期间,政协委员围绕全县经济社会发展大局积极参政议政、建言献策,提出并经审查确定提案12件、建议29件。截至目前,41件提案、建议全部按时高效办结,并及时予以答复,获得委员们的满意评价。

(一)提案办理情况

1.关于打造"隆德暖锅"等精品饮食文化品牌的提案。一是制定《隆德县扶持发展农家乐民宿旅游酒店及特色餐厅奖励办法》,扶持发展一批具有地方特色的美食文化企业,带动品牌效应。二是投资19.7万元,以龙泉苑广场为中心,打造暖锅、小吃一条街,对沿街店面进行维修、亮化、增添指示牌,并积极申报旅游休闲街区。三是开展第一季、第二季"两晒一促"活动，在宁夏卫视、宁夏公共频道等新闻媒体大力宣传推广隆德暖锅饮食文化，并积极做好隆德暖锅申报市级非遗项目。

2. 关于修建机动车辆检测中心的提案。投资1250万元，新建机动车检测车间，内设两条3t和13t综合检查线，新建外检车间318.75平方米，内设两条小型汽柴一体和重型柴油车环保检测线，装修改造业务大厅，并于6月5日建成投入运营，为我县及周边地区车主就近就地检测车辆提供便利。

3. 关于实施隆德县凤岭乡齐岔村生态经济综合体项目的提案。一是按照联村发展思路，依托薛岔村集体经济中药材加工车间，与上药公司合作，在原上梁移民迁出区种植林下中药材2000亩，形成生态、产业互促互进的发展格局。二是依托丰富蜜源资源，在原上梁移民迁出区种植蜜源植物800余亩，建成窑洞蜂窝400个，养殖中华蜂450箱。建成中蜂养殖及观光基地和蜂蜜、中药材研学馆。三是依托原上梁乡旧址，深挖红色资源，围绕陈添祥红色革命事迹，建成"李家沟—中共地下党活动地"展室，对原上梁乡街道老建筑进行维修改造，建成铁匠铺、老茶馆、放映室、山货铺、缝纫铺、药铺、木匠铺等9个功能房，为游客提供丰富的体验娱乐项目。

4. 关于为温堡乡配套蔬菜大棚基础设施的提案。一是水利方面。投资680万元，维修改造旧干管各类闸阀井32座，新建干管取水、排水闸阀井16座，支管各类闸阀井20座，总配套各类建筑物242座，维修建筑物14座。铺设干管ϕ500PVC管3500多米，铺设各片区支管、分支管12450米，更换管道92m，维修干管320m。新建维修农田及温棚给水栓617个，出地竖管1.41km，维修灌溉渠道1.3km。二是电力方面。投资6.5万元，于5月10日全面完成32家蔬菜种植企业配备电力设施工程。三是道路方面。投资182万元，完成道路建设18.19千米。

5. 关于继续加大资金扶持不断壮大村集体经济的提案。制定《隆德县2021年村集体经济发展实施方案》，争取资金4050万元，重点支持杨河、穆沟等57个村发展壮大村集体经济，其中，整合中央和自治区财政扶持资金2200万元，用于沙塘张树、奠安马坪等22个村发展壮大村集体经济；整合县扶贫专项资金1850万元，用于观庄大庄、山河石碑等35个村发展壮大村集体经济，重点以特色种养业、农产品加工业、农资服务创收业、乡村旅游业为主，全面提高村集体经济收益。

6. 关于对隆德县六盘山工业园区集中供能进行扩建的提案。投资3400万元，实施六盘山工业园区集中供能扩建项目，拆除原有两台14MW（20t/h）燃煤热水锅炉，改扩建锅炉房，改造配煤库；新建消防水泵房（含消防控制室），安装45t/h燃煤蒸汽锅炉及附属配套设备、锅炉烟气除尘脱硫脱硝设备及变配电系统。

7. 关于大力实施推广秦艽、柴胡、黄芪林药间作种植的提案。以柴胡、秦艽、板蓝根为主栽品种，大力推广中药材林药间作种植5000亩。其中，在凤岭齐岔种植林下中药材2600亩，在观庄中梁实施中药材生态种植2400亩，发挥了良好的经济效益。

8. 关于张程乡马儿岔、李哈拉等村高标准农田建设的提案。一是投资590万元，建设张程乡马儿岔村高标准农田，完成土地平整4441.5亩，修筑埝坎7.34立方米，深机耕、耙地3796.48亩，铺设田间道路7.8千米，修建生产道路9.84千米。二是投资744万元，建设张程乡李哈拉村高标准农田，完成土地平整5659.25亩，修筑埝坎9.61万立方米，深机耕、耙地4971.69亩，铺设田间道路8.1千米，修建生产道路3.34千米，有效提升耕地的质量和产能。

9.关于建设联财村美丽村庄的提案。将联财村美丽村庄建设纳入联财小城镇建设项目，投资1857.43万元，新建混凝土道路336.989米，沥青道路467.198米，混凝土停车场两处，改造人行道5159米；敷设排水管网360米，设置检查井16座；新建垃圾分拣中心、机动车维修中心各1处，新建蔬菜交易市场2座、建材及加工交易市场1座，卫生厕所1座，全面提升村容村貌。

10.关于改造提升药材公司住宅小区的提案。制定《隆德县2021年人行片区老旧小区改造工作实施方案》，投资138万元，对人行片区电信局、药材公司等7个老旧小区进行改造提升，完成屋面及外立面改造3.5万平方米，提升改造楼梯间，敷设供排水管网7745米，有效改善小区环境。

11.关于新建县疾病预防控制中心综合实验楼的提案。争取项目资金1920.94万元，实施隆德县疾病预防控制中心实验综合楼迁建项目，建成建筑面积2445.68平方米，框架结构双面4层综合实验楼一幢。配套微生物实验室、HIV检测室、样品接收室、理化实验室、疫苗冷藏库等功能房，配备相应实验设备，提升全县疾病预防控制和突发公共卫生事件调查处理能力。

12.关于全县乡村中小学校旱厕改水厕的提案。累计投资731万元，在具备污水排放和处理条件的观庄中心小学、张程中学等16所乡镇中小学实施旱厕改水厕工程，有效改善了乡村中小学师生生活环境。

（二）建议办理情况

1.关于统一我县建县时间和革命遗址对外宣传口径的建议。严格按照《隆德县志》记载，在对外宣传中，统一建县时间为1014年；严格按照《隆德县志》《红二十五军在隆德》等相关资料记载，统一对外宣传革命遗址。

2.关于提升物业管理服务水平的建议。一是强化物业管理工作落实。按照《隆德县物业管理提升工作方案》，强化责任落实，县住建局与全县14个社区居委会、15家物业服务企业签订《物业管理安全生产目标责任书》，严格按照《物业管理条例》规定，督促物业企业规范管理服务行为，切实提高居民满意度。二是严把物业企业准入关。严格执行《隆德县物业服务质量目标责任考核办法》，完善物业服务企业信用等级考核，建立物业企业诚信档案，完善物业市场准入清出机制，形成竞争有序、优胜劣汰的发展环境。三是建立完善物业服务纠纷调处机制。充分发挥调解机制在物业服务纠纷处理中的作用，协调处理违章搭建、违规装修、破坏公共绿地、无序停车等行为，有效处理矛盾纠纷，维护物业管理秩序。全年共接到12345便民服务热线及政府网站留言等各类咨询投诉40余件，办结率100%，群众满意率99%。

3.关于推进农村电商高质量发展的建议。一是出台《隆德县筑梦计划实施细则》《隆德县促进电子商务发展资金实施细则》等电商扶持政策，进一步规范和提升线上销售农特产品力度。二是组织电商服务人员参加"圆梦·六盘新媒体电商大赛"和"逐梦·六盘新媒体电商大赛"等赛事，用以赛促训的方式带动销售农特产品12万单，累计356万元。三是与"多多买菜""美团优选"等大型社区团购平台对接，开展生活必需品配送和农产品销售，累计下乡进村配送生活用品36万单，销售农产品30余万元。

4. 关于对农药包装废弃物集中回收处理的建议。一是制定《隆德县农药包装废弃物回收处理方案》，出台农药废弃物回收奖励政策，对农药经营店按照每回收一个塑料瓶（袋）补助0.2元、每回收一个玻璃瓶补助0.5元的奖励标准，鼓励农药经营商积极参与农药包装废弃物集中回收处理。全年回收农药包装废弃物1860公斤，生产基地回收率达到100%，并全部按规定进行无害化处理。二是以各村新时代文明实践站为平台，开展农药包装废弃物回收宣传34场次，发放宣传彩页1000余份，引导群众积极参与农药包装废弃物集中回收处理。三是在各乡镇设立农药包装废弃物回收点50个，配备专用回收箱50个，并定期清运。在沙塘良种场设立全县农药包装废弃物集中存贮点1个，每季度进行一次无害化处理，从源头上杜绝农药面源污染。

5. 关于农村厕所配建排污管网提高利用率的建议。投资7343万元，在温堡老庄、夏坡、张杜沟等18个村配套敷设污水管网63公里，有效提高农村厕所利用率。

6. 关于加快建设我县农家乐和民宿的建议。一是制定《隆德县扶持发展农家乐民宿旅游酒店及特色餐厅奖励办法》，通过扶持奖励政策，拓宽旅游市场，加快文化旅游产业发展。二是组织全县农家乐和民宿从业人员参加区市县培训3期，通过培训学习，提高从业人员专业化水平。三是积极推荐盘龙山庄和神林山庄申报精品民宿和乡村旅游示范点，进一步提升乡村旅游服务水平，全年新建农家乐2家、精品民宿2家。

7. 关于在原县博物馆设置中医药专门展区的建议。投资74.6万元，建成隆德县健康教育基地，总面积230平方米，配套传染病与慢性病防治、营养与健康展示、中医等7个功能分区，并充分利用声、光、电等技术，将健康教育知识以智能化、科技化、互动性展现给参观者，有效提高群众对中医药发展的认识。

8. 关于更进一步推进农业保险深度和密度的建议。一是制定《隆德县2021年政策性农业保险实施方案》，进一步完善农业保险政策，提高农业保险服务能力。二是扩大保险覆盖面，在原承保冷凉蔬菜、马铃薯、玉米、生猪、肉牛的基础上将肉兔、农机具纳入承保范围，全年承保粮食作物18.08万亩、家畜19.78万头（只）、各种农机具204台。三是提高中央财政承担比例，将西门塔尔基础母牛中央财政承担比例提高为18%，安格斯基础母牛中央财政承担比例提高为15%。四是协调农业保险机构，主动服务、迅速勘查、准确界定，及时兑付赔付资金，为农业生产提供有效保障。

9. 关于实施太联村四组道路及排洪渠维修工程的建议。投资11万元，实施太联村四组道路维修工程，维修水泥路面330平方米，修建边沟渠140米、拦水带60米，维修涵洞2座，清理排洪渠600米，有效提高道路通行能力，保障群众生产生活安全。

10. 关于实施联财村东光沟垃圾填埋场渗漏维修及周边环境整治工程的建议。投资2万元，实施联财村东光沟垃圾填埋场渗漏维修及周边环境整治工程，完成垃圾堆平整和覆土工作，并对周边环境进行绿化,栽种樟子松700棵,有效改善乡村面貌,提升群众幸福感。

11. 关于安装太联村太阳能路灯的建议。投资36.4万元,为太联村安装太阳能路灯130盏,切实保障行人出行及道路交通安全。

12. 关于修建张楼村产业园区排水工程的建议。投资80万元,实施张楼村产业园区排水工程,新铺设80U型渠3.5千米,安装人行盖板80个,φ60过路管涵11个,解决了产业园区雨季防洪排涝问题。

13. 关于实施张楼村一组300亩土地引水灌溉工程的建议。投资9.1万元,实施联财镇张楼村300亩设施农业拱棚配套高效节水灌溉工程,开挖回填土方3400立方米,铺设160PVC0.8Ma输水管道935米,修建泄水井2座,配套给水栓22套,为农业提质增收打下坚实基础。

14. 关于全县五个国家级重点旅游村产业巩固提升的建议。一是投资50万元,实施观庄前庄伏羲崖—北联池景点道路护坡维修项目,新建观景台1座,衬砌道路两侧水渠50米,安装木质围栏1000米,修建4米宽混凝土行车道150米,绿化500平方米,修建临时停车场2400平方米。二是投资40万元,改扩建陈靳新和高台马社火基地展厅249.9平方米,内设历史起源、服装道具、脸谱展示3个展区。三是投资2500万元,实施红二十五军革命遗址保护利用工程,在城关镇红崖村修建游客服务中心,建筑面积1830平方米,内设游客服务接待、地方特色产品展示、公共卫生间、医疗室等公共区域。四是投资50万元,实施温堡新庄旅游基础设施建设项目,改造提升民宿小木屋5栋,安装路灯36盏,铺设道路260平方米,绿化1500平方米。五是投资50万元,实施神林辛平旅游基础设施建设项目,新建网红桥1座,扩建游乐场600平方米、动物饲养园500平方米,硬化路面2150平方米,修建生态防腐木楼梯1680平方米,进一步完善基础设施,打造旅游亮点。

15. 关于大面积撂荒地实施农田整治项目的建议。一是投资1.5亿元,将地块小、坡度大、田间道路狭窄,不利于机械化耕作的大面积撂荒地全部纳入高标准农田建设,在温堡、杨河等8个乡镇32个行政村建设高标准农田11万亩,配套机耕生产道路、农田防护林。累计建成高标准农田33.64万亩,占我县旱作耕地总面积的87%。二是将撂荒土地流转给村集体经济、合作社、种植大户,鼓励其种植中药材、小杂粮、马铃薯、青贮玉米等农作物,并向农户订单种植提高土地利用率,彻底解决撂荒地问题。

16. 关于打造"工业+文化旅游"发展模式的建议。一是在工业园区平整场地2390.54亩,硬化道路41.83千米,并对园区绿化带进行平整、修剪、除草,提升园区整体形象。二是引导兴宇粗粮、盘隆果业等园区企业进行厂房改造提升,增设电子屏、产品展厅、生产工艺参观通道、参观平台等设施,增强园区企业接待服务能力。三是发展以兴宇粗粮、上药中药、金誉生物、黄土地等为主体的农副产品及中药材加工工艺流程展示区和以人造花、正观花灯、爱丽纳等为载体的传统文化、工艺品及网红打卡展示区两条观光旅游线路,并列入隆德县研学游精品线路。

17. 关于进一步推动草畜产业提质增效的建议。一是制定《隆德县2021年乡村振兴工作要点》,出台草畜产业发展扶持政策,加大草畜产业扶持力度,推动草畜产业扩规增量。二是累计投资592.44万元,引进国外顶级纯种西门塔尔冻精1万支,采购西门塔尔良种冻精6.5万支，改良肉牛3万头，补栏基础母牛2860头。三是投资768万元，创建杨河、张程、凤岭、温堡4个万头肉牛养殖示范乡镇，培育千头以上肉牛养殖示范村30个，建成张程杨袁、杨河红旗千头肉牛园区，发展"50"模式养殖大户162户、"20"模式养殖大户30户。四是建成宁夏千峰兔业有机肥生产线，并投产运营；由正荣、方圆、兴鸿旺、洁能4家有机肥生产企业收运畜禽粪污18.3万吨，生产有机肥8.87万吨，腐熟还田25.9万吨，畜禽粪污资源化利用率达到96%以上。

18. 关于易肇事精神病人精神病院治疗后相关费用处理的建议。一是对易肇事精神病人住院治疗经医疗保险报销后生活仍旧困难的，给予临时生活救助。累计救助易肇事精神病人3名，发放临时生活救助金1.6万元。二是对在固原市精神康复医院进行治疗的精神病人，住院费用经医保、大病保险报销，剩余资金由医疗救助资金"兜底"。每季度由医保中心与固原市精神康复医院对账后，支付相关医疗费用。

19. 关于在中医院和县医院中医科设立治未病中心的建议。中医院于2017年12月28日正式成立宁夏治未病中心隆德站，现有医师2名，医护人员6名。内设健康状态信息采集与辨识、健康咨询与指导、健康干预、健康宣教等科室；县医院治未病科设在中医科，现有医师9名，康复医师2名，护理人员12名。内设中医科住院部、康复中心、国医堂门诊部3个病区，为患者提供中医体质辨证，健康养生、保健、亚健康调养及健康咨询等服务，达到未病先防的目的。

20. 关于加强县乡信息化建设提升基层服务能力的建议。一是依托电子政务外网实现信息专网全覆盖，全县5家县级医疗卫生机构、13家乡镇卫生院、4家社区卫生服务站、111家村卫生室均已接通县域医疗健康信息专网，网络业务承载能力不断提升。二是积极推进远程诊断中心建设，依托县人民医院建成影像诊断中心、电生理诊断中心、超声诊断中心3个远程诊断中心，实现县医院医生与福州市第一医院、中国人民解放军火箭军特色医学中心等区内外三甲医院专家同时远程诊疗。三是打通乡镇卫生院、社区卫生服务站和部分村卫生室远程诊疗终端，向基层医疗机构提供远程会诊、远程影像、远程心电和远程教学等业务，实现基层医疗卫生服务信息化水平整体提升。

21. 关于甘渭河流域绿化治理的建议。投资2286.3万元，按照适地适树原则，实施甘渭河沿线高标准绿化美化工程，在张杜沟、田柳沙、吴沟、杜堡栽植旱柳、丁香、早酥梨等苗木4.21万株，绿化总长度18千米，有效提升甘渭河流域绿化美化水平。

22. 关于加强城区无障碍环境建设的建议。将县城无障碍环境建设融入老旧小区改造项目，实施道路硬化15800平方米，建设休闲健身活动场地6700平方米，拆除碳房等设施9200平方米，对道路、台阶等进行无障碍改造提升，在出入台阶和门槛部位增加辅助斜坡，在坡道两旁安装残疾人专用扶手，设置无障碍通道及标识，方便特殊人群出行。

23. 关于加强疫情管控，严厉打击"黑车"，维护客运市场秩序的建议。一是制定《关于做好2021年春运及疫情防控工作的通知》，常态化开展疫情防控，加强4个公路卡点和汽车站查验点疫情防控工作，严把输入关口。二是制定《隆德县交通运输行业打击"非法营运"工作实施方案》

《隆德县常态化开展扫黑除恶专项斗争深化交通运输领域突出问题专项整治工作方案》，组织县公安局、交警队、网信办联合开展打击非法营运、"黑车"等专项行动，依法查扣非法营运车辆39辆，罚款19.1万元，客运市场秩序得到进一步好转。

24.关于为城关镇竹林社区修建公共厕所的建议。已于2019年5月将竹林社区搬迁至六盘山工业园区公租房院内，园区公租房内上下水均已连通，并配有公共厕所，基础设施完善。

25.关于切实解决县城停车难问题的建议。对县城主街面违规停放的机动车辆开展专项整治，促进38个公共单位1387个停车位对外开放，引导车辆规范停放。在县城人民街、观泉街、文昌路等6条街新增划设停车位200个，在西门拆迁片区、中关村拆迁片区设置停车场，计划新建8个生态停车位，切实解决县城车辆停车难问题。

26.关于加强城市管理、积极推动文明城市创建的建议。一是持续推进道路街面深度保洁和环卫精细化管理，确保县城主次干路达到深度保洁标准，推行高效无尘的机械化清扫作业，提高机械化清扫作业比重，建立常态化、标准化、精细化道路清扫保洁长效运行机制，城市建设机械化清扫率达到98%。二是重点实施网格化城市管理，将城市管理任务分解到县城5大区域57个网格，建立责任明确、标准明确和管理规范、全面覆盖的网格化管理体系，建设市容规范、道路洁净、环境优美的城市环境。

27.关于加强档案管理工作的建议。一是制定《中共隆德县委办公室关于宣传贯彻〈中华人民共和国档案法〉的通知》，组织全县各乡镇、部门（单位）认真学习，对各单位学习宣传贯彻新修订档案法情况进行监督检查，确保新修订的档案法在全社会得到有效实施。二是面向全社会开展有针对性的档案法宣传解读，利用广播、电视、网络等媒介和"6.9"国际档案日、"12.4"宪法宣传日等节点，深入乡镇、社区，张贴宣传标语，发放宣传册1300册。三是组织各乡镇和部门（单位）档案工作者参加"6.9"国际档案日线上培训讲座，提高全县档案工作者对新档案法的认识和依法治档的能力。

28.关于人行片区老旧小区改造工程建设停车场的建议。投资175.11万元，实施人行片区老旧小区改造工程，硬化路面15800平方米，新建停车场，新增停车位136个，实施小区绿化14000平方米，有效解决群众停车难问题。

29.关于加强重大传染病防治和应急处置能力建设的建议。一是制定《关于建立隆德县重大疾病重大疫情分析研判机制的通知》，完善全县突发公共卫生防控预警体系，推进防控阵地前移，全面提升重大疾病重大疫情分析研判和预警响应效率。二是制定《隆德县突发公共卫生事件应急预案》《隆德县突发公共事件卫生救援应急预案》，成立救援领导小组，组建救援专家组，加强救援人员技术培训。三是健全疫情防控物资保供机制，进一步加强防护、医疗设备、药品、检测试剂等重点防控物资储备工作，切实提高我县重大传染疾病预防和应急处置能力。

（三）主要做法

一是强化领导，落实责任。坚持把政协提案、建议办理工作与重点项目等同部署、同落实、同考核，严格按照"领导领办、分级负责、归口办理"的原则，对提案、建议办理工作进行全面安排部署。各承办单位认真落实政协提案办理工作制度，细化措施，明确任务，确保办理工作责任明确，措施有力，高效落实。

二是强化措施，注重实效。坚持把保证质量、取得实效贯穿办理工作始终，对涉及提案、建议的项目，县人民政府优先申报立项，优先解决资金，优先安排落实。政府主要领导多次召开专题会议，听取各部门提案、建议办理情况汇报，深入现场督办解决工作中存在的困难和问题。各承办单位积极向上争项目、争资金，千方百计提高办理质量。县人民政府办公室将提案、建议办理情况作为政府督查督办的重点内容，加强平时督查，提升办理质量。

三是注重沟通，保证质量。为提高提案答复质量，确保工作取得实效，各承办单位本着"认真负责、实事求是"的原则，密切与各委员沟通联系，积极采纳委员的合理意见与建议。办理结束后，主办单位将办理结果报政府分管领导审定后答复委员，对委员提出的问题限时解决，把委员满意率作为检验提案、建议办理水平的关键指标。

2021年，政协提案、建议办理工作取得了一定的成绩，但由于受资金短缺等条件限制，办理结果与广大群众的要求和政协委员的期望还有一定差距。今后，我们将以更加负责的工作态度、更加求真务实的工作作风，不断完善机制、创新方法、加大投入保障力度，努力提高提案、建议办理工作质量，切实让委员满意，让人民群众满意。

法治　军事

政　法

【概况】 2021年,隆德县坚持以习近平新时代中国特色社会主义思想为指导,深入学习贯彻习近平法治思想,坚决贯彻落实中央及区市党委关于政法及综合治理的决策部署要求,落实《中国共产党政法工作条例》,抓平安隆德、法治隆德建设,纵深推进扫黑除恶专项斗争、政法队伍教育整顿,不断夯基础、强作风、创机制、抓落实,全县政治安全、社会安定、人民安宁,公众安全感调查连年位居全区前列,命案防控典型经验做法被平安宁夏建设协调小组向全区推广,2021平安隆德建设工作被自治区考核为优秀县。"125"矛盾纠纷排查化解机制被中央政法委列入新时代"枫桥经验"向全国推广。荣获全国信访"三无"县、2017—2020年"平安中国建设示范县"殊荣。

【工作主体落实】 县委和政府高度重视政法及平安建设工作,坚持"书记抓、抓书记",县委常委会研究政法工作20次,传达学习中央及区市相关会议文件精神,听取工作汇报,分析研判形势,安排部署重点工作。县委书记专题调研4次,召开述法会议1次,举办全县平安建设工作观摩活动1次。召开政法委员会全体会议、平安建设、教育整顿会议,推动具体工作落实。坚持派员列席政法各单位民主生活会,开展政法委员会委员和乡镇政法委员述职活动,推动政法工作条例落实落细。坚持以督促抓,建立"1+6"基层治理和平安建设两个专项督查机制,对基层阵地规范化建设、矛盾纠纷排查化解等重点工作进行督导检查,采取末位表态和县电视台集中曝光等措施,全面发挥督查督办"指挥棒""风向标"作用,倒逼责任落实。2021年,累计开展专项督查10次,下发督查通报5份,集中曝光单位7个,末位表态10人。

【维护社会和谐稳定】 坚持以庆祝建党100周年安保维稳为主线,紧盯重要时间节点,全面排查各类不稳定因素,做到早发现、早研判、早应对、早处置。紧盯重点场所,对加油站、物流快递、车站等50余家重点行业场所开展涉恐隐患专项排查,加强烟花爆竹、零散汽油等重点物品购买、运输、销售全程监管，整治隐患61处。着眼校园和医院安全，在中小学校、二级以上医疗机构全部规范建成警务室、治安室，配齐安防设施，按标准配备专兼职保安，实现突发事件零发生。

【政法队伍教育整顿】 开展政法队伍教育整顿，累计整治顽瘴痼疾6类107条，建立制度机制10类158项，推出便民利民措施25项86条，核结问题线索74条，核查处理主动说明问题干警63人。全县政法队伍政治生态进一步优化、执法司法制约监督体系进一步完善，干警作风进一步好转，为民服务能力进一步提升。

【司法体制改革】 建立政法领域全面深化改革工作任务清单，稳步推进司法体制改革重点任务落实。县法院结合审判实际，组建刑事审判、民商事审判等6个新型审判团队，主动融入新发展格局，从立案、审理、执行各个环节出台服务经济社会高质量发展的10项司法保障措施，妥善审理涉企案件107件。县检察院围绕美丽隆德建设，成立公益诉讼检察办案组，常态化开展"携手清四乱，保护母亲河"专项行动，办理环境公益诉讼案件61件。县公安局统筹保安全与保民生双管齐下，持续深化"放管服"改革，严格落实365天×24小时政务服务措施，方便企业群众办事。县司法局全面推行行政执法公示、全过程记录、重大执法决定法制审核三项制度，深入企业开展"法治体检"活动。

【扫黑除恶】 按照机构不撤、人员不减、力量不变的要求，以重点行业领域突出问题专项整治为牵引，持续加大破案攻坚和乱象整治力度，累计受理核结问题线索8条，核结率100%；排摸办结乱点乱象问题线索179条，办结率100%；向行业领域监管单位制发"三书一函"52份，发出提示函4份、督办函6份，推动常态化扫黑除恶专项斗争取得新成效。

【平安隆德建设】 配齐配强乡（镇）政法委员，不断夯实平安建设基层基础，提升社会治理现代化能力水平。在固原市率先建成隆德县社会治理基层综合指挥平台，被自治区党委政法委列入试点县建设。按照"六有"标准，规范化建成乡村两级综治中心（室）121个，统一调度力量，推动矛盾纠纷联调、社会治安联防、突出问题联治、平安创建联创。全面推动"多网合一"，织密织细三级网格1019个，发挥社情民意传达、矛盾纠纷排查等7项功能，打通服务群众"最后一百米"。深化"125""411"两个机制，坚持落实"两排查一分析"、督查提示、严格考核等措施，不断压责任、督进展、提质效，及时化解矛盾纠纷、妥善处置疑难杂症，实现"矛盾不上交、平安不出事、服务不缺位"。2021年累计排查化解矛盾纠纷1585件，有效防范"民转刑""刑转命"案件，连续2年命案零发生。聚焦"1+6"基层治理，制定作战图，对57项重点任务，按照"任务清单化、清单责任化、责任时限化"要求逐一细化量化，全面抓好贯彻落实。开展基层平安创建，坚持共建共治共享，对照平安创建标准，开展无邪教、无毒、无诈等基层平安创建活动，对突出治安问题实行分级挂牌督办整治，营造"全民参与、平安有我"的良好局面，平安隆德建设成效显著，人民群众的安全感不断提升。2021年，对10个乡（镇）、99个村（社区）、71所学校、16家医院（卫生院）、1个车站分别进行了平安命名，基层平安创建命名率90.8%。

公 安

【概况】 1至12月份，全县公安机关共接报警6896起。立各类刑事案件481起，同比（346起）上升135起，上升39%；现行案件破案率34.3%，同比（39.9%）下降5.6%；破案绝对数312起，同比（204起）上升108起，上升52.9%；共抓获犯罪嫌疑人255人，同比（204人）上升25%。立各类治安案件543起，同比（352起）上升54.26%；结案率53.8%，同比（45.74%）上升8.06个百分点。共受理各类交通事故1757起，其中一般事故起数同比下降11.2%，死亡人数下降16.7%，受伤人数下降4.3%，经济损失上升29.9%。全年命案零发生。全年未发生有影响的重大案件、群体性事件和个人极端事件。

【队伍建设】 做实党史学习教育和政法队伍教育整顿各个环节任务，以"六学"模式为载体，将学习教育贯穿始终，全年筹办党委会议50场次、组织中心组学习15场次、讲授党课17场次、开展专题辅导12场次、举办研讨交流17场次、应知应会知识测试8场次，组织开展首个110警察节演讲比赛、"七一""两优一先"表彰、"光荣在党50年"纪念章颁发仪式等活动，全警精神受到洗礼，党性得到锤炼，思想根基全面筑牢。全面贯彻《中国共产党政法工作条例》，落实重大事项报告制度，严格"三强九严"工程，压实党建工作责任制，扎实开展"三会一课"、主题党日和党组织评星定级党员评星定格工作。新设立11个基层派出所党支部，配强支部书记，配齐支委班子，全年发展预备党员4名，预备党员转正11名，发展对象3名，入党积极分子9名，有13人递交入党申请书，19人进行入党先进分子登记报名，党组织活力不断激发。以政法队伍教育整顿为契机，坚持把加强党风廉政建设作为干部修身之本、履职之要。全面整改4类84条顽瘴痼疾，对主动说明问题的28名民警充分运用好"四种形态"及时兑现从宽政策，有69人次的民警受到组织处理，受理核结线索12件，核结率100%。全面整改十四届县委第十一轮巡察反馈的3个聚焦8条问题，教育整顿中央督导组下沉固原督导6类19条问题、反馈宁夏4类12条问题和自治区反馈4类12条问题。召开警示教育会15场次，召开"以案促改 深化作风建设"专题民主生活会，健全完善制度机制10类28个，推出4类28项便民利民新措施。紧盯典型选树，加强从优待警。发挥正向激励作用，向公安厅推荐公安英模6名，选树先进典型3名，先后对38名生病住院民辅警、历年受到市县党委政府表彰的优秀共产党员和党务工作者、困难党员民辅警、援疆民警及因公牺牲民警家属进行了走访慰问。为1名因公负伤民警办理了工伤认定手续，为1名民警申报大病救助，为3名已故民警申报了特别抚恤金。1个专案组集体、9名个人受到区市公安机关和市委县委表彰奖励。

【打击各类违法犯罪活动】 加大八类重大刑事案件侦破力度，八类案件破案率达到100%。全年"两抢"案件破案率达到100%。推进扫黑除恶专项斗争常态化，共立九类涉恶犯罪10起，破案率70%，抓获犯罪嫌疑人37人，起诉九类涉恶犯罪24人。破获公安厅督办"9.01"电信诈骗案件，抓获犯罪嫌疑人10名，串并涉及19个省市区30余起电信网络诈骗案件；比对认定"团圆计划"失踪人员五人。"全民反诈"格局全面建立。成立全区首家县级实体化运行反诈办，形成"1+34+N"的组织体系，通过实施"一案一通报"包片警示机制、建立"全县反诈联盟"矩阵、成立"反诈宣传小喇叭"分队、建好用活"警企联合"新机制。2021年10月—12月，全县电信诈骗案件发案数连续三个月同比下降，紧急止付、冻结涉案账户资金12.94万元，追回返还隆德县群众被骗现金25.6万元，人民群众安全感、满意度持续提升。打击各类经济犯罪。开展"工程建设政府采购等重点领域突出问题专项治理"行动，共收到各类线索5条；开展空壳企业"净企"专项行动，共检查各类中小型企业、农民合作社800余户次，对区市公安机关推送的111条空壳企业线索，联合市监、税务等部门清理空壳企业40家，其他处理52家，清理率达53%；严厉打击"黄赌毒"违法犯罪。2021年共办理涉赌案件18起、涉黄案件1起，打击处理145人，收缴赌资19.7万元，追缴违法所得5.52万元，罚款21.46万元。开展"净边2021""安钠咖等重点毒品问题""寄递渠道禁毒百日攻坚"等专项行动。社区戒毒康复执行率连续四年保持100%，戒断三年未复吸巩固率上升至81.8%，群众对禁毒工作的满意度和知晓率分别达到96%和93%，现有吸毒人员连年下降，新发现吸毒人员"零"增长。严打自然生态资源领域违法犯罪。深入推进"昆仑2021"专项行动，与周边省、县（区）建立健全警务合作工作机制，破获"3.12"非法狩猎案，判刑3人；立森林草原火灾案件2起，非法占用农用地案4起。

【基层社会治理】 在全县10个社区、98个行政村规划建成一类警务室12个、二类警务室39个、三类警务室59个；推动全县10个户籍派出所所长和79名民警、辅警全部进入乡镇和社区村委班子；全县派出所民警和辅警分别达到66名、56名，占全局民警、辅警的44%和35.89%，实现警力全覆盖。坚持"两化""两为主"方向，严格落实派出所"两不办理"，在城关派出所推行"一室两队"运行模式，在其他农村派出所实行"一警多能、一人多岗"，派出所全面落实"两不办理"要求，专业警种业务优势得到充分发挥，派出所基层工作进一步夯实。开展矛盾纠纷排查化解。建立并依托矛盾纠纷"红黄绿"三色预警处置和"125""411"矛盾纠纷排查化解机制，将源头预防管控的触角向"家庭单元"延伸，构建起"滚动排查、跟踪化解、动态管控、信息共享和协调联动"一体化运作的矛盾纠纷化解机制，围绕征地拆迁、土地流转、婚姻家庭、邻里纠纷、经济债务等，组织全警开展常态化、滚动式、拉网式矛盾纠纷排查，共排查化解各类矛盾纠纷516起1211人次，向政法委推送化解75起，积极配合人社等部门对恶意欠薪等行为保持"零容忍"高压态势，共为1500余名农民工讨薪2600余万元；全县未发生因矛盾纠纷引发的"民转刑"案件。持续深化"放管服"改革，结合警种特点，构建"1+13"服务体系，形成了"一级管理、多级联动"的工作格局。"宁警通"APP注册群众4068余人，实名认证2622余人，办理网上咨询办件210余件，办理各类事项60项，群众满意度评价稳定在98%以上。制定下发《隆德县公安局落实"365天×24小时"政务服务工作措施》，为全县10个派出所户籍窗口、政务大厅户籍、出入境窗口统一制作灯箱，公布办证联系电话和办证地点，明确夜间及非工作日业务办理指示引导，确保广大群众随时可以办理业务，全年公安窗口非工作日办件1800余件。为全县实体运行的64个中小学、幼儿园设立了"护学岗"，民（辅）警覆盖率达到100%。

【维护社会治安】 强化重点地区、重点部位和治安乱点集中整治，以集贸市场、餐饮娱乐、出租房屋、宾馆旅店为重点，对全县37家中小旅馆、126家出租房屋、3家网吧、5家KTV等社会复杂场所开展集中清查行动，及时发现问题隐患，督促落实整改。对13家加油站、7家烟花爆竹、15家农药等销售单位进行检查，防止危险物品流入非法渠道。以312国道示范路创建为契机，开展道路交通安全管理专项治理，查处各类交通违法行为14779起，其中查处饮酒33起、醉酒51起、无证138起、超员111起、货车超载221起，其他违法行为14225起，与去年同期相比查处违法行为下降1.8%，饮酒、醉酒、无证、超员、货车超载等重点违法行为与同期相比分别上升了13.8%、34.2%、55.1%、707.7%、553.3%。更新施划重点路段1200平方交通标线、完成9处道路交通安全隐患整治，完善5处区间测速设备，与12处治安监控卡口深度融合，约谈重点企业3次7家，清缴老旧车519辆，开展宣传活动36场次，为外卖骑手及部分群众赠送安全头盔1000余顶，推出3类18项便民利民措施，全年未发生一次性死亡3人以上的较大道路交通事故和长时间、大范围的交通拥堵，"312国道固原隆德段"被公安部评为第一阶段国省道交通安全文明示范路段。

【执法规范化建设】 修订完善《隆德县公安局执法质量奖惩办法（试行）》等制度机制，组织召开公检法联席会议3次，召开执法监督管理委员会全体会议4次，专题会议5次，研究决策疑难复杂案件12案；紧盯过程监督，开展专项执法检查11次，发布日巡查通报244期，民警办案积分通报12期，执法问题预警通报20期，执法问题提示38期，监督整改各类执法问题2060余件；严格执行刑事案件"两统一"审核，严格落实"谁办案，谁负责""谁审核，谁负责"的案件质量终身制，连续两年未出现绝对不起诉的案件；完成智能化办案中心建设。开展接处警、案件"回头看"专项检查，对2020年以来的8401起警情和2018年以来的2311起案件排查整改；开展"积案清查"专项整治，行政案件结案率上升5.4%，刑事案件结（破）案率上升4.1%；开展涉案财物专项检查，发现并整改涉案财物未及时录入系统、保管和处置不规范等执法问题5个。组织开展同堂集中式培训，参训民、辅警达1000余人次；开展正反典型案例回溯式培训，推行案例指导制度，编发2期典型案例分析，不断增强执法培训针对性和实战性；开展针对性的"开小灶"式培训，对刑侦、交警和城关派出所"送教上门"；开展线上线下自学式培训，组织全警通过"固原公安E学习"平台、公安厅智考平台每日答题进行线上学习，将考试成绩向全局进行通报，为一线办案民警订购法律工具用书11类412册。

【警务基础设施建设】 争取将派出所基础设施建设等纳入全县"十四五"重点项目规划，拟迁建派出所5个，已开工迁建杨河派出所。2021年共投入派出所经费309.9万元，占全局经费支出的28.5%，争取县财政投入120万元完成社区警务室建设，落实农村警务专干补贴54.5万元，落实事业编警务人员及辅警公用经费180万元并纳入财政预算，成为全县120个预算单位中唯一预算工作经费增长的单位。争取区厅重点装备资金280万元，实施隆德县公安局实战模拟和实弹射击训练中心建设项目，完成设计方案编制、公开招投标等工作。制定《隆德县公安局警务辅助人员服装配发标准及管理使用规定》，警务辅助人员服装增加到15个种类，为基层派出所配备新型单警装备305件，更新补充执法执勤车辆7台。完成情指一体合成作战大厅建设工作，更换视频监控应用平台，完成平台录入数据对接完善工作，更换前端摄像头终端58路，建设云存储管理节点2台、云存储子节点4台、视频网关2台，更换并配置1536T本地云存储空间，极大满足视频存储需求，积极配合区厅、市局建设完成了加密视频会议系统，更换机房ups机头设备，全年保障各类会议135场次，维修维护电脑、打印机等终端300余台次，发挥网安优势，开展合成作战，将技术运用到实战中来。

【疫情防控】 在工作基础上，创新对过境车辆贴"特殊封条"的管理方法，最大程度减少接触降低风险；制作悬挂"入宁通道疫情查验站工作流程"，进一步做实做细查验工作；制作发放《疫情查验点查控指南》，巩固提升工作效率。通过三项举措，有效堵塞疫情传播渠道，创新举措被上级领导肯定并在全市推广。从严从细开展查验管控。发挥疫情防控"主力军"作用，24小时不间断开展查控工作，今年累计检查车辆22.9万余辆次，人员36.1万余人次；全天候高速运转大数据专班，核查上级推送指令近700条，涉及人员2万余人，未发生迟报、漏报。疫情防控物资全力保障。对接应急、发改部门调拨疫情防控物资，第一时间将各类物资配送到疫情卡点，确保卡点查验工作的顺利开展。全年共申请配发疫情物资包括口罩23300个、防护服2160套、医用手套2400双、消毒液400公斤、护目镜140个，棉帐篷、炉具、床、棉衣、被褥、电褥子等物资961件。

检察院

【党史学习教育】 开展党史学习教育，深入学习贯彻习近平总书记"七一"重要讲话精神，不断赓续党的绝对领导下检察制度建设的"红色基因"。参加辅导讲座5次，"一把手"讲专题党课2场，班子成员先后深入联系的5个基层党组织，为120余名基层党员讲专题党课，开展知识测试、竞赛、交流7场45人次，不断增强检察人员"四个意识"、坚定"四个自信"、做到"两个维护"。深入开展"我为群众办实事"实践活动，推出5个方面20项便民利民措施，将党史学习教育与服务县委政府工作大局、检察重点业务工作一体推进。

【队伍教育整顿】 坚持高站位、高标准、严要求做好队伍教育整顿工作。开展政治教育、党史学习教育、警示教育、英模教育和问题教育。采取"线上+线下""集中+自学""辅导+研讨"等形式，开展集中学习12次、其他各层级学习25次，交流研讨7场次，班子成员带头作交流研讨12人次，撰写心得体会150余篇，开展知识测试4场，让学习教育入脑入心。立足"六大顽瘴痼疾"，共自查"6+4+1顽瘴痼疾"问题4类49条，建章立制11类28项，核结交办线索33条。队伍教育整顿评估结果为"好"。

【检察宣传】 在"两微一端"新媒体平台发布检察信息921条，其中原创信息173条，在传统媒体上发稿23篇，自制微视频1部。

【助力乡村振兴】 主动将司法救助工作融入巩固拓展脱贫攻坚成果、助推乡村振兴的伟大实践。对一起国家司法救助案举行公开听证会，给予司法救助金2万元；开展与帮扶村党员结对帮扶、普法宣传和抚孤慰老等志愿者活动6次；制定出台《隆德县人民检察院关于服务保障黄河流域生态保护和高质量发展先行区建设隆德新篇章的十二条措施》，得到县委原主要领导充分肯定和批示。

【依法守护公共利益】 持续推动县域河流治理"回头看"，巩固"携手清四乱 保护母亲河"、进一步落实"四号检察建议"，积极主动开展"禁牧封育""春季森林防火""农业面源污染""农村人居环境整治"等公益保护行动，共办理公益诉讼案件53件，发出诉前检察建议53份，为建设"河畅、水清、岸绿、景美"的河流湖泊生态环境贡献检察力量。

【护航民营经济】 落实最高人民检察院服务民营经济"11条"意见和区、市检察院服务保障民营企业实施意见，认真贯彻落实"少捕慎诉"和平等保护的司法理念，充分发挥检察公益诉讼、调研咨询、检务公开、宽严相济等检察职能，督促涉案企业合规管理，做好依法不捕、不诉、不判实刑后续工作。严格落实领导干部担任重点企业联络员制度，运用法治方式为企业纾困解难，助推重点企业高质量发展。

【依法办理刑事案件】 从严从快办理涉恶、多发性侵财、诈骗等影响社会稳定和人民群众安全感的刑事犯罪案件。共受理审查逮捕案件32件40人，经审查批准逮捕31人；受理审查起诉案件105件160人，经审查提起公诉案件78件131人，依法作出不起诉决定30人。通过贯彻宽严相济、认罪认罚从宽制度和常态化开展扫黑除恶专项斗争等有力地维护社会安定有序。

【法律监督】 针对侦查活动发出《检察建议书》4份，《纠正违法通知书》5份，监督撤案4件4人，监督立案1件1人，纠正漏捕2人，提起抗诉案件1件。加强民事行政检察监督，办理民事案件37件，发出检察建议16份。加强对刑罚执行的监督，发出纠正违法通知书5份、检察建议3份。建立审前未羁押罪犯交付执行监督长效机制，核查交付罪犯10人，严防"纸面服刑"现象的发生。办理涉未成年人案件14件，发出诉前检察建议4份、社会治理类检察建议4份，协调乡镇等部门给予未成年人经济救助3件4人，观护帮教3件10人。

【化解信访矛盾】 持续深化控告申诉检察工作，全面落实群众信访件件有回复制度，认真开展群众信访件件有回复"回头看"专项活动，共接待群众来信来访21件21人，受理3件3人，直接答复18件18人，信访秩序平稳。开展检察听证宣传周活动，召开公开听证案件2件，促进司法公开公正。召开"检律协作"专题联席会,专题研究深化检律协作,共同维护司法公正。

法 院

【概况】 2021年,隆德县人民法院始终坚持以人民为中心的发展思想,保持政治定力、恪守职责使命,抓队伍教育整顿强基固本、抓案件质效行稳致远,为服务经济社会发展、维护社会公平正义、保障人民安居乐业提供了坚强有力的司法保障,沙塘人民法庭荣获"全国法院先进集体""塞上枫桥人民法庭",隆德县人民法院荣获"全区法院先进集体""2021年度平安宁夏建设优秀单位""2021年效能目标考核先进集体";2名干警荣获全区、全市法院系统"先进个人",(2020)宁0423刑初33号案件裁判文书荣获"2021年度全区法院优秀裁判文书"、(2020)宁0423民初299号案件庭审荣获"2021年度全区法院优秀庭审";5篇论文在全市法院贯彻习近平法治思想暨第六届审判理论与实务研讨会获奖。

【教育整顿】 履行全面从严治党主体责任,组织开展政法队伍教育整顿,紧扣"五个过硬"要求,"四位一体"组织开展学悟、学践、学研、学用"四结合"式教育,续写红色谱系、筑牢忠诚之魂。以政策攻心,引导自查从宽,先后4轮开展谈心谈话228人次,5轮组织干警填报《个人事项自查报告表》285份,57名在编干警共填报各类问题168条,对标"6+4+1"顽瘴痼疾体系梳理认定问题24条,已全部整改落实到位。有19名干警主动向组织说明问题,均由院党组研究作出处理,全部兑现从宽政策。落实中央第四督导组督导反馈问题、巡视巡察反馈问题整改落实工作,以实现"六个到位"为目标,坚持边查边改边治边建,修订完善《落实防止干预司法"三个规定"责任倒查实施办法》等52项制度,堵塞工作漏洞,在学思悟践行中,凝聚起担当新使命的强大合力。

【完善诉讼服务体系】 隆德县人民法院结合政法队伍教育整顿,倾力打造诉讼与非诉讼有机衔接,司法与调解力量多元互动、相互协调的多元化纠纷解决机制和平台建设,实现矛盾纠纷诉前集中化解、分流引导、速裁快审、信访接待和判后答疑在诉讼服务中心一站式办理,一次性解决。拓展完善诉讼服务功能,全力打造集诉讼引导、立案登记、申诉信访、查询咨询、诉前保全、繁简分流、集中鉴定、收费退费等功能为一体的诉讼服务平台。加快智慧法院建设步伐,以人工智能代替人工操作,网上立案、跨域立案、自助立案103件,网上调解案件178件,接待来信来访群众1500余人次,以"指尖"服务提升司法"温度"。加大矛盾纠纷源头分流化解力度,对法律关系明晰、事实清楚但达不成诉前调解协议的案件分流到速裁团队快审快结,倾力打造速裁快审提质增效的矛盾纠纷分层过滤体系。截至12月底,共适用速裁程序审理案件680件,占受理案件数3279件的20%,以智慧精准的司法服务回应人民群众新需求。

【规范基层治理】 紧扣基层治理"六项"任务,结合队伍教育整顿制定《隆德县人民法院"两个一站式"考核实施细则》,将指导基层组织矛盾化解率,司法确认率纳入对各业务部门效能目标管理考核,以实际行动推动人民法院服务基层社会治理实体化运行。充分发挥"125"和"411"矛盾纠纷多元化解机制的强大合力，按照"一村一法官"工作模式，常态化指导乡村两级调解组织化解矛盾纠纷，最大限度发挥矛盾纠纷诉前人民调解委员会源头解纷功能，加强人员调配，全程指导、随案确认。截至12月底共指导基层调解组织化解矛盾纠纷816件，诉前委派化解矛盾纠纷777件，司法确认467件，在全区法院案件数量较大幅度增长的情况下，隆德县人民法院通过推进诉源治理，案件受理数呈稳中有降态势，为推进社会治理体系和治理能力现代化建设发挥了人民法院应有的职能作用。

【案件受理】 受理各类案件3279件，结案3164件，同比上升11.21%，结案率96.49%，同比上升0.85%，一审结案1616件，一审案件服判息诉率91.02%，一审发改率2.46%，同比下降0.47%，结案均衡度0.71为全区最高，审判质效持续向好，为服务保障发展大局，维护社会公平正义，保障人民安居乐业提供了坚强有力的司法服务和保障。

【案件执行】 将执行大会战作为展示队伍教育整顿成果的主要抓手，加强与公安机关协调沟通，召开"执行大会战"联席会议，加大查人找物力度，移送布控42人，执结10件久执未结的"骨头案"。移送拒执犯罪7件8人，引导申请执行人提起自诉3件，严惩蔑视法律、规避执行的违法犯罪行为。查封、冻结、扣押财产1100余万元，曝光失信被执行人7批共254人，限制高消费315人，以拘留措施倒逼30名被执行人履行执行义务，形成全链条发力、强高压震慑的工作态势。截至12月底，共执行各类案件1145件，执行到位标的5188.97万元，结案率93.45%，比去年同期上升2.09%，实际执结率上升2.41%，执行完毕率上升5.62%，终本率下降0.28%，结案平均用时缩短19.74天/件。

司 法

【依法治县】 2021年9月26日隆德县召开县委全面依法治县委员会第四次会议，审定《法治隆德建设规划（2021—2025年）》《隆德县法治社会建设实施方案（2021—2025年）》等重要文件，为依法执政、依法行政提供基本遵循。对全县各乡镇、重点部门单位法治政府建设情况进行了2轮次督查，现场查阅资料、调研访谈，以查促改推动法治政府建设工作取得实效。积极推进乡镇综合执法改革，持续完善法律咨询自助终端配备，组织开展行政执法人员资格考试，参考145人，71人通过考试，为基层开展综合执法活动加强保障。严格开展规范性文件合法性审核、备案、清理工作，共审查行政规范性文件5件，依法依规完成行政复议、行政应诉工作。依托"公益诉讼守护美好生活"等公益诉讼专项行动，办理公益诉讼案件142件，向相关部门单位发出诉前检察建议49份。举办全县科级领导干部深入学习贯彻习近平总书记在庆祝中国共产党成立100周年大会上的重要讲话精神专题培训班，设置《习近平法治思想解读》课程，参训人员409人。严格规范行政复议受理、审理程序，严格落实行政负责人出庭应诉制度。以法治政府示范创建为抓手，督促党政主要负责人履行推进法治建设第一责任人职责。

【"七五"普法】 落实"谁执法谁普法"责任制，

全面总结"七五"普法先进经验,制定下发《2021年全县普法依法治理工作要点》等文件。加强普法宣传教育力度,动态调整全县各中小学校(学区)法治副校长39名,组织律师、法治副校长(辅导员)、普法志愿者在重要时间节点,结合党史学习教育和政法队伍教育整顿工作,通过法治宣讲、集中宣传、入户宣传等多种形式,开展宪法、民法典、习近平法治思想、国家安全法、禁毒法等内容的法治宣传教育活动。共开展法治宣传教育活动51场次,发放宣传资料1.5万余份,受众群众10000余名。提升基层治理能力,实施"法律明白人"培养工程,共命名"法律明白人"骨干210名,并颁发证书,后续将进一步发挥"法律明白人"的带头作用,为基层法律服务蓄力。全面推进乡村"民主法治示范村(社区)"创建活动,对沙塘镇张树村、温堡乡吴沟村两个"全国民主法治示范村(社区)"开展复核、指导,不断巩固提升创建成效,充分发挥示范引领作用,并对其他乡镇村(社区)加强调研指导,全面开展创建工作。加强新媒体宣传力度,利用"隆德普法""法治隆德""隆德司法""两微一端"新媒体平台,积极推动与群众生产生活息息相关的法律法规120余条,有效扩大法治宣传覆盖面。提档升级四级法治文化阵地建设,在"县有法治公园,乡(镇)有法治文化广场,村有法律政策超市、组有法治宣传栏(墙)"的基础上,及时维修、更新法治宣传教育内容,可以让群众在日常休闲娱乐健身的同时,能近距离领略法治文化、感受法治精神、学习法律知识。

【人民调解】 结合《隆德县人民调解一站式服务试点工作实施方案》,督促指导108个村(社区)完成了村(社区)级标准化调委会建设。联合公安局印发了《建立完善人民调解与治安调解衔接联动机制实施方案》(隆司发〔2021〕25号),并在全县设立"驻派式"调解室11个,实现"公调对接"调解组织全覆盖。印发了《隆德县关于推进"一站式"矛盾纠纷多元调解中心建设实施方案》(隆司发〔2021〕32号),深入推进"一站式"调解中心建设,积极打造矛盾纠纷多元化解"塞上枫桥"隆德模式。通过建立一个中心(县、乡、村调解中心),以两大机制("125""411")为抓手,落实了六项服务(矛盾调解、法律援助、公证、法律咨询、司法确认、法治宣传),织牢四张网络(人民调解四张网),形成人民调解、行政调解、司法调解优势互补,诉调、警调、访调无缝衔接、联动联调的矛盾纠纷多元化大调解格局,实现了矛盾纠纷"一揽子"接待受理、"一体化"调处化解、"一站式"跟踪服务,建立了更加紧密的多元化矛盾纠纷调处对接模式,推动了"枫桥经验"隆德模式的多元调解工作内涵式、集约式、融合式创新发展。目前,全县建立县、乡(镇)、村(社区)三级"一站式"矛盾纠纷联动调解中心122个,其中建立县级调解中心1个,乡镇调解中心13个,村级调解中心108个。6月2日召开全县司法行政系统开展"为民服务·矛盾纠纷大排查大调解"专项行动动员部署会,印发《全县司法行政系统开展"为民服务·矛盾纠纷大排查大调解"专项行动实施方案》。1月1日至12月14日,各级调解组织共排查各类纠纷912件,调解912件,调解成功867件,调解率100%,成功率95%。(诉前调解成功553件,司法确认438件,确认率79.2%。)2021年共制作评审人民调解以案定补案卷725件。结合今年这四季度集中案卷评审工作,面对面培训专职调解员

26人次，各乡（镇）司法所共组织乡、村级人民调解员培训9场次242人次。

【社区矫正】 隆德县今年累计接收41人，累计解除43人，现有在册社区矫正对象65人，其中缓刑65人。现对社矫对象进行一级管理的有16人，二级管理的有43人，三级管理的有6人，目前有重点社区矫正对象8人。全县社区矫正对象无脱管、漏管问题发生，社区矫正领域无重大安全隐患。按照《关于县司法局加挂"隆德县社区矫正管理局"牌子的通知》（隆编委发〔2021〕15号）文件，成立隆德县社区矫正管理局。在依法成立社区矫正委员会的基础上，制定印发了《隆德县社区矫正委员会工作规则》，明确了社区矫正委员职责任务、会议制度、联络协调机制。结合政法队伍教育整顿，健全完善了《隆德县司法局社区矫正安全隐患预警研判制度（试行）》《隆德县司法局社区矫正领域贯彻落实"三个规定"制度》《隆德县社区矫正工作联席会议制度》。开展社区矫正对象集中教育101场次，教育人数520余人次，进行个别走访257人次，个别谈话教育509人次，心理辅导340人次。对社区矫正对象严格进行24小时动态管控，筑牢"电子围墙"，动态掌握社区矫正对象日常遵纪守法情况及监护人监管情况等，并及时开展走访、谈话，形成以"社区矫正办公室＋司法所"为核心的监管帮教动态闭环。建立重大节假日和敏感时段安保工作机制，完善突发事件应急处置预案，对重点人员强化监管措施，实行严管严控，确保安全稳定。积极协调相关部门对16名生活困难的社区矫正对象落实最低生活保障，开展职业技能培训14人次，落实社会保险58人次，落实临时救助6人次，指导就业就学33人次，为促进社区矫正对象顺利融入社会创造条件。开展"减假暂"案件清理评查。召开案件评查工作安排部署会，成立了领导小组，第一时间制定下发了《隆德县关于进一步整治违规减刑、假释、暂予监外执行监督不力的通知》《隆德县社区矫正案件评查通知》，认真排查评查，经过自查排查、交叉评查、指导督查等方式，对2018年以来203本案卷（包括解矫的139本案卷和现有在矫64本案卷）全部完成了评查。我县2018年以来社区矫正共有暂予监外执行1人（目前在册），假释1人（已解矫），没有减刑社区矫正对象。建立完善《隆德县司法局社区矫正安全隐患预警研判制度（试行）》《隆德县司法局社区矫正领域贯彻落实"三个规定"制度》《隆德县社区矫正工作联席会议制度》《安置帮教工作制度》等工作制度。按照"两中心、五功能室"的要求建设成立隆德县级社区矫正中心和13个乡镇数字社区矫正室。

【公共法律服务】 落实"1335"工作模式，为全县108个村（社区）公共法律服务室（人民调解室）更新、更换门牌、制度、配备电脑、电视、可视电话、拾音器、摄像头、机柜，为58个村（社区）公共法律服务室（人民调解室）配备桌凳；为公共法律服务中心、审批局大厅、13个司法所配备宁夏公共法律服务自助终端柜员机。贯彻落实《宁夏回族自治区法律援助条例》，降低法律援助门槛，扩大法律援助覆盖面，开展律师刑事辩护全覆盖。2021年，隆德县法援中心共解答咨询4300余人次，办理案件507件，挽回经济损失770万，为重大决策提供法律意见5条，起草合同15份，办理行政诉讼案件15件。制定印发《关于全县党政机关选聘法律顾问的通知》，通过政府购买公共法律服务的方式安排由宁夏综义（固原）律师事务所律师担任全县26个党政机关法律顾问，开展相关法律服务工作。法律顾问共计参加县委常委会21次、政府常委会6次，参与法治审核19次，办理案件12件，其中民事案件9件、刑事案件3件。分别在政法委、纪委、公安局、司法局、扶贫办、交通局、城关镇人民政府、高速公路管理局固原分局隆德执法大队等单位注册公职律师14名，在烟草公司隆德分公司注册公司律师2名，开展党政机关公职律师和国有企业公司律师工作。2021年隆德县公职律师共计为重大决策提供法律意见5条，审查规范性文件15份，起草合同15份，处置涉法涉诉信访案件2件，办理行政诉讼案件15件。重新调整了"一村（居）一法律顾问"的人员，以政府购买公共法律服务的方式选派宁夏六盘山律师事务所和宁夏燕翼律师事务所律师、公职律师、法律援助律师担任全县98个行政村、10个社区的法律顾问，全部签订了《"一村（居）一法律顾问"合同》。截至目前，法律顾问共计办理涉农法律援助案件123件、开办"乡村振兴法治课堂"10场、服务乡村换届选举50次、参与矛盾纠纷排查化解12次、举办涉农法律咨询4场。村（居）法律顾问每月为每个基层组织和村（居）提供法律服务平均达到8.5小时。

【公证】 公证处开设便民服务窗口，制作《办理公证指南》和便民联系卡，累计解答群众咨询5100余人次，受理各类合同公证1672件，出证1672件，涉及总标的2100多万元。依法维护老年人合法权益。深入乡镇敬老院提供免费遗赠抚养协议公证，办证7件次。积极落实帮扶政策，深入全县13个乡（镇）现场办理基础母牛养殖管理协议公证1487件，累计减免公证费近百万。

【政法队伍教育整顿】 强化政治教育引领。聚焦政治忠诚，紧扣习近平法治思想、习近平总书记关于加强政法队伍建设的重要指示、训词和习近平总书记视察宁夏重要讲话精神，2021年组织开展政治理论集中学习46次，全市政法系统学习习近平法治思想专题讲座1次，开展习近平法治思想学习培训3次，组织习近平新时代中国特色社会主义思想和习近平法治思想知识测试1次。依托党史学习教育铸魂。认真学习领会习近平总书记在党史学习教育动员大会上的重要讲话精神，订购《习近平新时代中国特色社会主义思想学习问答》等指定理论学习读本80套，确保人手一套。组织参加县委主要领导关于政法队伍教育整顿的专题党课，局党组书记以"学好百年党史，深化教育整顿"为题为全体干警讲党课，班子成员分别深入乡镇（村居）讲党课，访民情、搞调研、宣传教育整顿、征求意见建议。组织重走"长征路"，在六盘山长征纪念馆重温入党誓词，坚定理想信念，筑牢政治忠诚。开展"不忘初心、缅怀先烈"北象山老红军公墓扫墓活动，接受爱国主义教育和革命传统教育。开展英模教育示范。开展选树英模、宣传英模、学习英模、慰问英模活动，积极选树靳淑蔚、马芳、魏倩娟等先进典型、政法英模3名，组织参加全市司法行政系统英模报告会1次，我局靳淑蔚作了先进事迹报告；召开全县司法行政系统英模报告会1次，靳淑蔚、魏倩娟2名英模作报告，3名司法干警围绕向榜样学习交流发言，全系统撰写英模学习心得体会

50余篇。组织观看《榜样5》专题片，教育干警以英模为榜样，汲取奋进力量。利用警示教育鞭策。结合"廉政警示教育周"活动，召开警示教育大会，组织观看扫黑除恶专题片《打伞破网净土壤》警示片，全体干警参观隆德县廉政文化教育馆，邀请县纪委监委领导作廉政教育报告，从内心深处树牢遵纪守法底线。组织干警到县法院列席旁听高聪职务犯罪案件庭审，现场感受到法律的权威公正，教育广大干警时刻保持对宪法和法律的敬畏之心，坚决做到依法履职。通过问题教育促改。聚焦"七大提升行动"和"十项重点工作"，参加宁夏政法大讲堂专题讲座、全区政法系统现代科技应用专题讲座，公共法律服务、社矫指挥中心应用讨论交流2次，开展岗位大练兵1次，经走访、调研，梳理为群众办实事共12项。律师行业现状及律师队伍建设撰写调研报告2篇，开展"铁拳砸向谁"主题大讨论活动，撰写调研报告18篇，干警个人撰写心得体会60余篇。召开专题民主生活会，局领导班子深入检查剖析问题，全体干警逐人剖析，真正把自己摆进去、把问题查出来。对照专题民主生活会检查剖析问题8条，制定整改措施6条；征求意见建议17条，制定整改措施20条。通过填写五轮个人自查事项报告表及开展四轮谈心谈话，主动检视自己的问题，使问题查摆走深走实。查纠整改以来全体干警共梳理存在问题五大类64条，经局党组会研究认定属顽瘴痼疾的6条，对这些问题及时"祛病"，制定整改措施，采取约谈、批评教育等方式，一项一项抓好整治，整改一项销号一项，同时签订了《违反防止干预司法三个规定承诺书》《党员不信教承诺书》治建并举。把中央督导组反馈问题整改作为增强"四个意识"、坚定"四个自信"、做到"两个维护"的具体实践，主动对标对表，坚持问题导向，深入分析问题根源，制定《隆德县司法局政法队伍教育整顿中央第四督导组下沉固原反馈问题整改方案》等文件，明确责任领导、责任人、整改时限，立行立改，确保问题彻底整改到位。

隆德县人民武装部

【综述】 2021年，隆德县人武部认真贯彻落实军区、军分区党委全体（扩大）会议精神，围绕上级要求和军分区具体部署，抓首位强军魂、抓中心谋打赢、抓基层打基础、抓安全促稳定，大项任务圆满完成，人武部全面建设向上向好发展，被宁夏军区评为先进团级党委、练兵备战先进单位。思想政治建设扎实有效。始终把学习贯彻习近平新时代中国特色社会主义思想特别是习近平强军思想作为首要政治任务，把习近平总书记最新讲话作为重要学习内容，不断培塑坚定追随的忠诚之魂。全年共组织主题党日及各类配合活动12次。完成部党委和机关党支部换届工作，严肃认真开展党史学习教育专题民主生活会。军地举办各类主题活动20余次，参与干部群众和师生3000余人次。协调县委投入资金100余万元，完成民兵射击训练场建设和作战值班室升级改造。协调县政府每年给每个武装部拿出2万元经费用于解决实际困难，统一推进13个基层乡镇武装部规范化建设。组织进行党管武装先进单位、先进基层武装部、练兵备战先进单位及个人、征兵工作先进单位争创评选活动，最大限度地激发基层工作的精神动力。组织观看各类教育警示片20次，2次邀请地方交警进行交通安全常识授课，组织

"宪法进军营"活动。

【党委理论学习中心组带机关学习】 落实党委理论学习中心组制度，坚持用习近平新时代中国特色社会主义思想和习近平强军思想武装头脑，深入学习习近平总书记在党史学习教育动员大会上的讲话精神，将4本必读书目，有侧重地纳入党史学习教育各专题。组织学习习近平总书记庆祝建党百年重要讲话和十九届六中全会精神，全年共组织党委理论学习中心组理论学习35次，28人次进行了交流发言。

【主题教育】 坚持党委管教议教，持续深化"不忘初心、牢记使命"和"传承红色基因，担当强军重任"主题教育成效。周密组织干部、文职、职工参加主题教育专题辅导，并围绕授课内容进行讨论交流，进一步巩固学习效果。结合民兵整组、基地化轮训，考核等时机，发挥"民兵之家"教育主阵地作用，按照有关要求订购相关报刊，添置国防和军事类书籍，使民兵学有场所、学有资料、学有目标。组织部机关人员和专武干部重走长征路、参观六盘山纪念馆、任山河烈士陵园等红色资源，追寻红色足迹，感悟红色精神。结合"9.30"烈士纪念日，组织人武部机关和民兵分队进行升国旗仪式，收到较好的教育效果。

【国防教育】 坚持把抓好全民国防教育作为人武部的一项重要工作，不断创新国防教育手段，持续抓好领导干部、青少年学生国防教育和国防教育阵地建设。为引导广大干部群众大力传承红色基因血脉，强化国家意识、国土意识、国防意识，努力营造全社会关心国防、热爱国防、建设国防、保卫国防的良好氛围，人武部于7月28日，邀请国防大学教授刘小力，为全县科级以上领导干部进行以"我国周边安全形势"为主题的国防教育，此次教育的开展对于强化党管武装、促进双拥工作创新发展、巩固军政军民团结起到较好的推动作用。

【专武干部履职考评】 针对今年乡镇武装部长调整面大的实际，县人武部积极协调县委、县政府联合制定下发《新职基层武装部长"以岗代训"实施方案》，新任武装部长在机关各科室轮岗培训，帮助他们快速适应第一任职能力需要。12月14日，人武部与县委组织部、人社局等部门组成联合考评组，采取个人述职、理论笔试与分考专业相结合的方式，对全县基层专武干部进行履职考评（应考26人，实考26人），成绩评定优秀8人、良好12人、合格6人，合格率100%。

【双拥共建】 7月，隆德县委专题召开议军会，会议印发了《隆德县2021年拥军优属拥政爱民工作要点》《隆德县双拥工作领导小组成员单位工作职责》，明确各成员单位职责，围绕建党100周年和新一轮双拥模范城创建工作，全面深化双拥工作，营造浓厚双拥氛围。春节期间开展"情系边海防官兵"慰问活动，共走访慰问现役军人家庭17户，发放慰问金及慰问品2万元。"八一"走访慰问驻隆部队、困难重点优抚对象、现役军人及军队离退休老干部，投入资金18余万元，并发放书籍，送去节日祝福。同时，为14名荣立三等功的现役军人送立功喜报并发放奖金。县人武部被固原市委、市政府和军分区评为"拥政爱民模范单位"。

【乡村振兴】 始终贯彻"一切为人民"的服务宗旨，认真学习研究上级下发的关于乡村振兴方面的文件精神，量力而为制订方案，多措并举进行帮扶，巩固拓展脱贫攻坚成果同乡村振兴有效衔接工作，投资15万元，进行观庄小学操场改善和双村大红灯笼车间升级改造，协调县乡村振兴局对制约双村养牛发展的道路进行硬化，由县人武部协调神林乡人民政府，协商县教育局申请将双村小学闲置教室作为灯笼存放库房。利用"七一前夕走访慰问"活动，慰问帮扶村7名作出重要贡献党员和老党员。

【疫情防控】 根据国内区内疫情发展形势，及时召开会议，传达学习上级有关疫情防控措施要求，分析疫情防控形势，严密制定疫情防控措施和预案，通过多种形式进行疫情防控教育，严格人员外出管控，购买储备疫情防控物资，采购各种防控物资，对营区的各个角落定期进行消毒，积极做好常态化疫情防控工作。

群团组织

隆德县总工会

【**主题教育**】 坚持用习近平新时代中国特色社会主义思想引领职工、用中华民族伟大复兴中国梦激励职工、用社会主义核心价值观教育职工、用中华优秀传统文化浸润职工，唱响"劳动光荣、工人伟大"的时代主旋律，深化"中国梦、劳动美"主题宣传教育活动。开展党史学习教育工作。严格按照要求制定实施方案，订阅书籍68套，撰写信息简报15篇，开展专题党课5次，集中学习16场次，交流发言40多人次，全体参学人员撰写心得体会70余篇，读书班1次，接受红色教育1次，开展专题调研1次，为民办实事11件。

【**组织建设工作**】 加强组建力度，强化服务阵地建设，推进"会、站、家"一体化建设思路。以新就业态劳动者为主体，开展小微企业、"八大群体"集中入会，推进区域、行业工会联合会组建工作，2021年新建工会组织12家，（其中新就业形态联合工会1家，涵盖企业10家，餐饮行业工会1家，涵盖单位7家）发展会员1044名。全县共有基层工会组织224家，涵盖单位数313家，共有职工19366人。依托城市公共服务中心的公共基础设施，建成以服务新就业态劳动者为主体的工会户外劳动者服务（法律援助）站5处，站内均配备了微波炉、饮水机、应急医药箱、保洁柜、更衣柜、电源插座及桌椅沙发等设施设备。以县政府主抓的企业基层治理工作为契机，督促并指导全县106家非公建会企业建立健全以职代会为基本形式的厂务公开民主管理工作制度。推动规模以上的8家建会企业按照"六有（有组织机构、有工会工作制度、有工会标识、有活动阵地、有职工书屋、有台账资料）逐步推进职工之家、乡镇街道规范化建设工作，将宁夏兴宇粗粮加工有限公司工会、杨河乡工会打造成自治区"职工之家"建设示范点。将公交公司和南凤社区打造成固原市职工之家示范点。杨河乡工会委员会为固原市会站家一体化建设培育点。

【**民主管理**】 根据《隆德县推进2021年基层治理重点任务实施方案》的要求及自治区总工会《关于进一步发挥企业民主管理工作在基层治理中积极作用的通知》要求，制定方案并分发《关于进一步发挥企业民主管理工作在基层治理中积极作用的通知》，指导和推动企事业单位广泛开展厂务公开企业民主管理工作，健全以职代会为基本形式的企事业单位民主管理制度并喷绘上墙。制作《我与企业民主管理工作的故事》的微视频，发放《宁夏回族自治区企业民主管理条例》2000余份，举办一期企业民主管理与集体协商培训班，指导工业园区区域、行业工会联合会召开职工代表大会，建立厂务公开职代会制度建制率达100%，职工董事职工监事正在开展，已培育出10家厂（校、院）务公开工作成效显著、职工满意的先进典型。

【宣传教育】 县总工会举办庆祝中国共产党成立100周年暨"脱贫小康感党恩，振兴共富跟党走"全县干部职工歌咏大赛，进一步扩大工会的影响力，增强工会的凝聚力。邀请县电视台报道各类活动3场次，多角度、全方位地宣传报道工会工作。隆德县总工会职工书屋被评为全国级职工书屋，申报命名全区"模范职工之家示范点"1个。全年共编发《隆德工运信息》53期，采用篇目13期，区总采纳9期，《隆德政务网站》采用12期，全县各级工会共建立自治区级职工书屋8个。

【权益保障】 开展以"四送"活动为基本形式的权益保障工作。"春送技能"，县总工会联合人社、园区管委会等部门，扎实做好"春风行动""阳光就业行动"等招聘活动，多渠道为下岗职工、农民工等解决就业难题。2021年省内外30家企业，提供就业岗位500个，涉及制造、纺织、制药、农副产品加工、销售、餐饮、服务等众多行业领域，1500多人参与招聘。"夏送秋凉"。结合党史学习教育"我为职工群众办实事"活动，筹措资金2万元，走访慰问环卫工人、公交司机、交警、建筑工人等一线职工，为他们送去矿泉水、饮料等物资，为一线职工传递工会组织的关怀。"金秋助学"。对"工会班"的100名学生发放（2020—2021学年度）助学金26万元。启动2021年"金秋助学"活动，筹措资金4.5万元，资助30名今秋考入本科和高职（专科）院校的困难职工（农民工）子女。"冬送温暖"。严格认定标准，实施动态管理。2021年两节慰问困难企业8家、困难职工（农民工）、劳模127人，发放慰问金38.78万元；申报救助困难职工（农民工）36人，发放帮扶资金30.6万元。

【协调劳动关系】 落实政府与工会联席会议制度和协调劳动关系三方联席会议机制，启动工资集体协商"四季要约"行动，发出邀约提示函40余份，指导全县建会企业签订工资专项集体合同47份，涵盖企业106家，覆盖职工4156人，已签订其余三项集体合同数61份，覆盖企业112家，涵盖职工4593人。其中单独签订集体合同56份，覆盖企业56家，覆盖职工3112人；行业集体合同3份，涵盖企业23家，覆盖职工998人，区域集体合同2份，涵盖企业43家，覆盖职工827人。调整"三方"联动劳动争议调解委员会，健全相关规章制度，聘请1名专职律师常年为困难职工和农民工开展政策咨询、法律培训、法律援助等维权服务。2021年接待来访来电职工群众63件63人次（其中因收入低申请救助13件，因患重大疾病申请救助3人，金秋助学7件、咨询劳动合同、民主管理、工会组建等事项为40件），已全部办结。

【劳模管理】 组织各级劳模参加区市县相关活动，为5名全国劳模申请健康体检，组织全县省部级以上劳模代表召开劳模座谈会并发放纪念品，为3名省部级以上劳模申请区内外疗休养，组织6名劳模代表参加"百名劳模话初心"宣讲活动，为我县10名劳模进行生活困难补助金和特殊困难帮扶金申报发放。

【关爱女工】 建立女职工组织205家，签订女职工劳动保护专项集体合同50份，覆盖女职工3012人。开展女职工维权行动月系列活动，通过多种形式对《女职工权益保护法》进行学习宣传。"三八"妇女节，联合妇联邀请老中青三个年龄段的女性举办了"回娘家、感党恩、庆三八"主题活动。会同隆德县审批服务管理局成立了占地面积15平方米的"爱心妈咪小屋"，设立台账、管理等制度，配备沙发、茶几、婴儿床、热冷饮水机等设备。共托管职工子女56名，受益职工群体达百余人，在"六一儿童节""端午节""中秋节"等传统节日节点，开展亲子活动10余次。评选自治区五一巾帼标兵一人。

【经费审查工作】 贯彻落实《中国工会审计条例》，以"三公开"推动"基层工会审同级工会经费全覆盖"为工作目标，以经审工作规范化建设为抓手，从组织建设、规章制度、审查审计、业务建设、重点工作五个方面加强县总工会经审工作，完成对下级工会经费收支管理使用情况的审计工作，审计下级工会14家，其中包含13个乡镇和工业园区联合会，实现全覆盖；审计县总直属工会9家，超额完成30%的审查要求。

【创新工作亮点】 为了助推基层治理纵深发展，县总工会高度重视，采取"3214"工作法，抓重点、攻难点，有力助推了工会工作提质增效。3建：建会建家建制度。健全企业工会组织。扎实开展企业建会、"八大群体"集中入会、农民工及时入会等行动，并着力推进行业（区域）工会联合会建设。建设"职工之家"。坚持党建带工建，推动党员活动阵地与职工活动阵地共建共享共用，按照组建一家规范一家的要求，建立"职工之家"，90%以上的企业建成"职工之家"。健全各项制度。指导企业建立工会组织制度、职工（代表）大会制度、厂务公开制度、集体合同制度，并将制度喷绘上墙，督促企业工会按照制度开展工作，做到有章可循。2会：职工（代表）大会及集体协商会。指导企业召开一次职工（代表）大会和集体协商会。在集体协商会上，企业和职工代表双方就职工工资、福利待遇、休息休假等涉及职工切身利益的事项进行协商，并提交职工代表大会上进行审议。1公开：厂务公开。指导督促全县104家建会企业建立了厂务公开制度，细化公开流程和公开内容。将企业生产经营管理的重大事项、涉及职工切身利益的规章制度和经营管理人员廉洁从业相关情况以多种形式公开，确保职工的民主决策、民主管理、民主监督权力落到实处。4签订：签订"四项集体合同"。指导企业签订《集体合同》《工资专项集体合同》《劳动安全卫生专项集体合同》和《女职工特殊权益专项集体合同》，实现了维护职工合法权益与促进企业健康发展的和谐统一。

共青团隆德县委员会

【概况】 2021年，共青团隆德县委员会坚持以习近平新时代中国特色社会主义思想为指导，深入学习贯彻党的十九大和十九届历次全会精神，贯彻落实习近平总书记关于青年工作的重要思想、重要论述和视察宁夏重要讲话精神，在区、市团委的精心指导和县委的坚强领导下，持续提升组织力、引领力、服务力。全县共有团员5834名，团支部198个。

【青少年思想引领】 坚持为党育人根本任务，着力引领青春思想。引导全县各级团、队组织通过主题团课、队课、宣讲会、专题学习、撰写心得等多种形式，学习习近平总书记"七一"重要讲话以及习近平总书记五四青年节寄语、六一儿童节回信等系列重要讲话、重要指示批示精神，扎实学习《论中国共产党历史》等指定书目，开展各种学习活动30余场次。每周组织广大团员青年参加"青年大学习·一起学党史"网上主题团课和"党史天天学"专栏学习，累计学习1.2万余人次。

【党史学习教育】 以加强团员思想武装和团的思想建设为重要内容，以"精学、善讲、真为、深省"为抓手，成立团县委党史学习教育领导小组，2021年3月10日，组织召开全县共青团系统"学党史、强信念、跟党走"学习教育动员会，全县各级团组织负责人共75人参加。制定印发《关于在"五四"至"七一"期间开展系列主题活动的通知》文件，按照党史学习教育安排，团县委全体干部职工开展党史学习教育，学习覆盖率100%，参学率100%，开展读书班5次，集体学习30次，专题研讨11次，专题辅导讲座7次。在"3·5"雷锋日，清明节、"五四"青年节、"七一"等时间节点，组织开展"青春向党 奋斗强国""弘扬雷锋精神 争做时代新人""建党百年 追忆英烈""高举团旗 永跟党走""百年奋斗路 启航新征程"等主题系列活动100余场次。5月19日，团县委举办全县"学党史、强信念、跟党走"庆祝建党100周年主题演讲比赛。5月至6月，组织全县各学校团干部、少队辅导员、团员、少先队员录制"学党史 强信念 跟党走"主题的微团、队课20期，在"隆德共青团"微信公众号及隆德县电视台各平台宣传播放。

【评优选先树典型】 2021年5月，团县委评选表彰优秀五四红旗团委（团支部）、优秀共青团干部（团员）先进典型29个，团县委刘少华获2019—2020年度全市"优秀共青团干部"称号，2021年12月，隆德县青年志愿者协会荣获第十三届中国青年志愿者组织奖，充分起到示范带头作用。

【中长期青年发展规划】 2021年3月，召开隆德县中长期青年发展规划联席会议2021年第一次全体会议，为推动全县青年工作形成合力。

【网上共青团建设】 团县委持续推进"网上共青团"建设，截至2021年12月，微博、微信粉丝总数1.3万人，推送内容共700余条，同时开通"青春隆德"抖音账号，积极与青年接轨。

【基层组织建设】 团县委发挥"专兼挂"领导

班子作用，进一步加强团教协作，全县各级团组织干部配备率达到100%。加大各乡（镇）团组织经费保障，严格落实"三会两制一课"制度，全年发展团员388名。2021年1月，圆满完成行政村（社区）团组织换届选举工作，换届后村团支部书记平均年龄31岁，村团支部委员平均年龄26岁，村（社区）团支部班子结构得到进一步优化。加强与隆德县青年志愿者协会等青年社会组织联系，培育发展青年社会组织骨干人才6名。2021年4月，为30名团干部开展业务指导培训，2021年10月，组织10名优秀团干部赴福建省闽侯县开展交流学习。

【团组织阵地建设】 在党建带团建引领下，团县委集中打造隆隆薯闽宁助残商贸中心团支部等5个基层团组织建设示范点。打造隆德县图书馆等8个青春志愿驿站。建设隆德县青年从"心"出发录播室，竹林社区建立红领巾研学基地、隆德三小、凤岭小学、沙塘小学留守儿童研学基地、VR体验馆、青创培训基地、闽宁驿站青年之家等8个活动阵地、全年累计服务人次1万人次，为广大青少年日常开展各类活动提供坚实平台。

【团干部作风建设】 加强团干部思想教育，增强廉洁自律意识和防腐拒变能力。积极与青年群体联系，在青年创新创业协会和竹林社区建立"团代表联络站"，深入学校、企业、社会组织领域与青年面对面交流开展调研工作，完成调研报告2份，不断提升团干部思想认识水平和服务青年工作能力。

【少先队工作】 全县各级少先队组织学习《中共中央关于全面加强新时代少先队工作的意见》，扎实开展"红领巾心向党 争做新时代好队员""请党放心 强国有我"主题队日活动，2021年9月，举办全县少先队辅导员培训班，2021年10月，各学校少工委开展"红领巾奖章"一星章评定工作，11月12日前完成县级二星章评定工作，共选出223个个人二星章和45个集体二星章，结合实际情况，成立社区少工委1个。

【青年就业创业】 聚焦产业发展主引擎，打造"青创"品牌。隆隆薯闽宁助残商贸中心作为"青"字创业品牌，2021年销售额1500余万元，为2168名残疾人分红35.8万元。2021年12月，隆隆薯扶残助残项目获第五届中国青年志愿服务公益创业赛银奖和第十一届宁夏青年创新创业最佳创业奖、青创新锐奖。2021年4月，团县委联合阿里巴巴公益基金会，举行了乡村致富班（隆德）直播培训专场，全县各乡（镇）、企业、残疾电商青年创业者共50人参加培训。2021年10月，举办全县"创业致富 引领振兴"青年创业就业技能"领头雁"培训，解读现代农业发展、开展植保无人机技术培训，培训青年103人，其中脱贫户60名，返乡青年43人，均获得了植保无人机操作证书，合格率达100%。

【乡村振兴】 2021年暑期，团县委共招募隆德籍"扬帆计划"政务实习21人，"七彩假期 归巢计划"暑期社会实践92人，充分调动隆德县返乡大学生积极参与家乡建设，开展"七彩假期"夏令营、社区服务、政务实习、企业实践等活动，服务青少年5000余人，服务时长12000小时，打造"新青年新乡村"品牌。

【希望工程】 2021年，团县委持续开展希望工程助学行动，为助力乡村振兴贡献力量，开展"希望工程·圆梦行动"黄河银行助学金资助50名本科生，共计20万元，"闽宁兴证"圆梦助学金、因病致贫家庭大学生助学项目资助71名本科新生，共计28.4万元。"闽宁协作"圆梦助学金资助424名本、专科新生，共计70万元。文雅高中奖学金、希望工程1+1助学项目共资助70名学生，共计7万元，社会捐赠资金资助大学新生15名，共计3万元。2021年共为630名大学本、专科新生发放助学金128.4万元。2021年5月建发股份集团开展"悦然成长，'鞋'守童行"捐赠活动，为温堡乡、沙塘镇等乡村小学捐赠童鞋600双。暑假期间为全县4000名青少年儿童发放学习健康礼包，价值10万元。

【志愿服务活动】 聚焦志愿服务主窗口，打造"青春志愿"品牌，深入推进新时代文明实践志愿服务纵深发展，在"3·5"雷锋日，开展"弘扬雷锋精神 争做时代新人"系列活动、在植树节、五四青年节、重阳节、春节等时间节点开展植树护绿、敬老爱老、暖冬行动等主题志愿服务活动，组织团干部及志愿者参加助力秋收志愿活动，为百姓抢收土豆、玉米。常态化开展农村人居环境整治、关爱留守儿童、留守老人、法治宣传、禁毒宣传、"保护母亲河"、易地扶贫搬迁安置社区服务示范项目等志愿服务活动100余场次，覆盖群众6000余人，不断展现青年志愿者精神风采。

【青少年成长成才】 聚焦青年成长成才，打造"服务青年"工作品牌。摸排特需青少年9名，给予心理关爱、资金帮扶等。开展乡村妈妈爱心驿站关爱行动、"凤凰花班"关爱少年儿童研学、"七彩假期·童心向党"暑期乡村夏令营等活动，组织留守儿童赴北京参加七彩假期夏令营，覆盖青少年3105人次。实施"快乐小屋"困境儿童关爱项目，为当地无独立居住和学习环境的6-14岁特需关爱儿童"建一个漂亮小屋，配一套学习生活用品，推一套结对帮扶机制"帮助他们健康快乐成长。

【疫情防控工作】 聚焦疫情防控，招募储备青年志愿者180名，上岗50余人，在县城各社区、商城等公共场所设立志愿者先锋岗，全面投入开展流调筛查、卡口测温等防控工作。组织志愿者和税务局等青年文明号单位慰问联财镇毛家沟等县域交界疫情值守点，为防控一线工作人员送去慰问物品。成立"疫情防控宣传员"队伍，开展防疫劝导志愿服务活动5场次，覆盖群众2000余人。

隆德县妇女联合会

【党史学习教育】 按照县委党史学习教育相关文件精神，县妇联党组制订工作方案，成立工作领导小组，组建巾帼宣讲团，团结带领全县妇女增强"四个意识"、坚定"四个自信"、做到"两个维护"。通过线上线下相结合的方式，全方位开展党史学习宣传教育。在隆德县妇联微信公众号持续推出巾帼女英雄故事，在观庄乡观堡村、好水乡红星村、沙塘镇锦屏村、温堡乡温堡村开展12场专题党课；利用5·15国际家庭日，在联财村、观堡村、锦屏村开展红色故事分享会3场；组织党组和职工集中学习48次、接受红色教育3次，开展调研4次、座谈1次，开展专题研讨6次，参加固原市妇联"永远

跟党走 奋进新时代——微党课我来讲"活动1次，进乡村面向广大妇女宣传习近平总书记"七一"重要讲话精神2场次，党的十九届六中全会6场次，铸牢中华民族共同体意识宣讲1场次。

【我为群众办实事】 为帮扶村温堡村12户"五保户"发放米、面、油等物资；山河乡山河村慰问留守妇女6户共3000元。指导城关镇南凤嘉园社区"亲子阅读"活动。4月9日在南凤嘉园社区"全国家庭亲子阅读体验基地"开展"书香润童年 党史记心间"诵读活动；5月30日在南凤嘉园社区"全国家庭亲子阅读体验基地"开展"百年党史润童心"暨"庆六一"亲子诵读活动。利用"六一"儿童节重要节点，开展慰问活动，为温堡村小学27名学生送去节日的祝福，开展"春蕾计划——佑未来护成长"女童关爱行动项目，为杨河乡小学500名学生发放关爱包裹；联合好水乡政府在好水乡新时代文明实践站开展"品味端午·传承文明"志愿服务活动，为留守妇女、老人送去端午节荷包，包粽子，共度传统佳节。在十八里村、联合村组织丰富多彩的关爱留守老人、评选好媳妇、好婆婆、包粽子等活动。"走访慰问老党员活动"，走访慰问女老党员3人共1500元。在山河乡山河村开展以"助农秋收解民急 志愿服务暖民心"为主题的志愿服务活动，帮助农户抢收土豆，确保秋粮颗粒归仓。实施自治区妇联"双培双带"项目2个，资金共10万元；实施妇联基层组织能力提升2个项目点，项目资金2万元。组织开展巾帼创业创新能力提升培训班5期，培训妇女240人（次）。实施"兰花芬芳 巾帼红"志愿服务活动30场次。在红崖社区组织育婴师培训50人。联系福建省福州市晋安区妇女联合会捐赠闽宁协作资金2万元，慰问隆德县沙塘镇清泉小学贫困儿童。2021年寒暑假开展"把爱带回家"儿童关爱服务"四送"活动，送去对广大儿童的关心关爱，使孩子体验到分享、信任、互爱的理念。

【巾帼创业行动】 2021年新发放贷款推行电子化审批，实行全程线上办理。累计发放农村妇女创业担保贷款118714万元，13931户，位居全区第三名，当年发放农村妇女创业贷款7843万元，554户。利用新媒体平台，广泛宣传脱贫路上的巾帼故事，在固原日报等传统媒体宣传妇女就业创业先进典型。在隆德电视台，宣传农村妇女创业担保贷款政策及政策带动的就业妇女典型。举办各级妇女卫生健康知识讲座6场次，参加的妇女300余人次，发放各类妇女健康知识宣传资料8000余份；开展健康咨询、义诊检查活动，受益妇女1000余人。制作发放"两癌"知识优盘6个，2021年在全县进行免费筛查乳腺癌和宫颈癌筛查活动，筛查共计4000余人。为隆德县16名城乡"两癌"患病妇女发放救助资金16万元，帮助她们减轻经济负担，缓解她们的实际困难。组织全县13个乡镇、村妇联主席80人参加全区"爱妮保"健康保险工作推进会视频会，开展"爱妮保"专场宣讲13场次。

【家庭建设】 贯彻落实习近平总书记关于"三个注重"讲话精神，持续开展"美丽庭院""健康家庭"活动，"美丽庭院"由各乡镇每月评选1次，每半年择优向县妇联进行推荐，2021年全县共推荐出103户"美丽庭院"示范户；开展"健康家庭"推选工作，并推选出5户自治区、固原市"健康家庭"。在观堡村、清泉村开展五好文明家庭、最美家庭故事分享会，用身边事身边人的故事教育妇女群众向善向美向上；县教体局、县妇联、团县委、县民政局、县关工委联合制定下发《隆德县关于进一步加强中小学（幼儿园）家庭教育指导服务工作的实施方案》，在微信公众号持续推出五好家庭故事展播、家风家教视频，在车站、酒店等公共场所滚动播放家风家教视频，利用老巷子隆德县好家风好家训宣传广场、村、社区好家风好家训宣传墙、传播好家训，涵养好家庭，传承好家训，使社会主义核心价值观落地生根。在全县98个村，10个社区成立家庭教育指导服务站，联合职能部门进一步深入开展推动家庭教育工作。开展"爱润万家·好家风好家教好家训"巾帼志愿宣讲活动8场次，受益人数400余人。城关镇杨彦昭家庭荣获2021年全国"最美家庭"。利用全国家庭亲子阅读体验基地，开展"颂百年风华·传红色基因"家庭亲子阅读2场次。

【妇女儿童维权】 利用"三八"维权周、"12.4宪法宣传日"、传统节假日等节点，组织和配合相关单位开展形式多样的宣传活动，广泛开展《民法典》《反家庭暴力法》《中华人民共和国妇女权益保障法》《宁夏妇女权益保障条例》等法律法规的宣传，发放宣传资料4000余份，积极倡导广大妇女学法、知法、懂法、用法、守法。联合司法局、公安局、乡镇妇联、乡镇司法所成功化解矛盾纠纷8件，化解率100%。加强12338妇女维权热线建设，做好妇女信访接待工作。2021年共接到热线电话6个，其中2个为家暴问题，4个为咨询类问题，对2起家暴问题已完成调解；在工作中涉及侵犯妇女儿童权益、严重影响家庭平安的重大案件和热点事件，县妇联及时联系司法、公安等部门对其进行调解，维护妇女儿童的合法权益。参与综治矛盾纠纷"大排查""大调解"工作，开展大走访大排查活动18次，及时排查和就地化解婚姻家庭等矛盾纠纷，有效防控由婚姻家庭矛盾纠纷引发的"民转刑"重大命案的发生。

【乡镇、村（社区）妇联换届】 隆德县严格按照区、市妇联关于妇联换届工作相关文件精神，立足本县实际，采取"三个确保"的方式高质量高标准全面圆满完成乡镇、村（社区）妇联换届选举工作，选举村级（社区）妇联执委1635名、妇联主席109名、副主席217名，妇女参政议政比例显著提升，村妇联主席100%进村"两委"，村委会女主任占比11.11%、村委会委员占比32.62%。选举出乡镇妇联执委283人，主席13人，专职副主席13人，专兼职副主席41人，乡镇妇联主席均由同级党政领导班子中的女性领导担任，专职副主席由乡镇在编干部中女性担任，妇联主席和副主席平均年龄35岁，专科及以上学历占比100%。

【"两规划"考核验收】 今年是《隆德县妇女发展规划（2010—2020年）》《隆德县儿童发展规划（2010—2020年）》（以下称两规划）终期评估验收之年，为顺利完成考核验收，在县妇儿工委及各成员单位共同努力下，通过召开工作协调会、工作推进会等方式，强化监督督导，细化工作措施，顺利完成各项目标任务。3月24日，自治区"两规划"评估组对隆德县实施"两规划"工作进行评估验收，评估组对隆德县"两规划"完成情况给予充分肯定，认为隆德县在实施妇女儿童发展规划中政府主体作用发挥好、各成员单位配合好、职能部门职责发挥好、档案资料整理完整，尤其是妇女就业、妇女扫盲、隆德二中生物标本室、村委会女主任占比、清泉村垃圾分类处理、档案资料整理等工作中亮点突出。隆德县《妇女儿童发展规划（2021—2030年）（初稿）》已编制完成，并征求各成员单位的意见。

隆德县残疾人联合会

【理论学习】 利用"学习强国"APP、干部网络培训，深入学习习近平新时代中国特色社会主义思想，全面贯彻党的十九届六中全会精神，组织职工"二五"集体学习64次，讨论交流发言4次，撰写心得体会21篇，不断提高每位干部职工思想境界和政治素养。

【党建工作】 残联党组严格落实"两个责任"，全年召开党组会议15次，研究"三重一大"议题12个。推进党风廉政建设和反腐败工作，全面落实"五个不直接分管"。严格遵守中央八项规定，坚决整治官僚主义、形式主义，同比减少会议3场次，减少文件19份。全面开展党史学习教育，落实"我为群众办实事"16件。

【民生项目落实】 投入395万元对全县816户符合无障碍改造项目的困难残疾人家庭进行无障碍改造；投入15万元对全县208名持证精神残疾人免费发放药物；投入73万元对全县322名肢体和听力残疾人进行辅助器具适配；投入8.71万元对1742名就业年龄段内的重度残疾人购买"圆梦护航"意外保险；投入1.86万元对124名新办证残疾人发放评残鉴定补贴；投入21.6万元分别对4名残疾儿童送教上门和8名0-6岁残疾儿童进行康复救助；投入323万元对全县四个托养中心224名重度肢体、智力、精神残疾人实行寄宿制托养；投入10万元对全县100名重度残疾人实行居家托养。

【残疾人职业技能大赛】 组织5人参加全区残疾人职业技能大赛，其中田慧君获得刺绣二等奖、李小燕获得拼搏奖。

隆德县科学技术协会

【科普宣传】 弘扬科学精神及科学家精神，在隆德二中等单位制作科学家精神户外宣传大牌46个，宣传新时代科学家精神内涵和习近平总书记的讲话摘录，打造弘扬科学家精神宣传阵地；开展科普宣传活动，协同有关单位开展科技"三下乡"、全国科技周、全国科技工作者日、科普日等宣传活动，组织好流动科技馆巡展工作。

【科技活动】 结合开展新时代文明实践中心活动，开展农业科技科普活动、健康卫生志愿服务活动、青少年科技服务创新活动；大力组织开展科技创新大赛，各种参赛作品、获奖数量位居全区各县（区）前列，有多人次获奖，共获奖23项，其中一等奖6个，二等奖4个，三等奖、优秀奖10个，优秀辅导员3个，有两项代表宁夏参加全国比赛。

【科普信息化建设】 利用科普中国APP传播科普资源，动员、鼓励各单位工作人员下载安装科普中国APP，注册率、传播量均增长较快，得到自治区科协领导的肯定，在全区科协推广隆德的做法；科技助力脱贫攻坚，邀请自治区农技协在隆德县开展两期培训班，邀请高级农艺师张守宗在何槐村、瑞平马铃薯协会、联财中药材运销协会等开展培训班5场次，利用科普大篷车宣传优势；实施"基层科普行动计划"，争取农村中学科技馆发展资金，申请基层科普行动计划项目3个，争取资金46万元；协同推进基层科协"3+1"工作，发挥"三长"（医院院长、学校校长、农技站站长）等"关键人物"在县乡（镇）科协组织建设中的积极作用。

隆德县工商业联合会

【换届工作】 按照《工商业联合会章程》和区市有关安排，通过广泛调研、组织推荐、综合评价、汇报沟通等环节，推选出换届拟候选人，于7月16日召开隆德县工商联第九次（民间商会第三次）会员代表大会，选举产生县工商联第九届执行委员会委员、主席、副主席、秘书长，并同时选举产生县民间商会第三届会长、副会长、秘书长，在全区率先完成工商联换届工作。

【民营经济服务】 工商联人员多次深入企业调查研究，全面了解企业存在的困难和问题，为企业解决实际困难和问题，推动民营经济发展的政策措施落地生根。做好全国工商联民营企业调查系统，将企业的实际情况反映出来，为制定政策、促进企业发展把脉，县工商联2019年、2020年、2021年连续三年被全国工商联评为"全国工商联民营企业调查点工作基层先进单位"。在隆德县两会上，工商联界委员提出的多条提案、建议被采纳。创新服务方式，搭建民营企业"走出去""请进来"交流合作平台，推荐全县民营企业参加区、市组织的系列活动，促进与区内外企业间交流合作。发挥工商联的桥梁纽带作用，搭建政府、银行、企业对接平台，加强与发改、司法、税务、金融等部门的联系协作，协调解决企业实际困难。帮助企业推销产品、协调借款、落实相关优惠政策等。

【引导企业守法诚信经营】 引导民营经济人士牢固树立守法是最好的保护、诚信是最大的金字品牌的理念，把构建"亲""清"新型政商关系贯穿到理想信念教育实践活动全过程，把守法诚信作为企业文化建设的重要内容。规范机关单位与工作人员涉企服务，形成政商双方规范交往、良性互动、共促发展的政治生态。组织企业参加区工商联组织的法律培训和警示教育等活动，引导企业照章纳税、安全生产、环境保护，实行民主管理，杜绝商业贿赂，构建平安企业、和谐企业，增强企业家的安全感和信任感。

【学习培训】 为进一步提升民营经济人士综合素质，开拓发展视野，提高管理水平，扩大对外交流，按照区、市工商联和县委统战部的安排部署，部分企业负责人参加区市县工商联组织的考察学习，并举办民营经济人士教育实践活动培训班，全面提升民营经济人士思想政治素质、政策水平、企业管理能力，坚定发展信心，引导民营企业积极助力全县乡村振兴工作。

【助力乡村振兴】 参与"万企兴万村"行动。引导民营企业结合行业和企业实际，通过产业培育、就业、捐资等多种形式，全力参与全县乡村振兴工作，引导民营经济人士致富思源、富而思进、感恩回报社会，积极投身光彩和公益事业。

【基层组织建设】 全面巩固自治区"五好"县级工商联建设成果，抓好已成立商会"四好"创建和新的商会筹建工作，对隆德县花卉苗木园林商会等四个商会的阵地建设进行安排，充实工作内容，健全规章制度，积极地为会员企业服务。准备和筹划对条件成熟的中药材、商贸物流、餐饮、文化旅游等成立行业商会，扩大商会组织的覆盖面，提高基层商会服务会员企业的能力和水平。抓好会员发展工作，壮大会员队伍，实现会员数量有新突破，促进会员素质有新提升。全年发展企业会员6家，个人会员14个，会员总数达195个。4月份工商联被固原市文明办命名为"文明单位"，12月份被全国工商联命名为"全国'五好'县级工商联"。

隆德县文学艺术界联合会

【党史学习教育】 党史学习教育启动以来，县文联成立领导小组，压紧压实责任，动员部署，制定学习教育方案，确保学习教育有序有效展开。文联结合实际，把学习党史同总结经验、观照现实、推动工作结合起来，同破解文联在改革发展等方面存在的突出问题结合起来，使学习教育的过程成为研究解决问题、破解难题、推进工作的过程，切实把学习教育成果转化为推进文联工作创新发展的强劲动力。通过开展"二五"集中学习、"主题党日活动"、支部书记微党课、将台堡红色教育、专题培训等形式，注重用活文艺载体，突出抓好主题创作，广泛开展实践活动，先后参与承办了全县庆祝中国共产党成立100周年理论征文活动、开展"学党史感党恩抒写隆德发展新变化"文艺采风活动、"康业杯"第二届书法绘画摄影刺绣展、"奋斗百年路 启航新征程"征文等一系列文艺创作和展演活动，以鲜活生动的文艺形式扎实开展党史学习教育，努力使党史学习教育文艺化、多样化、创新化。

【文联第三届三次全委会召开】 会议深入学习贯彻习近平总书记"七一"重要讲话精神，传达学习中国文联文艺工作者职业道德和行风建设工作座谈会精神，讨论学习《修身守正 立心铸魂——致广大文艺工作者倡议书》，安排部署今后工作，推进文联深化改革，团结动员广大文艺工作者推动社会主义文艺繁荣发展，为建设新时代文化强县作出新贡献。会议对个别全委会委员进行调整，审议通过《隆德县文联第三届第三次会议选举办法（草案）》，杨帆当选为县文联第三届委员会委员、副主席。

【文艺活动】 开展"我们的中国梦"——送春联、进万家活动。组织书协会员走进隆泉社区、城关镇杨家店村、好水三星村和张银村送春联活动，向社区群众书写赠送了1300余副春联；县书协同宁夏书协一道，举行送福进万家——走进西苑社区活动，为社区干部群众现场挥毫泼墨，创作春联、"福"字300多幅（个），书法作品100余幅。开展"学党史、感党恩、抒写隆德发展新变化"文艺采风活动。5月7日至8日，县文联组织县书协、美协、作协和摄协30余名文艺骨干进行文艺采风活动，采风团先后到老巷子、杨氏彩塑艺术馆、魏氏砖雕有限责任公司、神林山庄、工业园区等地采风创作，各位文艺骨干用手中的笔墨和镜头，真实记录劳动人民新面貌，真情抒写全县城乡发展新变化。采风活动期间，大家共创作480幅书画作品、40余篇（首）文学作品和960张摄影作品。举办"翰墨颂党恩、启航新征程""康业杯"第二届书法美术摄影刺绣展。本届展览共征集到各类作品达308余件，最终评出入展作品100件（书法作品40件、绘画作品20件、摄影作品20件、刺绣作品20件），其中获奖作品41件。参展作品在县文化馆二楼自6月16日至7月31日期间展出。开展"文艺进军营　军民心连心"文艺志愿服务活动。隆德县文联和县图书馆为县武警中队赠送60多幅书画作品、配送4台电脑、更新300册图书、每月流通150册编目图书，以及配送电子图书易拉宝资源。县七彩艺术学校表演了精彩活力的文艺节目，部队部分官兵参加互动，丰富部队官兵文化生活。县书协、美协书画家现场创作书法、绘画作品，让官兵了解隆德书画艺术的同时，参与现场互动。举办隆德县第四届"大美隆德"摄影大赛。由宣传部、网信办、县文联主办，县摄影家协会承办，旨在通过图片和新旧照片的对比，通过社会各界群众的亲身经历和体会，记录和展现中华人民共和国成立72周年和中国共产党建党100周年以来，特别是在以习近平同志为核心的党中央的坚强领导和亲切关怀下，全县人民生活发生的巨大变化。

【文艺创新】　开创"隆德县文联采风创作基地""文联艺术活动中心"、神林山庄采风创作基地和隆德书院采风创作基地等活动阵地。县书法家协会、县民间文艺家协会分别在隆泉社区和文化城慧绣坊挂牌。这几处文艺小阵地的开创，既为隆德县文学艺术创作提供了一个相对固定的创作、交流、展示平台，走出了一条与企业、社区、非遗文化传承基地合作共赢的新路子，也有利于助推全县文艺事业与全域旅游的融合发展。参加宁夏回族自治区党委宣传部、文联主办的"美丽新宁夏　翰墨颂党恩"庆祝中国共产党成立100周年书法美术摄影民间工艺品展。隆德县共31位文艺创作者的33件优秀作品入展，其中书法14人、美术3人、摄影6人、民间工艺品8人；有2人均有2件作品入展。在33件入展作品中，有2人荣获二等奖、2人荣获三等奖。隆德是全区22个县区中入展人数最多的县区，也是近10年来入展宁夏回族自治区级别规格展览人数最多、质量最高的一次。

【乡土文艺人才培训项目】　按照隆德县2021年乡土文艺人才培养计划，结合隆德县实际，开设书法人才提升班、农民画基础班和刺绣培训班三个培训班，邀请青海省书协副主席李炳筑、中书协会员、宁夏书协副主席齐国旺和中美协会员、西北大学艺术学院院长郭琳等区内外书画大家，来隆对全县120名书法、绘画和刺绣爱好者进行扎实培训，全面提升全县书法、绘画和刺绣等文艺人才素养和专业技能，进一步夯实全县"中国现代民间绘画画乡""中国书法之乡"和"中国民间文化艺术之乡"等称号的群众基础。

【文联学习交流】　坚持"请进来"与"走出去"相结合，主动邀请区内外书画摄影大家36人（次）来隆德采风交流，西北大学艺术学院和宁夏师范学院美术学院在隆德挂牌成立采风创作基地。县文联组织本单位和下属协会部分党员赴彭阳开展"学党史、感党恩"主题教育和文艺采风交流活动。党员们先后瞻仰了宁夏第一个党支部——红河村党支部和长征期间毛泽东在乔渠村的宿营地，随后到彭阳金鸡坪梯田、红河村现代农业园区和彭阳红梅杏基地进行实地采风，详细了解彭阳风土人情和地方文化，并与彭阳县文艺代表开展文艺座谈交流活动。文联组织带领县书协、美协、摄协负责人学习参观了泾源县庆祝建党100周年书画摄影展作品和专题文艺晚会。两县文联围绕组织建设、活跃协会、人才培养、精品创作、阵地建设、共享文艺资源等方面展开了深入的交流，现场互学互鉴创作交流书画作品。两县文联共同确定要深入融合、互补，在巩固现有合作的基础上，畅通交流渠道，保持密切联系，深化合作关系，促进文艺资源共享、优势互补，助推两地文艺事业繁荣发展。

【刊发《六盘人家》】 完成2021年度《六盘人家》的出版发行工作，为区内外文学爱好者和县委、县政府各部门、各单位、各中小学、县文联各协会理事赠阅4000余本，《六盘人家》杂志已成为隆德文学爱好者作品发表、交流和提高文学水平的重要平台；已成为树立"文化隆德"新形象、提升隆德文学艺术内涵、展示隆德人文精神的重要平台。开展庆祝建党100周年"奋斗百年路　启航新征程"征文活动，至6月份共征集到各类文学作品138篇（首），在第2期特设"征文专辑"板块，首批刊发16篇（首），其中隆德籍作者4人。

经济发展

综　述

【概况】 2021年，全县完成地区生产总值372210万元，按可比价格计算，同比增长5.8%。第一产业70146万元，同比增长2.4%，第二产业72335万元，同比下降1.5%，在第二产业中，工业增加值15673万元，下降5.3%，建筑业增加值56661万元，下降0.5%，第三产业229729万元，同比增长9.5%。城镇居民人均可支配收入28283.5元，同比增长8.9%。农村居民人均可支配收入12589.3元，同比增长8.6%。全县实现社会消费品零售总额106356万元，同比增长3.5%。其中：批发零售业93032万元，同比增长3.0%，住宿餐饮业13324万元，同比增长7.0%。

农业农村

【概况】 2021年完成农牧业总产值16亿元，比上年增长4%。全县种植粮食作物26.5万亩（冬小麦2.6万亩，马铃薯10万亩，小杂粮1.9万亩，籽粒玉米12万亩），经济作物11.3万亩（冷凉蔬菜5万亩、中药材3万亩、油料3.3万亩），饲草作物12.8万亩（青贮玉米8.8万亩，多年生牧草2.5万亩、一年生禾草1.5万亩）。粮食总产量达8.11万吨。构建以北片为主的草畜产业带、以中片川道区为主的冷凉蔬菜种植带、以南片为主的中药材种植产业带、以六盘山西麓阴湿区为主的马铃薯种薯产业带。推进畜牧业，全县肉牛饲养量11万头，同比增长24.2%；羊饲养量13.01万只，同比增加30.2%；猪饲养量8.5万头，同比减少14.3%；家禽饲养量达323365只，同比减少28.1%。畜产品总量11943.91吨，同比增加19.5%。

【乡村振兴】 坚持"四不摘"政策，扶持农户发展致富产业，其中脱贫户种植蔬菜2836亩、玉米68418亩、马铃薯15036亩、油菜699亩、小杂粮2250亩、油料3131亩、小麦6412亩、中药材883亩，其他农作物1812亩；补栏基础母牛1113头、羊1053只、二元母猪316头，新增蜜蜂2711箱。实施带联带动工程。发展"三带四联"和"四个一"产业带动机制。推进产业示范村68个，扶持龙头企业10家，培育专业合作社15家，家庭农场25家，发展致富带头人270名。推广"龙头企业+扶贫""公司+基地+贫困户""新型经营主体+产业+贫困户""村集体经济组织+新型经营主体+贫困户"等模式，带动4270户脱贫户发展特色种养业。

【科技兴农】 落实粮食生产省长责任制，确保主粮作物种植面积，稳定粮食产量，保证粮食供给。实施"藏粮于地、藏粮于技"战略，开展耕地"非农化"、防止"非粮化"专项整治，复垦撂荒地1061.8亩，全县撂荒地利用率达61%，腾退非粮作物5547.2亩，守住44.34万亩耕地红线。完成杨河、张程等8个乡镇32个村11万亩高标准农田建设，累计完成33.64万亩，已建成的高标准农田占我县耕地总面积的75.8%。确保粮食种植面积，优化种植结构，推广旱作覆膜保墒技术，采购发放地膜2071吨，推广旱作节水农业技术25.86万亩。种植粮食作物26.5万亩，完成粮食总产量8.11万吨。做好抗旱保收，调密24个土壤墒情监测点监测预报频率，分析研判气象变化，提供跟踪式预报预警服务，发布各类预测信息。强化水资源调配，向渝河、甘渭河3.39万亩设施农业调配供水，日供水量3.7万 m^3；采取送水上门服务、启动机井跨乡补水等措施，确保群众吃水不受影响；组织农技人员深入生产一线，指导农民做好节水微灌、病虫害综合防治等技术应用，提高农作物的抗逆性，增强作物抗旱能力；筹措投入抗旱资金780余万元，用于购置化肥、采购病虫害防治药品，维修田间灌溉渠道等；开展受灾农作物保险理赔，赔付资金940万元。

推广新品种新技术。开展玉米、马铃薯、蚕豆田间试验3项，技术覆盖率达98%。完成有机肥替代化肥应用示范面积1.45万亩，示范推广商品有机肥0.45万亩，测土配方施肥技术覆盖率95%。开展蔬菜优新品种、优新技术示范展示100亩，示范展示适宜当地栽培的国内名特优蔬菜作物24种类160个品种。开展国家及自治区籽粒玉米、青贮玉米、马铃薯、冬小麦区域试验、生产试验13组123个品种，展示马铃薯、籽粒玉米新品种40个，加快推进农作物品种更新换代。推进农机农艺融合发展。在神林乡建设区县共建农机农艺融合设施农业机械化示范园区500亩，试验示范蔬菜机械化生产。推广"全程机械化+综合农事服务"等社会化服务模式，建设青贮玉米、马铃薯、苜蓿农机农艺融合示范园区3个2760亩，示范推广青贮玉米全程机械化种植、收贮，苜蓿机械化精量播种、收割和包膜青贮，马铃薯覆膜播种—膜上覆土、机械化收获等技术，集成示范病虫害防控、全程机械化生产等高产配套技术，全县农机总动力达20.84万千瓦，主要农作物耕种收综合机械化水平达66.95%。加快现代农民培训。围绕草畜、冷凉蔬菜、马铃薯及特色种养业，采取理论、实践、现场观摩学习融为一体等多种培训方式，举办高素质农民培训班7期380人、农村实用人才180人、培育农业科技示范主体300个，指导服务1520人次。

【农业安全】 开展"瘦肉精"监测1835份，合格率100%。加强农产品生产基地及"两品一标"企业监管，监督检查农产品生产基地60家（次），抽检肉、蔬菜类农产品105个批次，抽检合格率100%。保障畜牧业健康发展，累计免疫接种牛羊O型、A型口蹄疫21.56万头（只、次），猪O型口蹄疫、猪瘟8.44万只（次），高致病性禽流感、鸡新城疫58.78万头（次），免疫羊小反刍兽疫5.02万只（次），应免畜禽免疫密度100%。加强非洲猪瘟疫情防控，落实非洲猪瘟疫情排查日报告制度，排查养殖场和养殖户48223场（户）次、生猪292.2万头次，抽检病毒抗原1780份。免疫接种狂犬病疫苗犬0.89万只，驱虫犬0.8万只，免疫接种牛结节性皮肤病3.8万头，羊痘5.02万头。检疫各类畜禽19.78万头（只、羽），屠宰检疫生猪9521头、牛羊104头（只）。保障农业生产安全，开展农资打假专项整治行动，把农药、化肥、种子、兽药、饲料经销企业全部纳入监管范围，检查种子生产经营企业及经营店68家（次），抽检玉米、马铃薯种子品种14个，检测合格率100%。专项整治农药、化肥市场76家（次），农药经营门店105家（次），处理过期农药下架农资经营店2家。落实农机具购置补贴政策，补贴农机具856台，受益农户697户。检验拖拉机、联合收割机等4563台，挂牌入户485台，完成任务113%、323%。查处纠正违法行为42起，报废拖拉机11台。

【**特色产业**】 肉牛产业。推广"家家种草、户户养牛、自繁自育、适度规模"发展模式。引进国外顶级纯种西门塔尔冻精1万支，采购西门塔尔良种冻精6.5万支，冷配改良肉牛3.7万头，全县补栏良种基础母牛2506头。推广"出户入园"养殖模式，建成张程杨袁、杨河红旗千头肉牛养殖园区2家。培育杨河、张程等万头肉牛养殖示范乡镇4个，培育串河、红旗、赵北孝、崔家湾等2000头以上肉牛养殖示范村30个，新建"50"模式162家。精绿色食品产业。冷凉蔬菜产业按照"设施主导、露地补充、订单种植、错季销售"思路，推进冷凉蔬菜产业升级。改造提升蔬菜育苗园区7个，完成春茬穴盘育苗7000万株，阳畦育苗6000万株以上。建成全钢架大拱棚6000亩，打造联财、温堡、沙塘等千亩设施蔬菜园区5个；新建成大跨度拱棚18栋80亩，神林辛坪蔬菜新技术集成示范基地100亩（设施、露地各50亩）。打造渝河流域川道区沙塘、联财、神林3个万亩蔬菜种植示范乡镇，建成新民、联财、辛坪、吴沟等18个千亩蔬菜种植示范村。建成联财张楼、沙塘和平、观庄观堡设施蔬菜基地3个3500亩；打造神林绿鲜、联财民安"四好"蔬菜园区2个2500亩；提升神林介实、温堡杜堡、沙塘十八里等永久性蔬菜基地（园区）16个，带动全县种植冷凉蔬菜5万亩（设施2.5万亩、露地2.5万亩）。马铃薯产业坚持"种薯繁育、鲜薯外销、淀粉加工"并进的发展路子，以马铃薯三级种薯繁育为重点，采购马铃薯原原种2400万粒，建设原种基地6000亩。在观庄乡、好水乡等11个乡镇建立一级种薯繁育基地4.4万亩，培育马铃薯种薯种植示范村10个，推广一级种薯种植5万亩，带动全县种植马铃薯10万亩。

推进现代产业融合发展。围绕冷凉蔬菜、中药材、马铃薯等特色优势区域乡镇，建设冷藏保鲜设施40座，总库容17900吨；建成沙塘街道蔬菜销售中心，通过"市场+农户+基地"的经营模式，健全完善农产品分拣包装、预冷仓储、冷链运输、农超销售等体系。引进宁夏佳立马铃薯产业有限公司，在观庄乡建设集研发、育种、生产、销售于一体的六盘山马铃薯高新科技示范园。累计建成产值100万元以上的农产品加工企业38家，从业人员1298人，实现农产品加工总产值3.13亿元，同比增长12.6%；实现工业销售产值2.9亿元，同比增长10.2%；实现营业收入2.67亿元，同比增长8.56%。全县农产品加工转化率69.2%。打造"六盘（隆德）"区域农产品公用品牌，开工建设杨家店村红色美丽村庄，形成凤河醋厂、意兴油坊和烧酒作坊等一批"旅游+传统作坊"品牌休闲农业，打造凤岭上梁老街等景区景点，发展"节会经济""旅游经济"，全县共建成休闲农业76家，从业人数达1125人，全年接待游客87.2万人次，营业收入5224多万元，带动农户1312户。隆德县被文化和旅游部评为"中国民间文化艺术之乡"、隆德县六盘山长征纪念馆入选"建党百年红色旅游百条精品线路"、隆德县凤岭乡李士村被文化和旅游部评为"第三批全国旅游重点村"、凤岭乡李士村、齐岔村入选宁夏特色旅游村镇。

【品牌建设】 隆德县位于宁夏南部六盘山西麓，海拔高，气候冷凉，土壤肥沃，富含钾、钙及微量元素，种植的农作物营养丰富，无虫蛀、产量高，隆德小杂粮和隆德蚕豆在市场上备受消费者青睐。据记载自北宋建制以来，民间就有土方酿醋的历史，酿醋工艺历经千年日臻完善，原料均采用来自六盘山区种植的小麦、玉米、豌豆、糜子、高粱等五谷杂粮，酿造的香醋香味醇厚，口感细腻，回味无穷。近年来，大力弘扬隆德香醋手工酿造的悠久历史，培育"四兴""朱庄河""陇干秀"等一系列知名品牌。其中"四兴"牌隆德香醋2004年取得商标注册证，2008年获得"宁夏名牌产品"称号，2010年被认定为"宁夏著名商标"。

隆德县得天独厚的自然条件和物质基础，因地制宜，依水布局，集中连片，突出特色，精准扶贫，推进现代产业融合发展。2004年9月县林业局从甘肃临洮聘请专家并引进优良百合品种，投资兴建占地3亩的智能化温室，开始试种。隆德县的气候、土壤等自然条件适宜百合种植，而且食用百合的经济价值较高，就在全县大力推广。由于隆德百合的品种和品质好，大部分被西安、兰州、西宁等地客商订购，少部分在固原和银川市场销售，为当地及周边群众提供了增收致富渠道。以六盘山药用植物园为核心，采集移植、引种驯化道地的隆德中药材188种。隆德马铃薯产业坚持"种薯繁育、鲜薯外销、淀粉加工"并进的发展路子，以马铃薯三级种薯繁育为重点，采购马铃薯原原种2400万粒，建设原种基地6000亩。实施扶贫项目，建立中蜂养殖基地，隆德蜂蜜，扶贫菇棚，特色产业。

开展"两品一标"认证，完成绿色食品（水晶粉丝、宽粉）认证2个，完成9个绿色食品（3个蘑菇、3个蔬菜、2个马铃薯、1个食用百合）、2个有机中药材材料审定和现场检查工作。组织宁夏兴宇绿色粗粮加工、隆德六盘春清真牛羊肉、宁夏黄土地农业食品、宁夏盘隆果业等企业50余家次，参加第二十四届中国农品加工业投资贸易洽谈会、2021年第五届中阿博览会绿色食品展等活动。"葆易圣"牌有机当归荣获金质产品，"陇干秀"牌隆德小杂粮、"六盘优粮"牌酸辣土豆粉丝、"纯最"牌玻尿酸沙棘汁荣获优质产品。认定兴宇粗粮、黄土地、葆易圣3家企业为隆德县2021年度二星级绿色食品加工企业，兴宇粗粮被评定为固原市三星级和自治区四星级绿色食品加工企业。

【改革创新】 推进农村产权改革。农村集体资产二次量化。完成全县104个村（社区）股权（份额）二次量化总额12024.07万元，累计达到

21485.14万元，设置股权（份额）258万股（份）；界定成员身份涉及3.17万户11.45万人。村集体资产清产核资。完成集体资产清产核资3.96亿元，其中经营性资产1.43亿元、非经营性资产2.53亿元，清理房屋、圈舍及机械等资产560座（栋、辆），明确集体资产资源权属关系。推行发展村集体经济"355"运行管理模式，加强项目建设运行管理，规范生产经营活动。全县累计整合资金21507.58万元（村均206.8万元），2021年底村集体经济经营性收入3289万元。

推进农村土地"三权分置"改革。完成6851户土地确权变更，全县确权3.529万户48.78万亩。农村土地经营权流转面积9.96万亩，其中适度规模面积9.61万亩，占流转面积的96.5%，年底兑付土地流转费1500万元。开展托管服务。遴选10家农业社会化服务组织，开展耕种收等环节服务，完成农业托管服务面积4.98万亩次，服务小农户3712户次。土地经营权抵押贷款。注入担保抵押贷款风险金150万元，发放农村土地承包经营权他项权证100个，推荐办理贷款100家640万元。

培育新型经营主体。新培育农民合作社15个、家庭农场25个。推荐农业特色优势产业贴息贷款5家，贷款金额600万元。落实新型经营主体高质量发展项目，注入银行贷款风险担保基金70万元，发放新型经营主体贷款700万元。累计注册合作社商标51枚、农场商标7枚，创建宁夏著名商标1枚，累计认证无公害食品和绿色食品产品23个、产地认定9个。指导新型经营主体做好产品营销工作，建成电商服务站10点，开展农超对接22个，订单销售12个，销售商品涵盖粮油、果蔬、菌菇、草畜等。推进农民合作社国家、区、市、县级四级联创示范社91家，示范家庭农场39家。

【乡村治理】 采取"一二四"模式，投入资金120余万元，整合利用全县13个乡镇32个项目村原有村组活动阵地，挂牌建设标准化村级治理服务中心，每个村级治理服务中心下设两个服务站和四个功能室。打造乡村治理服务"新标准"。安排村"两委"班子、第一书记及驻村队员、村监会、妇联、公益性岗位、"儿童之家"、农家书屋等岗位192名专职人员统一进驻开展办公，选派县直业务部门（单位）、乡镇"五办四中心"96名工作人员定期下沉到村开展"家门口"服务。开展数字乡村建设，全县农村生活、生产区域手机信号实现全覆盖、无盲区；城乡网络覆盖率95%以上，有线电视入户率60%以上；全县98个行政村农村公共区域布设公共WiFi、安装公共安全监控设施设备达32.7%以上。在全县27个行政村试点建设乡村综合治理信息化平台。推动"互联网＋党建""互联网＋政务服务"工作。成立县乡村治理办公室，配备专职工作人员，针对《隆德县2021年乡村治理工作任务清单》确定的7个方面16项重点任务29项具体工作，每月开展督导检查11次，发现反馈问题158件，整改落实157件，通报相关成员单位9个，督促乡村治理相关成员单位制定落实规章制度12个。

围绕乡村特色产业发展、基础设施改善、公共服务提升、乡村社会治理、农村改革五个方面，完成"一村一年一事"行动事项99件，其中，特色产业发展55项、基础设施改善32项、公共服务提升2项、乡村社会治理5项、农村改革5项，完成投资12055万元。

【美丽乡村建设】 抓农村环境综合整治。修订完善《隆德县农村环境卫生保洁网格化管理办法》，调整完善三级网格组织和乡村保洁员队伍，常态化开展农村环境卫生清扫保洁。按照"一月一主题"，开展农村人居环境综合整治专项行动、推行"两次六分、四级联动"垃圾分类和资源化利用机制，全县农村生活垃圾分类和资源化利用覆盖面35%以上。实施污水治理工程。建成城关镇吴山村到县城5.9公里污水管网，温堡乡杜堡村等5个行政村11公里污水管网，开工建设6座村级污水处理站，26个行政村污水管网敷设工程。结合美丽河湖建设行动和河湖长制"清四乱"整治，消除农村黑臭水体。实施厕所改造工程。完成改造农村水冲式卫生厕所1000户，建成农村"厕所革命"整村推进村10个，全县农村卫生厕所普及率89%。新建乡村公共厕所2座，中小学学校水冲式卫生厕所11座、三格式化粪池旱厕1座、ECO环保厕所4座，改建中小学水冲式卫生厕所6座。

农业面源污染治理。实施化肥农药减量增效提升行动，推广测土配方施肥面积35万亩，农作物测土配方施肥技术覆盖率95%，化肥、农药利用率分别达40.5%、41%。全县5家有机肥企业收运畜禽粪污18.3万吨，生产有机肥8.87万吨，腐熟还田25.9万吨，畜禽粪污资源化利用率96%以上。回收农药包装废弃物1860公斤，农药包装废弃物回收率和无害化处理率分别达80%和90%以上，生产基地回收率100%。完成残膜回收面积24.39万亩，回收残膜4720吨（含土含杂质），目前加工颗粒684吨，残膜回收率97.6%。

解决农村生产生活基础设施，对粮场、房前屋后、残垣断壁（旱厕）开展立体式、全方位集中整治，引导农户在门前修建菜圃花园，栽种花草果蔬，使每一个庄点成为特色田园景点。对5类道路沿线行道树全面整修、补植补造，打造林灌结合、花草互簇、高低错落有致的花园式景观带。按照园林园艺绿化风格模式，规划布局村庄绿化景观小品，推进造林绿化，全县村庄绿化覆盖率41%，乡村道路、水系、库区绿化率93%。创建7个县级示范村和13个乡镇示范点。

科 技

【科技投入】 2021年县财政科技研发投入资金340万元，专家审定县级科技研发项目43项，全县现有规模以上工业企业7家，其中有研发活动企业6家，规模以上有研发活动企业占比86%，全社会科学研究与试验发展（简称R&D）经费投入1500万元，投入强度0.42%。

【科技成果】 全年技术合同登记43项，成交额829万元。落实《宁夏科技成果登记管理办法》，规范和加强全县科技成果登记工作。全年引进科技成果转化5项，认定科技成果3项。

【项目申报】 申报区、市各类科技项目55项，立项28项，争取项目资金712万元；鼓励宁夏西北药材科技有限公司、隆德县国隆中药材科技有限公司2家企业，申请"宁科贷"700万元，解决企业融资难。申报宁夏黄土地农业食品有限公司，为国家农业高新技术企业；宁夏爱丽纳地毯有限公司、宁夏兴宇绿色粗粮加工有限公司2家企业为国家级科技型中小企业；隆德县良田食品有限公司、隆德县方圆建材有限公司、隆德县正观花灯有限公司、宁夏千峰兔业有限公司4家企业，为自治区级科技型中小企业；隆德县方圆养殖有限公司、隆德县良田食品有限公司、宁夏桐君堂药业有限公司、宁夏浩德纸业有限公司4家企业为市级科技型中小企业。

【科技创新】 鼓励企业与高校、科研院所联合建立产业协同创新中心，落实企业科技创新扶持政策，支持企业创建自治区工程技术研究中心。食醋产业（隆德县）、葆易圣中药材检测，被自治区科技厅批复为2个"宁夏回族自治区技术创新中心"。截至年底隆德县有自治区级科技孵化园1个，"星创天地"3家，技术创新中心7家，工程技术研究中心1家。

【科技特派员】 全县遴选科技特派员151名。10名科技特派员申报自治区科技特派员项目10项，优选"三区"科技人才5名，自治区科技厅选派10名北方民族大学专家教授作为乡村振兴扶贫指导员对本县红崖村、太联村等10个生态移民村进行对口帮扶，县科技局选拔13名优秀科技特派员入住13个移民村开展特色优势产业科技服务。

【科技培训、宣传】 隆德县科技局与自治区科技厅生产力促进中心联合举办"创新联动'结对子'暨科技强企服务行"活动。先后进32家企业，现场指导25人次，开展各类科技培训25期，企业技术人员培训135人，培训农民857人次，发放培训资料1984份。开展科技进学校、农村、机关、社区、宣传活动6场次，发放宣传资料15000份，现场技术咨询、指导9场1300人次。

【科技服务】 实施自治区科技成果转化"隆德县乡村振兴农村人居环境综合治理技术示范推广项目"，投资430万元，其中专项经费172万元，自筹资金258万元。为水乡庙湾村，陈靳乡陈靳村、新和村、民联村，沙塘镇张述村3个乡镇5个村，推广高新环保柴火集成灶300台、电焰炊事灶300台、村部分布式太阳能加空气源热泵耦合供热3个、农户分布式太阳能加空气源热泵耦合供热20户、建成分布式生物质煤洁净混合燃料加工厂1座、建成日处理2立方米生活垃圾处理厂1座。

【中药材产业】 以六盘山道地中药材黄芪、黄芩、柴胡等为主导品种，通过政府引导，企业带动，农户参与的形式，形成"种植+加工+销售+研发"的产业发展链。建成观庄中梁、沙塘北塬、神林观音、联财太联等7个千亩中药材规范化种植基地，凤岭上梁、观庄中梁两个生态种植示范区，联财太联、神林庞庄、沙塘新民等20个示范村。全县中药材种植面积27万亩（其中大田规范化种植3万亩，野生中药材资源修复及林下中药材面积24万亩），总产量2.1万吨，实现总产值3.8亿元，提供农民人均可支配收入900元以上。

【扶持政策】 贯彻落实隆德县人民政府办公室《关于印发隆德县2021年中药材产业发展实施方案的通知》，中药材产业补贴政策有种植补贴、品牌建设、营销补贴三部分。种植补贴：仿野生生态种植以柴胡、秦艽为主栽品种，每亩补贴100元；中药材大田移栽0.5亩以上，达到规范化种植标准，每亩补贴300元，集中连片移栽千亩以上的中药材示范基地或园区，每亩补贴400元；中药材覆膜育苗每亩补贴1200元（种植密度不低于15万株/亩，黄芩、党参不低于16万株/亩，金莲花不低于2万株/亩），穴盘育苗每株补贴0.1元。品牌建设："两品一标"认证，绿色产品认证每个一次性"以奖代补"5万元；有机产品认证每个一次性"以奖代补"20万元；通过中药材生产质量管理规范（简称GAP）备案、国家药品生产质量管理规范（简称GMP）认证、国家食品生产许可证（简称SC）认定的企业、合作社等经营主体，每个一次性"以奖代补"10万元；获得宁夏优品或自治区著名商标认证的每个"以奖代补"10万元；获得中国驰名商标认证的每个"以奖代补"50万元；获得地理标志认证的每个"以奖代补"10万元。对参加县级、市级、区级和区外休闲农业节会、乡村旅游推介会、特色农产品品牌展示会的中药材经营主体，每个一次性"以奖代补"0.1万元、0.2万元、0.5万元、1万元。营销补贴：支持企业、合作社、农民经纪人在全国大中城市建立中药材产品直销店，销售隆德地产中药材产品，对年销售额300~500万元、500万元以上的分别给予"以奖代补"10万元、15万元，在全国大中城市大型超市设立中药材产品专柜（专销区），销售隆德地产中药材产品，对年销售额达到200~500万、500万元以上的，分别给予"以奖代补"10万元、20万元；支持线上销售隆德道地中药材产品的企业、合作社，对年销售额500万元以上的给予"以奖代补"5万元；在县内旅游景点、休闲农业示范点设立隆德特色中药材产品直销店，年销售收入50~100万元、100万元以上的，分别给予"以奖代补"2万元、5万元。

自然资源

【**荒山造林**】 完成宁夏南部水源涵养建设任务8万亩，其中人工造林3.5万亩，未成林抚育提升及退化林改造3万亩，森林质量精准提升1.5万亩，栽植云杉、油松、山桃、刺槐、桦树等各类苗木352.3万株。

【**乡村绿化**】 完成村庄道路绿化0.2万亩，在"312"国道、隆庄、好兴等11条公路沿线和城关咀头、陈靳新和、神林辛坪等12个美丽村庄节点，栽植旱柳、云杉、油松1.9万株，栽植丁香、金叶榆、小叶黄杨、四季玫瑰、紫穗槐等花灌木75.3万株，种植波斯菊、金盏菊等草花320亩，构建起花草搭配、高低错落有致的景观绿化带。发展庭院经济0.1万亩，在沙塘镇光联村、好水乡后海村、联财镇恒光村、温堡乡杨坡村和奠安乡景林村等11个乡镇51个行政村1961户农户房前屋后，栽植早酥梨、红梅杏等果树5.8万株，形成户户都有小果园的农村景观。

【**生态经济林**】 完成建设任务0.5万亩，通过企业示范带动、合作社和农户多方参与模式，在沙塘镇十八里村、马河村、观庄乡前庄村、联财镇金台村、神林乡庞庄村、神林村等，种植山桃、大果榛子和元宝枫等214.3万株。

【**县城绿化**】 完成县城东门小游园建设。完成绿化、硬化、亮化及灌溉工程，栽植乔木、花灌木2706株，地被、绿篱2.2万平方米；完成健身广场、园路、红砂岩路面铺装2906平方米，建成景观廊架39米、景观亭1座，安装照明灯152盏；修建灌溉泵房一座，铺设管道4576米，布设给水喷头309个，建成排水渠70米、挡土墙50米。完成县城节点绿化提升。对龙泉苑广场、法院片区、高速公路立交区、西门博物馆、清凉河和渝河绿化工程等缺株断带地段进行补植补种，共补植乔灌木19个品种12.6万株，地被2.5万平方米。完成县城河道水生植物种植。在县城渝河段、清凉河及三里店水库等河道水域种植水生鸢尾、菖蒲等1.49万平方米、睡莲6400盆，通过水生植物的吸附降解，达到脱氮除磷，增强水体自我净化和自我修复能力。实施县城绿地养护提升。完成树木修剪1.6万株，紫穗槐平茬15万平方米，清理枯枝落叶25万平方米，行道树浇水施肥0.8万株。县城建成区绿化覆盖率42%，县城居民人均公共绿地面积达40平方米，形成城市景观带。

【规划编制】 编制国土空间规划，划定永久基本农田36.29万亩，划定生态保护红线44.49万亩，划定城镇开发边界2.14万亩，与全县国民经济和社会发展"十四五"规划衔接。组织编制沙塘、联财、温堡3个乡镇32个行政村"多规合一"实用性村庄规划，明确村庄建设项目用地与布局。

【耕地保护】 开展耕地非农化清理核查，禁止占用永久基本农田种植苗木，控制公路两侧用地范围以外绿化带用地审批，禁止以河流、湿地、湖泊治理为由占用耕地，严禁占用永久基本农田扩大自然保护地，严禁违规占用耕地从事非农建设及建房等行为，确保全县44.34万亩耕地面积。严格土地用途管制，依法依规审批建设用地，合理安排土地供应规模和时序。凡经营性用地一律采取招拍挂方式供应，优先保障基础设施、民生和招商引资项目用地。全年出让国有建设用地3宗53.12亩，划拨国有建设用地9宗1018.37亩。国土修复治理。完成隆泾公路边坡生态治理工程，网治理3.3万平方米，喷播治理2.7万平方米，种树种草及自然植被恢复2万平方米。完成北象山生态治理工程，对危险坡面进行土方削坡，对硬质岩体坡面采取混凝土喷播植生，治理面积1.3万平方米。对59个行政村102个地质灾害隐患点严密防范，完善县、乡、村、组四级信息网络，落实监测预警预报机制。

生态环境

【生态环境】 渝河跨界国控监测点位在2017年全面消除劣Ⅴ类水体，达到国家生态环境部和甘宁两省区框架协议要求的Ⅳ类标准基础上，2018年至今均达到Ⅱ类标准，高于国家Ⅲ类考核要求1个标准。峰台国控监测点水质平均达到Ⅱ类标准。清凉、直峡、黄家峡和张士4个县级集中式饮用水水源地水质优良率100%，居全区前列。2021年，隆德县环境空气质量优良天数比例达96.9%，PM10和PM2.5平均浓度分别达28μg/m3和13μg/m3，综合指数连续多年位列全区前列。土壤环境近于原生，土壤侵蚀影响因子、生产建设活动扰动侵蚀强度等减少，水土流失得到控制，农村面源污染得到防治。隆德县林地面积77.07万亩，林木绿化率由2000年的32.6%提高到46.6%，森林覆盖率由2000年的20.2%提高到39.3%。累计完成生态修复22万亩，绿色植被率76.6%。建立以六盘山自然保护区为核心、生态系统完整、生物多样性丰富、生态服务优良的生物多样性宝库和西北生态安全屏障，首次在北方新发现毛冠鹿、赤麂等濒危物种。2021年2月22日被中央农办、农业农村部评为"全国村庄清洁行动先进县"，2021年4月30日被国务院认定为农村人居环境整治成效明显激励县，奖励资金2000万元，2021年6月被农业农村部确定为全国农民合作社质量提升整县推进试点单位。

【绿色生态】 制定出台《隆德县关于贯彻落实党的十九大精神实施生态立县战略坚决打好污染防治攻坚战行动方案》《关于全面加强生态环境保护坚决打好污染防治攻坚战的实施方案》等文件，强化对县域生态文明建设的总体设计、协同管理、制度创新和组织领导，推行"一月一点评、一分析、一协调"机制，县委书记、政府县长履行第一责任人职责。落实"一岗双责"、考核问责等，正向激励、反向监督的工作机制。县人大、政协依法监督、视察，通过专题审议、专项视察、执法检查、专项调研和跟踪督办。

【蓝天行动】 执行《隆德县打赢蓝天保卫战三年行动计划》，推进"四尘"治理。扬尘管控，落实建筑施工工地"6个100%"检查建筑施工工地80余次，签订扬尘污染管控责任书20份，推行"机械深度洗扫＋人工即时保洁"的环卫工作机制，机械化清扫率100%。烟尘管控，推进餐饮企业油烟污染治理，督促安装并确保运行油烟净化设备。完成沙塘镇政府、桃山敬老院2台2.93蒸吨燃煤锅炉"煤改电"工程和六盘山工业园区2台20蒸吨燃煤锅炉拆除工程。煤尘管控，加大散煤销售点管控，2019年10月至今抽检隆德县12家散煤销售点，煤质抽检合格率100%。气尘管控，按照《2019年老旧车辆淘汰任务分配的通知》（固公交管发〔2019〕274号）要求，制定《关于划定高排放非道路移动机械禁止使用区域的通告》划定高排放非道路移动机械禁止使用区域，隆德县2021年年底淘汰老旧车辆任务量为509辆，截至2021年9月30日隆德县淘汰老旧车辆513辆。加强挥发性有机物VOCS污染防治，隆德县12家加油站油气回收治理正常。

【碧水行动】 推进隆德县县级饮用水水源地水质监测，建成清凉、直峡、黄家峡和张士等4座县级集中式饮用水水源地水质自动监测站，实现各项监测数据实时上传，水质优良率100%，2个乡镇集中式千吨万人级饮用水源地水质Ⅱ类。推进工业污染防治、城镇生活污水治理、排污口监管等工作，争取资金500万元，建设好水河水环境综合治理工程。渝河联财国控出境断面和峰台区控监测点水质平均达到Ⅱ类标准。加大工业企业入河排污口排查整治，建立健全入河排污口管理台账，按照入河排污口设置管理办法，规范入河排污口审批手续，完成隆德县入河排污口规范化设置。推进渝河流域环境综合治理，配合水务等部门积极实施渝河县城段综合治理工程，推进好水河水环境综合治理工程。按照"一源一档"要求，建立健全农村千吨万人及以上饮用水源地档案，加强日常监测，确保水源地环境安全。

【净土行动】 聚焦"六废"联治，督促六盘山工业园区完善固废贮存处置场管理制度、台账并规范处置固体废物。加强畜禽养殖污染防治，指导隆德县兴鸿旺牧业科技有限公司、隆德县方圆养殖有限公司、宁夏正荣有机肥加工科技有限公司、宁夏隆德农村洁能有限公司、宁夏千峰兔业有限公司5家有机肥加工企业开展固废综合利用，隆德县42家规模养殖场全部配备粪污贮存、处理设施，畜禽粪污综合利用率97.38%。制定《隆德县危险废物等安全专项整治三年行动实施方案》，健全危险废物管理制度和台账，督促各医疗机构健全完善医疗废物收集、贮存、转运、处置台账和标识，对医疗废物全部集中定点处置。督促各汽修业主与具有资质公司签订废机油处置协议，建立危险废物暂存间，规范设置危险废物标识，废旧机油等危险废弃物按标准依法规范科学处置。加大农药化肥施用管控力度，设立配备专用回收箱、防护服等专业设备农药包装废弃物回收点59个，集中转运处理回收农药包装废弃物1860公斤，生产基地回收率100%。推进农业生产废弃物处理，县农业农村局与13个乡（镇）签订秸秆杂草禁烧工作责任书，全面杜绝秸秆燃烧；依托隆德鑫泰再生能源有限公司强化农用残膜整治力度，投入残膜回收机146台，采取"人机结合"模式，12个残膜回收网点，年回收残膜24.39万亩，加工颗粒684余吨。

【排污权改革】 制定出台《中共隆德县委办公室 隆德人民政府办公室〈关于印发隆德县用水权、土地权、排污权、山林权"四权"改革实施方案〉的通知》（隆党办发〔2021〕53号），明确排污权改革具体任务、责任领导、责任单位、完成时限等重要内容，并按照"一企一档"建立工作台账，推进排污权改革落实落细。举办排污权确权核算培训班，聘请第三方为隆德县110家企业举办主要污染物排污权确权培训会，对《宁夏回族自治区主要污染物排污权指标核算指南》（试行）全面讲解，重点针对企业初始排污权、可交易排污权和新增排污权如何核算进行培训。发放排污许可证，完成隆德县6家重点管理企业和15家简化管理企业自核工作。隆德县2021年大气主要污染物减排包括淘汰燃煤锅炉9台共5.27蒸吨和结构调整关停淘汰17家黏土砖厂所形成减排量，二氧化硫减排量为363.4956吨、氮氧化物减排量为99.102吨。水主要污染物减排为结构调整，关停淘汰1家淀粉厂和11家农村污水处理站，化学需氧量减排量为474.2034吨、氨氮减排量为44.1692吨。

【全域绿化】 实施荒山造林，确定8个3000亩以上规模造林点和21个500亩以上"四个一"林草产业示范推广点，启动以"建好先行区、生态做贡献"为主题的生态建设大会战，实施以人工造林、退化林改造和补植补造为主的大规模荒山绿化。实行造林工程和苗木打包招标，引入第三方监理机构全程跟踪监督。采取"433"资金兑付机制，确保造林成活率达85%以上。上半年完成宁夏南部水源涵养建设工程造林6.5万亩，其中人工造林3.5万亩，未成林抚育提升及退化林改造3万亩，完成生态经济林0.5万亩，栽植云杉、油松、山桃、刺槐、桦树等各类苗木598.3万株。加强林草有害生物防治，植物检疫监管。做好野生动物疫源疫病监测防控工作。推广物理阻隔网造林3000亩，完成人工捕打鼢鼠1.4万只，药剂防治和树干钻孔防治2万株，实施松材线虫病、美国白蛾和红脂大小蠹检疫监测，林草有害生物成灾率控制在3.9‰，无公害防治率91%以上，测报准确率达90%以上，种苗产地检疫率100%，森林草原防火。坚持"预防为主，积极消灭"方针，在宣传教育、火源管控、扑火队伍建设方面下功夫。2021年发生林火6起，已全部调查结案，处理违法人员15人，收缴行政罚款1.82万元。

【农村人居环境整治】 农村垃圾治理，修订《隆德县农村环境卫生网格化管理办法》，制定《隆德县2021年"百村示范、千村整治、万户清洁"行动方案》，将隆德县环境卫生整治划分三级网格，整合生态护林员、巡河员、公益性岗位人员1334名，开展常态化农村环境卫生清扫保洁。科学规划，推进污水治理。按照"流域治理、系统治理、综合治理"原则，采取分散处理、就近处理、集中处理相结合方式，统筹厕所粪污与生活污水治理，出台《隆德县农村生活污水处理设施运行维护管理办法》，建立以乡、村为主体的农村生活污水治理机制，完善污水处理设施运行及大型化粪池清运等经费保障机制。实施农村户厕改造。高标准完成2021年1000户农村水冲式卫生厕所改造，农村水冲式卫生厕所普及率86%，使用率95%以上。普及公共厕所建设。在城关咀头等村修建乡村公厕72座，在观庄姚套等村修建旅游公厕17座。建立运行管护机制。组织人员对2019年以前建成的12467户卫生厕所开展"回头看"，对发现的配套设施不全、闲置等问题全部完成整改；推进乡村风貌、供水、通信、采暖、绿化美化等山水林田路网房提档升级。重点对粮场、房前屋后、残垣断壁开展立体式、全方位集中整治，全面清除村庄卫生死角和"四堆"（土堆、粪堆、草堆、垃圾堆）问题。对312国道、隆庄公路等国、省、县、乡、村5类道路沿线行道树全面整修。规划引领，因地制宜，按照园林园艺绿化风格模式，各村规划布局一到数个绿化景观小品，推进造林绿化，村庄绿化覆盖率41%，乡村道路、水系、库区绿化率93%。

【生态环境监管】 推进"放管服"改革，按照"四级四同"要求，对涉及19项行政审批事项全部进驻政务大厅统一受理，推行电话受理、网络申报、网上审批。对不涉及有毒有害及危险品的仓储、物流配送等一批基本不产生生态环境影响的项目，统一不再纳入环评管理。试点对环境影响小、风险可控的项目，简化环评手续或纳入环境影响登记表备案管理，将项目环评审批时间压缩至法定时限的一半。2021年，隆德县审批建设项目环境影响报告书1项，项目总投资6300万元，环保投资338.5万元；建设项目环境影响报告表9项，项目总投资13914.29万元，环保投资2623.90万元；建设项目环境影响登记表备案108项，项目总投资23096.29万元，环保投资2311.04万元。科学监测环境质量监测预警，通过国家、自治区、市、县四级委托，分别由第三方对水质监测的1个国控断面、1个区控断面、4个县城集中式饮用水源地、2个千吨万人级乡镇集中式饮用水源地，1个自动空气监测站、2个农村空气监测村，3个土壤监测点、1个集中式污染治理设施进行质量监测。制定《隆德县2020年农村环境卫生监测工作方案》，将5个乡镇的20个村作为监测点，每个村选择5户家庭作为监测户；每个乡镇选择初中、小学各1所学校开展校园环境卫生状况监测。执法监管，围绕中央环保督察反馈问题、群众举报投诉案件、重点污染源监管企业、环境日常监察等开展"环保医生"为企业免费义诊活动，帮助企业解决难题。对偷排、偷放和不正常运行治污设施等环境违法行为，零容忍、严执法、重实效，绝不"软化"。联合县河长办等部门开展河湖清"四乱"行动，对渝河、甘渭河、好水河等重点流域沿河排污口进行排查整治。督促隆德县鑫源汽车修理厂、隆德县腾达汽贸有限公司等汽车喷涂维修企业建设VOCS设施。对宁夏联强建材有限公司、隆德县方圆养殖有限公司、宁夏正荣科技有机肥有限公司3家企业涉嫌未验先投进行立案处罚。接受社会监督，倒逼企业切实履行环保主体责任。开展"双随机一公开"68家次，发现问题3个，均已整改到位。下发责令改正书3份，查处违法案件3起，行政处罚22万元。2021年共计受理"12369"投诉和"12345"网络投诉举报8件，办结8件，办结率100%。

水 利

【重点水利项目建设】 2021年实施余家峡水库、"互联网＋城乡供水"等7大类12项重点水利工程，完成总投资2.2亿元，补齐重点水源建设、互联网＋城乡供水、病险水库除险加固、农村水系综合整治、水土保持治理及预防监督、水资源配置。

【"用水权"改革】 5月初启动深化用水权改革《实施方案》。完成各业用水优化分配，分配给全县生活用水量574万立方米，农业用水量1068万立方米，工业用水量70万立方米。开展农业和工业用水确权工作，完成渝河流域沙塘、神林、联财和六盘山工业园区及以外企业用水现状调查摸底工作。开展水价分类改革工作，委托第三方完成全县各类供水价格调整监审和测算工作，落实阶梯水价和超定额累进加价制度，获得中华人民共和国水利部"全国第四批节水型社会建设达标县"命名。

【"互联网＋城乡供水"建设】 按照水利部数字水利与自治区"互联网＋城乡供水"示范省（区）建设要求，3月份组建隆德县渝清水务有限责任公司，通过公开招投标确定隆德县渝清水务有限责任公司为"互联网＋城乡供水"特许经营项目主体，签订《特许经营协议》，推行投、建、管、服一体化模式。年内累计完成入网用水户58727户（城区21698户，农村37029户），其中改造NB水表用户共18361户，通过水利厅云平台，用户供水实现自动控制和远程收费，数据上传监测，居民使用手机APP足不出户就可以查询水量、缴纳水费。其中隆德县第二水厂获得国家水利部"2021年度农村供水规范化水厂"命名。

【河湖长制】 健全河湖长制组织、协调、监督、考核制度，落实各级河长制机构人员，完善河湖信息监控网络和协同工作平台。以渝河示范河湖建设为契机，实施河湖岸线保护制度，完成河湖"四乱"问题整治销号，划定全县主要河湖岸线管理范围，严格河湖水域岸线用途管制。隆德县河长办被国家水利部评为"全国全面推行河长制湖长制先进集体"。

【灾害防御】 落实水旱灾害防御责任，逐库逐坝确定行政责任人、技术责任人和巡查责任人，责任层层压实，确保各个环节有人抓、落得实。落实资金400万元，对30座水库进行维修养护，完成各水管单位防汛物资储备、补充，对各乡（镇）人民政府及危险区村委会的山洪预警广播、铜锣、手摇警报器等设备完成核查维修。编制完成40座小型水库运用调度方案，对防洪运用标准和各种控制运用水位、防洪调度方式进行合理确定，明确超标准洪水的防御应急措施，确保防汛蓄水两不误。

【水土保持】 落实《中华人民共和国水土保持法》，完成2020年水利部下达的2期违法图版查处和整改工作，对未编报水土保持方案的3个生产建设项目下达整改通知，将水土保持补偿费的收缴整体移交县国税局。规划实施隆德县观堡河后窑小流域山水林田湖草综合治理项目和隆德县渝河流域312国道南片区综合治理工程，治理水土流失面积39平方公里。获得"国家水土保持示范县"称号。

城乡建设

【老旧小区改造】 排查摸底四个建设于20世纪90年代，砖混结构片区共计40栋楼，1316户，建筑面积10.56万平方米。即人行片区（电信局小区、药材公司小区、税务小区、人行小区、教体局小区、文广局小区、统建小区）；卫健局片区（卫健局、印刷厂、法院家属楼）；隆中片区（隆中小区）乡企局片区（粮援办、乡企局家属楼）；这些小区建设标准低，应用技术相对简单，外墙面为清水砖墙，墙面不保温，墙面脱落，屋面漏水严重，下水道堵塞，小区道路破损等严重影响居民正常生活和使用，县政府对这四个片区基础设施实施改造整治，年底人行片区老旧小区改造已全部完工。

【城市基础设施】 实施隆德县六盘山大道污水支管道铺设及雨水口改造，对6条道路雨污分流管道改造共计8820米；西门巷道路及配套雨污水管道、照明、绿化工程，修建排水管道共计454米，栽种行道树52棵。预埋弱电排管888米。安装路灯5盏及配套电缆，新建外墙长80米；对隆德县吉祥巷及延伸段道路改造，吉祥巷道路全长333.353米，配套雨污水管道、照明、绿化工程，铺设排水管网共计880米，修建隔油池6座，栽种行道树158棵，安装路灯38盏及配套电缆。

【污水治理】 加强污水处理厂水质监测力度。污水处理厂采用A2/O工艺＋加药絮凝处理工艺，日均进水量7000立方米，监测各项指标达《城镇污水处理厂污染物排放标准（GB18918-2002）。聘请第三方机构、宁夏善水环境水务有限公司每月分别对污水处理厂出水水质进行检测，出具检测报告，出水水质稳定达一级A标准。

分类治理生活污水。距县城较近乡村，将污水集中收集在县污水处理厂处理；渝河、朱庄河、什字河等流域距乡镇政府所在地较近的村，建设乡镇污水处理站集中进行处理；离城镇较远、人口居住相对集中的村，建设村级污水处理站处理。不能直接进入污水处理站处理的生活污水，5-10户建设一座化粪池，进行集中收集，定期清运到污水处理站进行处理。居住分散的农户，为每户建设单独的三格化粪池，定期清运，还田利用。累计建成沙塘镇污水泵站1座（生活污水泵送至县城污水处理厂进行处理），温堡、杨河、观庄、神林、凤岭、联财等6个小城镇乡镇污水处理站及联财镇赵楼村、观庄乡田川村等5座村级污水处理站。将农村改厕及生活污水协同治理，在城关镇杨家店村、沙塘镇清泉村等52个行政村敷设各类污水管网共计230千米。出台《隆德县农村生活污水处理设施运行维护管理办法》，建立以乡、村为主体的农村生活污水治理机制，完善污水处理设施运行及大型化粪池清运等经费保障机制，长效治理农村生活污水。

【改厕工作】 结合污水管网敷设工作，推进农村卫生厕所改造，把农村卫生厕所改造工作作为一项重要政治任务和民生工程，围绕《宁夏农村厕所建设技术指导意见》，结合实际，制定隆德县2021年农村水冲式卫生厕所改造实施方案，争取各级资金550万元，其中自治区改厕专项资金200万元，县财政统筹资金350万元，共完成农村户用厕所改造1000户，其中：完整上下水式卫生厕343户，三格化粪池式卫生厕657户，建成城关镇吴山村，沙塘镇新民村，凤岭乡卜岔村、巩龙村、于河村，温堡乡温堡村、杨堡村，神林乡辛平村、庞庄村，观庄乡姚套村等10个农村"厕所革命"整村推进村。全县农村卫生厕所普及率89%。

【住房改造】 以"易返贫致贫户、农村低保户、低保边缘户、农村分散供养特困户、严重困难家庭、其他脱贫户"六类低收入群体为重点改造对象，改造危房22户，兑付资金39.6万元。向自治区住建厅申报抗震宜居农房改造建设任务计划8户，竣工验收8户，兑付资金11.2万元。完成农村房屋安全隐患和自然灾害排查工作，涉及13个乡镇99个行政村共排查录入28201户，其中：用作经营性自建房录入1522户、未用作经营性自建房录入26189户，非自建房录入490户。根据《隆德县巩固脱贫攻坚成果大排查问题整改方案》，按照7月份农户申请、网格员排查，对88户安全住房需要加固维修的问题进行核查，88户已全部销号整改。

【人居环境整治】 制定出台《隆德县网格化管理办法（修订稿）》《2021年隆德县"百村示范、千村整治、万户清洁"行动方案》《隆德县农村人居环境积分制管理实施方案》等，开展农村环境综合整治"一月一主题"活动，对全县农村1537个粮场开展全面整治，下发《隆德县粮场集中整治实施方案》，抽调县委督查室、政府督查室、纪委监委人员对粮场整治和网格化管理工作进行后期督查，各乡镇共投入打捆机80台，人力27960人次，整治粮场；开展农户房前屋后整治工作，下发《隆德县农户房前屋后集中整治实施方案》，组织人员对农村房前屋后集中整治及农村环境网格化管理工作进行督查验收，发现问题立查立改。探索全国农村垃圾分类和资源化利用示范县经验。制定《隆德县农村人居环境积分制管理实施方案》，通过设置电子积分卡、建设积分管理信息系统、严格积分评定审核、确定定点兑换超市、统一积分兑换结算等方式，推动人居环境整治，建立全县农村人居环境整治积分卡制度，村庄生活垃圾回收利用率35%以上，在建成观庄乡前庄村、凤岭乡李士村等垃圾分类示范点基础上，为各乡镇配备25吨压缩式垃圾车1辆，车厢可卸式垃圾转运车4辆，垃圾吸尘车1辆，三轮吸污车35辆，电动垃圾收集车468辆，3立方米垃圾箱500个，240L塑料垃圾分类桶1698个，家用30L垃圾分类箱3902个。

【小城镇建设】 全县累计已建成温堡乡、杨河乡、联财镇等10个美丽小城镇，2021年完成张程乡小城镇建设，整合环境整治等项目资金，完成交通路网、外立面改造、小型停车场、排水管网、太阳能路灯安装等项目建设，推进小城镇基础设施提档升级，目前张程乡小城镇建设竣工且投入使用。联财镇高标准重点小城镇全面开工建设。完善基础设施建设，加快农业产业结构调整，把握县域内城乡融合发展方向，推动就地新型城镇化和区域农业农村现代化，科学规划小城镇建设规模、空间布局、功能形态、特色风貌，以特色优势产业、蔬菜林果业为重点，发展农产品种植及农副产品加工产业，实现产城融合发展。计划总投资2.17亿元，其中镇区投资0.79亿元，镇域投资1.38亿元。完成投资2.04亿元，其中镇区完成投资0.76亿元，镇域完成投资1.28亿元。完成高标准农田建设、钢结构大棚、蔬菜种植、牛补栏、人居环境整治、绿化亮化等工程；利用重点小城镇奖补资金开工建设项目10个（镇域4个、镇区6个），奖补资金拨付500万元。一标段已完成道路改造、排水沟维修等工程；二标段主要建设内容主要包括新建建材市场、汽车维修中心、垃圾分拣中心、水冲式卫生厕所及2座蔬菜交易大棚等，现已完成建设汽车维修中心。

【美丽乡村建设】 把公共基础设施建设的重点放在农村，全县累计建成联财镇联合村、观庄乡前庄村等54个美丽村庄，实施乡村建设行动，重点突出产业支撑、绿色发展，加快乡村建设转型升级，打造环境美、田园美、村庄美、庭院美的四美村庄，打造神林乡双村和辛平村2个高质量美丽宜居村庄，主要建设道路、排水管网和U型渠，安装太阳能路灯，修建围栏小花园等。

【房地产】 现有房地产开发企业10家，其中，本县房地产开发企业2家，均为三级资质；外县房地产开发企业8家，二级资质1家，三级资质6家。房地产市场处于相对平稳上升的发展时期，各类楼盘销售情况好。2021年，一手房交易189套，总面积29539.07平方米，其中：住宅189套，面积22477.36平方米，均价3614.67元/平方米；商住55套，面积5017.64平方米，均价6622.18元/平方米，二手房交易279套，总面积263050.11平方米，其中：住宅264套，面积25315.47平方米，均价3078.92元/平方米；商服15套，面积1016.71平方米，均价4537.76元/平方米。房地产续建项目4个，总投资11.85亿元，总建筑面积24.34万平方米，其中南凤嘉园B区二期已完成主体工程建设，正在进行附属设施建设；隆兴明瑞、山水珑庭正在进行室内外粉刷及附属设施建设；玫瑰园4幢楼已完成主体工程建设。

【物业管理】 县城现有住宅3049幢，17680户，建筑面积160.73万平方米，其中成套住宅664幢，17268户，建筑面积150.7万平方米。现有物业服务企业15家，管理26个住宅小区，315幢，12425户，建筑面积100.3万平方米，物业从业人员239人，其中党员28人，全部纳入社区党组织。成立住建局开展"加大物业服务收费信息公开力度""共建美好家园"工作专班，由主要负责人任组长，副局长任副组长，站所负责人任组员，安排专人负责该项工作。制定《隆德县开展加强物业管理共建美好家园活动的实施方案》《隆德县加强和改进住宅物业管理暨线上线下生活服务工作实施方案》，组织15家物业服务企业召开会议安排部署。组织全县14个城市社区居委会、15家物业服务企业召开隆德县打通"生命通道"暨提升物业服务水平推进会，参加全区"暖心服务 携手同行"物业管理公益大讲堂，组织学习《关于加强和改进住宅物业管理工作的通知》《宁夏回族自治区物业服务企业及物业从业人员信息管理办法（试行）》《物业服务企业及物业从业人员良好、不良行为认定标准》及相关物业法规和政策。建立隆德县城区物业管理工作联席会议制度，由县政府分管副县长召集，政府办主任、住房和城乡建设局长为副召集人，联席会议成员由县委组织部、发展和改革局等25个单位负责人组成，成立隆德县物业管理工作联席会议办公室。

交通运输

【**交通基础设施建设**】 2021年，实施交通建设项目8项，总投资1.3亿元。改建神林至杨河22.4公里三级公路，设计时速为30 km/h，路基宽7.5米，路面宽6.5米，两侧设0.5米的路肩，路面类型为沥青混凝土路面，按三级公路技术标准建设，投资7714万元。项目于3月31日完成工程招标，4月1日开工建设，10月底建成通车。新建北联池至后庄4.5公里四级水泥公路，设计路基宽度6.5米，路面宽度5米，设计行车速度20 km/h，按四级水泥混凝土公路工程技术标准建设，投资672万元，7月底建成通车。新建机动车辆检测中心工程项目，投资1172万元，6月5日建成投入运营。农村公路水毁维修工程，投资1000万元，先后排查水毁路段58处，10月份全部完成维修。农村公路养护及公路站改造工程，投资350万元，10月底完成建设任务。改造大庄小河桥、凤岭于河桥2座危桥，投资679万元，10月底完成建设任务。实施安全生命防护工程，新建波形护栏51公里，投资1135万元，7月底完成建设任务。新建咀头至张士7公里四级公路，投资836万元，10月底建成通车。

【**农村公路养护**】 争取自治区交通运输厅补贴资金306万元，开展农村公路养护工程。桃沙公路开展清理边坡滑坡土方；对寨隆、隆张、桃沙、于桃、唐通、张程经李哈拉至陈田玉、李哈拉至联合等农村公路进行维修；对观堡、景林公路站站房进行维修，10月底全部完成建设任务。县公路养护部门对农村公路安全隐患进行全面排查，重点对桥梁、交叉路口、学校门口、急弯陡坡、临崖和事故多发路段详细排查，建立安全隐患责任清单、安全隐患排查和安全隐患整改清单，累计排查整治安全隐患30处。坚持查路、巡路和值班值守制度，组建抢险队，配备抢险工具及车辆，组织人员对缺损的构造物和淤塞的桥涵及时进行清理和维修。对寨隆线、沿古线、隆张线、隆瓦线、隆庄线等道路共计358千米进行环境整治（其中省、县道5条113千米，乡道26条245千米），主要修补路面病害、清理边沟、整修路肩和边坡等方面。路面病害维修24000多平方米、清理边沟500多千米、清理塌方13处、疏通淤塞涵洞100多道。

【**交通执法**】 加强运输市场安全管理，开展安全生产隐患排查治理，对企业安全生产主体责任落实、驾驶员安全教育、车辆技术状况、动态监管及汽车站落实"三不进站、六不出站"等情况检查，共排查安全生产隐患7起，督促整改7起。组织开展交通运输行业安全生产月活动，对照交通运输安全生产重大风险清单，对全县道路运输企业安全生产风险进行摸排。开展6.16安全生产宣传咨询日活动。结合扫黑除恶专项斗争，联合县公安、交警、网信等部门开展"客运市场秩序专项整治""打非治违""交通运输领域乱象整治"等专项整治，严打网约车非法营运、黑车载客等行为。共出动执法车辆618次、执法人员1266人次，查扣非法经营车辆45辆，罚款23.5万元。联合县应急管理局、市监局对全县道路运输企业开展"双随机一公开"联合检查，并将抽查结果录入县"双随机一公开"查询系统，规范县交通运输行业安全生产监管体系。受理各类交通运输投诉举报。做好"12328""12345"、网络舆情、电话等投诉举报的受理和调查处理，共受理各类投诉举报123起，均按照要求依法进行调查核实整改。

【疫情防控】 开展常态化疫情防控。会同县公安、卫生部门加强汽车站、高速路口、联财、新庄、杨坡5个疫情卡点值班值守，做好来隆车辆的登记、旅客行程码扫码、体温检测等工作，对需隔离的旅客及时通知各乡镇（部门）做好分类管控；督促辖区出租、客运、公交企业加强运输车辆的消毒与清理，阻断疫情通过交通工具传播；指导辖区货运企业严格落实疫情防控有关要求，严禁货运车辆运输冷链食品。每日对全县货运车辆进行轨迹监测，严把疫情防控关口，及时摸排疫情发生地来隆人员。

【公共交通】 隆德县拥有城市公交69辆，运营线路29条；农村客运60辆，运营线路33条；行政村通客车率100%。公交营运里程173.2万公里，农村客运运营里程384万公里，客运总量390万人次。全年城乡道路客运车辆营业收入238万元，总支出756.5万元，各项支出费用为：人员工资386.8万元、社会保险93.9万元、车辆燃油费6.3万元、水电费69.1万元、车辆保险118万元、车辆维修费9.4万元、车辆配件费25.3万元、车辆检测费6.1万元、网络使用费及增值服务费25.1万元、其他业务支出16.5万元。2021年新开通公交线路6条，公交线路不断优化、延伸。新增30套智能公交站台。对全县涉及的正常班线、周末班线及赶集班线进行摸底，对所需安装临时站牌站点的地方安装临时站牌232个。公交车全部实现微信、云闪付、支付宝扫码乘车功能。全年共发行各类公交卡3600张，其中学生卡1483张、爱心卡55张、老人卡376张、月卡383张、光荣卡12张、普通卡1291张。

【城乡交通一体化】 利用三级物流基础设施节点网络，即1个县级电商公共服务中心、13个乡镇级物流快递中转站、98个村级电商（物流）服务站，初步建成县、乡、村三级物流配送体系，开展代缴代购、快递收发等电商便民服务及农产品线上销售工作。培育发展村邮电商物流服务站点。现有村邮服务站点98个（其中：28个村部，70个商店），每日配送量800余件。完成联财、好水2个乡镇综合运输服务站维修及提升改造工作，按照试点标准建设，开通客货邮商融合发展线路2条，即隆德至联财镇联财村、隆德至好水乡永丰村2条线路，沿途可服务2个乡镇14个行政村的小件快递配送，每天输送邮政快件60余件。2021年10月被交通运输部确定为第二批城乡交通运输一体化示范创建县。

乡村振兴

【巩固脱贫成果】 制定出台《关于实现巩固拓展脱贫攻坚成果同乡村振兴有效衔接的实施意见》《隆德县2021年巩固拓展脱贫攻坚成果工作方案》《隆德县防返贫监测预警网格化管理实施

方案》《关于强化易地搬迁后续扶持实施移民致富提升行动的实施方案》《隆德县闽宁协作项目实施方案》等14项政策性文件，建立"领导包抓+专班推进+驻村帮扶"机制，成立5大振兴和"四大提升行动"工作专班，细化巩固推动脱贫成果同乡村振兴衔接。

【预警监测】 针对2020年底发现存在致贫风险12户50人边缘易致贫人口和有返贫风险10户50人脱贫不稳定人口，制定《隆德县2021年脱贫不稳定户和边缘易致贫户精准扶持工作方案》，因户因人建立"一户一策"，创新开展部门帮扶模式，全县22个部门对22户"两类人群"开展"一对一"精准帮扶。制定《隆德县防返贫监测预警网格化管理实施方案》《隆德县防返贫监测预警网格化管理办法》，每月20日前完成入户核查、25日前完成研判预警、30日前完成制定帮扶措施，协同监测、县乡村纵向精准筛查防返贫网，从源头上堵住"漏统、漏扶、漏项"问题，确保预警监测风险限期清零，防止出现规模性返贫致贫。年底全县共有监测户306户1137人（2021年新纳入73户272人），其中：脱贫不稳定147户543人、边缘易致贫141户545人、突发严重困难户18户49人，通过产业扶持、就业帮扶、公益性岗位和社会保障等帮扶措施，消除风险233户865人。持续开展"四查四补"，落实月报告制，建立问题台账和责任清单，开展网格员日常监测职能。全县共查摆农村发展短板弱项和农户实际困难方面的问题890条，已全部整改完成。开展大排查活动，围绕农户收入、产业就业和人居环境等关键指标，开展防返贫动态监测和巩固拓展脱贫攻坚成果大排查，涉及4方面11类1007条具体问题，针对排查出的问题出台专门整改方案，对排查出的"三类人群"全部录入动态监测系统，各类问题已经全部整改到位。

【特色产业】 围绕草畜、冷凉蔬菜、中药材、马铃薯等特色优势产业，摸清农户产业发展需求，"一户一策"制定扶持政策。种植青贮玉米10万亩，紫花苜蓿留床面积稳定在23万亩，全县肉牛饲养量达9.3万头（养殖户户均5头），肉羊饲养量9.1万只，猪饲养量7.1万头，肉兔饲养量达10.6万只，家禽饲养量达21.7万只。新建成全钢架大拱棚6000亩，打造千亩设施蔬菜园区5个；新建成大跨度拱棚18栋80亩，神林辛平蔬菜新品种新技术露地展示区100亩。全县种植马铃薯10万亩，建立原种繁育基地6000亩，建设一级种薯繁育基地4.5万亩，推广一级种薯面积5万亩，培育产业帮扶示范村35个、龙头企业16个、示范合作社32个。

【保障民生】 巩固"两不愁三保障"实施农村基础设施补短板、发展特色优势产业培育、社会综合保障等重点项目。以电工、焊工、家畜饲养、护理等为重点，组织开展脱贫户劳动力技能培训49期2200人，春季雨露计划补助1319人，干部培训6期3404人次，分两期培训第一书记80人。发挥劳务中介和劳务经纪人作用，完成外出就业15453人（其中县内6472人、县外区内6313人，区外2668人），总收入8.4亿元，其中脱贫人口收入2.46亿元。梳理2021年全县巩固拓展脱贫攻坚成果为民办实事事项清单，逐一细化安排、推进落实，新建和巩固提升农村扶贫车间50个，硬化巷道48千米、田间道路拓宽铺砂102千米、修缮涵洞43座、巷道排水渠42千米、过水桥9座等。

【项目资金实施】 出台《隆德县2021年统筹整合使用财政涉农资金实施方案》《隆德县扶贫资产管理实施方案》等文件，整合资金2.6亿元，专资专项用于贫困村基础设施建设、特色优势产业发展、技能培训、扶贫贷款贴息等方面。组织财政、水务、交通等13个相关部门和各乡镇对扶贫资产进行全面清理，形成物化资产共计12亿元。落实"331"信息公开机制，对乡村振兴有效衔接项目及资金进行公开公示，开发保险产品14个，实现已脱贫户和边缘易致贫户"防贫保"全覆盖；开展金融扶贫小额信贷工作，现有存量贷款5834户2.85亿元，2021年新增2811户1.37亿元；成立逾期贷款清收小组，确保贷款逾期率不超过4‰。完成项目库录入1223条，涉及资金6.6亿元，其中衔接资金2.48亿元，衔接资金支付率达96%。

【移民增收】 建立"十个一"工作机制，成立领导小组、编制规划、建立包抓机制、确定主导产业、选派科技特派员、培训掌握致富技能、健全就业帮扶机制、完善档案资料、落实督查机制，压实移民致富提升工作责任。夯实产业增收基础。因地制宜、以水定产，围绕肉牛养殖、冷凉蔬菜等特色产业，实行"一村一特""一户一策"，建立"龙头企业（合作社）+村集体+移民"的联农带农机制，开创土地流转得"租金"、股息分红得"股金"、务工就业得"薪金"等多种稳定增收模式，建成产业示范园3个、肉牛出户入园示范点1个，通过土地流转、入股分红等形式带动387户移民发展产业，160多名移民就近务工创收。拓宽就业增收渠道。健全务工信息平台做到"五清"，完成移民转移就业3529人，其中区外就业525人、区内县外就业1392人、县内就业1612人，移民户户均至少有1人实现稳定就业。按照"缺什么补什么""什么弱补什么"的原则，实施安置区基础设施建设三年攻坚行动，投入4938万元，实现移民村集中式污水处理站、网络通信等全覆盖，移民户水冲式厕所、安全住房等全覆盖，加大移民安置点环境综合整治力度，90%移民安置点实现垃圾分类。聚焦移民户教育、医疗、养老等公共服务项目，配备村级民生服务人员21名，落实移民脱贫人口享受基本医疗保险、大病保险和医疗救助三重保障待遇，临时救助申请等48项民生服务项目，可不出村办理。完成劳务移民土地确权登记工作，解决164户劳务移民住房困难问题。实现21个移民村（社区）新时代文明实践站建设全覆盖，开展各类志愿服务活动420多场次、各类宣讲活动150多场次。保障搬迁群众社会权益。通过发放租赁补贴、安排公租房等方式解决164户劳务移民，"十二五"县外劳务移民全部确权，完成生态修复1.2万亩，栽植各类苗木189万株。解决"多代多人"住房困难问题。

【社会帮扶】 驻村帮扶。选派第一书记80人、工作队员16人；实行"领导包抓+专班推进+驻村帮扶"机制，成立产业、人才、文化、生态、组织振兴5个工作专班，县级领导每人联系1个乡（镇）、指导1个村（社区），县直部门、区市属驻隆单位主要负责人包抓1-2个村（社区），实现领导包抓（联系）13个乡（镇），包抓（指导）80个村（社区）全覆盖。与闽侯县签订《2021年闽侯县与隆德县深化东西部协作对口帮扶框架协议》，福州市、闽侯县、仓山区、晋安区与隆德县13个乡镇、26个行政村、3个部门、3家医院、8所学校建立协作关系、签订协作协议。闽侯县和隆德县互派挂职干部4名，开展互访交流10多次。争取各类资金6000多万元（其中：项目资金4700万元，社会帮扶资金1300万元），制定《隆德县2021年闽宁协作项目实施方案》《闽宁协作资金管理办法》，以产业培育、园区建设、劳务协作、社会事业、闽宁示范村建设等为重点，确定项目12类20项114个。引进隆德县弘兴玻璃有限公司、宁夏杞茗食品科技有限公司等9家企业，注册店铺8家，县内闽籍企业和店铺数量累计20家以上。发挥劳务中介、劳务经纪人和闽侯县劳务工作站作用，举办劳动技能培训42期2100人次，县职业中学向福建省企业输送中职学生顶岗实习50人，开展青年创业培训2期70人，完成务工就业4396人，脱贫户赴闽就业75人（点对点输出27人）。组织认定消费扶贫企业26家，认证消费扶贫产品157种，通过"832消费平台"和"中国社会扶贫网"对消费帮扶农产品进行购买和销售，农产品销售额达1.4亿元。以厦大所能精准对接隆德所需，厦门大学选派挂职干部2名（驻村第一书记1名），制定厦门大学2021年定点帮扶工作计划，成立"厦门大学促进隆德县乡村振兴工作站"，投入资金1000多万元，直接投入帮扶资金539.39万元，引入帮扶资金745万元，实物捐助121.91万元，购买隆德县农副产品269.32万元，帮助销售隆德县农副产品892.2万元，开展互访交流4次，组织开展各类培训7场（次）2304人，引进胡萝卜、生物制剂等新品种、新技术2项，选派研究生支教团、西部计划志愿者8人赴隆德县开展支教、支农等工作。

【问题整改】 全面查漏补缺"十三五"易地扶贫搬迁审计反馈问题整改情况。关于隆德县在易地扶贫搬迁就业扶持、易地扶贫搬迁后续产业扶持、部分搬迁群众存在减收或返贫风险、搬迁资金管理使用与项目建设管理、拆旧复垦和搬迁土地再利用等方面存在12个问题，全部完成整改。2020年国家脱贫攻坚成效考核反馈问题整改的11项反馈问题，已全部整改完成。关于自治区督导组调研隆德县上半年巩固拓展脱贫攻坚成果同乡村振兴有效衔接重点工作反馈4个方面18个问题已全部整改完成。

【扶贫档案整理】 按照"脱贫攻坚综合类、精准识别类、精准施策类、精准脱贫类"四类文件资料和业务资料进行整理归档，截至目前，2014—2020年扶贫档案资料纸质版已全部整理完成，电子档案正在录入。

产业发展

【项目建设】 2021年共确定基本建设项目108项，总投资40.49亿元，年度计划投资28.97亿元。其中：新建项目101项，总投资29.26亿元，年度计划投资27.51亿元；续建项目7项，年度计划投资1.46亿元。截至11月底，108项基本建设项目完工106项，完成投资28.49亿元，投资完成率达98%。其中县级重点项目42项，完工41项，完成投资18.98亿元，占年度计划投资的98%。列入自治区重大项目12项，已完工12项，完成投资7.47亿元，投资完成率100%。自治区一、二、三批集中开工项目22项，已全部完工，完成投资9.51亿元，投资完成率100%。列入市级建设项目61项，已完工59项，完成投资18.08亿元，占年度计划投资96%。其中市级重点项目5项，已完工5项，完成投资2.16亿元，占年度计划投资100%。

【资金争取】 2021年，我局共争取上级财政资金3.19亿元，其中中央财政资金2.48亿元，自治区财政资金0.7亿元。涉及项目25个，总投资5.17亿元，主要为社会民生、公共服务、基础设施补短板、生态环保等领域项目。

【工业经济运行】 加大自治区"三个100"重点项目和工业技术改造项目争取和实施"三个100"重点项目金誉生物科技建成并投产；争取自治区技术改造奖补资金642万元，支持浩德纸业、金誉生物科技、上药（宁夏）中药资源、黄土地食品等16家企业实施技术改造项目；人造花获得自治区机器人设备应用项目奖励69万元、四兴醋业"专精特新"示范企业奖励30万元，六盘山工业园区集中供能扩建项目建成投入使用。桐君堂、兴达沥青两家企业已晋级规模以上，金誉生物科技、浩德纸业正在申报入规。规模以上工业增加值6920万元，同比增长2.7%，全市排名第二。推进节能减排降耗，落实"双碳"目标。严格控制工业领域排放。2021年度能源消耗用量控制在8.2万吨标准煤以内，单位GDP能耗同比下降4%。全县能源消耗总量约为8.1万吨标准煤，万元GDP能耗控制在0.58目标值以内，较上年下降6.4%；加快发展新能源项目，争取中央及自治区新能源项目政策及资金，通过招商引资与国内有实力新能源企业合作开发风电、光伏等新能源项目。

【商贸服务】 争取商务厅促进电子商务发展资金100万元和自治区储备肉投放项目补助资金2万元用于开展电商节庆活动及电子商务发展引导各商贸流通企业申报区、市项目5个，获批支持建设项目1个：幸福隆德仓储同城配送一体化项目，支持资金20万元。利用节假日开展打折促销让利、电商节、重振引擎助商惠民购物节等消费促进活动，培育和壮大我县消费热点，优化消费供给结构。鼓励多多买菜、美团优选大型社区团购平台在农村开展配送业务，为群众提供价廉、高效、便捷的生活服务。继续推进快递下乡工作，实现快递进港1451996单、出港125220单，农产品线上销售额达1939万元。开展对全县商贸流通企业进行彻底检查、治理。

【招商引资】 围绕自治区"九大产业"和固原市"五大产业"招商思路，推动重点产业招商项目落地。"九大产业"项目中：枸杞产业项目1个，到位资金8700万元；绿色食品产业项目11个，到位资金8.92亿元；清洁能源产业项目1个，到位资金1350万元；肉牛和滩羊产业项目4个，到位资金3.05亿元；文化旅游产业项目3个，到位资金2.34亿元；新型材料产业项目2个，到位资金7500万元；中药材种植加工等其他产业项目10个，到位资金7.67亿元。引进深圳市华通盛印刷有限公司投资智能纸箱包装及瓦楞纸板生产项目、平凉金誉生物科技有限公司投资隆德县杏仁加工及活性炭生产建设项目、福建杞茗食品科技有限公司投资隆德县枸杞芽茶（菜）种植生产加工项目、海南希源生态农业股份公司联财千亩蔬菜种植基地项目等新续建项目32个，计划总投资61.64亿元，其中年度计划投资29.25亿元，实际到位资金26.12亿元，完成全年目标任务25亿元的104.4%。

【价格调控】 对全县30多种生活必需品实时了解价格动态，确保监测质量，做好分析预警。做好农产品调查，根据自治区成本处要求，对已调整6个调查品种农调户进行重新定点，做好农产品成本数据上报前期准备，价格认定工作，共受理价格认定业务32件，认定金额231126.69元，为提出机关办案提供准确价格依据。

【粮食和物资储备】 落实粮食安全省长责任制，实施"优质粮食工程"，推进粮食产业转型发展。全县耕地保有量52.8万亩、永久性基本农田42.3万亩。2021年投资2000万元推广旱作节水农业25万亩，投资1.35亿元建成高标准农田10万亩，投资1.13亿元实施马铃薯产业项目。紧盯粮食收购、储存、销售、运输等关键环节，开展"亮剑2021"专项执法行动，开展专项执法行动4次，查处案件1起。筹资40余万元，对沙塘粮库两栋存储原粮仓房进行维修改造；由芳芳放心粮油店、百益粮油店等5家企业承储县级应急成品粮油458吨（其中面粉336吨、大米80吨、食用油42吨），由宁夏兴宇绿色粗粮有限公司、隆德县民丰面粉有限公司等3家面粉加工企业建立社会责任储备，承储应急成品粮80吨；由隆德县粮油购销公司承储1000吨政府临时粮食储备，于12月20日前完成入库。做好疫情物资保障。为全县防疫、森林防火等配发棉帐篷214顶、单帐篷227顶、棉大衣1718件、棉被2301床、褥子1049床、一次性口罩356580片等。争取疫情物资保障资金372万元。

【工业园区建设】 2021年，工业园区实现工业总产值5.76亿元，同比增长26.4%，稳定就业1304人，其中脱贫户341人，残疾人39名。人均工资达2500元/月以上，人均年收入3万元。2021年11月底，通过政府招商、以商招商等方式引进企业入驻园区，招商引资12家企业落地园区，落地资金为29124万元，主导产业项目12个。基础设施建设，投资4462万元实施园区集中供能为主要内容的低成本化改造项目。争取中央预算内资金2000万元，实施中药材产业融合发展示范园基础设施建设项目（工业用水管网铺设工程）。

【企业生产经营】 推进医药制造业（中药材加工）、农副产品精深加工和特色轻工等主导产业集群化发展。2021年先后与山东凤凰生物科技、淄博文熙包装制品有限公司等13家企业对接，其中与宁夏源杞健康产业有限公司对接的益生菌多菌共生发酵中药项目已达成合作协议。引导企业加大与国内知名院校、科研机构合作，提升产品科技含量和市场竞争力。隆德县葆易圣药业有限公司与西北农业科技大学建立的"西农科技+杨凌农高会"模式被人民日报、新华网等多家媒体转载。全年园区企业共投入科研资金1869万元，人造花被评为国家级高新技术企业，宁夏隆德人造花工艺有限公司、宁夏爱丽纳地毯有限公司、宁夏黄土地农业食品有限公司、上药（宁夏）中药资源有限公司和宁夏兴宇绿色粗粮加工有限公司5家企业被评为国家级科技型中小企业，宁夏隆德浩德纸业包装有限公司、隆德县良田食品有限公司、宁夏隆德县方圆建材有限公司、隆德县正观花灯工艺有限公司和宁夏千峰兔业科技有限公司5家企业被评为自治区级科技型中小企业；企业22项专利获得授权，其中发明专利5项。

争取闽宁资金860万元，企业转型升级资金400万元，支持企业扩大产能，增加设备技术提升，增加就业岗位。落实"一企一人"联系服务制度和领办代办制度，紧盯11项重点工业项目。推进项目从洽谈到签约、落地、建设、运营全过程"保姆式"服务机制。主动与电视台、新型传媒等平台对接，及时发布招工信息，与县退役军人事务管理局、县职业中学对接，组织退役军人、学生到企业观摩，推荐优先就业。发放稳岗补贴资金62万元，为宁夏黄土地农业食品有限公司、宁夏隆德浩德纸业包装有限公司等企业增加稳定就业172人，解决企业用工难问题；帮助宁夏隆德浩德纸业包装有限公司开拓固原等周边地区纸箱、纸板销售市场；与宁夏大地循环发展投资有限公司多次对接，帮助宁夏金誉生物科技有限公司融资400万元购置活性炭活化旋转窑1套，解决企业资金短缺；为宁夏金誉生物科技有限公司、宁夏桐君堂地道药材有限公司、宁夏杞茗食品科技有限公司等企业建设蒸汽管网，解决企业用汽需求；先后召开政银企对接会2次，为隆德县葆易圣药业有限公司、宁夏盘隆果业有限公司和宁夏闽强塑业有限公司等企业协调金融扶持贷款3861万元。

【稳企业保就业】 引导宁夏隆德人造花工艺有限公司和宁夏隆德浩德纸业包装有限公司发挥劳动密集型企业辐射带动作用，在城关镇红崖社区、观庄乡前庄村、陈靳乡陈靳村等村（社区）建设宁夏隆德人造花工艺有限公司扶贫车间8个、纸箱扶贫车间2个，就地就近吸纳就业400多人。宁夏黄土地食品有限公司被评为2021年度全国脱贫攻坚先进集体。选优配强驻神林乡双村第一书记和工作队员，制定驻村帮扶计划，开展驻村帮扶工作。

【第三产业】 休闲农业与乡村文化旅游融合发展，陈靳乡新和村等6个行政村入选全国乡村旅游重点村，老巷子被评为国家3A级旅游景区；发挥隆德县红色旅游资源优势和夏季低温避暑优势，实施六盘山长征精神研学基地项目，建成神林山庄自驾游营地，新和村、老巷子房车营地，打造隆张公路、隆庄公路、隆泾公路三条精品旅游线路，打造盘龙山庄、锦瑟客栈2家精品民宿，培育六盘山文化城、盘龙山庄旅游商品购物店2家，打造老巷子餐饮、龙泉苑广场小吃等特色街区，全年累计接待游客150万人次，直接性营业收入1690万元，旅游社会总收入5.92亿元；我县入选2021年中国最美县域榜单。来隆旅游人数年均增长10%，旅游社会总收入年均增长8%。建成多元广场等商业综合体，打造龙泉苑特色休闲美食街区，增强电子商务带动传统商贸、助力特色产业发展能力，争取促进电子商务发展资金100万元，利用节假日开展电商节、购物节等消费促进活动，培育壮大消费热点，优化消费供给结构；助推快递下乡，鼓励多多买菜、美团优选等团购平台在农村开展配送业务，全年快递进港500万单、出港40万单，农产品线上销售额1800万元。全县全年实现服务业增加值22.6亿元，增长8%。

服务保障

财 政

【财政收支】 2021年地方一般公共预算收入完成9173万元（税收收入5314万元，非税收入3859万元），同比增长3.06%；返还性收入4713万元；一般性转移支付收入241829万元；专项转移支付收入58138万元；上年结余2018万元；动用预算稳定调节基金2万元；地方政府一般债务转贷收入65316万元。2021年公共预算总收入完成381189万元，增长15.64%。2021年一般公共预算支出340859万元，增长6.58%，上解上级支出94万元；债务还本支出16185万元；安排预算稳定调节基金3万元；结转下年24048万元。2021年全县公共预算总支出完成381189万元，增长15.64%。政府性基金预算。2021年政府性基金总收入完成6680万元。其中：县本级政府性基金收入2205万元；上级补助收入2189万元；调入资金2093万元；上年结余193万元。政府性基金支出完成6526万元，结转至2022年154万元。社会保险基金预算。年社会保险基金收入完成37857万元，下降9.59%。其中：企业职工养老保险收入14546万元，失业保险基金收入462万元，工伤保险基金收入239万元，城乡居民基本养老保险基金收入6368万元，机关事业单位基本养老保险基金收入16242万元（财政补贴收入7109万元），2020年结余15860万元。社会保险基金支出完成38699万元，增长9.4%。其中：企业职工养老保险支出14546万元，失业保险基金支出668万元，工伤保险基金支出218万元，城乡居民基本养老保险基金支出4567万元，机关事业单位基本养老保险基金支出18700万元。上解上级支出96万元，年终结余15019万元。

【资金主要投入】 助力乡村振兴。2021年安排中央和自治区衔接资金2.48亿元，农村综合改革资金9500万元，闽宁协作资金4700万元，债券资金8000万元，配套580万元。衔接资金用于产业发展资金占到县衔接资金总规模54.7%，支持发展壮大隆德县肉牛、冷凉蔬菜、文化旅游等特色优势产业。安排693万元，为全县13个乡镇36个行政村安装太阳能路灯2600盏。安排1420万元，用于沙塘、温堡、奠安、联财、陈靳5个乡镇26个行政村的道路硬化工程。金融扶贫加强。为2813户脱贫户发放小额信贷1.37亿元，新建金融便民服务站10个。

县域经济发展。争取地方政府债券资金5亿元，保障全县老旧小区改造、生态环境保护、农村人居环境改善等78个重点项目实施。统筹7723万元，用于机关事业单位养老保险和职业年金运营利息。加大存量资金清查力度，2021年共收缴存量资金11177万元，统筹用于产业发展、党校迁建、工业发展等民生项目，缓解县本级财政压力，实现财政收支平衡，提高财政资金使用效益。投入教育经费1.85亿元，支持幼儿园建设、义务教育薄弱环节改善和能力提升、普通高中学校改善办学条件等项目。投入生态环保资金1.16亿元，全力支持打赢污染防治攻坚战和生态保护修复重点项目实施。投入卫生健康支出6380万元，用于疫情防控、医疗服务和保障能力建设。投入就业创业资金5138万元，支持创业担保贷款贴息和应对人口老龄化工程项目。

工业经济提质增效。安排一二三产业融合发展资金3500万元。安排园区集中供能提升项目及蒸汽管网改造项目共1830万元。安排孵化园四期标准化厂房建设资金700万元。安排各项补贴资金624万元，支持园区企业转型升级。

政府采购运行。2021年隆德县行政事业单位共开展政府采购活动76次，其中：公开招标方式54次，单一来源方式6次，竞争性谈判方式3次，竞争性磋商方式5次，询价方式5次，邀请招标方式1次，协议供货方式2次，全年采购计划金额30935.86万元，实际采购金额30128.88万元，节约资金806.98万元，资金节约率3%。

投资评审推进。2021年财政投资评审项目163个，其中评审项目控制价96个，送审金额6.42亿元，审减金额1314.86万元，审减率2.05%；评审项目结算价67个，送审金额1.68亿元，审减金额1491.41万元，审减率8.87%。

"五公经费"持续压减。2021年度"五公经费"支出571.5万元，较2020年625.26万元下降8.6%。其中：公务接待费支出70.3万元，较2020年67.6万元增长3.99%；出国经费支出0万元，与2020年持平；公务车辆购置费支出17.98万元，较2020年174.85万元下降89.72%；公务车辆运行维护费支出228.44万元，较2020年207.87万元增长9.9%；会议费支出128.35万元，较2020年61.73万元增长107.92%；培训费支出126.43万元，较2020年113.21万元下降11.68%。

审 计

【审计监督】 2021年依法对我县财政资金使用情况、领导干部履行经济责任和生态环境保护责任情况以及专项资金管理使用情况等进行审计监督，作出审计处理建议。2021年完成审计项目25个，其中财政预算执行审计项目5个，经济责任审计项目12个，自然资源资产审计项目1个，民生资金专项审计项目7个；审计查出各类管理不规范资金3.05亿元，其中应收缴财政资金0.51亿元，应归还原渠道资金0.06亿元，推动有关单位建立健全制度9项。

【审计整改】 制定出台《隆德县审计查出问题整改责任落实制度》和《隆德县审计查出问题整改责任追究办法》，于2021年9月，对2018年以来各级审计机关组织实施的审计项目整改情况开展"回头看"，对照审计报告建立问题清单和整改台账，按照见人、见事、见物要求审核后下账销号，对未限期完成整改单位下发整改督办函，督促全面真实整改审计查出问题。隆德县2018年以来接受上级审计机关实施的14次审计中查出113个问题全面完成整改，整改率100%；县内统一组织实施的审计项目除债权债务未清理等历史遗留问题因整改难度较大，其他问题完成整改，整改率88.63%。

市场监督

【疫情防控】 完成进口冷链食品、食品内外包装、环境核酸检测258批次，相关人员采样142批次，对涉疫食品及时排查处置，严格四证管控。查处销毁无销售凭证、无消毒合格证明、无批次核酸检测合格证明的进口海产品130.5千克，进口冷冻猪肉820.5千克。发放、张贴告示330份，约谈防疫不到位经营户73户，下发责令整改通知书27份，立案查处3件。

【"食品药品安全区"】 按照区、市创建工作要求，结合隆德县实际，制定《隆德县全域创建"食品药品安全区"实施方案》《隆德县全域创建"食品药品安全区"宣传工作方案》，明确工作任务重点，压实责任。制作固定宣传牌3处，在城区主要街道制作宣传灯箱199个，街道、市场、商场悬挂横幅338条，联通公司向全县群众编发食药安全手机短信1380条次，广播宣传7场次，商场超市电子屏滚动播放食品药品安全宣传标语1230条次。在乡村印发食品安全宣传彩页12000余张，宣传标语400余条。建成"互联网＋市场监管""互联网＋药品安全""互联网＋明厨亮灶"系统，建成食药网络化、电子化安全监管示范平台。全县61家学校食堂已全部运行"互联网＋明厨亮灶"系统，48家药品经营门店建立电子监管台账，推广运行"阳光药店"。建成以隆德县食品药品检测检验中心为基础、第三方检测机构为支撑、快速检测室为补充的现代化检测体系，2021年完成食用农产品快速检测任务500余批次。隆德县食品药品检测中心于2020年11月底取得MA认证资质，认证项目86项，完成普通抽样检测任务260余批次。建立食品药品信息库和"一户一档"监管责任体系，现有一级网格1个，二级网格4个，三级网格20个。

【食品安全】 开展农村食品专项整治、312国道餐饮单位专项整治、"五小"食品安全专项整治、食品生产企业食品添加剂专项整治、减肥等功能保健食品专项整治、农贸市场食品安全专项整治、未成年人保护专项整治、校园安全及周边食品安全整治、白酒市场专项治理。共检查农贸市场136家次、商超341家次、加工小作坊345家次、餐饮单位2077家次，下发整改通知书47份。完成全县61所学校食堂自查、检查工作。学校食堂餐饮具ATP检测55批次，检测结果均合格。检查校园周边食品经营单位147家。检查酒类经营门店321户次，查获假冒侵权白酒90瓶。督促71家产生油烟污染的餐饮单位安装油烟净化器。落实"村宴"备案管理制度，村宴登记备案38家、3468人。落实网络订餐食品安全监管，全县实有网络订餐平台3家，共入网179家餐饮单位，全部实行入网餐饮服务单位实名登记、公示基本信息，登记率和公示率100%。对辖区小作坊进行全面调查摸底，重点对小酒坊、糕点坊、小油坊、小醋坊进行严格风险管控，共检查小作坊206家，发现问题56处，下发整改通知书56份。实行小作坊风险分级管理，全县A类小作坊8家，B类小作坊192家，C类小作坊8家。完成小作坊产品抽检41批次，抽检合格率100%。检查食盐配送企业1家次，食盐经营户363户次，餐饮服务单位及学校食堂135户次，抽样送检6批次，全部合格。全县共有1019家流通食品经营单位、452家餐饮单位、214家小作坊、23家生产企业参与风险信用等级评定，其中：A级168户、B级1315户、C级86户、D级114户，评定率99.88%。2021年，共查处食品药品违法违章案件56起，罚款42.34万元，销毁假冒伪劣食品药品110余千克。

【药械监管】 开展药械安全监督检查，对县级医院、民营医院和个体诊所的药品、医疗器械、骨科植入材料及口腔科、检验科室使用的药品、医疗器械质量及资质留存情况进行监督检查，共检查各类单位64家，责令限期整改16家。对全县药品、医疗器械（包括口罩和防护服）及消杀用品（酒精和消毒液）等涉疫物资进行检查，严把进货渠道确保产品质量。对全县12家新冠疫苗接种单位和县疾控中心开展专项检查，每个接种点均检查3次以上，责令限期整改3家。对全县辖区内48家药品经营企业、22家县乡医疗机构、12家个体诊所和115家村卫生室的药品、医疗器械经营使用情况进行全覆盖监督检查，责令限期整改13家，立案查处8家，罚款16.2万元。抽检药品38批次，不合格2批次，已立案查处。督促涉药单位上报药品不良反应病例报告150例。完成48家零售药店创建"阳光药店"的注册，数据上传工作，40家零售药店达到"阳光药店"创建标准。对辖区120余家化妆品专兼营店销售"诺颜魔斑修护膜"、广州恒大精细化工有限公司生产的"达尼丝染发膏（黄色）"等假冒化妆品进行全面排查，未发现有经营使用者。对辖区内4家麻精药品使用单位和48家零售药店进行监督检查，确保特管药品质量安全，严防流弊事件发生。对全县196家药品经营使用单位实行信用分级分类管理，其中：A级64家，B级125家，C级7家。开展农村和城乡接合部药店诊所村卫生室专项整治工作，共检查105家，限期整改16家。开展疫苗专项检查，对县疾病预防控制中心和辖区12家乡镇卫生院、4家社区服务站疫苗的发放、储存和使用情况进行专项检查。推进中药饮片专项整治，完成10批次中药饮片的抽检任务。开展美容机构化妆品、儿童化妆品专项整治工作，共检查经营店136家，立案查处过期化妆品7家，罚款2.3万元。开展药品零售企业执业药师"挂证"行为和处方药未凭处方销售专项整治工作，共检查药店48家，责令限期整改3家，立案查处2家。开展药械经营使用环节专项整治异地交叉检查工作，共检查药械经营使用单位19家，责令限期整改3家，立案查处5家。

【质量监管】 开展农资打假、电线电缆质量安全专项整治、儿童和学生用品安全守护、口罩质量提升、电动自行车专项整治、成品油市场专项治理行动。共抽检化肥、纤维制品、电线电缆、建材、食品相关产品、安全防护产品、成品油等45批次，合格43批次，合格率95.6%，对不合格产品进行立案查处。开展散煤市场专项整治，共检查散煤经营户35家，向经营户下发禁止销售劣质煤告知书，并签订禁止销售劣质煤承诺书，共抽检散煤10批次，合格10批次，完成中央环保督察组散煤治理整改销号工作。开展质量提升行动，制定并提请县政府印发《隆德县进一步提升公共服务质量工作方案》。组织企业质量管理提升暨标准化工作培训班，培训企业16家次。开展计量器具监督检查，以集贸市场、眼镜配置场所、金银经销店等领域为重点，检查强制性计量器具检定情况，邀请固原市检验检测所对隆德县集贸市场、眼镜配置场所、粮食购销等领域在用计量器具上门免费检定，共检定计量器具200台件，合格率97.5%，对5家不合格电子秤进行现场校验。开展检验检测机构专项监督检查，对隆德县6家检验检测机构开展分级分类评定，其中评定A类机构4家，B类1家，C类1家。开展质量认证认可监督检查，按照"双随机 一公开"抽查制度，对1家有机产品获证企业、1家强制性产品认证获证企业进行监督检查，对企业现场不能提供质量管理手册、程序文件、审核计划等资料行为，下发责令整改通知书。目前全县有获证企业21家，证书36张，其中：管理体系认证证书23张，有机产品认证证书7张，绿色食品认证证书3张，服务认证证书1张，强制性产品认证证书2张。

【特种设备监管】 开展特种设备安全日常监督检查，共检查特种设备使用单位76家次280台件，发现安全隐患10处，下发特种设备安全监察指令书10份，责令停产整改企业1家，查处违法案件2起，罚款1万元。开展安全生产专项整治三年行动，牵头开展气瓶、城镇燃气安全专项整治工作。对隆德县2家电梯维保单位进行现场核查。

【知识产权保护】 开展"蓝天"专项行动，查处不以创新为目的的专利申请、不以使用为目的商标注册、无资质专利代理、恶意抢注商标、侵犯商标专用权等违法行为，查处侵犯商标案件1起。发展"固原胡麻油"地理标志产品贴标使用企业1家，"固原黄牛"地理标志产品企业1家。全县有效商标注册量达1000余件、万人有效发明专利拥有量达1.1件。

【市场监管】 落实"双随机、一公开"监管工作，市场监管领域各部门开展"双随机"抽查42次，抽查市场主体607家，其中：跨部门联合抽查24次，抽查市场主体409家，市场监管部门抽查18次，抽查市场主体198家，查处各类违法违规案件3件。抽查检查结果在国家企业信用信息公示系统（宁夏）进行公示，抽查结果公示率100%。开展年报公示和抽查工作，应年报企业1738户，已报企业1658户，年报率95.4%。清、吊"僵尸"企业，共清理吊销企业30户、农民专业合作社4户。开展消费维权工作，共受理各类消费者投诉162件（12345市长热线55件、12315投诉87件），全部办结，为消费者挽回经济损失20万元。

审批服务

【概况】 审批服务管理局，推进基层政务服务工作，截至2021年12月底，县政务大厅共受理办理事项25万件，优先服务退役、现役军人、军属和残疾人5685人次，代帮办、延时预约服务群众26435人次，发出政务快递2308件。

【政务体系规范化】 以1个县级政务大厅、6个政务分厅、13个乡（镇）民生服务中心、108个村（社区）民生服务代办点，形成"1+6+13+108"

的全县政务服务大格局。承接发布"四级四同"事项1413项，县大厅事项"应进必进"率100%，与群众生活密切的水电暖等公共服务事项全部进驻大厅，进驻事项"一窗"无差别受理率100%。县大厅建成24小时自助服务厅，提供24小时"不打烊"服务。建成"好差评"政务服务评价系统，拓展评价渠道，推动"好差评"对各级行政事项全覆盖，并与12345联动落实各方诉求"接诉即办"，群众满意度99%。政务服务中心每日通过电子监察系统巡查工作纪律作风，发现问题及时提醒纠正；审批局每周印发"12345"工作通报，督促投诉问题如期保质整改；政府办印发全县政务服务月度通报，督促工作效率、工作能力全面提升；县纪委监委每季度通报并谈话问询整改情况，建立即时巡查、及时整改的"日+周+月+季"通报监督机制，倒逼政务服务能力多渠道、全方位提升。

【政务事项标准化】 依托宁夏行政审批系统和固原市"163"一体化政务服务平台，加快构建线上"一网通办"、线下"一窗通办"融合发展。优化网上大厅功能，实现政务事项"应上尽上、全程在线"，政务事项网上可办率85%以上。印发《隆德县乡镇赋权清单》《乡镇政务服务事项清单》《隆德县乡镇"四级四同"事项清单》《隆德县部门委托乡镇审批服务事项清单》和《隆德县乡镇民生服务中心"马上办、网上办、就近办、一次办"事项清单》，共下派乡（镇）办理事项120项，委托村（社区）办理47项。230项事项实现"跨省通办"，533项实现"区内通办"，85项实现"市域通办"，"163"系统可办理事项596项。网上办事大厅和实体服务大厅实时同步动态更新，县（乡）政务服务事项一窗口办理、一站式服务、一平台共享、开启全流程监督的线下线上标准化服务模式。

【政务模式智能化】 新建政务服务效能监察中心，搭建集电子政务处理、业务培训、工作交流、视频会议、效能监察于一体，连接县、乡、村"三级"远程监察控制系统，数据"多跑路"办事群众"少跑路"。依托"数字乡村""智慧社区"手机APP和微信小程序，开启"乡亲喊话"新模式，将120项乡（镇）、村（社区）办理事项归纳为"我要办户籍""我要办社保""我要办贷款"等简易的群众语言15条，群众通过APP和小程序"乡亲喊话"提出"我要办……"诉求，乡村干部和网格员网上接单，梳理事项类型后，按权限提交村（社区）民生服务代办点、乡（镇）民生服务中心办理，县、乡、村三级严格按照事项办理承诺期限及时反馈办理结果，形成"提交—办理—反馈"闭环处理机制，乡村"互联网+政务服务"融入村民日常生产生活。

【政务方式便民化】 推进"一件事一次办"改革，依托宁夏行政审批系统和"163"政务服务平台，实现"一次告知、一套材料、一次办成"高效服务，企业和群众线上、线下享受无差别全流程审批服务。创新便民机制，推行容缺后补办、告知承诺办、跨省（区内）通办、零材料办、一证（照）通办、预约办、代帮办、延时办、就近办、自助办等便利措施，多渠道提高办事效率和服务水平。增设流动帮代办人员，围绕重大项目落地、社会事务、工程建设、企业注册实行一对一跟踪对接、人盯人帮办服务。建立老、弱、病、残、幼便民措施，提供线上亲友代办，线下绿色通道，全程帮代办服务。推行工作日延时服务、法定节假日预约服务，中午"不断档"、周末"不打烊"。"政证到家，服务到家"政务快递投送业务全面上线。

【企业开办便利化】 全链条进驻，设置专区，实行企业开办"一网一窗"通办，开展"小易办"服务和全程电子化登记，推行企业名称"自主办"、个体工商户"秒办"、市场主体住所"承诺办"，拓展市场准入"就近办"，推行企业开办"110"行动（一件事、一次结、零成本）。实现企业开办3小时办结。制定《关于深入推进"证照分离"改革工作实施意见》，整理出《隆德县本级涉企经营许可事项改革清单》，采取直接取消审批、审批改备案、实行告知承诺、优化审批服务四种方式分类推进"证照分离"改革全覆盖，破解"准入不准营"难题。2021年，全县共注册市场主体816户，其中企业256户，个体工商户539户，农民专业合作社21户；共登记先照后证市场主体577户，其中企业200户，个体工商户363户，农民专业合作社14户；注销市场主体618户，其中企业149户，个体工商户424户，农民专业合作社45户；简易注销66户。通过一网通办平台共办理业务131件，其中设立登记105件，变更登记20件，注销登记6件，共发放电子营业执照1128份。

统 计

【统计预警分析】 对全县各季度及全年经济运行情况进行分析，找出存在的问题，有针对性地提出建议，撰写统计分析。做好城乡居民可支配收入调查工作。建立健全经济联席会议制度，每季召开全县经济数据评审联席会议，分析经济运行走势，剖析原因。完成农业、工业、建筑业、商贸流通、劳动工资、综合、核算等专业月报、季报及年报的报送工作。完成限额以下批发贸易抽样调查、妇儿纲要统计监测、小康监测、1%人口抽样调查、生态移民监测等工作。实施地区生产总值统一核算改革，以第四次经济普查数据为依据，完成2018年GDP统一核算和数据衔接修订。以修订后的2018年GDP为基数，对2019年地区生产总值进行统一核算，并对2000—2020年历史数据进行修订，实现GDP在总量、速度和结构与区、市数据的基本衔接。

【"四大工程"】 统计"四大工程"建设。更新基本单位名录库。利用部门行政记录和专业统计信息，更新维护全县"四上"企业及非企业单位名录由调查单位入库。严把数据质量关，对上报数据的平衡关系、逻辑关系方面的审核，发现问题及时反馈企业修改，确保一套表上报数据质量。强化检查监督力度。遵守企业一套表联网直报"四条红线"的监督核查，确保基层统计数据质量。

安全生产

【安全生产】 开展各领域安全隐患排查整治工作，排查整治隐患。落实安全隐患"四个一"机制（一月一排查、一月一汇总、一月一整改、一月一清零），2021年隆德县各领域共排查安全隐患367处，分别是企业生产安全领域53处、库坝水利设施领域35安全处、公共文化服务领域安全13处、危险化学品领域安全56处、建筑施工领域安全41处、道路交通领域安全53处、校园及周边领域安全18处、人员密集场所领域安全12处、农业农村领域安全26处、消防安全领域安全28处、特种设备领域安全8处、烟花爆竹领域安全1处、有限空间作业领域安全1处、设施设备领域安全3处、医疗卫生领域安全7处、城市燃气领域安全2处、地质灾害领域安全10处。目前已完成整改325处，1处正在整改。推进安全生产专项整治三年行动。2021年是安全生产专项整治三年行动集中攻坚年，印发《隆德县安全生产专项整治三年行动集中攻坚阶段实施方案》，开展各类大讲堂、基层宣讲等13场次，培训400余人次。

【应急管理】 针对辖区内灾害风险隐患特点，做好应急救援预案编制和应急演练，对重点领域、重点区域开展拉网式排查，全面掌握辖区风险隐患点，及时登记造册，建立数据信息库。对重点风险隐患点落实"六有"措施（有应急预案、有防治责任人、有监测员、有警示标志、有监测设备、有应急演练），使隐患点群众做到"四个清楚"（清楚灾害类型、清楚撤离路线、清楚警示信号、清楚避难场所）。加强村（社区）应急管理"三有"（有场地设施、有装备物资、有工作机制）建设。在全县开展自然灾害风险隐患排查，完成隆德县地质灾害风险性调查评价和地质灾害隐患点排查工作，查明地质灾害类型、分布规律及重大地质灾害隐患点分布情况，划定地质灾害易发区。隆德县存在地质灾害类型有泥石流、崩塌、滑坡、地裂缝等，涉及13个乡镇、61个村、104个点。根据这些灾害建成隆德县应急管理调度指挥中心，自然灾害监测预警信息化系统。利用微信平台建立"隆德县气象预警服务联络群""隆德县人影作业指挥群""灾情信息共享群"等，通过互联网手段及时收集分析相关信息，在水务、自然资源、应急管理、气象等部门建立信息共享机制，开展自然灾害综合监测预警。根据气象监测预警系统数据，每天17时通过126邮箱、移动代理服务器（简称MAS）平台向决策部门应急联系人发布72小时天气预报，确保灾害预警信息及时有效发布。隆德县共有61套山洪灾害预警广播系统，分别安装在13个乡镇和48个重点山洪易发点。隆德县有6个重点地质灾害防范区，102个地质灾害监测点，落实监测人61个，对102个风险点分别填写地质灾害防灾工作明白卡，对所涉及的501户住户发放防灾避险明白卡。实施城关镇杨家店一期和二期、观庄乡石庙八组、观庄乡大庄村四组、观庄乡后庄村一组、好水乡红星村一组地质灾害治理等工程。争取41万元救助资金用于受灾群众基本生活保障。在乡（镇）、村（组）组建30-50人的应急救援队伍。建立"库坝连通、丰枯补给"的跨区域供水保障体系，铺设输水管线35千米，使渝河12座蓄滞净化池及南片庄浪河、甘渭河和中片渝河3大流域的16座库坝实现互联互通，保障城乡供水。实施2021年至2025年林区防火通道建设项目，规划新建林区防火通道316.491千米，预算总投资176.209万元。现已完成项目规划。加强森林草原防灭火工作。开展全国自然灾害风险普查工作。截至2021年8月13日，已完成对自然灾害承灾体和综合减灾能力2个大类、7个中类和31个小类的清查工作，确定446个调查对象，其中承灾体181个，减灾能力265个，并完成数据录入。2021年9月13日召开全县调查工作培训会，各乡镇、各行业部门调查表、历史灾害资料及家庭减灾能力调查已全部录入上报。

【行政执法改革】 根据中共中央办公厅国务院办公厅《印发〈关于深化应急管理综合行政执法改革的意见〉》，2021年6月28日上报《隆德县应急管理综合行政执法改革意见》，2021年8月份更名加挂"隆德县应急管理综合行政执法大队"牌子，机构设置为副科级。按照减少执法层次、整合执法队伍、提高执法效率的要求，在现有安全生产执法队伍的基础上，组建隆德县应急管理综合行政执法队伍，以隆德县应急管理局名义统一执法。13个乡（镇）成立乡镇应急管理站，行政村（社区）成立应急管理室，县、乡镇、行政村（社区）三级全覆盖的应急管理组织。成立隆德县应急救援保障中心，组建县级、部门、乡镇、村（社区）和重点企业应急抢险救援队伍。

税 务

【税费征管】 2021年，共组织各项税费收入46029万元，同比增长12.48%。其中，税收收入12829万元，同比增长3.28%，完成目标任务12800万元的100.23%。社保费入库27091万元，同比增长6.84%，增收1733万元；非税及其他收入入库6109万元，同比增长91.67%。落实减税降费1132万元，其中减税726万元，占全年税收的5.66%；降费406万元，占全年社保费和非税收入1.22%。开展税收执法自查，全县2户纳税人享受轻微涉税违法"首违不罚"。开展执法督察，整改疑点数据70条。税收征管按月用5C监控系统对11个子模型、64个评价指标进行问题扫描，全年共纠正6大类746个短板问题。为32户纳税人核定电子专票，制作宣传视频、一对一辅导为315户纳税人税务讲解UKey操作。完成土地闲置费、城镇生活垃圾处理费、国有土地出让收入等划转征收。推进征管改革。

【"放管服"改革】 推进"放管服"改革，解决纳税人缴费人痛点、堵点、难点问题。提高办税缴费便利度。优化服务举措，简化办税流程，推进"非接触式"办税缴费，2021年，纳税人网报率在98.24%~100%之间浮动，均高于全区平均水平。打造"24小时办税服务厅"，减少窗口办理纳税人排队时间，弥补节假日与工作日8小时以外的空白时间。完成财产行为税10税合并申报，推进增值税消费税与附加税费申报表整合，平均办税时间缩短40%。推行网格化纳税服务。制作纳税人精准辅导手册，全体干部包帮服问计问需问难于每户纳税人，制定《隆德县税务局"六个一"精准服务实施方案》，走访1435户纳税人，发放涉税服务联系卡2300张，电话问需4400余户、解答纳税人疑问和诉求4类39条。设置应急办税厅1处，引导广大纳税人缴费人"网上办"。

民生服务

教育体育

【概况】 全县有各级各类学校115所，其中普通高中2所，职业技术学校1所，初中6所（城区2所，乡镇4所）、小学56所（城区3所，乡镇中心小学12所，村级小学26所，教学点15个）、幼儿园49所（公办独立幼儿园10所，公办校中园38所，民办幼儿园1所）、特教学校1所。在校学生22646人，其中幼儿园4235人、小学9590人、初中5132人、普通高中2652人、职业技术学校984人、特教学校53人。有教职工2397人，其中在编2187人，政府购买服务等人员210人；幼儿园382人，在编197人；小学933人，在编915人；中学914人（其中普通高中349人），在编913人；特教学校22人，在编22人；职业技术学校146人，在编140人。主要指标完成情况。学前三年毛入园率88.71%，小学六年巩固率100%，初中三年巩固率100%，高中阶段毛入学率94.72%，残疾儿童毛入学率100%，义务教育阶段辍学学生为0。

【表彰奖励】 获国家及区、市、县表彰奖励共117项，其中省部级8项，厅局级50项，市局级38项，县局级21项。主要有一小、三小被教育部评为2020年全国青少年校园足球特色学校，观庄小学教学案例《停课不停学，隔屏不隔爱》融合第四届全国基础教育信息化应用展示交流活动"停课不停学"优秀案例，教育体育局被国家体育总局评为2017—2020年度全国群众体育先进单位，二小被教育部评为第三批全国中小学中华优秀传统文化传承学校，一小被区党委评为全区先进基层党组织，二中教学案例《"124+x"模式助力民族地区线上教学》荣获全国在线教育应用创新典型案例，教育体育局被教育部评为2021年国家义务教育质量监测实施优秀组织单位；教育体育局被区教育工委、教育厅评为2020年全区普及高中阶段教育先进单位、2020年全区教育脱贫攻坚先进单位，温堡学区党支部被区教育工委、教育厅评为全区教育系统先进基层党组织，二中、沙塘小学被区教育厅评为自治区劳动教育示范校，二中被区教育厅评为自治区首批教师专业发展基地校，二小被区教育厅评为2021年铸牢中华民族共同体意识教育示范校，二中被区教育厅评为2021

年民族教育法治示范校；四幼被市精神文明建设指导委员会评为第二十七批固原市文明单位，三小、联财小学被市精神文明建设指导委员会评为第四批固原市文明校园，职业技术学校、二幼被市精神文明建设指导委员会评为固原市文明单位，二小被市禁毒委评为毒品预防教育示范学校，杨河学区党支部、观庄学区党支部被市教育工委、教育体育局党组评为全市教育体育系统先进基层党组织，二小、温堡中心小学被共青团固原市委、市教育体育局、市少工委评为2019—2020年度全市优秀少先队大队，二中被评为2019—2020年度全市优秀少先队中队，杨河幼儿园、张程幼儿园被市教育体育局评为自治区一类幼儿园，二中、观庄小学被市教育工委、教育体育局评为全市教育工作先进集体，一小、二幼、温堡中心小学、观庄小学被市教育体育局评为消防安全标准化学校、健康教育标准化学校；普通高中教育集团党支部被县委评为全县先进基层党组织，县普通高中教育集团、职业技术学校、二中、四中、一小、二小、三小、杨河中学、沙塘学区、联财学区、杨河学区、张程小学、观庄小学、城关十里小学、温堡夏坡小学、二幼、四幼、凤岭幼儿园被县委、县人民政府评为2020—2021年度全县教育教学工作先进集体，观庄中学、张程中学被县精神文明建设指导委员会评为2020年隆德县文明校园。

【教育改革】 出台《隆德县关于深化教育教学改革全面提高义务教育质量的实施方案》，对标修订《隆德县中小学校（幼儿园）工作效能考核办法（试行）》，开展"大学习""大宣讲""大研讨""大宣传"活动，纠改、清理和克服"五唯"。推进"双减"工作。盯紧校内和校外两个环节，对"校内"，落实"五项管理"和课后服务，出台《隆德县推进落实"五项管理"工作20条措施》《隆德县中小学生（幼儿）课后服务工作实施方案（试行）》《学校作业总量管理制度》《关于加强义务教育考试管理的通知》等文件，建立健全制度框架。秋季学期，在63所义务教育阶段学校全面推进课后服务，参与教师1499人，受益学生15233人。对"校外"，重点加强民办校外培训机构专项整治，依法依规撤销4所校外培训机构的办学资格，剥离七彩艺校等6家校外培训机构学科类培训，全县学科类培训机构归0。全县7家校外培训机构全部只从事艺术类培训。艺术类校外培训机构全部移归文广部门管理。推进"基础教育质量提升行动"。围绕"五大工程"，对标自治区21项具体措施和固原市22项重点任务57条主要措施，出台《隆德县实施基础教育质量提升行动方案》，制定任务清单和落实台账，明确时间表、路线图和责任人。成立隆德县语言文字工作委员会，制定《隆德县推广普通话和规范语言文字活动实施方案》《隆德县新时代语言文字工作实施方案》《隆德县中小学生课外读物进校园管理办法》，明确做好语言文字工作目标、任务和职责。制定《隆德县开展基础教育质量提升"5+1"系列活动方案》，开展"大展示、大比武、大练兵、大评比、大参与、大访谈"5+1系列活动，推进全方位练兵。举办第四、第五届"教育圆梦"奖学金助学活动，奖励优秀学生885名。组织实施国家义务教育质量监测工作，开展义务教育阶段学生县级教育教学质量抽样监测，健全学生评价体系。推进校园治理工作，围绕"一年攻坚落实、两年巩固提升、三年建立长效机制"的工作目标，聚焦"五大行动"重点任务，按照"4345"（加强4项建设、实施3项"清零"、推进4项改革、推动5个提升）工作思路，依法成立学校人民调解委员会29个，聘请法律顾问14人，法治副校长39名，法治辅导员7名。在各乡镇设立13名教育专干，完善政府教育管理职能。学校100%与基层医疗卫生机构建立"医教联合体"，聘请校医39名，提升学校卫生防疫工作。升级改造学校视频监控系统和一键式紧急报警设备，全部与公安机关联网，招聘专业保安人员32名，按照"1+N"模式设置"护学岗"，实现学校封闭化管理和专职保安员配备、一键式紧急报警设备、视频监控系统、"护学岗""四个100%"全覆盖。校园治理达标县（校）通过区级验收。

【五育并举】 健全全面育人体系。坚持"红色思政"开展"四史"知识竞赛，开设《习近平新时代中国特色社会主义思想学生读本》课程，推进习近平新时代中国特色社会主义思想"三进"工作。将思政教育贯穿于教育教学全过程，形成"三全"育人氛围。推动和完善"1+1+X"体育技能发展模式、"1+12"校外艺术教育模式、"三主三辅一基地"劳动教育模式、"1+4+108"家庭教育模式。举办中小学生合唱艺术节、校园科技展、千人书写大赛、乡村少年宫艺术展演、教职工书画展、中小学生运动会、颁发教育圆梦奖学金等活动。建成全县首个面向少年儿童的集亲子益智、手工体验等为一体的公益免费研学基地——闽宁驿站少年儿童研学基地，组织开展27期"圆梦蒲公英凤凰花班·关爱少年儿童行动"研学旅行活动，提升学生自理能力、创新精神和实践能力。开发地方和校本课程，编撰出版《隆德县中小学生县域研学指南》《隆德县弘雅课程》。发展体教融合，培育体育"品牌""标杆"，一小张轩、柳岳、赵亚璇、赵静茹4学生入围全国青少年校园足球夏令营最佳阵容，柳军胜等4名教师被授予全市优秀教练员，张薇等7名学生被评为全市优秀运动员。出台《隆德县儿童青少年视力健康电子档案实施方案》，定期对学生进行近视眼检测，制定针对性方案预防近视发生。在学校开展"新时代模范家长"经验分享交流会、"五育之星"评选、"新时代好少年"评选表彰、"学雷锋，爱环境，讲文明，树新风"志愿服务、"民族团结月"等活动。落实项目工程建设。完成各类项目工程总投资8953万元，新建、改扩建校舍总面积18800平方米。拆建一幼教学楼、二小实验楼，新建观庄中学实验楼、张程小学教学楼、张程小学综合教学楼、联财小学教学楼、城关小学教学综合楼、杨河中学和杨河小学教师周转宿舍，完成二中滑坡山体治理，维修改造二中、张程小学和联财小学3所学校运动场，改建张程小学等14所中小学厕所。改造国家教育考试标准化中考考点，为二中35间教室和县考试中心保密室共配备巡查系统设备200件（套）。实施高考综合改革项目，更换高考广播系统，改造隆中实验楼、高级中学院坪、浴室，为高级中学购置智慧型理化生实验室设备等。推进"互联网+教育"，建成创新实验室、智慧教室、"互联网+创新素养"功能厅等10间，配置智慧黑板131套、便携式录播系统1套、智慧朗读亭5套、网络阅卷用高速扫描仪1台，升级改造校园网，有线网络覆盖校园每个教学、活动和办公场所，实现数据传输高效，应用可管可控。建成四中、二小为全区"互联网+教育"标杆校，一小为全区第一批数字教材应用优秀校。出台《隆德县"三个课堂"应用管理办法》，加强"三个课堂"常态化应用管理，推进课堂改革，深化"三个课堂"创新应用。组织全体教师参与2021年中小学教师信息素养测评，综合得分名列全区9个脱贫县第二名。

【校园平安建设】 推动校园安全专项整治三年行动，制定《教育系统安全生产权力和责任清单》，逐级签订《社会治安综合治理工作责任书》《岗位目标责任书》和《安全管理责任书》，明确责任。组织开展"五日三周两月"活动，即通过"4·15"国家安全日、"5·12"防灾减灾日、"6·26"世界禁毒日、"11·9"消防日、"12·4"宪法日、消防安全教育周、反间谍法宣传周、新修订的《教育法》及宪法宣传周、安全生产月、防范非法集资宣传月等活动。排查隐患、安全预警、重点领域专项整治、校园及周边环境综合治理工作，全年排查整治校园安全隐患35处，发布预警信息13次，发放《致家长的一封信》12000份，学校每季度开展1次应急疏散演练成为常态。落实疫情防控工作。完善"两案九制"，落实"五个严格"，依托医教联合体给各校选派校医30人，指导学校开展疫情防控等卫生工作。动员组织师生接种疫苗，截至2022年1月17日，全县教职工第二剂疫苗接种率99.55%，第三剂接种率59.3%；3—11周岁学生第二剂疫苗接种率99%；12—17周岁学生第二剂疫苗接种率99.79%，除禁忌人群外，应接尽接。

【优质均衡】 提高学前教育普及普惠水平。通过户籍摸底、电话摸排、"千名教师进万家"等措施，确保适龄儿童应入尽入。规范幼儿园收费管理，根据《宁夏回族自治区幼儿园收费管理实施细则》，配合县发改委调整幼儿园保育教育及伙食费收费标准，2022年秋季学期实施。试点推进幼小衔接，出台《幼儿园与小学科学衔接攻坚行动实施方案》，通过"试点园+试点校"结对方式，设立一幼和一小、联财幼儿园和联财小学、张程崔家湾幼儿园和张程崔家湾小学3个试点组，探索幼小衔接，完善广覆盖、保基本、有质量的学前教育公共服务体系。深化医教结合的特殊教育。成立特殊教育专家委员会，对残疾儿童就学、康复、就业等提供指导保障服务。

健全以特殊教育学校为骨干，以随班就读为主体，以送教上门为辅助的特殊教育格局，在开齐开足新课程标准，增加生活技能课和康复实训课，加强生活课程与传统课程融合教学，训练学生适应社会生活基本能力。在温堡中心小学、二中、四中3所学校各建成1间特殊教育资源教室，累计为接收5人以上残疾儿童学校建成随班就读资源教室8间，提高特殊儿童教学、训练和康复成效。促进特殊教育由义务教育向学前、高中阶段两头延伸，推进职业教育课程与学生就业相接轨，走校企联合办学之路，与县人造花厂、花场、纸箱厂等企业开展合作，在自愿前提下安排中轻度残疾少儿实训就业，整体提升特殊教育水平。推动义务教育向优质均衡迈进。加快学校布局调整，出台《隆德县推进中小学（幼儿园）集团化办学实施方案（试行）》，组建一小、二中教育集团，通过"以城带乡"和"共融共促"，构建城乡一体现代学校管理体系。撤并温堡杨堡小学、观庄玉湾小学等7所小规模学校。自治区人民政府同县人民政府签订《推进义务教育优质均衡发展目标责任书》，明确推进目标和指标任务。完善现代职业教育体系。实施职业教育现代质量提升项目，建设3D打印室、工业机器人创新实训室、网络型可编程控制器综合实训室、中医药文化展厅、艾灸理疗创业体验中心等"三室一厅一中心"，改造中草药栽培山河智能温室、无人机实训室、西餐服务实训室、汽修车间、中草药加工车间。校企合作，引企驻校，同宁夏聚升农业科技有限公司合作，创新山河中草药种植与加工实训基地运营模式，由企业高级工程师手把手指导提高实习实训效率，实现校企循环发展、双向赋能，形成"校、企、生"双赢共同体。完善职业培训体系，增加技能等级证书培训课程，加强专业教学与技能大赛的对接，落实"1+X"证书制度，新增汽车涂装喷漆为"1+X"证书试点项目，整体试点项目4个。完成劳动力培训607人次，依托六盘山职业技能鉴定所等，面向全市完成职业技能等级认定2275人，合格率93.1%。加强艺术教学，把书法作为必修课开设，在学校成立艺术班级，组建音体乐美及舞蹈等15支专业训练队。加强校校合作，与厦门大学外文学院签订定点帮扶框架协议，利用高校人才和资源优势，加强奖教、奖学、助学工作。规范高中招生，对标相关政策文件，按照最高加10分且不累计叠加加分原则，清理规范中考加分项目，保障高中招生的公平公正。2021年全县中考总分平均分488分，位居全市第一名，比第二名原州区高出5.31分，总分700分以上5名学生；高考本科上线率为45.98%，比2020年提升0.63个百分点；重点上线146人，上线率12.76%，比2020年提升4.52个百分点，上线率连续上升。

【师资队伍建设】 落实新时代教师职业行为"十项准则"，出台《隆德县严禁中小学校在职教师有偿补课的规定》，落实"七个严禁"，开展"师德承诺"行动，与全体教师签订廉洁从教承诺书，对违反师德师风行为实行"零容忍"。推进"县管校聘"，按照"整体平稳、总量控制、填平补齐、相对均衡"的工作要求，统筹在编在岗教师管理，外调教师64人，县内城乡校际调动86人，推动教师超编核减工作。拓宽教职工补充渠道，连续三年通过政府购买服务岗位形式为学前教育"输血"，累计补充幼儿园教师189人，占农村幼儿教师的57.1%，其中2021年补充73人。通过政府购买方式为学校配置专职保安32名。推行中小学党组织领导的校长负责制。推进校长教师交流轮岗，先后交流校长和学校中层领导6人，交流教师128人。扶持乡村教师在农教补贴、乡镇补贴、职称评聘、出外疗养等方面给予政策倾斜和照顾。开展"国培""区培""市培""县培""校培"五级联动的教师培养培训工作，通过"线上+线下"方式累计培训教师3989人次。出台《隆德县县级骨干教师评选培养方案》，修改《隆德县中小学骨干教师管理办法》，加强教学名师、学科带头人和骨干教师梯队建设，培养"六盘名师"、各级骨干教师共480人，占全县中小学教师总数的21.7%。完善教师荣誉激励机制，连续13年召开庆祝教师节暨全县教育大会或座谈会，表彰奖励优秀教师和先进个人。关爱教师身心健康，落实"两年一检"目标。

【教育扶贫】 确保控辍保学动态清零。落实"双线三保四包五长"工作制度，推进党政管、部门清、乡村找、学校保、家长防"五位一体"工作措施，按照"一人一策""一生一案"要求，健全监测保障机制，控辍保学实现动态清零。紧盯

"两类人群"家庭困难学生，做好边缘易致贫户14名学生和脱贫不稳定户23名学生的就学及资助工作。落实国家资助政策。落实减、免、补、奖、贷各类惠民资金6185.77万元，惠及学生81459人次，其中学前教育阶段291.55万元，惠及幼儿9531人次；义务教育阶段3950.37万元，惠及学生53359人次；普通高中阶段516.22万元，惠及学生5841人次；中职教育阶段525.37万元，惠及学生7699人次；大学教育阶段857.65万元，惠及学生4130人次。办理生源地助学贷款3686人，资金2466万元；催收偿还本息2415人，回收金额486.89万元。保障食堂食品安全。规范实施营养改善计划，让农村义务教育阶段每个学生都吃的安心、放心、舒心和有营养。召开学校食堂安全管理工作培训会，对学校负责人、分管领导、会计及食堂管理员进行全员培训。深化食堂改革，推进"明厨亮灶"建设，通过宁夏阳光餐饮平台加强食堂运行日常监管，健全学校负责人员陪餐制度，鼓励家长参与和监督，落实问责和责任倒查机制，按照"全覆盖、细排查、严追究、零容忍"要求，对食品安全问题实行挂牌督办。对城区幼儿园、高中学校、二中设定食堂改革路线图，推动建立食堂大宗物品采购制度机制。疫情期间，及时掌握学校米、面、油等食材的采购情况，确保原材料准备充分。与福建高校、中小学校、幼儿园结对"联姻"，普高教育集团与厦门大学外文学院、职业技术学校与福建三明林业学校、四中与厦门大学、二小与闽侯实验小学、二中与闽侯实验中学、四幼与闽侯实验幼儿园、三小与闽侯县荆溪关口小学建立合作帮扶关系，开展支教、师资专业培养、贫困学生资助等对口交流合作。落实各类闽宁帮扶资金55.48万元。

【全民健身】 通过中央和自治区体育彩票公益金项目，规划建设街心公园2个多功能运动场、1个拼装式游泳池、1个儿童乐园和2千米健身步道。健全"县、乡、村（居）"三级体育行政管理体制，构建"体育总会、单项体育协会（俱乐部）、健身站点"三级社会体育网络。调动2青少年俱乐部、1业余体校和9单项体育协会组织参与群众体育活动，在全县组织开展公益性兴趣培训班及冬夏令营活动，参与举办群众体育赛事，开展2021年线上亲子运动会、庆"三八妇女节"趣味运动会、"中国体育彩票杯"2021年隆德县第四届农民篮球争霸赛、线上广播体操大展演活动等各类赛事活动20余次。加强体育单项协会管理。为全县体育单项协会选派5名党建指导员，加强体育单项协会党建工作。在全区学生田径锦标赛暨第十四届学生运动会田径项目选拔赛上，取得长跑、跳远、铁饼、标枪、铅球5个项目中的7个个人奖，接力赛中3个集体奖；在全区学生锦标赛上，我县田径队、篮球队共取得9个个人奖和1个集体奖；在固原市教育体育系统第二届中学生运动会上，取得跳高、短跑、中长跑等12个项目中26个个人奖，接力赛中的8个团体奖。在第八届宁夏社会体育指导员交流展示大赛、"我要上全运"第十四届全国运动会群众项目健身气功宁夏选拔赛等赛事中，取得4个团体奖。

卫 生

【概况】 全县共有医疗卫生机构23所，其中县级公立医院2所，其他县级医疗卫生机构3所，社区卫生服务站4所，乡镇卫生院13所，民营医院1所。现有卫生健康工作人员1281人，专业技术人员962人，占比75.1%；标准化村卫生室111所，乡村医生165名；共设床位842张，每千人拥有床位5.36张，每千人拥有执业医师2.66人，每千人拥有执业护士3.04人。全县总诊疗49万人次，住院1.6万人次，孕产妇死亡率0%，婴儿死亡率4.03‰，新生儿死亡率3.23‰，5岁以下儿童死亡率下降到5.65‰，出生缺陷发生率54.42/万，计划免疫接种率99%以上，传染病报告发病率225.68/10万。卫健局党委被授予"全区先进基层党组织"荣誉称号。

【疫情防控】 累计报告新冠肺炎确诊病例3例，全部治愈出院，预检分诊和发热门诊实行24小时值班制，中高风险地区来返隆人员及国外入境人员全部落实集中健康监测，做好核酸检测试剂盒储备。开展"应检尽检"和"愿检尽检"服务。全年累计检测108852人份，其中"应检尽检"76618人份，"愿检尽检"32234人份。对重点地区冷链食品和从业人员做到每周采样检测2次，对其他常态地区的冷链食品和从业人员做到每周采样检测1次；对农贸市场、商场按照每周1次，对其余需要监测的集贸市场按照每月1次的频次进行病毒监测。做好防疫物资储备，建立物资储备清单，县财政投入防疫物资专项资金596万元，采购储备移动DR2台及核酸检测试剂盒等疫情防控物资。各医疗卫生机构自行采购储备医用外科口罩18.82万个、医用N95口罩1.37个、医用防护服7365套、医用隔离衣3205套、额温计148个、红外测温仪18台等。开展新冠疫苗接种。全县共确定接种单位12家、医疗保障定点医院1家。截至1月2日，自治区陆续为我县配送新冠病毒疫苗36批次214606人份。3至11岁人群任务数12749人，第一、二剂分别接种12013人、11272人，任务完成率分别为94.20%、88.39%；12-17岁人群任务数8218人，第一、二剂分别接种10128人、8889人，任务完成率分别为123.24%、108.17%；18岁－59岁人群任务数56826人，第一、二、三剂分别接种53704人、52390人、18251人，任务完成率分别为94.51%、92.19%、55.01%。60岁人群任务数18675人，第一、二、三剂分别接种18535人、16275人、1102人，任务完成率分别为99.25%、87.15%、41.32%。加强宣传教育。截至2022年1月3日，全县连续690天无新增确诊病例，累计报告确诊病例3例，疫情防控形势平稳。

【健康提升行动】 开展健康教育讲座40场次，创建健康社区1个、健康促进机关2个、健康促进学校16个、健康家庭10户。开展宫颈癌筛查4106人，乳腺癌筛查4110人，产前筛查508例。总投资1375万元，新建生物安全二级水平的核酸检测实验室，改造重症监护病房、危重新生儿救治中心病房，购置临床急需核酸检测医疗急救设备195台。加大专业人才培养引进，2021年事业单位公开招聘21人，接收订单定向医学生3名，外出培训人员25名，引进副高职称执业医师1名。加强"互联网＋医疗健康"建设，完成县域医共体信息化平台建设项目。实施基层人工智能辅助诊断能力提升项目，实现全县13家乡镇卫生院、4家社区卫生服务站、111所村卫生室"智医辅助系统"全覆盖。

开展医药卫生体制改革。制定印发《隆德县综合医改实施方案》，筹备建成隆德县医疗健康总院、隆德县疾病预防控制中心实验综合楼、隆德县"互联网＋医疗健康（医共体）"信息化平台项目建设完成总77%、隆德县人民医院污水处理项目。推进"互联网＋医疗健康"建设，制定《县域医共体信息化平台建设方案》，完成公共卫生及平台程序初始化工作，重新调整服务器配置、开通云资源。区域影像诊断中心、远程心电诊断中心上与中国人民解放军火箭军特色医学中心、福州市第一医院、厦门大学附属翔安医院、宁夏医科大学总医院四个三级医院连接，下与13个乡镇卫生院连接，通过"基层检查＋上级诊断＋区域共认"的服务机制，让辖区患者在基层就能享受到上级医院的优质诊疗服务。截至12月19日，开展远程心电诊断1156例，远程放射诊断1146例，开展远程病例讨论16例，开展远程彩超诊断19例，视频讲座60次，视频讲座听课人次967人次，实现远程会诊2413例。完成国家基本公共卫生服务项目。2021年我县基本公共卫生项目资金核拨经费1317.3万元（其中：中央1086万元、自治区186万元、县级配套45.3万元），人均实际项目补助经费83.7元。全县共建立居民健康档案135100份，建档率85.84%，电子档案使用率35.8%。管理65岁以上老年人10825人，老年人健康管理率70.9%；管理高血压患者10716人，高血压患者规范管理率是96.52%；管理糖尿病患者10339人，规范管理率96.52%；管理糖尿病患者2380人，规范管理率94.3%。儿童预防接种证、卡、册填写完整，应建立预防接种证6240人，实际建证6240人，建证率100%。规范管理严重精神障碍患者人数651人，严重精神障碍患者规范管理率86.85%。法定传染病报告及时率100%，突发公共卫生事件相关信息报告率100%，报告粗死亡率为7.7‰。

【健康扶贫】 巩固脱贫攻坚成果同乡村振兴有效衔接。健全脱贫人口因病返贫动态监测和精准帮扶工作机制，防止因病致贫返贫长效机制，从源头上预防因病致贫，做到"四个不摘"，巩固健康扶贫成果。截至2021年12月20日，大病集中救治205人，慢病签约服务7864人，重病兜底保障76人，常见多发病925人。贫困人口9445户，36627人，签约36585人，42人长期在外，做到应签尽签。

医疗保障

【概况】 隆德县医疗保障局成立于2019年1月，核定行政编制6名，领导职数1正2副，目前在编人员6名。医疗保险服务中心成立于2019年11月，为医疗保障局所属副科级事业单位，核定编制11名，目前在编人员11名，党员11名。医疗保障局主要职责是负责贯彻执行国家医疗保障的法律法规、政策规定，组织实施自治区医疗保障筹资和待遇政策，落实城镇职工和城乡居民医疗保障待遇，确保医疗保障基金安全运行，维护参保人员合法权益。

【医疗保险】 城镇职工基本医疗保险参保任务数10900人，实际参保11776人，参保率108%，征缴医疗保险基金5854万元（其中基本医疗保险征缴基金5532万元、公务员医疗补助征缴基金145万元、大额医疗保险征缴基金177万元）。城镇职工基本保险统筹基金共支出4658.77万元（其中住院支付1680万元、门诊大病支出296万元、个人账户支付2576万元、门诊统筹支出107万元）。

城乡居民医疗保险任务数124000人，实际参加城乡居民医疗保险121816人，参保率98.24%。

筹资医疗保险基金3794.28万元（其中个人缴费2326.37万元，县财政配套147.48万元，医疗救助代缴1320.43万元）。城乡居民医疗保险统筹基金共支出7630万元（其中住院支付6929万元、门诊大病支出444万元、门诊统筹支出257万元）。

【城乡医疗救助】 2021年困难群众门诊救助21470人次，医疗救助报销费用46.0646万元；住院14150人次，医疗救助报销费用897.87392万元。

【生育保险】 2021年共计审核生育保险医疗费用167人次，基本医疗报销金额49.82万元；符合发放生育津贴138人次，发放金额140.41万元。

【医保电子凭证】 推广医保电子凭证，方便快捷、全国通用、安全可靠、不依托实体社保卡优势。参保人可通过电子凭证享受各类在线医疗保障服务，包括医保业务办理医保账户查询、医保就诊和购药支付等。2021年我县医保电子凭证激活率86.489%，截至2021年12月31日，我县推出医保电子凭证人次居全区第二。

【医保基金监管】 推进我县医疗保障基金监管制度体系改革，制定《隆德县推进医疗保障基金监管制度体系改革实施方案》，建立隆德县医疗保障工作联席会议制度。开展医疗机构规范使用医保基金专项治理"回头看""清零行动"和"三假"专项治理工作，对全县33家定点零售药店、21家定点医疗机构和106家村卫生室进行全覆盖检查。共追回违规医保基金45.81万元，立案查处10起，罚款15.73万元，下发《责令整改书》30份。

【医疗保障扶贫】 持续巩固提升"两不愁三保障"成果，做好脱贫人口参保动员工作，落实分类资助参保政策，落实防返贫致贫动态监测预警和精准帮扶机制、做好基本医疗保险、大病保险、医疗救助三重保障综合梯次减负功能，夯实医疗救助托底保障、大病保险倾斜支付等政策落实，防范因病致贫返贫风险。2021年已脱贫户、低保户、残疾人等特殊人群53421人全部参保，参保率100%。全县已脱贫人口住院5809人次，住院总费用3813.40万元，医保支付总额3343.56万元，其中基本医疗保险统筹支出2145.24万元、大病保险支出315.79万元、财政兜底支出495.28万元、扶贫保支出51.71万元、医疗救助支出335.54万元。

【药品招标采购】 根据国家、自治区医保局统一安排，按照"应采尽采"要求，组织实施国家药品医用耗材集中采购、协议签订、货款结算等工作。常态制度化开展药品耗材集中带量采购，组织医疗机构在医药采购平台办理CA数字证书27份，组织医疗机构参加自治区药品采购2次19家，总金额72.6万元。

文　化

【文化基础建设】 建设老巷子游客服务中心。总投资2200万元，占地面积11097平方米，建筑面积3000平方米，建设游客接待服务中心、旅游产品展示销售区、住宿休闲餐饮区、办公区、其他服务空间、卫生间、储物间、配套智慧旅游系统、景区公共服务营销平台、自驾游营地（游客服务中心停车场）等其他附属设施。建设六盘山长征精神研学基地。占地30.63亩，建筑面积1.2万平方米，总投资1.1亿元。伏羲崖—北联池改造提升项目。总投资50万元，维修伏羲崖—北联池景点道路护坡，安装木质围栏，衬砌道路两侧水渠及西北侧临时停车场，整治周围环境，绿化美化环境，建设景点入口大门。建设数字化图书馆。申请数字化建设资金，为图书馆购置朗读亭、太空舱、少儿学习一体机、瀑布流等数字化设备。建成隆德县传统文化全民艺术普及多媒体资源库，现已投入使用。投入资金100万元，建设神林乡综合文化站一座。建立隆德县图书馆闽宁分馆，设立青少年阅览室、成人休闲阅览室，实现与总馆馆藏资源共享的公共图书服务体系。拨付资金7.5万元维修联财镇赵楼文化活动广场篮球场，拨付10万元维修张程乡五龙村文化广场。扩建改造隆德县陈靳乡新和村高台马社火基地展厅。投入资金10万元，为温堡乡杨坡村、前进村等6个村配备智能广播、文化舞台音响等设备器材。

【文化活动】 春节期间举办大型灯展活动，在红崖老巷子、"三馆"广场、龙泉苑广场、行政中心广场等地摆放12盏地灯、悬挂500盏宫灯和纱灯。开展"三区"人才支持计划秦腔、业务合唱、广场舞等培训工作。开展2021年第26个世界读书日"塞上宁夏、书香隆德"读书节系列活动。内容包括红色诗文朗诵、阅读分享、知识竞赛等；开展"与爱同行 伴你成长"关爱儿童系列活动28期。内容包括谜语竞猜、诗词朗诵、亲子阅读等。举办"翰墨颂党恩"庆祝中国共产党百年华诞"百家百扇"中国书画名家扇面藏品展。开展2021年度"我为群众办实事"暨"送戏下乡""戏曲进乡村"文艺演出活动，全年开展"戏曲进乡村"活动78场，"送戏下乡"活动50场，"广场文化"活动21场。其中，在县体育馆开展隆德县庆祝中国共产党成立100周年干部职工歌咏比赛1场，开展隆德县庆祝中国共产党成立100周年专场文艺晚会1场。协办隆德县庆祝建党100周年"康业杯"第二届书法美术摄影刺绣展。

【旅游】 编制完成《隆德县全域旅游实施方案》《隆德县全域旅游发展规划》《"十四五"文化旅游发展规划》《隆德县促进旅游业扶持奖励办法》（试行）规划设计，助推全域旅游发展，引领全域旅游示范县创建工作。开展第二季"两晒一促"宣传推介活动，高起点、高标准的制作8分钟文旅宣传片，在宁夏日报、云上文旅馆、宁夏电视台推送播放，线上现场直播带货700余单，将隆德乡村旅游推向全国。凤岭乡李士村被入选为全国乡村旅游重点村名录，凤岭乡齐岔村被入选全区乡村旅游特色村。盘活广场闲置房屋，利用龙泉苑广场的位置优势，整合全县美食资源，在广场南北打造暖锅一条街和小吃一条街，形成特色小吃夜市，激活美食夜市经济。全年接待游客共计151.303万人次，直接性营业收入1900.45万元，实现旅游社会总收入6.05亿元。

【非遗保护】 6月9日在国家级非遗项目，自治区级非遗传承基地杨氏彩塑展示馆，开展互观互学非遗交流展示活动。组织全县国家级、自治区级、市级、高台马社火、泥塑、砖雕、剪纸、刺绣、农民画、社火脸谱、戏剧等30余名非遗传承人现场展示、交流学习。隆德县非遗传承人卜文俊、杨贤龙、田慧君等在"非遗进万家·文旅展风采"2021年宁夏黄河流域非遗作品创意大赛暨"两晒一促"优品大赛中，荣获创意作品一、二、三等众多奖项；隆德暖锅在宁夏黄河流域非遗美食大赛中获得最具人气第一名；隆德县丝路元宝黄牛排传统手工长面在宁夏黄河流域非遗美食大赛中荣获最具特色第三名。隆德县花灯制作技艺入选第五批自治区级非物质文化遗产扩展项目。

【文物保护利用】 对全县21处已公布的文物保护单位进行全方位重点安全巡查，对全县未公布的文化遗存进行安全督查。文物预防性保护项目已获得自治区文物局的批准，现已进入公开招标阶段。申报自治区2022—2024年项目储备库，申报博物馆数字化项目工程、青铜文物修复工程、何家山石窟寺石窟维修保护项目、隆德县李家沟革命旧址保护项目。制作完成三部革命文物宣传片，分别为《李家沟革命旧址》《好水中学革命旧址》《两件红色文物的故事》。联合隆德县特殊教育学校，开展"传承红色基因、感悟历史文化"关爱特殊教育儿童科普主题活动。组织县特殊教育学校师生及部分家长参观隆德博物馆和六盘山红军长征纪念馆，在六盘山红军长征纪念馆广场开展科普展示体验和趣味体育活动，发放学习用品。

【文旅市场监管】 摸排和检查4家印刷厂、3家网吧、6家书店、10家KTV、2个景区、3家旅行社、4个生态庄园、68户农家乐等旅游市场；通过与公安、市监、卫健、城管等部门联合执法，对全县"黄赌毒"等社会治安突出问题开展集中整治行动，联合公安局、市监局、卫健局等单位，打击依托棋牌室进行赌博活动行为。联合交通、公安、市监、运管等部门对旅游市场"黑车、黑导游、黑旅行社"乱象进行整治。对娱乐行业中KTV超时营业和噪声扰民乱象，依法进行整治。

退役军人事务

【服务体系建设】 9月3日，召开隆德县委退役军人事务工作领导小组全体会议。学习宣传贯彻《中华人民共和国退役军人保障法》，印发《关于学习宣传〈中华人民共和国退役军人保障法〉的通知》。推进基层基础建设，13个乡镇、99个村、10个社区全部完成退役军人服务站挂牌运行工作。实现"五有"和"全覆盖"。做好全国示范性退役军人服务中心（站）创建工作。目前我县共有9个乡级退役军人服务站完成创建，剩余4个乡级服务站正在创建中。

【权益维护】 在县退役军人服务中心设立法律援助站，做好帮扶解困和权益维护。开展退役军人群体矛盾排查化解工作与来信来访接待工作，建立重点涉访人员台账，指导基层开展走访慰问、思想疏导和困难帮扶等工作。每季度对全县退役军人矛盾问题进行排查，乡级服务站每天上报《隆德县退役军人走访摸排信息统计表》。

【优待抚恤】 指导各乡（镇）做好优抚对象数据核查审定、伤残人员残疾等级评定专项核查和新版残疾证换发等工作，截至5月底全县残疾退役军人及伤残警察的证件换发工作已全部完成。做好优抚对象的申报和补助发放，及时足额发放生活补助。截至12月份为全县591名优抚对象及60岁以上农村退役士兵共计发放生活补助金344.34万元；组织全县125名重点优抚对象进行免费体检，组织疗养13人；对伤残军人残疾抚恤金、烈属的定期抚恤金、在乡退伍红军老战士进行生活补助政策。

【双拥共建】 印发《隆德县2021年拥军优属拥政爱民工作要点》《隆德县双拥工作领导小组成员单位工作职责》。在各中、小学校、县直各单位等社会各界人士开展"建党百年追忆英烈"清明祭扫活动和烈士纪念日公祭活动。春节期间开展"情系边海防官兵"慰问活动，共走访慰问现役军人家庭17户，发放慰问金及慰问品2万元。"八一"走访慰问驻隆部队、困难重点优抚对象、现役军人及军队离退休老干部等100余人次，投入资金18余万元，发放书籍，送去节日祝福。为我县14名荣立三等功的现役军人送立功喜报并发放奖励金1.5万元。

【就业创业】 落实中央"六稳""六保"，通过春秋招聘会以及网络微信公众号、微信群发布就业信息，推荐就业岗位。加强对退役士兵创业就业有关扶持政策宣传，鼓励企业吸纳退役军人。做好部分退役士兵社保接续缴费收尾工作。组织招聘会2次，发布就业信息30余条，新增就业人员30人。协调发放就业贷款2笔共计30万元，减免退役军人企业税收10家共计16.37万元。加强退役军人教育培训。9月26日，举办2021年自主就业退役士兵适应性培训班，开展退役军人全员适性培训，培训班为期5天。推进退役军人学历提升，宣传高职扩招政策。

民 政

【社会救助】 截至2021年底，全县共有低保13136户18406人，其中农村低保户10593户14340人，有高龄老人1977人，孤儿155人，分散供养人员464人，集中供养人员317人，生活困难残疾人3596人，重度残疾人4458人，全年发放民政救助资金13180.22万元。2021年3月份，经请示县人民政府同意后，提高乡镇临时救助标准到3000元，2021年享受大额临时救助212人，发放资金106.3万元，乡镇临时救助10811户，支出资金11735.万元，人均救助1085元。实施"福康工程"等公益项目，为符合条件残疾人配置康复辅助器具，实施手术矫治和康复训练。困难残疾人生活补贴标准和重度残疾人护理补贴标准从2021年1月起分别提高到110元、120元。提高孤儿及困境儿童福利保障水平，2021年发放孤儿津贴150.34万元。

【养老服务】 争取资金3580万元对全县养老机构进行改造升级，农村特困失能人员集中照护和提升全县养老服务机构兜底保障能力。2021年完成80户困难老年人居家适老化改造。开展公办养老机构改革，11月由隆德福利医院以政府购买社会公共服务形式承接隆德县老年养护院工作，养护院总占地面积28.72亩，总建筑面积7177.57平方米，开放床位150张，其中设置护理型床位74张，主要对失能、半失能的老人以居家安养的形式提供全方位生活照料、医疗康复、临终关怀养老服务。院内设有评估室、心理咨询室、康复训练室、理疗室、棋牌室、图书阅览室、乒乓球室、台球室等供老人休闲娱乐设施，房内有独立洗手间，床头呼叫系统、医疗床、家具、电视等生活设施一应俱全。

【社会事务】 我县登记注册社会组织69个，其中社会团体45个，民办非企业单位24个。对照《隆德县完善社团治理体系提高治理能力任务清单》及《作战图》确定六大项25小项重点任务，52条工作措施，推进社团治理规范发展，加强社团涉宗教问题治理，宗教场所登记，开展社团组织"扫黄打非"专项行动。

【地名管理及行政区划】 和原州区进行行政区域界庄界线联检，完成隆德县地名文化遗产保护规划，对县域新增地名进行普查入库。规范村庄撤并，优化行政区划设置。推进地名文化挖掘和传承创新。完成乡镇界线勘定，推进勘界成果应用，保障乡村振兴规划建设、生产生活边界清晰。开展边界纠纷隐患排查，配合民政厅推广"一码通"地名标志和触摸屏智慧地名标志设置，开展地名文化进社区进乡村活动。深化村级行政区划改革，合并山河乡二滩村和石碑村，撤销14个移民村，优化村级规模布局。

劳动就业

【人事人才】 2021年，全县专业技术人才3717人，技能人才77人。加大人才引进培养力度，开展专项引才，全年引进各类人才130人。教育系统招聘公费师范生2名，卫生系统引进专家学者来隆开展教研教学96人次，科技局聘请中药材专家教授来隆开展中药材种植、加工、营销等技术研发科技培训32人次。推荐4名高级专业技术人才申报自治区政府特贴项目。

【工资管理】 完成事业单位工作人员年度考核3900人。2021年全县招聘事业单位工作人员69名。完成130名"三支一扶"大学生招募、考核、安置等工作。完成机关事业单位工作人员基本工资标准调整、离休人员增加离休费工作。

【劳动保障】 宣传劳动保障法律、法规和规章，检查用人单位遵守劳动保障法律、法规和规章情况，受理对违反劳动保障法律、法规或规章行为举报和投诉，打击各类危害劳动者合法权益行为。抓治欠保支工作，在工程建设领域大力推行实名制用工管理，要求建筑施工企业在招用民工时必须签订劳动合同。2021年全县工程建设领域共有项目43个，用工人数2420人，全部签订劳动合同。开展各项专项检查工作，全年主动检查各类用人单位227次，下达限期改正指令书10份，收缴农民工工资保证金1808余万元。处理办结举报投诉案件85件，为480名农民工追讨工资640万元。全年受理各类劳动争议调解仲裁案件14件，其中解除劳动关系争议案件4件、工伤保险待遇支付争议10件，涉及金额93.16万元。仲裁结案率100%。

【就业创业】 全县共转移就业4.2万人。城镇新增就业1456人，城镇调查失业率为4.27%，低于4.5%控制目标。多措并举促进高校毕业生、农村转移劳动力、城镇困难人员等群体就业创业。实施高校毕业生就业创业促进计划，培育创业实体242个，创造新岗位941个，带动就业1957人；组织失业青年参加见习26人。通过"春风行动""就业援助月""金秋招聘月"等招聘活动18场次，为企业和求职者搭建就业对接平台，向福建输送务工人员42人（贫困劳动力28人），为园区企业累计招工400余人，其中80%为农村转移劳动力和返乡农民工。开发农村公益性岗位105名，每村安置社会保障员兼保洁员一名。对全县21个移民安置点分类建立移民劳动力、转移就业、技能培训等动态监测清单。

规范创业担保贷款流程，简化发放程序，放

宽担保渠道，全年发放创业担保贷款173户3080万元，开展创业能力培训7期210人，发放稳岗补贴32.15万元，惠及38家企业1164人。打造城关镇杨家店村红色旅游、联财镇联合村商贸物流2个县级创业孵化基地。打造老巷子就业创业示范孵化园基地，发挥老巷子文化旅游创业示范基地的辐射带动作用，通过政策扶持，老巷子经营户达43家，带动就业310人。组织开展城乡劳动力技能培训140期6915人（贫困劳动力2220人），开展工业园区企业定向培训，向六盘山工业园区企业分批输送400名就业人员；开展创业培训210人次。开展城镇居民收入提升行动，2021年全年城镇居民可支配收入达到28283.5元，与上年同期相比增加2311.98元，增幅8.9%，并在全区考核工作中获得优秀等次。

【社会保障】 2021年底，企业职工基本养老保险参保9820人，完成区下达任务9747人的100.75%，为全县4204名企业退休人员发放养老金14546万元，月均1212万元，支付率和社会化发放率100%；机关事业养老保险参保7348人，为全县2536名机关事业单位退休人员发放养老金18700万元，月均1558万元，支付率和社会化发放率100%。全县城乡居民基本养老保险已参保71956人，养老金发放率、及时率100%。推进机关事业单位养老保险制度改革。落实城乡居民养老保险缴费档次、补贴标准调整及困难群众代缴政策。率先创新实施调增县级基础养老金5元机制。落实阶段性降低社会保险费率政策，有序推进社会保险费征缴职能划转。实施全民参保登记计划，通过数据采集、信息比对、入户调查等手段，全面掌握全县人员参保底数，推进与公安等多部门数据交换互联网共享。做好被征地农民参加养老保险工作。全面落实企业和机关事业单位退休人员基本养老金待遇调整政策，全县6721退休人员受益。城乡居民基本养老保险基础养老金标准提高到175元／人／月。加强社保基金稽核和监管，按照"双随机 一公开"要求，加强社会保险基金收支、管理情况的监督检查，规范社会保险基金管理使用。

【"放管服"改革】 深化"不见面、马上办"改革，开展"减证便民"专项行动，对人社领域便民服务事项实施"最多跑一次"，逐步实现"一网通办"，全面提升人社领域公共服务水平。推行网上经办、掌上办事模式，鼓励群众使用掌上12333、手机APP、网上人社系统、"我的宁夏"、自助服务一体机等平台办理社会保障业务，方便群众办事。实现人社阳光政务信息系统与政务服务网"一窗式"对接。

【"一卡通"应用】 2021年累计发行社会保障卡7520张，发放率100%。统筹全县社会保障资源，通过社会保障卡记录持卡人的个人基本信息、业务信息，实现社会保障卡在参保缴费凭证、个人社保权益记录单等查询、打印；养老保险待遇申请、资格认证、参保缴费、养老保险关系跨地区转移等方面的"一卡通"。

电力通信

电力建设

【电力建设】 电网规划。供电公司根据国网宁夏电力"打造一流现代化配电网"目标要求,修订隆德县"十四五"配电网规划,编制隆德县配电网网格化,储备2022年电网建设项目45项。电网建设。宁夏电力分四批共下达隆德县各类电网建设项目50项1.09亿元,用于10千伏线路改造,低压台区新增布点及线路升级改造。通过项目实施,10千伏线路绝缘化率由81.80%提高至90.65%,联络率由71.40%提高至91.42%,农村低压四线比率由62.64%提高至75.39%。当年12月,35千伏温堡变电站建成投运,解决隆德县温堡、桃山和甘肃静宁古城等地供电半径大的问题。2021年11月,隆德县35千伏恒光变10千伏配出工程荣获国家电网公司"2021年百佳工程",该工程在建设中注重融入"配电自动化""自愈电网""电力物联网"等,安装线路故障指示器12组,线路运行状态实时监控;配出3条10线路全部投入"保护+自愈"的就地型馈线自动化功能,线路故障可自动定位、隔离且恢复非故障区域;新建线路所带配电变压器全部安装智能配变终端和低压智能开关,同步完成台区采集设备升级改造。2021年,供电公司推动动力电按需全覆盖,"零投资"接入动力电2600余户,实现乡村地区从"有动力电"向"用好动力电"转变,农村动力电用户入户率90%以上。

支持重点项目建设。2021年,供电公司配合余家峡水库工程、沙塘政府冷库项目、观庄乡马铃薯基地、张程乡养牛场、神杨公路扩建、高标准农田等重点项目,迁改线路20余处、移杆100多基。推动新技术应用,建成智能化带电作业库房,满足车辆及工具对环境的要求,工器具实现全生命周期智能化管理;将无人机引入配电网自主巡检,提升林区线路巡检效率;在库房管理中引入智能仓储机器人,提升仓库智能化管理水平;为32个电缆井安装智慧井盖,对井下电缆进行智能化管理。

网路信息

【网络意识形态】 召开县委网信委第三次会议,

研究制定《隆德县互联网内容建设工作方案》《2021年全县网信工作要点及分工》文件，对全年网信重点工作进行总体安排部署。按照《党委（党组）网络意识形态工作责任制实施细则》要求，对全县各级党委（党组）开展网络意识形态工作责任制专项检查。开展涉"三化"问题信息清理，累计处理删除相关问题信息67条。

【网络宣传】 推进习近平新时代中国特色社会主义思想进网络，组织全县政务新媒体开设"学习进行时"等专题专栏，转载转发习近平总书记重要活动和重要讲话精神相关稿件5000余篇。以县委、县政府中心工作，策划开展各类主题宣传活动，推出"学党史 悟初心""万众一心 抗击疫情""奋斗百年路 启航新征程""我为群众办实事"等网上主题宣传专栏20余个，在网上正面宣传工作。组织全县网络评论员开展实战演练活动，围绕中央和区市县重大决策部署、重大活动、社会热点等开展舆论引导，全年共转发跟帖6801条。

【舆情管理】 利用舆情监测软件等技术手段，做好涉隆舆情日常巡查和处置引导工作，全年共监测转办涉及疫苗接种、交通运输、拖欠农民工工资、民生热点难点等相关网络舆情72件，下发舆情督办单12份。加强对网络有害信息的监测处置力度，对2家因微信公众号出现错误信息的单位进行约谈，对网络平台出现的27条错误信息及时通知修改或删除。

【综合治理】 加强网络舆论阵地建设，对全县8个备案网站、3个APP、118个政务新媒体、22个自媒体进行动态管理，规范网络传播秩序。推进"清朗"系列专项整治行动，依法依规对3名在直播中语言低俗、随意谩骂他人网络主播进行约谈，对1名违规主播账号永久性封禁，关停2个恶意营销账号、22个僵尸账号、7个假冒账号，重点关注2个转世直播账号。

【网络安全】 落实网络安全主体责任，对全县8家重点涉网单位开展网络攻防实战演练，对21家部门（单位）开展网络安全检查，处置网络安全事件5起，及时排查风险隐患、修补漏洞。开展2021年网络安全宣传周系列活动，组织观看启动仪式、开展集中宣传和6大主题日宣传等活动。

【信息化建设】 推进"互联网+城乡供水、医疗健康、教育"等项目的建设，建成全县水资源"东水西用，南水北调，丰枯调剂"配置体系，实现医疗信息查询、电子健康档案管理、在线咨询、电子处方、远程会诊、远程治疗和康复等多种形式的健康医疗服务有机整合，完成辖区内60所学校的校园网络升级改造。

电　信

【中国电信】 中国电信股份有限公司隆德分公司2021年全业务收入2539万元；移动用户新增11317户，净增2380户，移动用户42141户；宽带用户新增3442户、净增1482户，达19541户；ITV用户新增2570户，净增1022户，达13515户。2021年建设完成5G基站基础网络19个节点，开通26个基站，累计投资1440万元。全县域5G基站物理站址达45个，130个扇面，服务能力5.2万户；4G网络弱覆盖区域增补11个基站，投资220万元。全县域4G基站物理站址到136个，491个扇面，服务能力19.6万户；城市三网融合千兆网络建设2台XGPON，提供千兆接入端口8192个，投资76万元。千兆接入用户3519户；城市综合业务接入区，新增接入能力720路，投资35万元。增加城市网络接入能力720路；农村三网融合FTTH新增1740个端口，投资52万元。提升农村弱覆盖接入能力3440户。

移动通信

【中国移动】 中国移动宁夏有限公司隆德分公司2021年完成：全业务收入3691.37万元。移动用户新增11984户，净增-1705户，移动用户达58301户。宽带用户新增2532户、净增1605户，达17856户。魔百和用户新增2462户，净增1492户，达10537户。建设完成5G基站基础网络9个节点，开通49个基站，累计投资2800万元。全县域5G基站物理站址67个，157个扇面，服务能力5万户。4G网络弱覆盖区域增补13个基站，投资40万元。全县域4G基站物理站址达291个，873个扇面，服务能力20万户。城市三网融合千兆网络建设7台XGPON，提供千兆接入端口158个，投资40万元。千兆接入用户达563户。城市综合业务接入区，新增接入能力840路，投资10万元。增加城市网络接入能力6720路。农村三网融合FTTH新增800个端口，投资27万元。提升农村弱覆盖接入能力800户。

金融保险

人民银行

【概况】 开创"抓稳保、促合作"局面,切实做好政策传导和金融稳定工作,防范化解金融风险。做好货币利率监测,引导金融机构根据实际情况实行利率优惠,通过调整利率、调整还款计划、完善续贷政策等保持信贷平稳增长。加强对地方法人机构监管,按时对扶贫再贷款使用情况及各项工作进行核查评估,落实两项直达实体货币政策工具及房地产信贷等内容开展座谈会,引导地方法人金融机构将更多资源投向"三农"、乡村振兴、小微和涉农企业等领域,优化信贷结构。加强"政银企"合作,深入69家中小微企业开展融资需求调查,推动"政采贷"业务在隆德县落地。截至12月底,1家中标企业获得信贷支持,融资金额18万元。人民币各项存款余额64.8亿元,同比增长10.2%;各项贷款余额36.8亿元,同比增长17.9%。

【货币政策管理】 用好两项直达实体货币政策工具,按月考核通报落实质效,累计为隆德县291家小微企业办理延期贷款6886万元,督导地方法人机构累计发放普惠小微企业信用贷款5680万元,占比29.09%。按日对地方法人金融机构进行指标监测,督导金融机构履行好贷款管理责任。1月20日,隆德农村商业银行办理宁夏首笔扶贫再贷款展期业务,金额1500万元,期限1年,该笔再贷款受益315户农户。年末,地方法人金融机构办理小微企业延期贷款6361万元,受惠企业273家,年末延期率在80%以上;累计发放普惠小微信用贷款2笔,共计114.184万元;累计办理法人机构签订利率互换协议4笔,交换本金4215.5万元,交割互换收益42.155万元。面向金融机构开展涉农信贷政策导向效果评估约见谈话,指导金融机构加大对脱贫攻坚、春耕备耕的支持,运用好再贷款政策。截至12月末,再贷款余额21111万元,其中支农再贷款余额9621万元,扶贫再贷款余额11490万元,金融机构运用再贷款发放贷款加权平均利率不高于5.3%。

【金融稳定】 防范化解地方金融风险。履行重大事项报备制度,完成对隆德农商行改制及隆德六盘山村镇银行龙城支行开业重大事项报备,进行现场核验。完善利率管理和监测分析机制，深化LPR改革，完成对2家法人机构利率定价能力现场评估工作，按月监督隆德六盘山村镇银行靠档计息产品压降工作计划。

六盘山村镇银行

【经营概况】 2021年末，全行总资产8.87亿元，比上年增长13.75%，其中各项贷款余额5.98亿元，比上年增长43.10%。负债总额8.13亿元，比上年增长14.52%，其中各项存款余额7.33亿元，比上年增长22.69%。全年实现净利润418万元，比上年增长20.71%。不良贷款率1.05%，比上年下降0.79个百分点。资本充足率15%，流动性比例122.69%，备付金比率10.73%，杠杆率8.23%。

【业务发展】 存款业务。2021年末，全行各项存款余额7.33亿元，比上年增加1.36亿元，增幅22.69%。其中储蓄存款6.07亿元，增幅19.19%，对公存款1.26亿元，增幅42.97%。

贷款业务。2021年末，全行各项贷款余额5.98亿元，比上年增加1.80亿元，增幅43.10%。其中个人类贷款3.83亿元，比上年增加0.74亿元，增幅24.27%；法人类贷款1.26亿元，比上年增加0.16亿元，增幅14.97%；转贴现0.89亿元。

普惠金融业务。支持小微企业主、个体工商户、新型农业经营主体和种养大户。2021年末，普惠金融贷款余额2.70亿元，比上年增加0.44亿元，增幅19.27%；普惠金融贷款客户数574户，比上年增加57户。新发放贷款平均利率6.2%，资产质量保持平稳，普惠小微企业不良率1.13%。

农金融业务。落实国家关于支持乡村振兴战略、服务实体经济、金融精准扶贫工作，加大农村贷款投放力度，截至2021年末，涉农贷款余额3.73亿元，比上年增加0.67亿元，增幅21.99%。其中累计发放肉牛养殖贷款480笔金额0.67亿元。争取妇女创业、全民创业等贴息贷款份额，全年累计发放创业贷款171笔金额0.25亿元。巩固脱贫攻坚成果，推动信贷资源向脱贫人口倾斜，坚持脱贫不脱政策，全年累计发放脱贫人口小额贷款205笔金额0.10亿元。

同业融资业务。开展存放同业融资业务，根据监管要求及同业授信情况压缩同业资金额度，截至2021年末，存放同业及其他金融机构款项余额为1.60亿元，比上年减少1.34亿元，利息收入较上年减少106.97万元。

物理网点建设。推动新型智能银行网点建设，提高网点市场竞争力，隆德六盘山村镇银行股份有限公司华天支行于2021年3月8日正式搬迁至隆德县人民路聚能广场一楼临街商铺。隆德六盘山村镇银行股份有限公司龙城支行于2021年3月13日正式开业。

【信息科技】 上线财税库银横向联网系统，为对公客户实现自动实时扣税、入库以及对账业务。开展适老化版本手机银行改造工作，为中老年客户办理业务提供便利条件。优化完善手机银行功能，上线手机银行对公业务资产查询、转账、复核授权、银企对账、明细查询等功能。上线手机银行贷款超市功能，实现线上贷款业务操作。发行借记卡，推进银行卡入网银联条码支付相关事宜，2022年实现微信、支付宝银行卡绑定支付功能。加大网点智能化改造，实现无纸化业务办理功能，提升柜面服务质效。开展移动发卡机测试验证工作，实现银行网点无线外拓。

【风险管理】 信用风险管理。优化信贷投向机制，突出区域和行业差别化政策；加强对重点客户授信管理，根据日常信贷管理中掌握的生产经营情况、现金流情况、人员变动情况等，确定重点客户最高授信额度，对已超出最高额度制定分步压缩计划；完善资产质量全流程管理，严格贷款分类管理，坚持审慎稳健客观拨备政策。流动性风险管理。顺应监管政策导向和市场形势变化，合理布局业务总量和期限结构，做好前瞻性安排，增强风险抵御能力。操作风险管理。借助风险自评估、内外部审计、行为排查、异常资金账户监测等方式，严防发生重大操作性风险事件。声誉风险管理。修订完善规章制度，强化风险识别和预警能力，提高风险防范和化解水平；加强内部培训学习，开展应急演练，提升全行声誉风险意识。反洗钱管理。加强内控制度建设，优化反洗钱系统，加强金融产品洗钱风险评估；开展反洗钱宣传教育活动，全面履行反洗钱义务。

【社会责任】 选派优秀党员干部为第一书记进行定点驻村扶贫，并确定5名帮扶责任人，帮扶21户建档立卡户种植玉米、马铃薯等产业发展；每年为建档立卡贫困户大学生捐赠1000元；以消费扶贫方式购买定点扶贫村水果玉米、面、醋等农作物，深入社区慰问老党员、老战士，累计扶贫及慰问金额3万元。疫情期间向定点扶贫村捐赠粮油、米面并提供医疗物资，为定点扶贫村扶贫车间复工复产定做工作服、保洁服及手套，向县人民医院捐赠抗疫资金，累计捐赠善款20万元。以多种举措支持稳企业保就业工作，缓解中小微企业融资压力。对受疫情影响造成资金困难中小微企业降低贷款利率，并通过减免手续费、不收取任何与贷款相关费用等方式，降低企业综合融资成本，累计减费让利120万元，减免各类费用累计100万元。已累计上缴各类税费2740万元。

财产保险

【概况】 中国人民保险隆德支公司是中国人民保险股份有限公司第四级分支公司。其前身是中国人民保险隆德办事处，成立于1983年，于1996年产、寿分业经营，更名为中国人民财产保险股份有限公司隆德支公司。经过近30年努力发展，隆德支公司已经发展到从业人员77人，2个营销服务部，保险服务站更是遍布全县13个乡镇，2021年保费收入5431.48万元，累计赔付金额2863.49万元，其中车险赔款案件量为3219件，金额为2092.15万元；农业保险累计赔款1735.5万元，涉及农户10809户次；"铁杆庄稼保""公益性岗位"等惠民业务涉及案件436件，赔款金额148.87万元，2021年上缴税收478万元。隆德支公司累计创造就业岗位120人次，吸收本地优秀青年加入，减轻政府就业负担。

【保险理赔】 在经济相对发达、人口相对密集、保源相对丰富的联财、杨河设立营销服务部，另外在全县13个乡镇设立农险服务站，让老百姓足不出户就可以办理保险业务及理赔，发挥政府便民服务宗旨。公司在做好政策性农业保险业务同时，重点做好"扶贫保""防贫保"工作，全力支持隆德县脱贫攻坚战役，推进"优势特色产业保险"。2021年1至9月，隆德县累计降水量较少，受持续高温干旱等天气因素的影响，全县农牧业生产带来较大损失。灾情发生后，在农户受灾第一时间会同农牧局灾情鉴定专家小组，核实核定理赔金额，累计旱灾赔款金额402万元。

为降低农机事故对百姓生活及农业生产的影响，减少因灾返贫致贫现象。2020年，为405台农机具投保，保费收入20.25万元，接收并处理6起农机具保险事故，赔款25万余元，2021年，为714台农机具投保，保费收入35.7万元，接收并处理17起农机具保险事故，赔款28万余元。与县人社局、就业局共同为有宁夏农村户籍的外出务工人员提供"铁杆庄稼保"保险项目。该保险是由务工人员提供15元、政府补贴35元的意外残疾、身故保险险种。2021年，投保人数20400人，保费收入102万元，赔付7起事故，赔款122万余元。

保险公司与辖区隆德县工业园区多家企业和多家建筑公司分别签约《企财险》《雇主责任险》《农民工工资支付履约保证保险》《建设工程完工履约保证保险》《投标保证金履约保证保险》等险种，保障农民工基本权益的安全系数。

保险公司在隆德县政务大厅设立大病报销窗口，开展城乡居民大病保险报销工作，2021年大病报销金额累计120余万元。通过与社保局和医疗机构的衔接，提供"一站式"即时结算服务。

【助力脱贫】 先后与联财镇联财村、好水乡中台村结成帮扶关系，并派驻工作经验丰富的人员，第一书记1名，驻村帮扶工作队员3名，累计帮扶建档立卡户40户脱贫。累计捐献扶贫资金6万元，为困难户捐献米、面、油等生活物资3万元。

人寿保险

【概况】 2021年，公司实现总保费收入5454万元。其中长险首年期交820万元，完成率为74.8%。首年标准保费268万元，完成率为67.7%。十年期及以上期交293万元，完成率为74.9%。短期险保费实现484万元，完成率为70.6%。传统短险业务345.33万元，政策板块业务138.49万元。短期险赔付支出257万元。隆德支公司员工12人，其中，经理室3人，营销发展部3人，收购发展部1人，机构业务部2人，综合部1人，客户服务中心2人，营销人员月均持证人力111人。

【保险保障民生】 中国人寿隆德支公司对结对帮扶村（锦华村）全面入户走访，从农户的收入、基本医疗、义务教育、饮水安全、住房安全保障、生产生活、种养殖及务工等情况进行了解和排摸。核实贫困户的基础信息和帮扶信息，对隆德县贫困户36699人承保"防贫保"。宣传承保"夕阳保"业务。关爱妇女，召开隆德县的"爱妮保"推进会，联合妇联，对各乡镇进行"爱妮保"收取承保。推进"百姓保"承保、"微企保"业务。个险部强化对保障类产品宣传，以"国寿福"、"百万如意随行"为主，发挥保险保障民生。

【服务理赔】 开展"3.15消费者维权日""6.16"国寿客户节、"国寿大讲堂""VIP客户礼品兑换"一系列活动，宣传服务。2021年3月，被保险人王某，投保国寿鑫福年年，因重大疾病身故，隆德支公司赔付10万元。2021年3月，被保险人马某，投保国寿康宁终身，因重大疾病身故，隆德支公司赔付5.1万元。2021年5月，被保险人杨某，投保国寿借款人定期寿险，因重大疾病身故，隆德支公司赔付5万元。2021年6月，被保险人张某，投保国寿借款人定期寿险，因重大疾病身故，隆德支公司赔付5万元。2021年7月，被保险人武某，投保国寿借款人定期寿险，因重大疾病身故，隆德支公司赔付5万元。2021年8月，被保险人杨某，投保安享借款人定期寿险，因重大疾病身故，隆德支公司赔付10万元。2021年11月，被保险人张某，投保老龄险，因意外身故，隆德支公司赔付6万元。2021年11月，被保险人王某，投保老龄险，因意外身故，隆德支公司赔付5万元。

【营销建设】 公司定期面向社会招聘选拔年龄22-40周岁高中以上人员，作为重点培养人群。个险渠道借助个险荣誉体系和星级工程政策资源，继续深化星级文化、星级工程、星级主题早会、星级荣誉体系一系列举措，推动连星、会员绩优群体人员不断扩大，持续多维度深化星级文化理念。强化星级主管、星级主管连星占比，通过主管达星引领和撬动更多星级人力，通过制度收入分析、政策资源、品管考核、绩效表彰、典型萃取等扩大主管达星占比。聚集新生代主管培育，从源头实现主管队伍的结构优化。中国人寿隆德支公司目前从业人员80余人，年收入在3万余元至35万余元区间分布。

表彰奖励

2021年度全县效能目标管理考核奖

一、考核等次（以考核分组和得分高低排序）

（一）乡镇（13个）

优秀等次（5个）：凤岭乡　城关镇　沙塘镇
　　　　　　　　杨河乡　温堡乡

良好等次（8个）：神林乡　观庄乡　联财镇
　　　　　　　　张程乡　奠安乡　陈靳乡
　　　　　　　　好水乡　山河乡

（二）县委部门（单位）、群团组织及人大、政协机关（19个）

优秀等次（8个）：县委办（政研室）　组织部
　　　　　　　　纪委监委（巡察办）
　　　　　　　　宣传部（网信办）
　　　　　　　　政协办　人大办　政法委
　　　　　　　　统战部

良好等次（11个）：融媒体中心　妇　联
　　　　　　　　团　委　残　联　编　办
　　　　　　　　工　会　党　校　工商联
　　　　　　　　科　协　档案馆　文　联

（三）县政府机关单位（26个）

综合经济管理部门（10个）

优秀等次（4个）：政府办　农业农村局
　　　　　　　　水务局　财政局

良好等次（6个）：发改局　科技局　住建局
　　　　　　　　乡村振兴局　自然资源局
　　　　　　　　交通局

社会管理服务部门（16个）

优秀等次（6个）：教体局　公安局　卫健局
　　　　　　　　文广局　城市公共服务中心
　　　　　　　　民政局

良好等次（10个）：统计局　审计局　人社局
　　　　　　　　司法局　应急管理局
　　　　　　　　审批服务管理局　市监局
　　　　　　　　医保局　机关事务服务中心
　　　　　　　　退役军人事务局

（四）区〈市〉属单位（20个）

优秀等次（8个）：生态环境局　税务局　气象局
　　　　　　　　供电局　人　行　电信公司
　　　　　　　　移动公司　农村商业银行

良好等次（12个）：调查队　建　行　烟草局
　　　　　　　　联通公司　农　行
　　　　　　　　邮政公司　村镇银行
　　　　　　　　广电隆德分公司　邮储银行
　　　　　　　　人寿保险公司
　　　　　　　　人保财险公司　新华书店

（五）六盘山工业园区管委会

按照自治区督检考办结果，六盘山工业园区管委会参照自治区考核结果确定为良好等次

隆德县2021年获奖情况一览表

序号	获奖主体	奖项名称	颁奖单位	获奖时间	获奖证明	奖励等级
被党中央、国务院表彰为先进集体的						
1	隆德县扶贫开发办公室	全国脱贫攻坚先进集体	党中央 国务院	2021.2	获奖证书	国家级
2	隆德县扶贫开发办公室	全国脱贫攻坚交流基地	国务院扶贫开发领导小组办公室	2022.1	获奖证书	国家级
3	隆德县	2021中国最美县域	中国（深圳）国际文化产业博览交易会	2021	网站公示	国家级
4	隆德县人民法院沙塘人民法庭	全国法院先进集体	最高人民法院	2022.1	网站公示	国家级
5	隆德县工商联	全国五好工商联	全国工商联	2021.12	《关于确认2020—2021年度全国"五好"县级工商联的通报》（全联发〔2021〕25）	国家级
被省部级（或国家部委办公厅、自治区党委办公厅、政府办公厅发文）或党和国家领导人担任组长的领导小组（或领导小组办公室发文）表彰为先进集体的						
1	隆德县纪委监委	第三季玉琼杯清廉微电影微视频大赛组织奖	中央纪委 国家监委	2021.11	获奖证书	省部级
2	隆德县文化馆	国家级一级文化馆	文化和旅游部	2021.11.18	网站公示	省部级
3	隆德县	中国最美乡村文化旅游示范县	国际旅游联合会	2021.3.16	《关于入围"中国最美乡村文化旅游示范县"的通知》	省部级
4	隆德县	2021最美乡村百佳县市	《小康》杂志社	2021.4.8	《"2021最美乡村百佳县市"榜单发布》	省部级
5	隆德县	2021—2023年度中国民间文化艺术之乡	文化和旅游部	2021.11.5	《文化和旅游部关于命名2021—2023年度"中国民间文化艺术之乡"的通知》（文旅公共发〔2021〕111号）	省部级
6	隆德县凤岭乡李士村	全国乡村旅游重点村名录	文化和旅游部	2020.8.26	网站公示	省部级
7	隆德县总工会	全国优秀职工书屋	中华全国总工会	2021	奖牌	省部级

表彰奖励

续表1

序号	获奖主体	奖项名称	颁奖单位	获奖时间	获奖证明	奖励等级
8	隆德县司法局	2016—2020年全国普法工作先进单位	中央宣传部、司法部、全国普法办	2021.11.17	网站公示	省部级
9	隆德县妇联	全国家庭工作先进集体	全国妇联	2020.12.17	《全国妇联关于表彰第十二届全国五好家庭暨家庭工作先进集体、先进个人的决定》（妇字〔2020〕51号）	省部级
10	隆德县住建局	全区脱贫攻坚先进集体	自治区党委、政府	2021.4	奖状	省部级
11	隆德县广播电视台	2020年度广播电视公益广告扶持项目（优秀传播机构）	国家广播电视总局	2021.10.21	《国家广播电视总局办公厅关于公示2020年度广播电视公益广告扶持项目评审结果的通知》（广电办发〔2021〕319号）	省部级
12	隆德县政协办公室驻隆德县凤岭乡薛岔村工作队	全区脱贫攻坚先进集体	自治区党委、政府	2021.4.20	表彰脱贫攻坚先进个人和集体相关文件及奖牌、证书	省部级
13	隆德县河长办	全面推行河长制湖长制先进集体	国家水利部	2021.6.4	《关于表彰全面推行河长制湖长制先进集体和先进个人的决定》（水人事〔2021〕162号）	省部级
14	隆德县水务局	全区脱贫攻坚先进集体	自治区党委、政府	2021.4	荣誉证书	省部级
15	隆德县水务局	节约型公共机构示范单位	国家机关事务管理局、国家发展改革委、财政部	2020.12	荣誉证书	省部级
16	隆德县水务局	全国农村饮水安全脱贫攻坚先进集体	国家水利部	2021.5.10	《关于表扬农村饮水安全脱贫攻坚先进集体和先进个人的通报》（水人事〔2021〕139号）	省部级
17	隆德县卫生健康局	通过全国基层中医院工作先进单位复审	国家中医药管理局办公室	2021.3.25	《国家中医药管理局办公室关于公布2020年全国基层中医药工作先进单位复审结果的通知》（国中医药办医政函〔2021〕84号）	省部级
18	隆德县卫生健康局	全区先进基层党组织	自治区党委	2021.6.24	《中共宁夏回族自治区委员会关于表彰全区优秀共产党员、全区优秀党务工作者和全区先进基层党组织的决定》（宁党发〔2021〕24号）	省部级
19	隆德县凤岭乡李士村	全区先进基层党组织	自治区党委	2021.6.24	《中共宁夏回族自治区委员会关于表彰全区优秀共产党员、全区优秀党务工作者和全区先进基层党组织的决定》（宁党发〔2021〕24号）	省部级
20	隆德县第一小学党总支	全区先进基层党组织	自治区党委	2021.6.24	《中共宁夏回族自治区委员会关于表彰全区优秀共产党员、全区优秀党务工作者和全区先进基层党组织的决定》（宁党发〔2021〕24号）	省部级
21	隆德县	国家卫生县城	全国爱国卫生运动委员会	2020.8.7	《全国爱卫会关于命名2017—2019周期国家卫生乡镇（县城）的决定》（全爱卫发〔2020〕1号）	省部级
22	隆德县	全国村庄清洁行动先进县	中央农村工作领导小组办公室、中华人民共和国农业农村部	2021.2.18	《关于通报表扬2020年全国村庄清洁行动先进县的通知》（中农发〔2021〕2号）	省部级

续表2

序号	获奖主体	奖项名称	颁奖单位	获奖时间	获奖证明	奖励等级
23	隆德县六盘山长征景区	建党百年红色旅游百条精品线路	文化和旅游部、中央宣传部、中央党史和文献研究院、国家发展改革委	2021.5.14	《关于发布"建党百年红色旅游百条精品线路"的通知》(文旅资源发〔2021〕54号)	省部级
24	凤岭乡李士村	第三批全国旅游重点村	文化和旅游部 国家发展改革委	2021.8.25	《关于公布第三批全国乡村旅游重点村和第一批全国乡村旅游重点镇(乡)名单的通知》(文旅资源发〔2021〕88号)	省部级
25	隆德县农业农村局	全区脱贫攻坚先进集体	中共宁夏回族自治区委员会、宁夏回族自治区人民政府	2021.4	全区脱贫攻坚先进集体荣誉证书(奖牌)	省部级
26	隆德县杨河乡人民政府	全区脱贫攻坚先进集体	中共宁夏回族自治区委员会、宁夏回族自治区人民政府	2021.4	奖牌	省部级
27	隆德县农业技术推广服务中心	荣获《宁夏中南部地区耕地土壤质量提升及配套作物栽培技术理论研究》三等奖	宁夏回族自治区人民政府	2021.6.18	《自治区人民政府关于2020年度自治区科学技术奖励的决定》(宁政发〔2021〕19号)	省部级
28	隆德正观花灯	第六批自治区级非物质文化遗产扩展项目	自治区文旅厅	2021.6	奖牌	省部级
29	杨氏彩塑非遗工坊	全区优秀非遗保护实践案例名单	自治区文旅厅	2021.11.23	网站公示	省部级
30	隆德县正观花灯工艺有限公司	全区文化产业示范园区(基地)	自治区文旅厅	2021.11.17	网站公示	省部级
31	隆德县凤岭乡文化站	全区优秀乡镇(街道)综合文化站	自治区文旅厅	2021.11.25	网站公示	省部级
32	隆德县李志强文化大院	全区优秀农民文化大院	自治区文旅厅	2021.11.25	网站公示	省部级
33	隆德县人民秦腔演艺有限公司	全区优秀民间文艺团队	自治区文旅厅	2021.11.25	网站公示	省部级
34	隆德县科技局	自治区科技创新奖	自治区科学技术厅	2021.7.30	《关于下达山区科技创新激励以奖代补资金预算指标的通知》(宁财(教)指标〔2021〕335号)	省部级
35	隆德县水务局	全区农村饮水安全脱贫攻坚先进集体	自治区水利厅	2021.2.3	《自治区水利厅关于对农村饮水安全脱贫攻坚先进集体和先进个人予以表扬的通报》(宁水发〔2021〕3号)	省部级
36	固原市生态环境局隆德分局	2020年度全区生态环境工作先进集体	自治区生态环境厅	2021.2.10	《中共宁夏回族自治区生态环境厅党组关于表彰2020年度全区生态环境工作先进集体和先进个人的决定》(宁环党发〔2021〕14号)	省部级
37	隆德县	全区农村人居环境整治示范县	自治区改善农村人居环境工作领导小组	2021.1.8	《关于表彰全区农村人居环境整治示范县、示范村的决定》(宁农居发〔2021〕1号)	省部级
38	隆德县博物馆	隆德县博物馆被授予自治区科普基地	宁夏回族自治区科学技术厅	2021.5.27	《关于认定2021年自治区科普基地的通知》	省部级
39	隆德县张程乡	2020年度自治区"最美庭院"	自治区妇女联合会、自治区农业农村厅	2021.1.15	《自治区妇女联合会自治区农业农村厅关于认定2020年度自治区"最美庭院"的通知》(宁妇通〔2021〕1号)	省部级

续表 3

序号	获奖主体	奖项名称	颁奖单位	获奖时间	获奖证明	奖励等级
40	隆德县卫生健康局	健康宁夏考核二等奖	自治区健康宁夏建设领导小组	2021.1.13	《自治区健康宁夏建设领导小组关于兑现2020年度健康宁夏建设考核以奖代补资金的决定》（宁健组发〔2021〕1号）	省部级
41	残疾人田慧君	2021年宁夏残疾人职业技能竞赛获个人刺绣项目二等奖	自治区残联 自治区人力资源和社会保障厅	2021.10.21	《自治区残联 人力资源和社会保障厅关于表扬2021年宁夏残疾人职业技能竞赛集体和个人的通报》（宁残联发〔2021〕63号）	省部级
42	隆德县自然资源局	2021年自治区果业大赛银奖	自治区林业和草原局	2021.9	奖牌、证书	省部级
43	隆德县	全区广场舞大赛二等奖	自治区委员会宣传部、文化和旅游厅、妇女联合会、体育局、宁夏广播电视台	2021.7	庆祝中国共产党成立100周年——"永远跟党走·幸福舞起来"全区广场舞大赛（奖牌）	省部级
44	魏氏砖雕非遗传人卜文俊	宁夏黄河流域非遗作品创意大赛一等奖	自治区文旅厅	2021.6.25	《自治区文化和旅游厅关于公布"非遗进万家·文旅展风采"——2021年宁夏黄河流域非遗作品创意大赛暨系列活动获奖名单的通知》（宁文旅通发〔2021〕55号）	省部级
45	隆德暖锅	宁夏黄河流域非遗美食大赛中获得最具人气第一名	自治区文旅厅	2021.6.25	《自治区文化和旅游厅关于公布"非遗进万家·文旅展风采"——2021年宁夏黄河流域非遗作品创意大赛暨系列活动获奖名单的通知》（宁文旅通发〔2021〕55号）	省部级
46	杨氏泥彩塑非遗传人杨贤龙	宁夏黄河流域非遗作品创意大赛二等奖	自治区文旅厅	2021.6.25	《自治区文化和旅游厅关于公布"非遗进万家·文旅展风采"——2021年宁夏黄河流域非遗作品创意大赛暨系列活动获奖名单的通知》（宁文旅通发〔2021〕55号）	省部级
47	刺绣传承人田慧君	宁夏黄河流域非遗作品创意大赛二等奖	自治区文旅厅	2021.6.25	《自治区文化和旅游厅关于公布"非遗进万家·文旅展风采"——2021年宁夏黄河流域非遗作品创意大赛暨系列活动获奖名单的通知》（宁文旅通发〔2021〕55号）	省部级
48	隆德县丝路元宝、黄牛排传统手工长面	宁夏黄河流域非遗美食大赛中荣获最具特色第三名	自治区文旅厅	2021.6.25	《自治区文化和旅游厅关于公布"非遗进万家·文旅展风采"——2021年宁夏黄河流域非遗作品创意大赛暨系列活动获奖名单的通知》（宁文旅通发〔2021〕55号）	省部级
49	中共隆德县温堡乡委员会	全区脱贫攻坚先进集体	中共宁夏回族自治区委员会、宁夏回族自治区人民政府	2021.4.25	全区脱贫攻坚先进集体荣誉证书（奖牌）《自治区党委人民政府关于表彰全区脱贫攻坚先进个人和先进集体的决定》（宁党发〔2021〕19号）	省部级

续表 4

序号	获奖主体	奖项名称	颁奖单位	获奖时间	获奖证明	奖励等级
50	隆德县财政局	全区脱贫攻坚先进集体	中共宁夏回族自治区委员会、宁夏回族自治区人民政府	2021.4.25	《自治区党委人民政府关于表彰全区脱贫攻坚先进个人和先进集体的决定》（宁党发〔2021〕19号）	省部级
51	中共隆德县凤岭乡委员会	全区脱贫攻坚先进集体	中共宁夏回族自治区委员会、宁夏回族自治区人民政府	2021.4.25	《自治区党委人民政府关于表彰全区脱贫攻坚先进个人和先进集体的决定》（宁党发〔2021〕19号）	省部级
52	隆德县科协	节约型机关	国家机关事务管理局	2021.8.23	奖牌	省部级
53	隆德团委	全区考核一等奖	共青团宁夏回族自治区委员会	2021.1.19	《关于反馈2020年度宁夏共青团工作考核结果的函》	省部级
54	隆德团委	第五届中国青年志愿服务公益创业赛全国赛银奖	第六届中国青年志愿服务项目大赛暨志愿服务交流会全国组委会	2021.11.29	网站公示	省部级
55	隆德团委	第十三届中国青年志愿者优秀组织奖	第十三届中国青年志愿者优秀个人奖、组织奖、项目奖全国评选委员会办公室	2021.8.27	网站公示	省部级
56	城关镇杨彦昭家庭	2021年全国最美家庭	全国妇联	2021.11	网站公示	省部级
57	隆德温堡乡人民政府	基层人民武装规范化建设达标	中国人民解放军宁夏军区	2020.11.12	《转发宁夏军区〈基层人民武装规范化建设达标考评情况通报〉》	省部级
58	隆德温堡乡人民政府	移风易俗工作先进村镇	自治区文明办	2021.3.30	网站公示	省部级
59	隆德县人民政府	移风易俗工作先进县	自治区文明办	2021.3.30	网站公示	省部级
60	隆德县沙塘马河村红白理事会	移风易俗工作先进村	自治区文明办	2021.3.30	网站公示	省部级
61	神林乡杨野河村红白理事会	移风易俗工作先进村	自治区文明办	2021.3.30	网站公示	省部级
62	隆德县第一小学	2020年全国青少年校园足球特色学校	教育部	2021.1.15	《教育部办公厅关于公布2020年全国青少年校园足球特色学校、试点县（区）、"满天星"训练营和足球特色幼儿园名单的通知》（教体艺厅函〔2021〕1号）	省部级
63	隆德县第三小学	2020年全国青少年校园足球特色学校	教育部	2021.1.15	《教育部办公厅关于公布2020年全国青少年校园足球特色学校、试点县（区）、"满天星"训练营和足球特色幼儿园名单的通知》（教体艺厅函〔2021〕1号）	省部级
64	隆德县观庄乡中心小学	第四届全国基础教育信息化应用展示交流活动"停课不停学"优秀案例	教育部	2021.1.8	《关于补充第四届全国基础教育信息化应用展示交流活动"停课不停学"部分优秀案例材料的函》	省部级
65	隆德县教育体育局	2017—2020年度全国群众体育先进单位	国家体育总局	2021.9.2	《体育总局关于表彰2017—2020年度全国群众体育先进单位和先进个人的决定》（体群字〔2021〕210号）	省部级

续表 5

序号	获奖主体	奖项名称	颁奖单位	获奖时间	获奖证明	奖励等级
66	隆德县第二小学	第三批全国中小学中华优秀传统文化传承学校	教育部	2021.11.2	《关于第三批全国中小学中华优秀传统文化传承学校认定结果的公示》	省部级
67	隆德县第二中学	全国在线教育应用创新典型案例	中央电化教育馆	2021.9.23	《中央电化教育馆关于公布在线教育应用创新典型案例名单的通知》（函件）	省部级
68	隆德县教育体育局	2020年全区普及高中阶段教育先进单位	自治区教育工委教育厅	2021.1.21	《自治区教育工委 教育厅关于2020年全区教育工作先进单位的通报》（宁教工委〔2021〕6号）	省部级
69	隆德县教育体育局	2020年全区教育脱贫攻坚先进单位	自治区教育工委教育厅	2021.1.21	《自治区教育工委 教育厅关于2020年全区教育工作先进单位的通报》（宁教工委〔2021〕6号）	省部级
70	隆德县温堡学区党支部	全区教育系统先进基层党组织	自治区教育工委教育厅	2021.6.22	《自治区教育工委 教育厅党组关于表彰全区教育系统优秀共产党员、优秀党务工作者和先进基层党组织的决定》（宁教工委〔2021〕31号）	省部级
71	隆德县第四中学	2021年宁夏回族自治区学生三人制篮球锦标赛（初中女子组）第六名	自治区教育厅自治区体育局	2021.7	奖状	省部级
72	隆德县第二小学	2021—2023年创建自治区文明校园先进学校	自治区文明办教育厅	2021.7.22	《关于2021—2023年创建自治区文明校园先进学校推荐情况和创建自治区文明校园先进学校入选情况的通报》（宁文明办〔2021〕20号）	省部级
73	隆德县职业技术学校	2021—2024年创建自治区文明校园先进学校	自治区文明办教育厅	2021.7.22	《关于2021—2023年创建自治区文明校园先进学校推荐情况和创建自治区文明校园先进学校入选情况的通报》（宁文明办〔2021〕20号）	省部级
74	隆德县第二中学	自治区劳动教育示范校	自治区教育厅	2021.11.22	网站公示	省部级
75	隆德县沙塘镇中心小学	自治区劳动教育示范校	自治区教育厅	2021.11.22	网站公示	省部级
76	隆德县第二中学	自治区首批教师专业发展基地校	自治区教育厅	2021.11.19	《自治区教育厅关于认定首批教师专业发展基地校的通知》（宁教师〔2021〕163号）	省部级
77	隆德县第二小学	2021年铸牢中华民族共同体意识教育示范校	自治区教育厅	2021.11.23	《自治区教育厅办公室关于公布少数民族教育特殊补助资金项目实施学校名单的通知》（宁教法办〔2021〕21号）	省部级
78	隆德县第二中学	2021年民族教育法治示范校	自治区教育厅	2021.11.23	《自治区教育厅办公室关于公布少数民族教育特殊补助资金项目实施学校名单的通知》（宁教法办〔2021〕21号）	省部级
79	隆德县应急管理局	农村城市社区防灾减灾作品获三等奖	自治区应急管理厅	2021.12.13	《自治区应急管理厅关于2021年全区综合防灾减灾科普师资大赛优秀作品的通报》（宁应急〔2021〕119号）	省部级

续表6

序号	获奖主体	奖项名称	颁奖单位	获奖时间	获奖证明	奖励等级
80	隆德县团委	隆隆薯电商助农在行动项目获最佳创意奖、青创新锐奖	共青团宁夏回族自治区委员会	2021.12.1	《关于第十一届宁夏青年创新创业大赛结果的通报》（宁团发〔2021〕12号）	省部级
81	隆德县张程乡	第三季玉琮杯清廉微电影微视频大赛组织奖	中央纪委 国家监委	2021.11	获奖证书	省部级
82	隆德县沙塘镇张树村	全国民主法治示范村	司法部 民政部	2021.11.3	奖牌及《固原市"全国民主法治示范村（社区）"核查及公示情况》	省部级
83	隆德县温堡乡吴沟村	全国民主法治示范村	司法部 民政部	2021.11.3	奖牌及《固原市"全国民主法治示范村（社区）"核查及公示情况》	省部级
84	隆德县沙塘镇张树村	自治区文明村	宁夏回族自治区精神文明建设指导委员会	2021.4.6	《关于复查确认继续保留荣誉称号的自治区文明城市、文明行业、文明村镇、文明单位、文明校园、文明家庭的通报》（宁文明委〔2021〕2号）	省部级
85	隆德县沙塘镇马河村	自治区文明村	宁夏回族自治区精神文明建设指导委员会	2021.4.6	《关于复查确认继续保留荣誉称号的自治区文明城市、文明行业、文明村镇、文明单位、文明校园、文明家庭的通报》（宁文明委〔2021〕2号）	省部级
86	隆德县神林乡双村	自治区文明村	宁夏回族自治区精神文明建设指导委员会	2021.4.6	《关于复查确认继续保留荣誉称号的自治区文明城市、文明行业、文明村镇、文明单位、文明校园、文明家庭的通报》（宁文明委〔2021〕2号）	省部级
87	隆德县沙塘镇清泉村	全区农村人居环境整治示范村	自治区改善农村人居环境工作领导小组	2021.1.8	《关于表彰全区农村人居环境整治示范县、示范村的决定》（宁农居发〔2021〕1号）	省部级
88	隆德县凤岭乡李士村	全区农村人居环境整治示范村	自治区改善农村人居环境工作领导小组	2021.1.8	《关于表彰全区农村人居环境整治示范县、示范村的决定》（宁农居发〔2021〕1号）	省部级
89	隆德县凤岭乡薛岔村	全区农村人居环境整治示范村	自治区改善农村人居环境工作领导小组	2021.1.8	《关于表彰全区农村人居环境整治示范县、示范村的决定》（宁农居发〔2021〕1号）	省部级
90	隆德县观庄乡前庄村	全区农村人居环境整治示范村	自治区改善农村人居环境工作领导小组	2021.1.8	《关于表彰全区农村人居环境整治示范县、示范村的决定》（宁农居发〔2021〕1号）	省部级
91	隆德县联财镇恒光村	全区农村人居环境整治示范村	自治区改善农村人居环境工作领导小组	2021.1.8	《关于表彰全区农村人居环境整治示范县、示范村的决定》（宁农居发〔2021〕1号）	省部级
92	隆德县联财镇赵楼村	全区农村人居环境整治示范村	自治区改善农村人居环境工作领导小组	2021.1.8	《关于表彰全区农村人居环境整治示范县、示范村的决定》（宁农居发〔2021〕1号）	省部级
93	隆德县城关镇咀头村	全区农村人居环境整治示范村	自治区改善农村人居环境工作领导小组	2021.1.8	《关于表彰全区农村人居环境整治示范县、示范村的决定》（宁农居发〔2021〕1号）	省部级
94	隆德县陈靳乡新和村	全区农村人居环境整治示范村	自治区改善农村人居环境工作领导小组	2021.1.8	《关于表彰全区农村人居环境整治示范县、示范村的决定》（宁农居发〔2021〕1号）	省部级
95	隆德县住建局	2021年乡村建设评价样本县	住建部	2021.7.23	《住房和城乡建设部关于开展2021年乡村建设评价工作的通知》（建村〔2021〕60号）	省部级

续表 7

序号	获奖主体	奖项名称	颁奖单位	获奖时间	获奖证明	奖励等级
96	隆德县教体局	义务教育质量监测实施优秀组织单位	教育部	2021.12	《关于下发2021年国家义务教育质量监测实施优秀组织单位名单的通知》（教质监〔2021〕10）	省部级
97	隆德县凤岭乡	全区七五普法工作先进集体	自治区全面依法治区委员会办公室	2021.9.17	网站公示	省部级
98	隆德县审计局	全区2020年审计项目质量等级评定三等奖	自治区审计厅	2021.1.14	奖牌	省部级
99	隆德县沙塘镇	自治区移风易俗工作先进村镇	宁夏精神文明建设指导委员会	2021.5	获奖证书	省部级
100	隆德县人民政府	自治区精神文明建设工作先进集体	宁夏精神文明建设指导委员会	2021.5	获奖证书	省部级
101	隆德县统计局	自治区第七次全国人口普查先进集体	自治区第七次全国人口普查领导小组办公室	2021.12.28	网站公示	省部级
102	隆德县教育体育局	全区第十届中小学优秀自制教具作品评选优秀组织单位	自治区教育厅	2021.12.6	《自治区教育厅关于公布全区第十届中小学优秀自制教具作品评选结果的通知》	省部级
103	隆德县城关镇	自治区卫生乡镇	宁夏回族自治区爱国卫生运动委员会	2021.12	奖牌	省部级
104	隆德县城关镇	自治区文明乡镇	固原市精神文明建设指导委员会	2021.10.29	网站公示	省部级
105	隆德县公安局1.15专案组	扫黑除恶工作表彰一等奖	自治区公安厅	2021.8.6	关于对全区公安机关扫黑除恶工作表彰奖励候选对象进行公示的公告》（宁公奖字〔2021〕6号）	省部级
106	隆德县公安局	宁夏公安机关警务实战大比武优秀组织奖	自治区公安厅	2021.9	奖牌	省部级

隆德县2021年创新亮点工作一览表

序号	创新名称	申报证据简述
		国家级
1	2017—2020年度平安中国建设示范市、县。	隆德县深入学习贯彻习近平新时代中国特色社会主义思想，全面贯彻落实党的十九大和十九届二中、三中、四中、五中、六中全会精神，严格按照中央及区市相关要求，及时成立各级平安建设协调小组，制定出台实施方案，抓实抓细安保维稳、矛盾纠纷排查化解、风险隐患防范处置、社会治安防控等各项重点工作，全县命案、群体性事件、安全生产事故等平安建设主要指标零发生。隆德县获评2017—2020年度平安中国建设示范市、县。
2	创办委员红色讲堂，广泛凝聚共识传播共识。	9月2日至3日，全国政协系统党的建设工作经验交流会在北京召开，中共中央政治局常委、全国政协主席、党组书记汪洋出席会议并讲话。隆德县作为全国22个经验交流县之一、宁夏回族自治区县级政协唯一代表参加会议并作了题为"创办委员红色讲堂，广泛凝聚共识传播共识"的经验交流。
3	隆德县按照"六个精准""五个一批"要求，探索了"四个10户""三带四联""321"等一系列行之有效的举措办法，脱贫攻坚工作取得了显著成效。	隆德县坚持精准扶贫、精准脱贫基本方略，按照"六个精准""五个一批"要求，探索了"四个10户""三带四联""321"等一系列行之有效的举措办法，脱贫攻坚工作取得了显著成效。2016年以来累计8次高质量通过省级交叉考核、东西部扶贫协作考核、第三方评估等国家级大考。2021年2月隆德县联财镇党委书记李荣林同志作为全国脱贫攻坚先进个人在北京人民大会堂参加全国脱贫攻坚总结表彰大会。
4	隆德县联财镇坚持抓党建促脱贫，建立党员领导干部包村抓党建责任制，深入实施"两个带头人"工程，创新"致富带头人+产业+建档立卡贫困户"扶贫模式，在全镇培养86名党员致富带头人，示范带动全镇2700多户贫困户脱贫致富。	
5	隆德县在第七次全国人口普查工作中，为全面查清隆德县人口数量、结构、分布等方面情况提供了准确统计信息支持。	根据《中华人民共和国统计法》《全国人口普查条例》规定和《国务院关于开展第七次全国人口普查的通知》（国发〔2019〕24号）要求，隆德县人口普查领导小组办公室组织全县指导员和普查员采用预约、错时的入户方法，以口头宣传、问询、走访的调查方式，按照"先易后难、先远后近、先散后集和户口整顿工作相结合"的工作方法，开展了逐户入户以人口信息登记表为基础与居民户口簿、身份证核对的逐户、逐人、逐项目的调查核对登记工作，普查过程中全面采用PAD，有效保证了统计信息安全性，如期高质量完成了各项普查任务。2021年9月24日，国务院第七次全国人口普查领导小组发布《国务院第七次全国人口普查领导小组关于表彰第七次全国人口普查先进集体和先进个人的决定》文件，隆德县统计局局长张广斌同志荣获"全国第七次全国人口普查先进个人"称号。
6	隆德县农村人居环境整治成效被国务院办公厅发文通报表扬。	2021年4月30日，国务院办公厅《关于对2020年落实有关重大政策措施真抓实干成效明显地方予以督查激励的通报》（国办发〔2021〕17号），对隆德县农村人居环境整治工作进行通报表扬。
7	隆德县协助承办"第六届全国知名蔬菜销售商走进宁夏暨固原市冷凉蔬菜节"活动，凤岭乡李士村特色农产品被现场观摩。	2021年7月14日，隆德县协助举办"第六届全国知名蔬菜销售商走进宁夏暨固原市冷凉蔬菜节"活动，凤岭乡李士村特色农产品被现场观摩。

表彰奖励

续表1

序号	创新名称	申报证据简述
		省部级
1	国家发改委调研了隆德县以工代赈工作，对隆德县以工代赈工作给予充分肯定。	
2	全国政协农业和农村委员会在隆德县好水乡召开高标准农田建设座谈会。	隆德县好水乡后海村在"高标准农田建设"项目实施中坚持将高标准农田建设与流域生态治理、主导产业发展、集成试验示范相结合，有效解决了生产基本条件差、机械化耕作程度低、经营主体带动难和新修农田增收难四个方面的问题。2021年9月3日，全国政协农业和农村委员会副主任杜宇新一行，对好水乡后海村"高标准农田建设"进行了现场观摩，随后杜宇新一行在好水乡人民政府召开经验交流座谈会。
3	312国道隆德段被评示范路段。	隆德县按照国省道交通安全文明示范路创建活动三年部署安排，聚焦"五个明显"目标任务，立足打造样板、树立典型，深入开展第一阶段国省道交通安全文明示范路创建活动，全国示范路特别是102、107、205、312、320五条样板路创建工作取得良好成效，交通安全设施进一步完善，勤务管理模式进一步优化，路面通行秩序进一步净化，路面管控水平进一步提高，引领带动了国省道交通管理能力水平整体提升。创建活动开展以来，全国普通国省道交通事故死亡人数与同期相比下降26%，一次死亡3人以上交通事故起数与同期相比下降27%，为群众出行创造了良好道路交通环境。312国道固原隆德段在安全文明示范路创建活动中被公安部交通管理局评为示范路段。
4	隆德县多部门被评为第一批节约型机关建成单位名单。	隆德县高度重视节约型机关创建工作，精心组织、系统谋划、狠抓落实，扎实推进节约型机关创建各项工作，2021年8月23日，多个部门被评为第一批节约型机关建成单位。
5	隆德县宁夏慧君职业技能培训学校被评为第二批全国残疾人文化创意产业基地。	根据《中国残联办公厅关于确定第二批全国残疾人文化创意产业基地的通知》（残联厅函〔2021〕19号），确定隆德县宁夏慧君职业技能培训学校为第二批残疾人文化创意产业基地。
6	隆德县被确定为全国农民合作社质量提升整县推进试点单位。	
7	城关镇杨家店村被确定为全国2020年度推动红色村组织振兴建设红色美丽村庄试点村。	
8	隆德县作为全区县（区）代表，顺利接受了中纪委和中央组织部的联合督查。	
9	中央纪委国家监委充分肯定隆德县纪检监察工作。	隆德县针对群众防返贫监测预警网格化管理机制不成熟，隆德县纪委监委以实地督促、会议督导等形势，督促各乡镇多渠道、多形式向群众宣传巩固拓展脱贫攻坚成果促乡村振兴政策，推动各帮扶部门（单位）第一书记和帮扶队员履职尽责、进村入户、宣讲政策。2021年5月30日，中央纪委国家监委在中央纪委国家监委官方网站上发布《宁夏深化防返贫监督及时预警护民利》文章，对隆德县纪检监察工作给予充分肯定。
10	隆德县被确定为全国第二批城乡交通运输一体化示范创建县。	2021年10月8日，交通运输部运输服务司在官方网站上发布《关于拟确实北京通州区等61个县（区、市）为第二批城乡交通运输一体化示范创建县的公示》，确定隆德县为全国第二批城乡交通运输一体化示范创建县。
11	隆德县陈靳乡新和村入选全国乡村旅游扶贫示范案例。	隆德县新和村以乡村旅游基础设施建设项目为支撑，实施贫困村整村推进扶贫工程，着力于基础设施建设和产业培育两个方面，建设村内水、电、路、停车场、旅游公厕等基础设施，培育引导农家乐、采摘园、垂钓园等乡村旅游业态发展，以产业发展实现旅游扶贫。隆德县陈靳乡新河村在2021年11月19日入选全国乡村旅游扶贫示范案例。
12	隆德县第二水厂被确定为全国2021年度农村供水规范化水厂，典型经验做法在全国推广。	2021年8月6日，水利部办公厅在官方网站公布《2021年度农村供水规范化水厂名单的通知》，隆德县第二水厂入选全国农村供水规范化水厂名单，其典型经验做法在全国推广。
13	隆德县被评为国家水土保持示范县。	2021年11月1日，水利部水土保持司在官方网站公布《2021年度国家水土保持示范名单公示》，隆德县被评为2021年度国家水土保持示范县。

续表 2

序号	创新名称	申报证据简述
14	隆德县被评为第四批节水型社会建设达标县。	近年以来，隆德县节水型社会建设工作在区市业务部门的精心指导和县委政府的大力支持下，认真贯彻落实《国务院关于实行最严格水资源管理制度的意见》和各级水利工作会议精神，锐意进取，不断创新工作思路，进一步加强水资源管理，保障全县经济社会可持续发展，切实做好节水型建设工作。2021 年 7 月 15 日，水利部《关于公布第四批节水型社会建设达标县（区）名单的公告》，确定隆德县为第四批节水型社会建设达标县。
15	隆德县六盘山红色书院做法被中央文明办纳入《建设新时代文明实践中心工作方法 100 例》中，在全国推广学习。	隆德县以六盘山红色书院为载体，打造便民、多元、共享的文明实践阵地，挖掘红色资源、传承红色文化、拓宽宣传平台、创新教育形式，引导广大干部群众坚定信心、笃定前行，让红色基因根植人心，让文明实践彰显生命力。2021 年 1 月，中央文明办一局出版《建设新时代文明实践中心工作方法 100 例》，隆德县六盘山红色书院做法被中央文明办纳入《建设新时代文明实践中心工作方法 100 例》中，在全国推广学习。
16	隆德县"双减"工作被新华社报道。	隆德县课后服务覆盖全县所有 63 所义务教育阶段学校，参与教师 1499 人，受益学生 15233 人。2021 年 8 月 31 日，新华社（客户端）对隆德县落实"双减"工作做宣传报道。同日，宁夏日报（客户端）等媒体以《"课后一小时"让每个孩子都有成才机会》为题对隆德县落实课后服务工作做了宣传报道。
17	隆德县投资数百万元实施中小学"厕所革命"被人民日报报道。	隆德县为广大师生营造卫生、健康、文明的工作、学习和生活场所，先后投资 800 多万元，全面完成了对全县中小学厕所的改造，师生彻底告别了砖土旱厕，提升了师生的获得感和幸福感。11 月 15 日，《宁夏日报》对隆德县学校改厕工作取得的成效给予了高度评价。2021 年 11 月 18 日，《人民日报》（客户端）在宣传报道中指出：隆德县实施中小学"厕所革命"，解决了师生如厕历史性问题。
18	隆德县"四大提升行动"被人民日报报道。	隆德县深入实施"四大提升行动"，以"城乡居民收入提升行动"为抓手，扎实推进城乡劳动力转移就业工作。今年以来，隆德县转移就业 4.2 万人，实现工资性收入 8.4 亿元，居民收入稳步增长。并结合劳动力需求分类实施培训，增强就业竞争力和稳定性。线上线下提技能，采取"线上""线下"相结合的方式开展创业培训 7 期 210 人，提高创业者市场竞争意识和组织管理能力。人民日报客户端 2021 年 12 月 18 日报道。
19	隆德县前庄村乡村扶贫事迹被央广网报道。	
20	隆德县举办"重走长征路"研学教育实践活动被人民日报报道。	隆德县为进一步推进红色文化融入课程思政育人实践，9 月 29 日，举办了以"请党放心，强国有我"为主题的"重走长征路"研学教育实践活动，丰富了思政内容和形式，让师生更深刻地感悟了坚持不懈、永不放弃的伟大长征精神。2021 年 9 月 30 日，人民日报（客户端）对活动做了专题报道。
21	隆德县抓实集体经济管理迎接牲畜出栏高峰被人民日报报道。	隆德县围绕草畜产业，培训育壮大肉牛养殖支柱产业，建立完善肉牛良种繁育体系，以杨河、张程两乡为引领，充分发挥党建引领作用，采取"党支部＋养殖园区＋合作社"的管理运行模式，由党支部统一领导，合作社统一管理，实行统一防疫、统一消毒、统一饲养、统一销售，养殖规模不断壮大，有效促进了村级集体经济"扩源增收"。培育养殖的肉牛远销全国各地，优良的品质深受客商青睐，良好的口碑也赢得了固定的市场。2021 年 10 月 15 日，人民日报做专题报道。
22	隆德县巩固拓展脱贫攻坚成果被人民日报报道。	隆德县按照"缺什么补什么""什么弱补什么"的原则，在易地搬迁"后半篇文章"中，全县 21 个移民村学校、幼儿园等公共服务设施全覆盖，移民家庭各学段学生政策资助全覆盖，无义务教育阶段辍学学生，移民基本医疗、家庭医生签约服务全覆盖。对单、双老户等特殊群体定期进行探访，开展移民健康状况评估、体格检查、辅助检查和健康指导服务，提供慢性病、老年人体检等 14 类 54 项服务。通过开展节日民俗文化、"文化进万家"等文化活动和农村环境综合整治活动，增强移民群众的融入感、获得感和幸福感。人民日报客户端 2021 年 12 月 14 日报道。
23	隆德县"闽宁协作"为宁夏隆德县架起一座致富"连心桥"被人民日报报道。	隆德县结合县情实际，因地制宜，精准施策，搭乘闽宁协作的专列，从政策支持、技能培训、外输内转、搭建平台、就业援助五方面全力推进转移就业。目前，整合闽宁资金成功打造的观庄乡前庄村人造花、凤岭李士村食用油、食用醋等 39 个扶贫车间，可提供 1200 多个固定就业岗位，在闽籍企业就业的农村转移劳动力超过 300 人。人民日报客户端 2021 年 12 月 14 日报道。
24	隆德县多措并举深化东西部劳务协作被人民日报报道。	隆德县深入落实党的十九大关于东西部扶贫协作工作部署，不断加强东西部扶贫劳务协作，借助闽宁协作对口帮扶，搭建用人单位和劳动力交流平台，促进劳动力转移就业，不断发展壮大"离土"产业。人民日报 2021 年 12 月 14 日报道。
25	隆德县沙塘镇清泉村美丽村庄建设情况被人民日报宣传报道。	隆德县沙塘镇清泉村借助建设"新型城镇化"的东风，着力改善农村环境质量，结合现代村落与田园风光、生态宜居、乡风文明等，把美丽村庄建设作为深入挖掘村域特色、提升人居环境、和实施乡村振兴战略的主要举措。人民日报 2021 年 9 月 22 日报道。

续表 3

序号	创新名称	申报证据简述
26	隆德县多项工作被中国新闻网、中国劳动保障报、经济日报、人民资讯报道。	隆德县多项工作被各大网站报道,中国新闻网 6 篇:《隆德县政务服务便捷高效暖民心》《不断提升移民致富水平》《移民小村庄也有幸福花园》《"冬闲"变"冬忙" 设施农业激发移民发展新动能》《隆德县推动学校思政课改革创新,不断提高思政实效》《多措并举促就业保增收》中国劳动保障报 2 篇:《宁夏隆德选聘 114 名人社协理员服务基层》《创业培训停课不停学》经济日报 1 篇:《宁夏隆德乡村旅游特色足》人民资讯 2 篇:《整治高价彩礼 推动移风易俗》《帮扶送温暖健康进乡村》。
27	隆德县协助农业农村部举办 2021 年"乡村建设培训班",对我县沙塘镇清泉村、神林乡辛平村、凤岭乡李士村乡村建设工作给予充分肯定。	
28	农业农村部相关领导来隆德县调研观庄马铃薯繁育基地,对我县马铃薯产业发展给予充分肯定。	
29	农业农村部种植业管理司来隆德县调研中药材产业发展情况并给予充分肯定。	隆德县在中药材产业发展上较为突出。2021 年 7 月 29 日农业农村部调研组来隆德县福源中药材科技有限公司(神林基地)、宁夏六盘山中药资源有限公司(香雪集团)、上药(宁夏)中药资源有限公司进行调研。
厅局级		
1	隆德县被评为全区创新优化基层政务服务试点单位。	创新优化基层政务服务是深化"放管服"改革、打造一流营商环境的重要举措。隆德县高度重视,周密部署,精心组织,明确责任主体,充实工作力量,确保工作落实,并且加强政策引导和资金投入,推动更多的人力、财力、物力投入向基层倾斜,不断增强隆德县政务服务保障能力。2021 年 3 月 31 日,自治区人民政府办公厅印发《关于创新优化基层政务服务工作的通知》,隆德县被确定为全区创新优化基层政务服务试点单位。
2	隆德县纪委监委被确定为全区公务员平时考核联系点。	2021 年 9 月 30 日,自治区党委组织部《关于做好全区公务员平时考核联系点工作的通知》中,隆德县纪委监委被确定为全区开展平时考核工作政策研究和宏观指导的联系点。
3	全区农技推广观摩培训会在隆德县召开。	
4	隆德县纪检监察制度执行工作成效明显,被自治区纪委办公厅通报表扬。	隆德县建立全面从严治党"五着力五推进机制",在"学习+制度""清单+台账""权力+防控""巡视+整改"等方面着力,推进守土担责、照单履责、按章尽责、用督促责、从严追责。2021 年 8 月 31 日,自治区纪委办公厅《关于全区纪检监察制度执行抽查情况的通报》中,对隆德县纪检监察工作进行表扬。
5	隆德县河湖长制工作突出,被确定为 2020 年河湖长制工作考核优秀等次。	近年来,隆德县深入学习贯彻习近平生态文明思想,牢固树立和践行"绿水青山就是金山银山"理念,对标建设黄河流域生态保护和高质量发展先行区决策部署,以渝河示范河湖建设为重点,坚决落实河湖长制责任,河湖治理取得显著成效。2021 年 6 月 3 日在全区河湖长制工作考核中被评为"优秀"等次。
6	隆德县被命名为"2020 年度平安县(区)"。	近年来,隆德县严格按照中央及区市相关要求,及时成立各级平安建设协调小组,制定出台实施方案,抓实抓细庆祝建党 100 周年安保维稳、矛盾纠纷排查化解、风险隐患防范处置、社会治安防控等各项重点工作,全县命案、群体性事件、安全生产事故等平安建设主要指标零发生。平安宁夏建设协调小组 2021 年第 1 次会议对 2020 年全区平安建设考核结果进行通报,根据平安县(区)达标命名标准,隆德县被命名为"2020 年度平安县(区)"。
7	隆德县探索建立矛盾纠纷排查化解"125"机制"411"模式。	近年来,隆德县认真学习借鉴新时代"枫桥经验",落实"125"机制和"411"模式,扎实开展矛盾纠纷排查化解,全县未发生涉众型群体性事件,为防范和化解社会领域风险挑战奠定了坚实基础。宁夏政法工作矛盾纠纷排查化解工作专利第 1 期刊登了隆德县探索建立矛盾纠纷排查化解"125"机制"411"模式的经验做法。

续表 4

序号	创新名称	申报证据简述
8	全区 2021 年山区高标准农田建设项目现场推进培训会观摩了隆德县好水乡永丰村、后海村等五个村，并被评为高标准农田建设项目及旱作高标准梯田集成技术试验示范项目，向全区推介交流学习。	
9	全区农村厕所革命现场观摩会在隆德县召开。	隆德县沙塘镇锦屏村全村共完成农村水冲式卫生厕所改造 193 户，常住户卫生厕所改造覆盖率达 95%，2019 年以来，维护厕所 165 户，修建水冲式公厕 1 座；好水乡红星村在改厕工作中严格按照区市县农村户用厕所标准规范建设，采取"四到位"工作做法，因地制宜，因户施策，确保建一户、成一户、用一户的原则。2021 年 9 月 11 日全区农村厕所革命现场观摩会在隆德县沙塘镇锦屏村和好水乡红星村进行农村厕所革命观摩交流。
10	扶持发展壮大村级集体经济。	
11	隆德县在中央纪律检查委员会副书记、国家监察委员会主任杨晓渡调研宁夏座谈会议上作交流发言。	隆德是国家级贫困县，在党和国家脱贫攻坚政策扶持下，经过全县党员干部群众的共同努力奋斗，2018 年顺利脱贫销号。县纪委监委认真贯彻落实习近平总书记重要讲话精神和中央纪委全会精神，发挥监督保障职能，作出了应有贡献。2021 年 4 月 24 日，隆德县在中央纪律检查委员会副书记、国家监察委员会主任杨晓渡调研宁夏座谈会议上作交流发言。
12	隆德县儿童福利工作成效突出，在全区民政工作会上作了书面交流。	近年来，隆德县坚持"民政为民、民政爱民"工作理念和"儿童利益最大化"的工作宗旨，着力增强基础能力，补齐基层短板，解决制度瓶颈，加快健全完善儿童福利和关爱保护服务体系，建立了涵盖孤儿、留守儿童和困境儿童全需求全链条的福利制度体系，儿童福利工作进入新的发展阶段。2021 年 1 月 18 日，民政厅召开 2021 年全区民政工作视频会议，隆德县围绕"儿童福利"工作作书面交流。
13	隆德县在全区命案防范打击工作座谈会议上作交流发言。	2021 年 3 月 16 日，召开全区命案防范打击工作座谈会，隆德县以"加强和创新社会治理全力预防命案发生"为题作交流发言。
14	隆德县在全区乡村振兴促进法宣传贯彻暨乡村治理和"一村一年一事"行动现场观摩培训会上作交流发言。	隆德县以完善乡村治理体系，提高治理能力建设为主攻方向，突出治理和服务两大功能，创新乡村治理机制，着力打造协作配合、精干高效、便民利民的村级治理和民生服务平台，深入推进乡村治理工作。隆德县采取"一二四"建设模式，创新建设村级治理服务中心，为实现乡村治理体系和治理能力现代化打下坚实基础。整合行政村原有的功能站室，挂牌建设 32 个村级治理服务中心。2021 年 7 月 24 日在全区乡村振兴"一村一年一事"行动现场观摩培训会上，隆德县围绕"乡村治理中心建设"工作做法作交流发言。
15	凤岭乡李士村作为唯一一个村党组织代表在全区"两优一先"表彰大会上进行了交流发言。	隆德县按照党中央和区市党委关于深入开展建党 100 周年系列庆祝活动安排部署，积极推荐全国和区、市表彰"两优一先"27 个。2021 年 6 月 28 日，召开全区"两优一先"表彰大会，凤岭乡李士村作为唯一一个村党组织代表进行交流发言。
16	全区"我为群众办实事"实践活动推进会上，隆德县委组织部以"发挥两个作用，办好为民实事"为题进行了交流发言。	隆德县按照党中央和区市县党委关于党史学习的部署要求，扎实开展党员和党支部"我为群众办实事""十大百小"活动。坚持把"我为群众办实事"实践活动作为学史力行的重要抓手，充分发挥组织部门职能作用，整合基层组织力量、党员干部力量，广泛组织动员全县各级党组织和广大党员干部立本职岗位，发挥好基层党组织战斗堡垒作用和党员先锋模范作用，切实为群众办难事、为基层解难题、为发展破难点。2021 年 9 月 28 日，召开全区"我为群众办实事"实践活动推进会上，隆德县委组织部以"发挥两个作用，办好为民实事"为题进行交流发言。
17	隆德县串河养牛专业合作社，实行统一购牛、统一饲养标准、统一技术服务、统一产品销售"四统一"运营模式，2019 年以来，串河村农民人均纯收入达 1.2 万元，收入增幅近三年蝉联全县榜首。	隆德县串河养牛专业合作社成立于 2007 年，合作社实行统一购牛、统一饲养标准、统一技术服务、统一产品销售"四统一"运营，极大地提高了养殖效益。在合作社的示范引领下，串河村形成了"家家种草、户户养牛"的局面，被确定为全县重点"养牛示范村"，先后以个人及公司名义，为本村和周边群众担保贷款 3000 多万元，解决了贫困群众融资难题，与当地 1000 户农户签订肉牛繁育购销合同、青贮玉米种植收购合同，带动户均增收 1.5 万元左右，激发群众脱贫致富的内生动力。2021 年 6 月 24 日被评为全区优秀共产党员。

续表 5

序号	创新名称	申报证据简述
18	隆德县凤岭乡提出基础建设、草畜产业两个"整乡推进"总体思路，动员农户建设家园、发展产业，高质量脱贫，开创了"小乡也有大作为"的工作局面，成为全县脱贫成效最突出的乡。	隆德县凤岭乡提出基础建设、草畜产业两个"整乡推进"总体思路，动员农户建设家园、发展产业，高质量脱贫，成为全县脱贫成效最突出的乡。同时，乡党委、政府创新发展思路，盘活闲置资产资源，发展集体经济，带动农户增收致富，2020年全乡集体经济收入424.1万元，纯收入203.23万元，为村集体经济发展树立先进典型，获评全国乡村治理示范殊荣。2021年6月24日凤岭乡党委书记李龙君被评为全区优秀共产党员。
19	隆德县城关镇优化组织活动场所建设，提升基层治理能力，打造了峰台社区、隆泉社区、竹林社区等示范社区，实施"多网合一"治理机制，使农村党建协调发展、统筹推进，基层党组织建设水平显著提升。	
20	隆德县沙塘镇成立沙塘镇党校，举办农村党员培训，落实基层党建"6322"工程，培育致富带头人103名，严格落实"六项行动"和基层党建"八个深化"，2020年全镇9个村党支部均达到三星级。	隆德县沙塘镇坚持以党建为引领，推动全镇经济社会实现高质量发展，坚持"四个一"长效整顿措施，长期整顿软弱涣散村和薄弱村党组织。落实"六项行动"和基层党建"八个深化"，大力开展"抓乡促村、整乡推进、整县提升"示范乡创建行动，2020年全镇9个村党支部均达到三星级，清泉村、马河村先后荣获全国文明村镇，2021年6月24日沙塘镇党委书记张毓龙被评为全区优秀共产党员。
21	隆德县委巡察办在2021年全区巡察干部专题培训班上做交流发言。	隆德县委巡察办在2021年7月全区巡察干部专题培训班上，以"强化巡察成果运用，推动问题整改落实"为题做交流授课。
22	锚定"三个目标"做实做好创新素养教育"三篇文章"。	隆德县紧紧围绕立德树人、推进教育现代化、提升教育教学质量目标任务，充分发挥新时代信息技术对教育改革发展的支撑作用，着力做好创新素养教育"立本""融合""求新"三篇文章，全力推进教育高质量发展。2021年3月7日至9日，隆德县承办全区中小学"互联网+创新素养教育"专题研讨活动。
23	"以点带面"推动"五育并举"新发展。	隆德县积极探索德智体美劳融合育人的新方法新途径，助力推进义务教育均衡工作取得显著成效。2021年1月22日，在全区教育工作会议上，隆德县教育体育局就推进"五育并举"工作做交流发言。
24	实施"三五七"学校安全管理工程努力提升校园安全管理精细化水平。	隆德县坚持实施学校安全管理工程，为学生健康成长精心编织全方位、立体化的安全网，持续为师生安全保驾护航。2021年4月22日，隆德县在全区学校安全稳定工作视频会议上，县教育体育局就学校安全工作做交流发言。
25	厚植"红色基因"为青少年培根铸魂润心。	隆德县认真实施党建思政"书记项目"，依托"六盘山红军长征纪念馆"等教育资源，探索实施具有县域特色的"红色思政"项目，创建28个"红色思政工作室"，成立"中小学思政课建设联盟"，分批组织中小学生赴福建等地开展"红色思政"研学旅行活动，赓续"红色基因"。2021年12月9日—11日，隆德县承办"宁夏红色文化融入大中小学教育教学研讨会"。
26	隆德县前庄村承办全区农村厕所革命现场观摩会。	隆德县前庄村积极推动落实全区农村厕所改革工作，全村共完成农村水冲式卫生厕所改造231户，常住户卫生厕所改造覆盖率达100%。对使用过程中存在问题的农户，及时进行维修，2019年以来，维修厕所186户，安装暖气片224户。修建水冲式公厕3座，并配套水暖电照明灯附属设施等，进一步提升村民生活品质。2021年9月12日，前庄村举办全区农村厕所革命现场观摩会。
27	隆德县《学史力行践初心 办好实事暖民心》被宁夏工作研究采用。	隆德县认真学习贯彻习近平总书记在党史学习教育动员大会和庆祝中国共产党成立100周年大会上的重要讲话精神，全面贯彻落实党中央决策部署，按照自治区党委统一安排，把"我为群众办实事"实践活动作为党史学习教育的重要内容和突出抓手，坚持问题导向、立足群众需求，深入一线、深入群众，攻坚民生难题、力解急难愁盼，确保实践活动走深走实，见行见效。2021年11月隆德县委办稿件《学史力行践初心 办好实事暖民心》被宁夏工作研究采用。

续表 6

序号	创新名称	申报证据简述
28	隆德县观庄乡大庄村《农村集体经营性建设用地入市"第一锤"》被宁夏日报报道。	隆德县观庄乡大庄村于 2021 年 9 月 7 日将 37.57 亩集体经营性建设用地进行拍卖，敲响宁夏农村集体经营性建设用地入市"第一锤"。
29	隆德县创新创优打造基层政务服务试点县。	隆德县严格按照全区创新创优基层政务服务工作要求，开展基层政务服务体系化建设，提升政务服务保障能力和代办能力，于 2021 年 3 月 31 日被确定为全区创新创优基层政务服务工作试点。
30	隆德县"七彩假期"乡村夏令营 为青少年带来专"暑"快乐被宁夏日报报道。	为巩固脱贫攻坚成果，助力乡村振兴，团县委与厦门大学积极合作，在隆德县开展"七彩假期·童心向党"暑期乡村夏令营活动，7 月 11 日—25 日，为期 15 天，共有国际口才交流、手工课、舞蹈、架子鼓、书法、跆拳道、旱冰、篮球等 88 个培训班，参培学生 2109 人次。为全面培养我县青少年兴趣爱好，开阔视野，全面提高综合素质发挥了重要作用。2021 年 7 月 25 日，该活动被宁夏日报报道。
31	自治区党委常委、组织部长石岱同志调研清泉村移民致富提升行动开展情况。	隆德县沙塘镇清泉村积极探索"党建+园区+村集体经济+移民"的模式，围绕解决好移民产业、就业、社会融入"三件事"，因地制宜，精准施策，全力抓实产业就业帮扶、配套基础设施等 6 项重点，移民致富提升行动开展的深入扎实，成效显著。2021 年 6 月 15 日，自治区党委常委、组织部长石岱同志调研清泉村移民致富提升行动开展情况。
32	自治区政府副主席王和山同志调研清泉村农村垃圾分类示范点建设情况。	隆德县沙塘镇清泉村为全面推进乡村振兴战略，切实改善农村人居环境，进一步推进清泉村美丽村庄建设，大力实施乡村振兴战略，落实区、市、县关于加强农村垃圾分类处理的工作要求，提高村民卫生意识和人居质量为目标，逐步完善农村垃圾就地减量、定点投放、收集清运的城乡一体化垃圾处理体系，逐步实现农村生活垃圾治理从日常卫生保洁向生活垃圾分类延伸。2021 年 3 月 8 日，王和山副主席对清泉村农村垃圾分类示范点建设情况表示高度赞扬。
33	自治区政府副主席王道席同志调研清泉村移民致富提升行动开展情况。	隆德县沙塘镇清泉村积极探索"党建+园区+村集体经济+移民"的模式，围绕解决好移民产业、就业、社会融入"三件事"，因地制宜，精准施策，全力抓实产业就业帮扶、配套基础设施等 6 项重点，移民致富提升行动开展的深入扎实，成效显著。王道席副主席对清泉村移民致富提升行动实施情况表示高度肯定。
34	自治区政府副省级领导王正升同志调研清泉村移民安置情况和街道村设施蔬菜产业发展情况。	隆德县沙塘镇清泉村积极探索"党建+园区+村集体经济+移民"的模式，围绕解决好移民产业、就业、社会融入"三件事"，因地制宜，精准施策，全力抓实产业就业帮扶、配套基础设施等 6 项重点，移民致富提升行动开展的深入扎实，成效显著。街道村充分发挥基层党组织引领作用，用好"两个带头人"队伍，依靠地域优势，积极探索发展草莓采摘、农事体验、休闲垂钓等乡村旅游新业态，与辖区内供港蔬菜、浙江瓜农协会等企业对接，种植西瓜、小番茄、辣椒等特色果蔬，实现产业深度融合发展。与邻近的和平村联合发展休闲农业，建成集特色种植、农事体验、观光采摘一体的乡村旅游示范点。2020 年，街道被评为全县壮大村集体经济"10 强村"。2021 年 6 月 3 日，王正升同志对清泉村移民点建设情况和街道村设施蔬菜产业发展情况表示充分肯定。
35	自治区政协调研清泉村移民致富提升行动。	隆德县沙塘镇清泉村积极探索"党建+园区+村集体经济+移民"的模式，围绕解决好移民产业、就业、社会融入"三件事"，因地制宜，精准施策，全力抓实产业就业帮扶、配套基础设施等 6 项重点，移民致富提升行动开展的深入扎实，成效显著。2021 年 9 月 6 日得到自治区政协党组副书记李彦开同志的充分肯定。
36	自治区党史学习教育督导组调研党史学习教育开展情况。	隆德县沙塘镇党委全面贯彻落实中央和区市县党委党史学习教育动员大会精神和工作部署要求，统筹谋划，协调推进，第一时间动员部署，成立一个专班，出台一套工作方案，实施一批民生实事，掀起一股宣传热潮的"五个一"要求，全面开启党史学习教育，引导广大党员干部不断从党的百年奋斗历程中汲取智慧和力量，做到学史明理、学史增信、学史崇德、学史力行，学党史、悟思想、办实事、开新局，把学习成效转化为工作动力，奋力谱写黄河流域生态保护和高质量发展先行区沙塘新篇章。2021 年 5 月 31 日学习成果受到自治区督导组高度认可。
37	自治区农业农村厅调研申报第二批乡村治理示范村镇。	隆德县沙塘镇清泉村深入贯彻落实党的十九大精神和乡村振兴战略部署，牢固树立以人民为中心的发展思想，把加强和创新乡村治理作为长久之计和固本之策，强化党建引领、健全治理要素、创建基层治理模式、完善基层治理体系、推行基层治理长效机制，推进自治法治德治协同发力，不断满足群众新需求、新要求，探索出一条行之有效的乡村治理新路径，为巩固拓展脱贫攻坚成果接续乡村振兴奠定基础。2021 年 7 月 13 日，调研组一行实地考察了清泉村村容村貌整治工作，认真听取了村党支部书记赵旭的工作汇报，并和村干部进行深入交流，对乡村治理工作给予充分肯定。
38	自治区应急管理厅调研隆德县沙塘镇基层应急管理能力建设情况。	沙塘镇积极落实应急管理各项措施，强化基层应急管理站"六有"标准化建设，基层应急服务站"三有"标准化建设，2021 年 8 月 3 日，自治区应急管理厅副厅长带队一行调研隆德县沙塘镇基层应急管理能力建设情况。

续表7

序号	创新名称	申报证据简述
39	自治区蔬菜园艺站观摩沙塘镇现代农业产业园建设情况。	隆德县沙塘镇按照全县产业发展总体布局，紧盯冷凉蔬菜、中药材、草畜等特色优势产业，投资8000万元，建成占地7000亩的沙塘镇现代农业产业园，年收益2400余万元，带动群众就地就业680人，人均年收入1.8万元以上。自治区蔬菜园艺站组织观摩团一行100余人来隆德县沙塘镇观摩，对现代农业产业园建设情况成效表示充分肯定。
40	隆德县沙塘镇成立沙塘镇党校，举办农村党员培训，落实基层党建"6322"工程，"六项行动"和"八个深化"。	
41	宁夏日报对隆德县农村人居环境整治情况（厕所革命）进行采访并做报道。	
42	隆德县多项工作被宁夏新闻网报道。	隆德县多项工作被宁夏新闻网报道，共9篇：《宁夏隆德县多措并举帮"移民"安家 助群众就业》《温堡乡杨堡村：让有限的土地，承载无限的希望》《宁甘"飞地"跨省党支部联合防疫》《隆德县创新残疾人托养模式》《现代农业让沙塘镇瓜果飘香》《隆德县32个村级治理服务中心实现"六有六化"》《隆德县打出"组合拳"营造良好城市环境》《隆德县城单位停车位免费开放》《庆丰收的季节，听大山里的"党课"》。
43	隆德县纪检监察特色亮点工作被全区通报表扬。	隆德县纪委监委建立"五着力五推进"机制，在注重"学习+制度"上着力，推进守"土"担责；在突出"清单+台账"上着力，推进照"单"履责；在建立"权力+防控"上着力，推进按"章"尽责；在落实"巡视（巡察）+整改"上着力，推进用"督"促责；在坚持"问效+督办"上着力，推进从"严"追责，着力压实各级党委（党组）主体责任，保障全面从严治党不断取得新成效。在2021年全区纪检监察特色亮点工作评定中被评为"良好"等次。
44	隆德县市监局2021年全国安全用药月宁夏系列活动被自治区通报表扬。	隆德县认真贯彻落实区、市全域创建食品药品安全区工作会议精神，遵循"四个最严"要求，及时制定出台实施方案，强化责任落实，突出问题导向，创新监管机制，全县没有发生源头性、系统性、区域性食品药品安全事故。结合全域创建食品药品安全区工作，广泛开展创建宣传工作，提高了公众知晓率。隆德县市监局获评2021年全国安全用药月宁夏系列活动暨全域创建食品药品安全区宣传工作优秀组织单位、优秀创新引导活动。
45	全区审计局长会暨"巩固审计质量提升年"活动推进会上隆德县审计局做交流发言。	隆德县审计工作始终坚持以审计质量为"生命线"，通过科学精准谋划审计计划，严格标准规范审计行为，高效优化审计流程，合理加强业务管理，巩固深化成果运用，有效提升审计质量，审计工作成效显著，连续六年获自治区审计厅"优秀审计项目"表彰奖励。在2021年8月13日召开的全区审计局长会暨"巩固审计质量提升年"活动推进会上，隆德县审计局作为县（区）唯一代表，以"以创新规范引领隆德审计事业实现高质量发展"为题作交流发言。
46	自治区党委审计委员会办公室 自治区审计厅发文通报表扬隆德县审计整改成效。	隆德县审计局认真履行审计整改督促检查责任，紧盯审计查出的问题开展跟踪检查，督促全面真实整改。对照审计报告和审计决定建立问题清单和整改台账，按照见人、见事、见物的要求审核后下账销号；对未限期完成整改的单位通过下发督办函和提请纪委监委开展专项督查的形式，督促限期完成整改。2021年隆德县接受审计署、审计厅、固原市审计局等上级审计机关各项审计5次，审计查出的问题在整改期限内全面完成整改，整改率100%。2021年11月19日，自治区党委审计委员会办公室 自治区审计厅《关于2020年度自治区本级预算执行和其他财政收支情况等审计事项查出问题整改督查情况的通报》中，对隆德县审计整改成效点名表扬。
47	隆德县医保局被自治区通报表扬为2021年度全区医保电子凭证激活推广工作成绩突出单位。	隆德县落实医保电子凭证激活推广工作，特成立工作领导小组，制定工作方案，举办培训班2期，联合农业银行、建设银行、各定点医疗机构开展"六进"活动，2021年全县共激活医保电子凭证115532人，完成了户籍人口的86.81%，超额完成自治区70%的目标任务，自治区医保局给予通报表扬。
48	隆德县举办全区农产品成本与收益调查业务培训班。	隆德县按照《农产品成本调查管理办法》，协同农业农村局，通过下乡入户、深入农户了解农调户生产经营情况，进行合理的选取，加强对农调户登记工作的培训指导，提高农本人员的积极性，打牢农本工作基础，从源头上保证农本工作质量，深入开展下乡入户工作，准确的把握各项基本数据的真实情况。圆满完成自治区发改委安排的各项农本调查任务，自治区发改委于2021年7月5日在隆德县举办全区农产品成本与收益调查业务培训班。
49	隆德县发改局荣获"2021年度全区技改投资突出贡献单位"。	隆德县认真贯彻《宁夏回族自治区技术改造及稳增长综合奖补专项管理暂行办法》（宁工信规发〔2021〕9号）要求，进一步加快工业经济转型升级、提质增效，大力支持工业企业技术改造、创新发展，切实提高技术改造专项资金使用效益，隆德县争取自治区工业技术改造及稳增长综合奖补资金642万元，结合2020年技改节余资金317.36万元，共959.36万元，引导和组织县内15家工业企业实施技术改造项目，完成技改总投资4935.9万元，拟兑付综合奖补资金855.05万元。荣获"2021年度全区技改投资突出贡献单位"。

续表 8

序号	创新名称	申报证据简述
50	隆德县发改局荣获"2021年度全区工业能耗双控突出贡献单位"。	
51	隆德县公安局被自治区公安厅贺电表扬。	3月份以来，隆德县辖区连续发生多起诈骗案件，犯罪分子以在银川办理廉租房为由实施诈骗，疯狂作案，社会影响恶劣。案发后，隆德县公安局高度重视，组织精干警力，迅速开展工作，通过梳理串并，发现犯罪嫌疑人张某以同样手法在固原、银川等地也多次实施诈骗，作案后外逃。经办案民警不懈努力，最终确定犯罪嫌疑人藏匿地点，并将犯罪嫌疑人张某抓获归案。隆德县公安局成功侦破"云剑—2021"行动第三批挂牌督办的"隆德'3.23'系列诈骗案"，起诉认定案件20起，返还群众损失14.1万元，公安厅特致电表示祝贺，并向全体参战人员表示亲切慰问。
52	隆德县公安局被自治区公安厅贺电表扬。	2020年11月14日，隆德县公安局接到报警，城关镇一居民被犯罪分子以冒充领导名义诈骗8万元。案发后，隆德县公安局高度重视，立即抽调精干警力成立专案组开展侦查。通过办案民警对资金流、信息流深度分析研判，确定了一个以冒充领导名义实施电信网络诈骗的犯罪团伙。经专案组民警昼夜奋战、觅迹寻踪，先后在江西省南昌市、上饶市以及四川省资阳市等地抓获犯罪嫌疑人12名，并成功捣毁位于江西省南昌市新建区某酒店内的一个电信诈骗犯罪窝点。隆德县公安局成功侦破"云剑—2020"行动第四批挂牌督办的"11.14"系列诈骗案，抓获犯罪嫌疑人12人，判处实刑7人，串并全国案件48起，查扣涉案资产640余万元。公安厅特致电表示祝贺，并向全体参战指挥员和民警致以亲切的慰问。
53	隆德县公安局被自治区公安厅刑侦总队贺电表扬。	2021年7月15日23时许，甘肃省静宁县居民肖某、王某某在隆德县城北山偏僻路段被人用枪支、刀具胁迫抢劫尼桑轿车1辆、现金2万元。案发后，隆德县公安局立即启动大要案侦查机制，抽调刑侦、治安、城关派出所等单位民警成立工作专班，固原市、隆德县两级公安机关合成作战中心研判支持，并在第一时间向甘肃省静宁公安局刑侦大队通报案情、争取工作配合，充分发挥合成作战和区域警务协作优势。经缜密工作，于案发后6小时在隆德县城将犯罪嫌疑人毕某某抓获归案，案件实现快侦快破。隆德县公安局破获隆德县"7.15"持仿真枪抢劫案件，公安厅刑侦总队特致电表示热烈祝贺，并向全体参战民辅警致以亲切慰问。
54	隆德县市监局在全区市场监管工作会议上交流发言。	隆德县市监局为全面提升市场价格监管水平，在推动价格监管工作的基础上，大胆实践，主动作为，总结提炼出四条基本经验，即：统一思想、形成共识是前提；规范行为、夯实基础是关键；积极探索、大力推动是核心；发挥作用、注重效果是目的，全面提升监管实效，得到区市主管部门认可，2021年8月12日在全区市场监管工作会议上交流发言。
55	固原市"山林权""土地权"改革暨地质灾害防范工作推进会在隆德县召开。	隆德县结合实际确定"12564"的"山林权"改革思路：即夯实确权登记颁证一个基础，开展林业资源价值评估和碳汇项目开发两项试点，推行农户经营、户企合作、政府投资、企业经营、龙头带动五种经营类型，发展林药、林草、林菌、林禽、林蜂、林旅六个特色产业，强化政策资金、金融保险、技术服务、执法监管四项保障。2021年8月25日，固原市"土地权""山林权"改革暨地质灾害防范工作推进会议在隆德县召开，会上隆德县陈昊副县长代表隆德县对"山林权""土地权"改革情况进行交流发言。

乡镇概览

城关镇

【概况】 城关镇地处六盘山西麓,为县人民政府驻地,是隆德县政治、经济、文化中心。总面积89.52平方千米,辖4个行政村、10个社区居委会,32个村民小组55个社区网格87个小区,有18551户57454人,其中农业户籍人口930户3341人,有党支部15个,党员1331人。

【机构设置】 城关镇共有编制63个,其中行政编制31名(现有3名空编),事业编制32名。核定领导职数10名,设党委书记1名,副书记2名(含兼任镇长1名),人大主席1名,纪委书记1名,副镇长3名,组织委员1名,武装部长1名。镇党委委员9名。农业综合服务中心主任1名,按照事业编副科级配备。城关镇设有"五办四中心",其中,综合办公室配备人员4名,党建工作办公室4名,经济发展办公室7名,社会事务管理办公室6名,综合执法办公室8名,民生服务中心5名,农业综合服务中心11名,综治中心5名,财经服务中心3名。城关镇共有职工73人(含三支一扶、西部计划等)。

【为民办实事】 征集"我为群众办实事"问题意见150条,全部办结;组织社区开展"十大百小"行动,共梳理解决问题412件,935名党员为民办实事1016件。设立网格158个,增设网格员50名;推进5个"智慧社区"试点建设,安装监控128个、人脸识别系统14台、车辆识别系统10台、楼道烟雾传感器168个;聚焦"四大提升"行动,完成红崖社区等8个移民安置点致富提升行动五年规划;培育菌菇和肉兔两大产业,六盘山野生菌菇培育基地成功转型,实现产加销产业融合发展;先后在各村组、小区查验点设立党员先锋岗34个,112名志愿者参与到疫情防控一线,48名镇机关党员干部到疫情卡点值守。

【乡村振兴】 健全防返贫动态监测帮扶机制。对脱贫不稳定户边缘易致贫户,以及因病因灾因意外事故等刚性支出较大或收入大幅缩减,导致基本生活出现严重困难户,开展定期检查动态管理。全镇建立1个一级网格,由镇党委书记罗永长同志担任一级网格员。每个行政村建立1个二级网格,由包村领导担任二级网格员。将各村农户按照区域分成若干个三级网格，由第一书记、驻村工作队员、村组干部等分别担任三级网格员。全镇共设6个二级网格员，93个三级网格员，涉及983户农户。三级网格员围绕农户收入、"两不愁三保障"及饮水安全、社会保障及因病因灾等不可抗拒因素导致收入骤减或支出剧增等10项30个指标，每月入户，开展常态化监测，准确为网格区域内群众建立监测工作日志，做到实时动态更新。2021年新纳入预警防返贫监测对象4户18人，对全镇4户12人脱贫户进行稳定脱贫退出标注。开展常态化"四查四补"。每个月按照"乡不漏村、村不漏户、户不漏人"的原则，对4个行政村、4个城市社区开展"查损补失、查弱补强、查漏补缺、查短补齐"工作。共查出7项118个问题。落实问题，整改到位。

【产业发展】 在咀头村发展300亩马铃薯、300亩地膜玉米种植示范基地，带动发展肉牛养殖。做大特色草畜产业，全镇有农民专业合作社和家庭农场共31个，经济专业合作组织10个，其中肉牛养殖专业合作社2户，家庭农场7户。全镇100万只以上规模肉兔养殖企业1家，肉牛养殖户63户，牛存栏807头，出栏293头。发展壮大村集体经济，成立隆德县城关镇杨家店村股份经济合作社，投资96万元建设日光温室2座，竹林社区兴办和自主经营广告装饰耗材公司增加村集体经济收益。2021年，村集体经济年收益5万元以下2个社区，年收益达5~10万元（含5万）以上有1个村1个社区，收益达10万元以上（含10万元）3个村3个社区。

【环境整治】 以"四美"为目标，围绕"134"工作思路，建立网格化管理机制，划分网格123个；统筹村庄规划布局，全镇拆除残垣断壁167处3035米、土坯房102间、旱厕216座，整治河道沟渠54处25千米、粮场65个，通过回头看整治房前屋后2586户、粮场63处；实行垃圾分类处理，实现可再生资源回收7.5吨；推进卫生厕所改造，将吴山村68户污水管网全部接入县城主管网；发展庭院经济，种植季节性蔬菜59.5亩，形成"集中整治＋常态化管护"农村人居环境综合整治长效机制。

【六大治理工程】 整合党建服务网、社会治安综合治理网等资源，完成"多网合一"，设立网格158个，增设网格员50名，梳理意见建议349条，办理338条，办结率为96.85％。推进5个"智慧社区"试点建设，安装视频监控128个、人脸识别系统14台、车辆识别系统10台、楼道烟雾传感器168个，为23名行动不便人员及老年人配备智能手环。加强城区周边安全建设，打造西苑、红崖等全区民主法治示范村和民族团结进步示范村（社区）建设。

【民生保障】 城关镇民生服务大厅目前共设立5个综合受理服务窗口，5个综合审批服务窗口，服务内容共47项。2021年共受理农村低保30户33人、城市低保334户454人。评审会通过保障农村低保25户27人、城市低保共212户243人。2021年停发农村低保51户53人，停发城市低保820户1078人。追缴违规领取低保资金43人394907.84元。先后发放临时救助补助1112户3804人，发放临时救助资金116万余元。完成1700多残疾人两项补贴的新增与退出及系统维护，其中重度残疾人护理补贴新增37人、退出52人，发放重度残疾人护理补贴

1160人834720元；困难残疾人生活补贴新增58人、退出28人，发放困难残疾人生活补贴650人430650元。新增高龄老人24人、退出高龄老人28人，发放高龄津贴245人635320元。新增特困人员3人，退出特困人员2人，发放特困补助76人373040元。

【四大提升行动】 全镇"十二五"移民1037户3347人，"十三五"移民154户716人，2021年以来，城关镇围绕解决好产业、就业、社会融入三件事，实施百万移民致富提升行动。拓宽就业渠道。依托劳务中介公司、人造花扶贫车间、季节性务工等产业平台转移就业6695人，配合县人社局新增公益性岗位100个，组织申报和兑付劳务补贴569人、交通补贴33人，总计29.83万元。组织开展职业技能培训233人次，向县工业园区输送务工人员44人。保障移民有住房。红崖社区工作人员通过入户摸底，对"多代多元"家庭具体情况登记造册，协调为符合条件的164户移民解决保障性住房164套。民生到位。2021年，对因病因灾意外事故导致基本生活出现严重困难低收入家庭754人纳入低保救助范围，为无土地、缺乏基本保障的移民群众申请低保和临时救助等。

【疫情防控】 城关镇结合防疫形势及时调整疫情防控工作专班，成立由党委书记任总指挥，镇长、分管领导任副总指挥，各村（社区）包抓领导为组长、包抓干部为成员工作专班。加强中高风险地区来隆返隆人员摸排，落实镇包片领导、社区工作人员、社区民警、网格员、楼长"五位一体"防控体系。落实"五包一"责任制，对本辖区来自涉疫地区来隆返隆人员摸排工作，对摸排出人员第一时间上报，落实集中医学健康监测、居家医学健康监测等管控措施。2021年共计摸排外地来隆人员2066人，其中入境回国人员3人（集中医学健康监测3人），中高风险地区入隆人员10人（集中医学健康监测3人，居家医学健康监测7人），次密接者及其关联人群8人（集中医学健康监测6人，2人上报指挥部协调其所在市、县进行管控）。累计居家医学健康监测939人，其中29人为解除集中隔离人员。推进疫苗接种，全镇18岁以上常住人口34827，已接种第一剂34171，接种率98.12%。

陈靳乡

【概况】 陈靳乡位于隆德县南部，乡政府驻地距县城6公里，位于东经106°9′28.93563″，北纬35°34′1.50164″，东接泾源县六盘山镇，南邻山河乡，西靠凤岭乡、沙塘镇，是全县地理位置最优越乡镇之一，也是全县最具发展潜质城乡接合部之一，城乡公交贯通，隆庄公路、福银高速穿境而过。全乡面积69平方千米，其中林地退耕还林17401亩。全乡共有陈靳、清凉、新和、新兴、何槐、民联、高阳7个行政村，24个村民小组，总人口1247户4145人，常住人口877户3258人，其中低保户382户470人，五保户20户20人。2021年，陈靳乡新和村高台马社火获文化和旅游部关于命名2021—2023年度"中国民间文化艺术之乡"；自治区改善农村人居环境工作领导小组授予陈靳乡新和村为全区农村人居环境整治示范村；宁夏新闻网刊登陈靳乡"庆丰收的季节，听大山里的'党课'"主题党日活动。

【巩固脱贫成果】 以巩固拓展脱贫攻坚成果与乡

村振兴有效衔接为根本，贯彻落实区市县关于巩固脱贫攻坚成果的决策部署，落实"四个不摘"要求，推进责任、政策、工作落实。全乡各行政村均通水泥路，安全饮水、宽带网络、通信信号、广播电视、公共交通"全覆盖"。建立健全防返贫预警监测机制，全乡53个三级网格员监测农户1243户，通过网格员入户走访和电话询问，随时掌握农户家庭情况，落实"一户一策"帮扶措施，确保脱贫不稳定户、边缘易致贫户和突发严重困难户因户施策、精准帮扶，防止出现大规模致贫返贫。实施百万移民致富提升行动，解决产业、就业和社会融入"三件事"。以马铃薯、草畜产业、道地中药材、劳务、文化旅游为经济发展支柱，实施农村劳动力实用技能培训工程，培训劳动力220人次，劳务输出1534人次。建成运营陈靳乡残疾人托创园、汇英香业制香等5个扶贫车间，引进宁夏厚生记食品有限公司，培育发展弘瑞元中药材加工厂、宁夏西海固新和民俗风情开发有限公司和清凉山林下产业合作社等本土小微企业。

【特色产业】 实施"脱贫富民"战略，推进一、二、三产业融合发展。种植马铃薯5000亩、中药材512亩、蚕豆400亩、青贮玉米2000亩，基础母牛补栏71头，全乡肉牛饲养量720头。依托陈靳乡生态气候优势，发展乡村旅游产业，建成新和房车避暑营地，改造提升清凉窑洞民宿宾馆，新建自行车游步道2.5千米，打造清凉、新和"两大乡村旅游线路"，串联高台马社火、水上公园、岳家峡森林公园、清凉寺等景观景点，沿线布局芍药、早酥梨、取蜂蜜等休闲观光体验农业，引进精品民宿发展，体验"吃住行游购"。举办"新和村长桌宴""庆八一葫芦丝演奏会""高台马社火展演"等推介演出，扩大陈靳文化旅游资源对外知名度和影响力。

【农村集体经济】 坚持一村一策，探索实践"党支部＋合作社＋农户"自主经营发展模式。清凉村股份经济合作社，主要从事乡村旅游及餐饮服务，累计投入270万元，2000平方米生态餐厅一座，窑洞宾馆22座，蒙古包KTV3座，种植马铃薯140亩，建设蔬菜大棚3座1000平方米，养殖黑山羊180头，生态土鸡5000只，收入10万元。新和村股份经济合作社，主要从事乡村旅游及餐饮服务，累计投入376万元，新建精品民宿18间，种植早酥梨等经果林500亩，2021年新建房车营地三处，养殖大棚1座，活动凉棚1座，养殖基础母牛25头，收入10.2万元。新兴村经济合作社，累计投入202万元，建设牛棚圈舍2幢，青贮池3000立方米，养殖基础母牛51头，种植青贮玉米100亩，收入8.3万元。陈靳村经济合作社，累计投入155万元，2021年新建700吨马铃薯贮藏窖1座，700立方米蚕豆仓储1座，收入8.1万元。高阳村经济合作社，累计投入155万元，2021年新建700吨马铃薯贮藏窖1座，收入8.4万元。民联村、何槐村经济合作社，累计投入316万元，2021年种植马铃薯600亩以上，收入分别为10.3万元、7.5万元。

【环境整治】 围绕农村人居环境整治提升要求，推进改厕、垃圾清理等人居环境整治提升工作，划分58个网格，实现全乡环境卫生网格化管理全覆盖。把"粮场整治""农户房前屋后整治""残垣断壁（旱厕）拆除整治"三大行动同步推进整治。全乡共整治粮场163个，公共区域乱堆乱放8200余处，禽畜粪污350吨，对残垣断壁、旱厕及土坯房全面推进拆除，累计拆除土坯房31座、旱厕312处、残垣断壁300余米。成立以乡纪委书记为组长，督导组深入各村督导检查，现场反馈问题并建立台账，奖优罚劣，共奖励32人990元，处罚31人890元。落实门前"三包"责任，常态化开展"美丽庭院"评比，建立"流动红－黄旗"评比机制，对各村人居环境整治质量效果进行评分，并授予卫生先进村流动红旗和卫生后进村流动黄旗，倒逼后进村整改。

【民生保障】 落实卫生健康各项政策措施，建成运营7个村级卫生室，配备基本医疗设备、药品和专业人员，实行所有农户大病慢性病医生签约服务，落实医疗报销、大病救助及大病补充保险政策。对新冠肺炎疫情带来不利影响，聚焦重点领域、重点人群、重要节点、重要交通要道，严防死守，严密排查，制定细化"四包一"责任体系和"十户联防"网格化责任制，抓好新冠肺炎疫情防控常态化工作，动员群众进行新冠肺炎疫苗注射和全民健康体检，完成疫苗接种阶段性任务，统计辖区村民及从业人员共计3770人，接种疫苗第一针剂3650人次，第二针剂3534人次，第三针剂1125人次。全乡农村居民最低生活保障共482户582人；养老保险覆盖面100%，两险参保率98%以上（其中建档立卡户缴费率100%）；落实退役军人事务管理"五有"要求，设立乡级服务站1个、村级服务站7个。

山河乡

【概况】 山河乡位于隆德县东南部，隆庄、隆泾公路穿境而过，距隆德县城15千米，阴湿多雨，气温偏低。全乡辖4个行政村，现有户籍人口643户1256人，其中常住人口202户519人，低保户130户192人，五保户40户42人。全乡总面积106.5平方千米，现有耕地面积2941.75亩，历年退耕还林共计4.01万亩，森林覆盖率74%。2021年全乡人均可支配收入10517元，全乡人均可支配收入首次超过1万元。

【机构设置】 山河乡人民政府下设机构有综合办公室、党建办公室、经济发展办公室、社会事务管理办公室、综合执法办公室（应急管理办公室）、民生服务中心（退役军人服务站）、农业综合服务中心、综治中心、财经服务中心；县直部门下派机构有派出所、司法所、卫生院、市场监督管理所。

【乡村振兴】 巩固脱贫攻坚成效同乡村振兴有效衔接，摸清底数。精确统计就业人员，摸清就业情况，统计务工收入。做好防返贫监测。全乡共有监测户17户57人，按照应保尽保和就高不就低的原则安排低保和各类救助政策，用于保障基本生活。当前16户52人风险已消除，1户5人风险未消除。开展"四查四补"。对查找出76条问题限期整改。完善信息资料。将乡村两级干部第一书记和扶贫工作队员52人全部纳入三级网格员，对全乡194户常住户进行网格化管理，每月定期入户排查，查找问题，分析研判入户情况，逐次逐人解决问题，完善脱贫不稳定户和边缘易致贫户的扶贫云系统数据信息，完成乡级纸质扶贫档案49盒469件整理工作。落实社会保障。按照重特大病、次特大病种条件要求，对建档立卡贫困户进行全面核查，办理健康扶贫卡191人次，解决因病致贫因病返贫问题。争取闽宁协作项目资金20万元，注入王庄村经济合作社，用于发展壮大村集体经济。

【产业发展】 发展村集体经济。山河乡村集体经济从无到有、由弱到强稳步发展，在带动全乡经济社会发展同时，就近增加务工岗位，增加群众收入，巩固脱贫成果。2021年山河村集体经济发展在全县村集体经济发展中成绩突出，全年纯利润10.4万元，被命名为固原市发展壮大村集体经济示范村；二滩村因地制宜发展种植业和肉牛养殖业，肉牛存栏30头，种植马铃薯200亩，全年纯利润10万元；王庄村经济合作社发展肉兔养殖业，全年饲养肉兔10000余只，全年纯利润达7万元；菜子川村通过联村经营和村企联营方式，以投资收益方式，全年纯利润达8.8万元。发展肉兔养殖。以集中代养方式发展肉兔养殖业，由村委会牵头，按照统一管理、集中养殖、统一销售模式。在三个行政村共投入资金25万余元，建成标准化养殖大棚3座，带动75户182人集中发展肉兔养殖，户均年增收2900元以上。发展优势种植业。山河乡地广人稀，气候阴湿，土地肥沃，发展种植业优势，结合本乡实际，将马铃薯种植作为全乡支柱产业进行发展，2021年通过引进种植大户，村集体代耕、代种、代管等方式扶持困难农户种植马铃薯1500余亩，全乡种植各类农作物3000余亩。农村电商发展迅速。山河村开通淘宝、幸福隆德网店、开发"豆子熟了"微信小程序，开展线上销售3.2万元。开展"非粮化"整治。2021年对全乡1030亩撂荒地进行复垦种植；对100余亩苗木进行整治恢复耕地。

【基础设施】 2021年全乡修建卫生厕所15座，房屋换瓦维修22户，大门维修2座，农户围墙倾斜、裂缝加固维修23户704.37米，新建护坡67.86立方米，维修水渠2千米，硬化公路2千米，田间道路铺沙8千米，整治甘渭河支流菜子川至二滩段河道2.5千米。山河村、二滩村、菜子川村新建标准化肉兔养殖棚3座900平方米。王庄村经济合作社新建大型标准化肉兔养殖2座840平方米，硬化院落270平方米，新建积粪棚2座、化粪池2座40立方米、检查井1口，新建栅栏245米、院墙护坡257立方米、大门2个。山河村新建草莓棚1座300平方米，村集体新建冷库1座。菜子川村建成1000平方米马铃薯储藏窖1座。

【民生保障】 落实疫情防控措施。疫情防控工作向常态化开展，动员全乡干部群众接种新冠疫苗，完成适龄人员应接尽接目标任务。落实各项惠民政策。全乡"两险"参保率100%，建档立卡户家庭医生签约服务率100%。累计发放临时救助资金31.38万元，低保资金近103.5万元，残疾人生活补贴发放资金8.7万元、护理补贴9.6万元，特困分散供养资金22.3万元、高龄补贴资金5.1万元，孤儿津贴3.5万元。各村老年饭桌通过村集体盈利投入、帮扶单位支持、爱心企业捐助等方式，多渠道募集资金，解决了40多位孤寡老人吃饭问题。

【社会治理】 开展扫黑除恶专项斗争，从严整治各类社会乱象，推进平安乡村建设，启动"八五"普法工作，宣传孝老爱亲典型，倡导家和邻睦良好家风，打造文明乡风。实施民生服务中心和代办点建设。

奠安乡

【概况】 奠安乡位于隆德县南部,属黄土丘陵沟壑区和六盘山外围砂石山区,地势东高西低,海拔介于1500~2400米之间,年平均气温5.6℃,年平均降水量520毫米。境内山川相间,生态优美,崇岳公路、塘通公路横穿全境,交通条件便利。乡域面积107211.6亩(7147.44公顷),耕地面积18619.5亩,水域面积267亩,范家峡饮用水源地1处,水坝5个,林地86284.2亩,其中森林面积43158.9亩,森林覆盖率80%。辖7个行政村25个村民小组,户籍人口1353户3926人,常住人口695户1584人,常年务工1002人,季节性务工488人。

【种养产业】 农作物总播种面积6584亩,主要作物小麦、玉米、蚕豆、马铃薯、胡麻、中药材、青贮玉米,其他作物669亩。养殖业以肉牛、肉兔、土鸡养殖为主,景林、张田村规模养殖肉牛500头,农户养殖932头(青贮池44个),肉兔养殖23650只,土鸡饲养5820只,蜜蜂370箱,生猪饲养417头。

【乡村干部】 村干部共33名,男性村干部29名,女性村干部4名。旧街村、马坪村、景林村、张田村、雷王村5村为村支书兼主任。奠安乡人民政府职工总数42人。初中学历1人,专科学历13人,本科学历25人,研究生学历3人。设"五办四中心",领导班子成员9人,事业副科(民生服务中心、农业综合服务中心主任)2人,综合办公室3人,党建办公室2人,经济发展办公室3人,社会事务管理办公室2人,综合执法办公室(应急管理办公室)6人,民生服务中心(退役军人服务站)5人,农业综合服务中心6人,综治中心3人,财经服务中心2人,司法所1人。职工概况,乡机关下辖7个党支部,266名党员,其中女党员52名,机关党员29名。

【特色产业】 实施"支部+合作社+农户"及"1156"发展模式,开展"联村、联社、联资"肉兔养殖和景林村、张田村肉牛养殖示范村建设,吸收附近群众就业65人。

【巩固脱贫成果】 推进防返贫监测预警网格化管理机制,将1308户农户纳入一网监测管理,每月进行核查,消除返贫预警风险。结合"四大提升行动"、落实村组日常监测,推进"四查四补"工作。

【民生保障】 争取资金完善基础设施建设。投入资金786万元,完成太阳能路灯安装210盏、道路硬化3.2千米、新街村肉兔养殖园区二期6栋2595.6㎡等项目建设。确定保障对象384户529人;发放重度残疾人生活补贴125人,护理补贴137人;临时救助21.39万元,惠及农户218户;发放救灾款276000元,惠及农户419户1628人。

【环境整治】 推进"用水权、土地权、排污权、山林权"改革;加大造林绿化和村庄美化,组织各村公益性岗位定期对村组道路、村庄周围的乱堆乱放、垃圾杂物集中进行清理整治;推进农村"厕所革命",有504户家庭使用农村水冲式卫生厕所;防治农村水污染和农业面源污染;组织85名生态护林员参与森林资源防火管护;加强河长管理、实行月通报制度;深化安生产专项整治和做好安全生产工作。

【社会事业】 多措并举，推进乡、村两级科技、教育、文化、卫生、体育等各项社会事业发展。现有小学1所，幼儿园1所，初中阶段毕业率100%；老年饭桌7个，现有村卫生室7个，乡卫生院1所（4名医生，1名护士，1名检验人员，1名"三支一扶"支医人员），7名村医履行"家庭医生签约"服务，方便村民小病诊治，改变"看病贵、看病难"现象；乡文化广场1处，乡文化站1所，村文化活动室7个，农家书屋7个。

【疫情防控】 落实入境和国内中高风险地区返乡人员摸底排查和登记上报；减少聚集活动；常态化开展疫情防控知识宣传普及，倡导喜事缓办、丧事简办、宴会不办等，动员群众疫苗接种本地第一针1315人，第二针995人，外地接种第一针597人，第二针553人。

温堡乡

【概况】 隆德县温堡乡位于隆德县西南，距县城35千米，东与隆德县山河乡接壤，南与甘肃省庄浪县岳堡乡相接，西与甘肃省静宁县古城乡毗邻，北与甘肃省静宁县曹务乡镶嵌，因西、南、北三面被甘肃省包围，仅东部与本土相连，被称之为"飞地"，地理位置优越，区位特殊，资源充足，物产富饶。撤村并居前，温堡乡共有15个行政村，72个村民小组，5634户、21142人。2021年4月撤村并居后，全乡总面积82平方千米（全县第二），全乡辖13个行政村62个村民小组，其中脱贫村8个、移民村1个、一般村4个。户籍人口5164户17805人，常住人口3067户11808人，有党员783人（其中农村党员，女性党员127人，少数民族党员1人）。常住民族有回族、维吾尔族、佤族、土家族、彝族3人、布依族2人。耕地面积52794亩，其中川地面积12535亩，退耕还林面积10321亩。获得"全区脱贫攻坚先进集体""抗击新冠肺炎疫情全区基层先进党组织""全区人口老龄化国情区情下基层最佳组织单位"、宁夏军区"武装部基层规范化建设固原市第一名"，"2020年度固原市十佳政务微信"，全县"发展壮大村集体经济先进集体""肉牛养殖先进乡镇""党管武装先进单位""2020年度讲好隆德故事最佳新媒体"等荣誉称号。

【乡村振兴】 围绕产业就业、基础设施、人居环境、民生保障、社会治理等方面，落实"四个不摘"，统筹推进"四大提升行动"，开展"四查四补"。结合2021年基础设施建设，全乡累计硬化道路82千米，改造大门1220个、围墙45443平方米，危房改造5009户，安装太阳能热水器3000余盏，全乡"水电路房"等基础设施全覆盖；开展"三带四联"产业扶贫机制，共建扶贫车间3个，发展村集体经济创收271万元，856名贫困人口通过冷凉蔬菜种植、草畜养殖等特色产业实现脱贫，161名贫困人口通过公益性岗位、园区务工稳定增收；落实医疗兜底、控辍保学、教育资助等全方位脱贫兜底政策，全乡义务教育阶段学生"零辍学"，基本医疗保险参保率100%。全乡8个贫困村、1456户5650人贫困户脱贫销号。

【产业发展】 把产业培育作为脱贫攻坚和农业增效、农民增收关键，立足本地资源，调优产业结构，发展以肉牛养殖、蔬菜种植为主，小秋杂粮等为补充种养产业。建成拱棚1945个，种植蔬菜、瓜果3030亩以上，生产优质果蔬9000余吨，年产值2700余万元；建成8个规模化肉牛养殖基地，带动全乡肉牛存栏4493头。发展"文化旅游+电子商务+快递物流"等新业态，建成杨氏彩塑博物馆、"盘龙山庄"星级农家乐，累计接待游客10万人次，带动旅游收入860万元以上，举办2019年"中国农民丰收节"宁夏固原隆德分会场活动，13个电商服务站投入运营，文化旅游新业态，成为特色产业转型升级。发展跨村联营经营模式，全乡13个村集体经济累计投入资金2419万元，带动经济增收897万元，纯收益271万元。推动和促进全乡种养殖业向规模化、规范化、机械化方向发展。

【生态建设】 践行"绿水青山就是金山银山"理念，开展小流域综合治理、退耕还林补植补造、荒山造林、移民迁出区生态修复、村庄道路绿化美化、残膜二次回收利用、畜禽粪污资源化利用及人居环境卫生综合整治等工作。完成杨坡等11个村20千米道路两侧绿化工作，栽植云杉、油松、刺槐等苗木8.6万株；完成甘渭河河道治理及生态修复工程，清淤河道300米；依法打击违法采砂行为、关停3家沿河机砖厂，查处整改养殖场违规排污问题2起；完成桃威公路温堡段改扩建工程；硬化广场36000平方米，铺设污水管网55.4千米、自来水管网84千米；建成农户水冲式厕所2792户；累计整治大小粮场858个、房前屋后环境卫生4224户。落实卫生保洁、巡河、护林等网格化管理制度，推行"门前三包"和卫生极差户"三帮一"工作机制，建立"集中整治+常态化管理"农村人居环境综合整治机制。

【民生保障】 推进医疗、养老保险收缴工作，建档立卡贫困户"两险"参保率实现全覆盖；开展农村低保入户核查，为全乡1860户2540人落实最低生活保障政策；落实"七免一救助""先住院后付费""农村60周岁以上老人免费健康体检"等惠民政策；累计发放妇女创业贷款2140万元、各类救助资金3950万元；普及高中阶段教育，实现义务教育基本均衡；开展致富带头人培训98人次，培训劳动力2364人，实用技术培训5000人次。规范乡级服务站、各村文化活动广场、标准化卫生室、电商服务中心、村级阅览室、老年饭桌、民生代办点和妇女儿童之家。

【基层治理】 建成吴沟、杜堡2个新时代文明实践站，开展新时代文明实践活动，全乡4户农户被评为县级文明户。推进"平安温堡"建设，发挥"125"和"411"矛盾纠纷化解机制，排查化解各类矛盾纠纷299件，办理"12345"便民服务热线181条，满意度96.13%。强化安全生产管理，建立应急救援队伍15支，依托文化广场、村部、健身广场等建设应急避难场所13个，开展"安全生产大检查30余次，签订责任书700余份，检查各类生产经营单位120家（次），查处整改安全生产隐患20余处，整改率100%。

凤岭乡

【概况】 凤岭乡位于隆德县西南，国土面积59.8平方千米，全乡共辖8个行政村43个村民小组。第七次全国人口普查全乡户籍人口2436户8595人。

人均可支配收入9885元。

【乡村振兴】 围绕"五大振兴",编制《凤岭乡乡村建设示范乡战略规划》,以"凤凰岭三十里生态旅游长廊"为规划,推进凤岭乡自治区级乡村建设示范乡和李士、冯碑、于河3个示范村创建,建成凤岭乡村集体经济企业产品研发、齐岔村生态经济综合体项目,上梁老街和李家沟红色展室等项目,推进乡村振兴战略。

【巩固脱贫攻坚成果】 落实"四个不摘"要求,开展"四查四补",补齐基础设施和民生短板。持续发放小额金融扶贫贷款,扶持农户发展草畜产业。保障脱贫监测户和边缘户稳定就业,4户10人实现脱贫。开展常态化监测预警,全乡共设立1个网格长,2个一级网格员,8个二级网格员,124个三级网格员,共监测农户2436户。全乡新识别脱贫不稳定户4户19人、边缘易致贫户1户4人,突发严重困难户1户3人,通过"普惠+特惠"政策落实、社会保障、鼓励就近务工等措施消除预警风险,做到跟踪监测、动态管理。

【特色产业】 大力发展肉牛产业,新购基础母牛286头,牛存栏量达到5826头,种植林下中药材1.4万亩,种植玉米13000亩(其中青贮玉米9200万亩,水果玉米1500亩)。村集体经济稳步发展,多元化发展纯手工醋、土方榨油、石磨面粉、健康枕头、窑洞土蜂蜜、生态禽蛋、肉鸽养殖、休闲垂钓、中药材、冻干食品及桃仁杏仁加工等村集体经济产业,新建巩龙村集体百头牛场,注册成立隆德县凤康食品厂和隆德凤岭乡上梁旧街生态旅游产业基地,注册"六盘.凤岭八珍"农产品品牌,2021年全乡村集体经济经营性收入738.97万元,纯收益107.55万元。

【生态环境】 推进农业污染综合治理,落实"河长制""路长制",加强河道和道路管理保护工作。绿化美化主干道20千米,完成薛岔等垃圾分类试点4个。整治农村人居环境,开展共建共治共享工程,落实包干责任制、门前"三包"责任制,采取"党员+责任区""党员+监督员"等方式,依托"红黑榜""评定表",聘用义务监督员42人,全年开展集中比4次、入户评12次,实现乡村人居环境共建共治共享,李士村和薛岔村被评为全区农村人居环境整治示范村。

【基础设施】 维修通组和生产道路20条10千米,新建维修排水渠8159米,安装太阳能路灯200余盏。在乡主干道路种植花草597亩,在薛岔、李士、卜岔、冯碑、齐兴等村完成旱作高标准农田1.2万亩,在沙桃公路巩龙村段建桥1座,新建卫生厕所43座,维修8个行政村村部。打造卜岔村、薛岔村美丽村庄,发展休闲旅游业。

【民生保障】 落实雨露计划政策,享受补助学生157人,补助资金47.1万元。落实"两免一补"教育扶贫政策。发放妇女创业贷款1100余万元,转移就业农村劳动力3689人。完善农户"大病管理"机制,推行家庭医生签约服务,签约医生服务实现贫困户全覆盖。强化社会兜底保障功能,整合农村低保、临时救助、自然灾害救助等政策,应保尽保。

【社会治理】 规范推进乡村两级服务标准化,

落实123项服务事项，提升行政执法水平。健全乡村干部担当作为激励机制，优化配置结构，完成村委会换届工作。健全完善矛盾问题排查化解"125"工作机制，建立"411"责任区模式；启动"八五"普法，以"法律八进"为载体，开展形式多样的法治宣传教育活动；以"平安创建"为抓手，加强宗教场所规范化管理。

【疫情防控】 调整凤岭乡领导小组和指挥部，实施疫情防控网格化管理，落实防控责任，成立临时党支部8个，开展防控宣传工作，全年辖区城乡居民疫苗接种9192剂次。购买储备帐篷、床、口罩、酒精、消毒液等防疫物资，分发给基层医疗卫生人员和辖区群众。

沙塘镇

【概况】 沙塘镇位于隆德县渝河流域河谷川道区，距县城15千米，312国道和青兰高速贯穿全境。镇域面积78平方千米，耕地面积5.5万亩，辖11个行政村67个村民小组，其中贫困村5个、非贫困村6个。全镇户籍人口4665户14748人，常住人口2649户10129人，脱贫户1054户3864人，监测户40户126人。全镇共有12个机关党支部，党员640人，其中机关党支部28人，农村党员612人，预备党员7人。2021年全镇农民人均可支配收入13533元，增长9.1%。

【机构设置】 沙塘镇共有编制45个，其中行政编制22名，事业编制23名。核定领导职数10名，设党委书记1名，副书记2名（含兼任镇长1名），人大主席1名，纪委书记（县监委派出监察办公室主任）1名，副镇长3名，组织委员1名，武装部长1名。镇党委委员9名。民生服务中心和农业综合服务中心各1名主任，按照事业编副科级配备。沙塘镇设有"五办四中心"，其中，综合办公室配备人员3名，党建工作办公室2名，经济发展办公室4名，社会事务管理办公室2名，综合执法办公室5名，民生服务中心6名，农业综合服务中心9名，综治中心3名，财经服务中心3名。沙塘镇共有职工50人（含三支一扶、西部计划等）。

【巩固脱贫成果】 沙塘镇开展"四查四补"，建立问题台账和责任清单，落实各项扶持措施，解决"两不愁三保障"和安全饮水等实际困难105项。落实防返贫预警监测网格化管理机制，设立1个网格长、2个一级网格员、9个二级网格员、105个三级网格员，把全镇4105名农户纳入防返贫监测预警网监测，共发现预警信息2类12条（涉及农户12户），紧盯锦屏村、清泉村移民安置点，按照"缺什么补什么""什么弱补什么"原则，完善水、电、路、通信、防洪和污水管网等基础设施，维修巷道980米、排水渠690米，道路铺沙1000米，硬化场地3500平方米，建成院周花园围栏580米，对农户房屋漏雨、裂缝、墙面破损脱落等进行维修，硬化院落15户，安装太阳能路灯60盏，改造锅灶20户。11个行政村硬化路、自来水、卫生厕所、宽带网络实现全覆盖，文化活动场所、健身器材、综合服务网点、标准化卫生室、电商服务中心等配备齐全。

【产业发展】 按照全县产业发展总体布局，发展冷凉蔬菜、中药材和草畜产业。探索企业+农户+合作社等多种经营模式，以基地建设为主，大户示范、农户参与、企业合作，形成"家家有产业，户户能增收"局面。建成渝河流域设施西瓜、供港蔬菜为主冷凉蔬菜现代农业产业园，提升十八里、新民千亩冷凉蔬菜种植示范基地，建成许沟、街道、新民千亩高标准设施蔬菜种植基地，全镇瓜果蔬菜面积7000亩，其中大棚瓜果蔬菜3000亩，蔬菜设施化、标准化生产规模初步形成。在沙塘北塬建设以黄芪、金银花为主中药材示范基地1000亩，巩固提升新民、马河等黄芪、金银花规模化种植基地，全镇中药材种植面积2000亩。建设以锦华、锦屏等村为重点草畜产业示范村，扩大光联、锦华、锦屏草畜产业规模，全镇牛饲养量达3506头。推进"355"运营管理模式，规范发展壮大村集体经济，投资300万元，扶持十八里、新民、张树等村发展特色种植养殖业，各村年底收益均达10万元以上，全镇村集体收益124万元。

【村集体经济】 沙塘镇实现全镇11个行政村村集体经济组织全覆盖，其中产业经营型8个，加工增值型2个，乡村旅游型1个。村集体经济累计投资1978.65万元，累计收入841.4万元。2021年全镇村集体收入443.9万元，纯收入118.5万元，其中：收入达5万元以上9个，10万元以上6个，20万元以上2个。通过村集体经济组织带动，发展壮大村集体经济，带动发展果蔬生产基地6000多亩，人均可支配收入可增加2000元以上。

【环境整治】 以"环境美、村庄美、田园美、庭院美"为目标，新建室内一体式水厕80座，改造提升卫生厕所72座，整治粮场126个。围绕村庄清洁行动"五清一绿一改"推行环境网格化管理，对农户房前屋后、院内院外枯枝柴禾、砖石杂物、生产农具、土堆粪堆等进行集中清理，拆除残垣断壁18356米，开展河道沟渠整治，整治"312"国道沿线环境卫生，种植景观花草168.4亩。落实河湖长制，开展河道巡查保洁工作，对渝河、甜水河及26条村级河流开展日常巡查、河道清淤、垃圾清理等工作，共整治流域砂石堆料厂6处。建成清泉村农村垃圾分类示范点，实现农村生活垃圾治理从日常清理向分类清运延伸。

【乡村治理】 建成沙塘镇新时代文明实践所和11个村级新时代文明实践站。开展乡村移风易俗民风建设，表彰"美丽庭院""健康家庭""文明家庭"36户，开展文化娱乐、体育健身活动，组织开展各类志愿活动20余次。发挥"125"机制和"411"模式，总结推广一站式多元解纷机制，实现"小事不出村，大事不出乡、矛盾不上交"。开展基层治理，扫黑除恶专项斗争，推进"八五"普法。创建"全区民族团结进步示范乡"，张树村被评为全国民主法治示范村，清泉村、马河村荣获全国文明村镇称号。

【民生保障】 推进教育事业发展，全镇有小学1座，共有学生203人；幼儿园1座，共有学生70人，通过雨露计划帮扶困难学生262人，发放资金39.3万元，适龄儿童入学率100%，义务教育阶段无辍学学生。实施文化惠民工程，完善文化设施。落实疫情防控"四方"责任，制定应对疫情常态化工作制度，推进流行性出血热疫情防控和狂犬病防治工作，沙塘镇中心卫生院建成固原市首家数字化预防接种门诊。成立退役军人事务管理站，打造全区退役军人服务站示范点。推进农村医疗保险和城乡居民养老收缴工作,"两险"参保率90%以上。完善居民最低生活保障和社会救助制度,落实孤寡老人、残疾人等特殊人群救助政策,2021年底,沙塘镇享受农村低保1487人,享受高龄津贴248人,享受残疾护理补贴467人,享受残疾人生活补贴358人,特困供养津贴46人,领取养老金2726人。对大病、长期慢性病患者,住院治疗后可以通过医保、民政大病救助、扶贫保等几个途径报销提高看病住院药费报销比例。落实就业创业扶持政策,实施劳动力素质提升工程,联系扶贫、农牧、就业部门,实施农民科技培训工程。2021年共开展种养殖、电焊、烹饪、月嫂、家政服务、刺绣等实用技术培训650余人次,致富带头人培训24余人次,劳动力转移就业5282余人次,安排护林员66人,公益性岗位42人。

【四大提升行动】 推进移民致富提升行动,紧盯锦屏村、清泉村移民安置点247户890人,建立"一户一策"扶持措施,实施移民产业发展、移民就业帮扶、补齐基础设施短板、改善优化人居环境等方面。落实就业创业优惠政策,加大小额金融信贷、妇女创业贷款,开展劳动力技能培训,引导群众到县六盘山工业园区就近务工就业。争取闽宁帮扶资金,落实基础教育质量,改善沙塘小学办学条件,提高清泉幼儿园管理水平,推进"互联网+教育",加强镇卫生院和各村卫生室标准化建设,优化家庭医生签约服务,推进"互联网+医疗健康"建设。

神林乡

【概况】 隆德县神林乡地处六盘山西麓,渝河中游,属河谷川道区,"312国道"及青兰高速南北穿过,交通便捷。全乡总面积54平方千米,耕地面积35371亩,其中退耕还林10660亩。辖5个行政村,19个村民小组,有贫困村4个。户籍人口2233户7758人,其中常住人口1491户5215人,脱贫户685户2679人,监测户22户74人(脱贫不稳定户7户20人,边缘易致贫户14户50人,突发严重困难户1户4人),低保人口651户806人,五保人口17户17人,残疾人口384户404人,兜底人口17户28人。

【巩固脱贫成果】 坚持脱贫"四个不摘",紧盯"两不愁三保障",以"四查四补"为总抓手,推进防返贫网格化预警监测,纳入预警监测36户,消除预警风险31户。对观音移民安置点群众生产生活情况进行全面摸排登记,建立信息台账,对存在致贫返贫风险的群众及时落实帮扶措施。

【特色产业】 根据特色优势,抓冷凉蔬菜、中药材、旱作节水农业、劳务增收致富产业。以渝河流域为主线,种植冷凉蔬菜5000亩,巩固提升原有设施农业970亩,新建设施农业450亩;提升神林山庄,依托介实公司,建成神林乡大跨度拱棚及露地蔬菜新品种种植示范园,采取"公司+合作社+基地+农户"经营模式,形成乡村休闲旅游产业。以朱庄河流域为主线,种植青贮玉米等旱作节水农业1200亩;基础母牛补栏66头。以筛子河流域为主线,种植优质牧草4000亩、中药材6000亩〔其中黄芪3000亩(移栽1000亩,籽种2000亩),板蓝根1200亩(籽种),黄芩700亩(籽种),党参600亩(籽种),艾草500亩(移栽)〕。

【环境整治】 推进辛平村、双村美丽村庄建设。硬化道路9000平方米，修建排水渠2.2千米，修建园路3000平方米；安装节能灶10户，安装太阳能路灯460盏；修建文化墙140米，文化广场1个；修建花园围栏7900米，绿化10000平方米。共计投入资金630余万元。按照环境卫生综合整治"一月一主题"要求，实施"百村示范、千村整治、万户清洁"行动，完成整治粮场76个，农户房前屋后整治1400户；落实"网格化"管理责任，开展环境卫生日常保洁，对畜禽粪污、作物秸秆和农用残膜等进行全面清理。开展厕所革命，新建卫生厕所20座，改造提升600座；落实河长制，定期督促各级河长及巡河员履行职责，开展巡河工作，及时清理河道垃圾；实施312国道神林段绿化美化工程，在312国道神林段两侧栽植丁香、连翘、蜀葵和格桑花等花卉带。

【民生事业】 落实农村低保动态调整，共享受低保638户786人，及时退出低保5户8人，新增低保10户15人。享受残疾人护理补贴312人、残疾人生活补贴261人、五保供养17人，发放各类救助资金301700元；落实全乡居民养老保险、医疗保险应交尽交，群众参保率100%；新建退役军人服务站5个，村级司法调解室5个，村勤廉监督室3个。

【乡村治理】 建成神林村、杨野河村村级治理服务中心。落实"125""411"多元化矛盾纠纷排查化解机制，累计排查各类信访矛盾纠纷60余件。发挥新时代文明实践站"一约四会"作用，组织开展"庆端午"主题活动。完成辛平村数字乡村建设。

联财镇

【概况】 联财镇位于隆德县最西端的渝河河谷川道区，地处两省（宁夏、甘肃）三县（隆德、静宁、西吉）交接地带，312国道穿境而过，交通便利，市场繁荣。镇域总面积45.5平方千米，辖6个行政村，26个村民小组，3078户10167人。全镇耕地面积35138亩，退耕还林面积10429亩，主导产业以冷凉蔬菜和中药材种植为主。2021年全镇农村居民人均可支配收入13180.4元，同比增长9.5%。联合苹果在2021年宁夏果品大赛中荣获苹果银奖；开展312国道沿线环境集中整治行动；举办党史学习教育系列活动；赵楼村、恒光村作为文明示范村多次代表全镇迎接区、市、县级脱贫后评估工作验收、环境整治、特色产业等观摩活动。

【脱贫成果巩固】 安排防返贫预警动态监测三级网格员120人，监测农户2625户，2021年新纳入边缘易致贫户1户9人，突发严重困难户2户7人，脱贫不稳定户3户11人，现有6个扶贫车间，带动农户就业93人，其中脱贫户73人；完成脱贫攻坚纸质档案整理工作镇级档案91盒，共194件，75卷；村级"一户一档"档案共74盒，共658件，14卷；新建移民产业园1座，解决就业岗位30个，年创收32万元；加大就业扶贫政策支持力度，组织贫困户劳动力跨地区和就近就业3389人；通过"三免一补""雨露计划""闽宁协作—圆梦助学金"等途径，实现全镇1410名学生（其中脱贫户学生602人）教育资助全覆盖。2021年顺利通过国家巩固脱贫成果后评估验收考核。

【特色产业】 形成以冷凉蔬菜种植为主导，粮食作物、中药材、青储饲料、养殖业等多种产业为补充产业布局结构。2021年全镇农牧业总产值2亿元以上，农牧业对全镇居民人均可支配收入贡献率42%以上。2021年全镇新建大拱棚1150亩，千亩以上蔬菜产业园区3个，设施农业总规模6370亩，生产优质果蔬1.6万吨，总产值6500万元以上。在经果林及中药材产业发展方面，因地制宜发展经果林及中药材4600亩，其中核桃2000亩，红梅杏780亩，矮化密植苹果840亩，元宝枫等其他园林水果480亩，黄芪等中药材500亩。在草畜产业发展培育正荣、恒达等规模养殖企业及合作社10家，养殖牛、羊、猪1万头，禽类3500只，蜜蜂100箱。牛出栏1109头，羊出栏18460头，猪出栏6335头，总收益超过6000万元，与种植业形成互为促进、互为补充的局面。

【村集体经济】 各级政府财政投入全镇村集体经济资金共计1635万元，2021年全镇村集体收入129.2万元，纯收益73万元，分红5.7万元，受益农户188户668人。恒光村完成农副产品购销合作社仓库和晒粮场地，粮仓、晒粮场地、围墙基本修建工程，年收益10万元；太联村经济合作社村集体牛场基础设施建设，通过"合作社+企业"模式提升基础母牛生产管理，直接经济效益7.9万元；赵楼村和联财村实施联营村集体经济（育苗中心）项目，促进全村蔬菜产业发展。

【环境整治】 采取农村环境卫生保洁网格化管理制度，以村支书为二级网格长，村主任为副网格长和环卫队长，按照每40户设置1名保洁员标准，共配备96名农村保洁人员；推动沿312国道村庄排污管网建设，修建联财村、赵楼村、张楼村3个污水处理站，铺设污水管网25千米；开展粮场整治、农户房前屋后卫生整治、残垣断壁和旱厕拆除、街道秩序整治等工作，硬化巷道59.9千米，大门改造974幢，围墙改造93532.66平方米，残垣拆除1164户，砌筑护坡12270平方米，绿化道路78千米；推行河长制工作，保护河流水源，宣传禁烧秸秆政策，实行秸秆综合利用，推进残膜回收利用，共建、共治、共享的环境卫生新格局。

【民生保障】 推进新型农村合作医疗保险和城乡居民养老保险收缴工作，2021年城乡居民基本医疗保险参保缴费户籍占比95.68%；新增低保22人，退出低保25人；落实孤寡老人、残疾人等特殊人群救助政策，发放临时救助347户1336人共计416400元；高龄老人新增27人，退出11人；残疾人两项补贴服务87人；开展6个行政村季度、年度民生保障复审工作；设立退役军人事务服务站，开展"一站式"窗口服务。

【社会治理】 完普"125""411"工作机制，2021年全镇共受理各类矛盾纠纷43件（含"12345"便民平台、新闻媒体、现场来访等形式），调解成功率100%；反邪教工作常态化，共开展反邪教集中宣讲活动3次，处理"全能神"等邪教组织采取"四包一"（即乡镇政法委员、包村领导、驻村干部、村支书）工作措施，全镇3名邪教人员6月底已全部转化；开展普法宣传活动8次。

好水乡

【概况】 好水乡位于隆德县城以北7公里处，辖

8个行政村40个村民小组，全乡总面积71.8平方千米，耕地面积2.25万亩，退耕还林面积1.82万亩，全乡现有农业户籍人口1943户6103人；常住人口1063户3560人，其中脱贫人口530户1902人。

【巩固脱贫成果】 落实"四个不摘"要求，推进防返贫监测预警网格化管理机制，按照村组日常监测、乡镇研判预警、调度帮扶措施工作流程，将全部农户纳入一网监测管理，每月进行核查，消除返贫预警风险。上半年，共核查农户因家庭突发意外事故、因病等原因收入下降问题7个，开展防止返贫动态监测和帮扶机制大排查。全乡8个行政村111名网格员参与全乡1813户核查，突发困难户1户4人，脱贫不稳定户2户3人，全部纳入监测对象予以扶持。开展"四查四补"工作，清查摸底、普查登记、集中审核、问题整改，对查找的村内巷道、排水渠破损等问题5个予以解决。

【特色产业】 按照"普惠＋特惠"原则，出台特色产业扶持政策，采取"龙头企业＋合作社（致富带头人）＋农户"等多种发展带动模式，发展肉牛、马铃薯等特色主导产业。种植地膜玉米11266亩（青贮玉米6740亩，籽玉米4526亩），基础母牛补栏158头，存栏2589头。实施养殖大户培育计划，发展50头以上养殖大户10户，20头以上养殖户23户。种植马铃薯6448亩（原原种1100亩，原种5348亩）。后海、水磨、张银等沿六盘山西麓阴湿区大力发展马铃薯繁育种植产业6448亩（原原种1100亩，原种5348亩）。打造后海村马铃薯产品示范基地，种植马铃薯3500亩，建设305亩马铃薯原原种繁育种植基地、1700亩原种种植基地，修建马铃薯贮藏窖3200平方米，机械式冷库1500平方米，建立"合作社＋马铃薯种植基地＋农户"利益联结机制，带动农户增收120余户。完成高标准农田建设1.9万亩。累计培训各类劳动力技能500多人次（其中建档立卡贫困户培训250多人次），实用技能培训3期180人次，实现每户农户至少有1人真正掌握1门以上就业技能。全乡务工人数达2000余人（其中建档立卡脱贫户务工人员540余人）。

【环境整治】 推进农村环境综合整治三年行动计划，落实环境卫生网格化管理，加强公益性岗位人员管理，解决环境卫生"脏、乱、差"问题。开展粮场、房前屋后整治工作，组织公益性岗位和护林员95人，机械22台，投入人力764人，整治粮场82个，打草捆11044捆，农户房前屋后1470户。村组道路、村庄周围的乱堆乱放、垃圾杂物集中清理整治。推进"厕所革命"，改造提升2018年卫生厕所400多户，新建卫生厕所10户。落实河长制，巩固水河治理成果，落实乡村两级河长和巡河员职责，禁止河道非法采砂，制止乱挖乱倒乱占河道现象，严禁向河道排污。

【民生保障】 全面实义务教育"三免一补"政策，强化义务教育控辍保学。建成8个村村级卫生室，实行所有农户大病慢性病医生签约服务，医疗报销、大病救助及大病补充保险政策。举办庆祝建党100周年朗诵比赛、春节篮球比赛等文化活动23场次。设立村级退役军人事务服务站8个，乡级服务站顺利通过"全国示范型退役军人服务站"验收，完成征兵任务15人。建设村级老年饭桌8所、留守儿童之家8家。开展全乡最低生活保障摸底排查工作，共确定保障对象

709户889人；为183名重度残疾人发放护理津贴、生活津贴40余万元，为766户困难群众发放救灾款和临时救助近300余万元；开展养老认证工作，全乡共认证60岁以上老人1107人，维护享受待遇人员合法权益。

【社会治理】 排查化解矛盾纠纷"125"机制，累计排查化解各类矛盾纠纷23件，解决重点信访问题1件，群众信访事项办复率100%。落实安全生产责任制。推进新时代文明实践中心建设试点工作，建成好水乡新时代文明实践所和7个村新时代文明实践站，组建乡村两级志愿服务队49支，开展环境卫生清洁、产业结对帮扶、移风易俗、社会综合治理系列文明实践活动20场次。开展以扫黑除恶、禁毒宣传月、反邪教、防范金融诈骗、国家安全、普法宣传等主题活动，群众自觉学法守法用法，通过"七五"普法验收。

【疫情防控】 常态化疫情防控。紧盯重点人员，建立网格化排查防控体系，营造群防群控格局。建立"日报告、零报告"制度，定期不定期对各村疫情防控情况进行督查指导。物资储备常态化，加大疫苗接种力度，完成疫苗接种剂次，其中第一剂接种2713人、第二剂接种2152人、第三剂接种32人，完成县上下达任务100%。

观庄乡

【概况】 观庄乡位于隆德县最北面，距离县城23公里，位于东经106°0~106°11′，北纬35°43′~35°47′，东依六盘山脉，南与好水乡相连，西与西吉县什字乡相邻，北与原州区张易镇接壤。地处中纬度地区，是大陆性气候，属于中温带半湿润向半干旱过渡的地带。全乡辖12个行政村77个村民小组，其中贫困村8个；全乡共有农业户籍人口4281户16011人，其中常住人口3460户13085人。其中低保人口1476户1924人，一二级重度残疾580人，孤儿11人，特困人口69人，高龄老人250人。现有建档立卡脱贫人口1403户5569人。全乡总面积120.35平方千米，耕地面积8.5万亩，其中退耕还林3.92万亩。

【乡村振兴】 以巩固拓展脱贫攻坚成果同乡村振兴有效衔接为根本，落实"四个不摘"要求，健全防返贫动态监测帮扶机制，动态监测12个村4268户农户，按照居住情况划分为186个网格，设定网格长1名，一级网格员2名，二级网格员8名，三级网格员186名。网格员围绕家庭人均可支配收入、教育保障、住房保障、医疗保障、饮水保障等10项30个指标，每月定期对所联系农户进行走访或电话、微信沟通，了解农户生产生活情况，摸排是否存在返贫致贫风险。共排查有风险农户160户，针对每户风险类型和产生风险原因，乡、村两级因户施策，逐户落实帮扶措施，开展四查四补，每月定期开展查损补失、查漏补缺、查短补齐和查弱补强，对排查出问题及时研究制定解决措施，建台账列清单，明确责任、限期销号。共排查问题99条，完成整改98条，正在整改1条。定期开展第三方反馈监测信息核查，共核实县医保局反馈防止返贫致贫监测预警信息17条、卫健局反馈监测预警信息88条，受理办结12317防返贫监测平台信息2条。实施百万移民致富提升行动。以马铃薯、草畜产业、乡村旅游经济发展为支柱，实施农村劳动力实用技能培训工程，培训劳动力

735人次，劳务输出4756人次。

【特色产业】 调优种养结构、优化区域布局，发展草畜产业、马铃薯产业、乡村旅游等特色优势产业，乡村产业成为农民增收致富支柱产业。全乡粮食作物播种面积3.3万亩，种植青贮玉米1.2万亩，设施瓜菜600亩，油菜2400亩；肉牛、生猪、肉羊、禽类饲养量0.8万头、0.3万头、0.55万只、0.68万只（羽）。农村居民人均可支配收入增长9%。建成红堡、田滩、中梁千亩青贮玉米种植基地3个，带动全乡推广种植青贮玉米1.2万亩，调制全株玉米青贮5万吨。以西门塔尔为主肉牛品种扩繁技术，冷配改良肉牛0.4万头；推进良种基础母牛奖补机制，通过政府补贴形式，鼓励养殖户（合作社）从县外购入基础母牛，补栏基础母牛392头，扩大基础母牛良种扩繁群。培育田滩、中梁肉牛养殖示范村扩群增量，发展"20"养殖大户10户，"50"养殖大户1户，规范阳洼"六村联营"肉牛养殖园区，推进肉牛产业集群。做大马铃薯产业。立足区域资源，发挥马铃薯传统种植优势。建成马铃薯原种繁育基地0.5万亩、一级种薯基地1.2万亩，一级种薯推广种植0.3万亩。全乡种植马铃薯20000亩。建成1000吨农产品产地冷藏库1座，200吨6座、100吨1座，马铃薯贮藏窖60吨1座、20吨2座、10吨1座。以马铃薯三级繁育体系建设为目标，引进宁夏佳立马铃薯产业有限公司，在大庄建设以"四区、二室、一库、一中心"四大功能区为主六盘山马铃薯高新科技示范园。乡村旅游业。围绕全域旅游示范县建设，提升伏羲崖、北莲池旅游景点基础设施。按照"倒茬轮播、引花上山"思路，优化区域布局，在大庄、前庄北山集中连片种植油菜2400亩，开辟隆张公路沿线色彩农业观光长廊。特色种养业。发展蚕豆、油菜、蜜蜂等特色种养业。培育双艺中蜂、忠权家庭农场市级中华蜜蜂养殖示范场2家，注册"鹿盘蜂业""甜水桥"蜂产品商标；全乡中华蜂养殖达85户2800箱。种植小杂粮600亩，中药材400亩（其中林药间作100亩）；诗淼瓜果蔬菜种植有限公司，种植设施西瓜600亩。

【村集体经济】 观庄乡共12个行政村，自2017年以来，争取各类发展壮大村集体经济资金共计1934万元，全部实现自主经营。阳洼、观堡、林沟、姚套、石庙、红堡6个村采取联合经营模式，整合发展壮大村集体经济资金722万元，修建3000平方米的养牛场一处，目前存栏220头，其中基础母牛136头、育肥牛64头、犊牛22头。已销售育肥牛30头，收入66万元。给观堡、林沟、姚套、红堡分红17.1万元。前庄村累计投入资金250万元，发展乡村旅游项目。主要经营生态餐厅、草莓采摘、油菜种植三个产业，完成收益6.8万元。倪套村累计投入资金164万元，发展油料加工和农机服务项目。销售食用油收益完成5.2万元，收割机服务收入2万元。中梁村累计投入资金210万元，发展肉牛养殖项目。存栏63头，其中基础母牛42头，育肥牛2头，牛犊19头。后庄村累计投入资金258万，发展肉牛养殖项目。养殖基础母牛52头，育肥牛1头，牛犊14头；已出售牛犊4头，收益4.8万元。大庄村累计投入资金120万元，发展农资经销项目。销售煤炭410吨，收益5万元；销售化肥68吨，收益1.2万元。田滩村累计投入资金210万元，发展梅花鹿养殖项目。养殖梅花鹿41头，销售各类鹿产品收入4.6万元。

【环境整治】 按照"全民动员、全域整治、全面提升"总体要求，推进改厕、垃圾清理等人居环境整治提升工作，划分169个网格。推进整治"粮场整治""农户房前屋后整治""残垣断壁（旱厕）拆除"三大行动。共整治粮场484个，房前屋后整治3627处，对残垣断壁、旱厕及土坯房全部拆除，累计新建卫生厕所280座，残垣断壁及旱厕拆除82处，沟渠河道整治6处。成立以乡纪委书记为组长，进村督导检查，现场反馈问题并建立台账，奖优罚劣，共奖励13人740元，处罚39人1570元。落实门前"三包"责任，开展"美丽庭院"评比，建立"流动红-黄旗"评比机制，对各村人居环境整治质量效果进行评分，授予卫生先进村流动红旗和卫生后进村流动黄旗，倒逼后进村整改。运用乡对村、村对户两种督查奖罚模式，定期组织开展工作现场观摩会。

【民生保障】 落实卫生健康各项政策措施，建成运营12个村级卫生室，配备基本医疗设备、药品和专业人员，实行所有农户大病慢性病医生签约服务，落实医疗报销、大病救助及大病补充保险政策。对新冠肺炎疫情，制定细化"五包一"责任体系和网格化管理措施，推进疫苗接种和防控，加强重点区域、重点人群查管控。落实教育惠民政策，全年共有517名学生享受助学贷款、"雨露计划"、燕宝基金等；推进健康扶贫，214名脱贫户享受大病救治，家庭医生签约服务全覆盖，一般户签约率75%；完成"两险"收缴任务，养老保险、医疗保险参保人数分别8577人和14288人，居民养老认证率82%，建档立卡贫困户"两险"和"全家保"参保实现全覆盖。

【乡村治理】 整合人力资源，将基层党建、防返贫监测预警、社会保障、综合治理、应急管理、民生服务、环境整治、疫情防控等纳入网格化管理。推广村级事务"阳光公开"，建立"村民微信群""乡村公众号"等。开展农村法治宣传教育，运用村法治宣传专栏、农家书屋等实体阵地和微信公众号等网络阵地，推送与群众生产生活密切相关的法律法规知识，做好家庭婚姻、邻里关系、土地流转等方面法律宣传，倡导依法办事、议事管事良好风尚。推进平安乡村建设，按照"排查得早、发现得了、控制得住、解决得好"目标要求和"谁主管、谁负责"原则，全乡共有13个调委会，有调解员42名，其中专职调解员两名，建成观庄乡一站式调解委员会，公共法律服务12个村全覆盖，一村一法律顾问，截至10月份启动125机制调解纠纷5件，全部调解成功，启动411调解纠纷一件，共排查纠纷20次，排查出79件纠纷，调解成功率95%。落实村民自治制度，建立健全"两委联席会议"、村民会议、村民代表大会、党员（代表）议事会等制度，规范村务民主决策程序，推行"四议两公开"工作法，对涉及村民利益重大事项由村民协商决定。

杨河乡

【概况】 杨河乡地处隆德县西北部，距离县城22公里，东邻好水乡，西接西吉县兴隆镇，北靠西吉县什字乡，是隆德县肉牛产业发展核心区和南部山区回族特色商贸物流集散地。全乡辖5个行政村，20个村民小组，户籍人口3167户12976人，常住人口2227户9652人，其中回族人口12716人，占总人口的98%，是全县两个回族聚居乡之一。

【乡村振兴】 落实"四个不摘"要求，在持续帮扶中巩固脱贫成果。建立防返贫预警监测机制，掌握脱贫户人口基本情况及动态变化，及时了解脱贫户返贫风险点。精准识别边缘易致贫户、风险监测户和脱贫不稳定户6户34人，做好"三类人群"动态调整和帮扶工作，做到早发现、早干预、早帮扶。修建村组巷道6.8千米、改造安全用水14户，全乡5个行政村均实现通水泥路，宽带网络、通信信号、广播电视"全覆盖"，安全饮水、安全住房保障率均100%。基本医疗保险参保率达90%以上。义务教育阶段学生"零辍学"。657户2930贫困人口累计精准退出，贫困户人均可支配收入10600元，5个贫困村全部脱贫。

【特色产业】 杨河乡主导产业为肉牛产业，全乡现有千头规模养牛场2家，500头规模养殖园区2家，百头规模养殖场13家。2021年，全乡实施高标准农田建设项目5.51万亩，覆盖率100%，种植地膜玉米5.8万亩，户均26亩，肉牛存栏2.5万头，出栏2.5万头，实现农业总产值4.5亿元，农民人均可支配收入13891元，养牛收入占人均纯收入70%以上。全乡以养殖园区建设为抓手，采取"出户入园、小点集中、分片发展"思路，用活各类政策，调整土地用途，推广"50"养殖模式，建成红旗村千头规模养殖园区，50头规模园区120个。发挥草畜产业资源优势，采取"以种促养、种养结合"方法，发展壮大村集体经济，全乡5个村集体经济收益达到563.42万元，纯收益68.72万元，村均收入13万元以上。实施农村劳动力素质提升工程，提升创业能力，拓宽就业渠道，2021年，全乡共转移就业2356人，就业区域方面，区外647人，县外区内447人，县内1262人；就业类型方面，政府组织转移203人，自发转移2122人，经纪人带领转移31人；就业时间方面，集中于2021年1月至6月；务工收入方面，累计收入4841万元，人均收入20547元。

【环境整治】 推进农村环境综合整治三年行动计划，落实环境卫生网格化管理制度，加强公益性岗位人员管理，教育群众养成良好的卫生习惯，彻底解决环境卫生"脏、乱、差"问题。对杨河小城镇进行扩建，实施"五清三改一绿化"工程，实现道路、供排水、清洁能源、垃圾分类处理和优美环境"五到农家"。推进卫生厕所改造，对已建成卫生厕所采取"乡统筹协调、村运行管理、户安全使用"模式，提高使用率，对群众乱搭乱建的"旱厕"彻底拆除，确保卫生厕所建成一个、管理一个、使用一个。落实河长制，巩固好水河、什字河杨河段治理成果，落实乡村两级河长和巡河员职责，禁止河道非法采砂，制止乱挖乱倒乱占河道现象，严禁向河道排污。

【基础建设】 累计硬化村组道路36千米、巷道142千米、砂化道路102千米。行政村村级文体活动场所、卫生室和综合服务网点全覆盖，贫困村基础设施和基本公共服务全部达标。推进厕所革命，建成公厕3座、户用水冲式卫生厕所2566座、污水处理厂2座，在条件成熟的串河、杨河村修建排污管网3.4千米。

【民生保障】 落实雨露计划政策。完善农户"大病报销，分级诊疗"机制，推行家庭医生签约服务，签约医生服务全覆盖。设立村级退役军人事务服务站5个，乡级服务站顺利通过"全国示范型退役军人服务站"验收。农村低保，做到"应保尽保"，全乡共精准落实低保人口1195户1744人，发放低保补助资金592.37万元，落实分散五保、孤儿、高龄、困难残疾人等特殊人群479人，发放各类津贴156.1万元。养老保险、医疗保险全覆盖。

【社会治理】 建立健全信访维稳、扫黑除恶、矛盾纠纷排查化解等各类机制制度16个。推进乡村两级综治中心（综合治理室）规范化建设，建设以"四化四有"为标准综合治理室5个，其中串河村、红旗村以高标准完成综合治理室规范化建设。落实"125""411"矛盾纠纷排查化解机制，探索村级"2345"矛盾纠纷排查就地化解工作思路，推动矛盾纠纷排查化解工作，做到"小事不出村、大事不出乡，矛盾不上交"。2021年，全乡各村、各站所共排查化解矛盾纠纷121起，化解率98%以上。发挥平安建设网格员职能优势，结合全乡环境整治、"非农化非粮化"整治、全面排查整治社会治安、扫黑除恶、矛盾纠纷等方面社会治安重点地区和突出问题。全乡共排查整治污染环境、道路交通安全隐患、矛盾纠纷等社会治安乱象15起；县级挂牌整治2起，其中乱搭乱建1起，道路交通安全隐患1起。

【疫情防控】 面对新冠肺炎疫情，组建网格工作群167个，成立监测临时党支部6个，设立防控劝导点5个，卡点9处。完成疫苗接种18127剂次，其中18岁及以上第一剂接种5248人、第二剂接种4703人、第三剂接种2537人，儿童第一剂接种3128人、第二剂接种2507人、第三剂接种4人，完成县上下达任务100%。

张程乡

【概况】 张程乡位于隆德县城西北部，总面积82平方千米。由原来桃园乡和张程乡合并而成。村组合并后共辖8个行政村、46个村民小组，总人口10154人，耕地面积6.5万亩，退耕还林草面积1.1万亩。

【乡村振兴】 坚持"四个不摘"要求，建立防返贫监测预警网格化管理机制，推动巩固脱贫成果同乡村振兴衔接。常态化"四查四补"。建立问题台账和责任清单，巩固提升农户"两不愁三保障"和安全饮水成果。共解决农村发展短板弱项和脱贫户、边缘户实际困难181项。网格化监测预警。建立防返贫预警监测网格化管理机制，设立1个网格长、2个一级网格员、8个二级网格员、123个三级网格员，对2805户农户进行全覆盖监测。围绕农户收入、"两不愁三保障"等10类30项划定监测预警红线，建立村组日常监测、研判预警级监测预警体系，对红线农户，及时研究制定落实帮扶措施，确保问题有人查、有人管、有人改。

【肉牛产业】 依托区位优势和产业惠农政策，促进农业增效、农民增收。发展万亩旱作节水农业和万头肉牛养殖，采取政府扶持、合作社和种养大户示范带动、外调肉牛和品种改良同步推进，实现草畜产业"西扩东进"，形成家家种草、户户养牛局面。外调优质基础母牛（补栏）405头，调制青贮玉米饲草8.3万吨，全乡牛年饲养量4.5万头，户均15头以上，肉牛产业收入占农民人均可支配收入75%以上。探索村集体"联村抱团"发展模式，建立张程乡千头肉牛养殖示范园区，推动全乡草畜产业规模化、规范化、机械化发展，赵北孝村、李哈拉村分别被评为自治区、固原市肉牛养殖示范村。一二三产业融合发展，转移就业300人，扶持发展农村合作社60家，培养致富带头人85名。

【环境整治】 累计硬化村组道路3.032千米、田间道路拓宽铺沙2.48千米、护坡险点治理53处。实施农村人居环境专项整治行动，卫生厕所50户。加大村组道路、林地、沟渠环境卫生和农村"三堆"整治力度，集中整治粮场36处、房前屋后院落卫生，新设残膜回收点3处。

【民生保障】 成立疫情防控工作领导小组和应急指挥部，建立联防联控工作机制，疫苗接种应接尽接，农村常住人口疫苗接种全部清零。推行"163"政务服务模式，"一窗受理、集成服务"，新增低保对象117人，取消256人，应保尽保、应退尽退动态管理，为残疾人、高龄老人等特殊群体发放救助救灾和各类补贴、津贴，保障特殊人群生活稳定。建档立卡户全员参保，农村医疗保险参保率100%。落实小额信贷，累计贷款1500万元，妇女创业贷款400万元、各类救助资金3230万元。输送新兵3人，其中大学生3人。

【社会治理】 完成8个行政村"两站四室"布展，人员安置、挂牌和事项清理、制度上墙，建成桃园村、杨袁村社会治理服务中心示范点并建成桃园村为数字乡村。信访化解矛盾纠纷，排查初信初访矛盾74件，化解72件，化解率97%，对群众反映合理诉求全部解决到位，处理"12345"政府热线转办件158件，办结率100%。

附 录

隆德县2021年项目建设一览表（附1）

序号	项目名称	规模及主要建设内容	建设性质	建设年限	总投资	投资来源 中央资金	投资来源 自治区资金	投资来源 县级配套	投资来源 企业及群众自筹	2022年计划投资	计划开工时间	是否固投项目
	合计101项（新建93项、续建8项）				552628	80760	75215	35068.8	361584	353931.6		
	财政局（2项）				5500		5500			5500		
1	隆德县农村综合改革项目	补齐农村太阳能路灯短板，提高太阳能路灯覆盖面，完善农村基础设施。	新建	2022年	3500		3500			3500	3月18日	是
2	隆德县革命老区项目	杨家店红色旅游项目、红二十五军改造提升项目、行政学校隆德县委党校迁建项目。	新建	2022年	2000		2000			2000	3月18日	否
	城市公共服务中心（4项）				5103.26		2984.86	1878.4	240	4584.86		
3	隆德县城停车场建设项目	按照3P项目建设要求，并结合老旧小区改造项目，建设全县9个生态停车场和2个立体停车解决全县停车难的问题，其中用3P项目建设的有8个，老旧小区改造项目建设的有2个，政府投资建设的有1个。	新建	2022年	300			60	240	300	3月18日	否
4	隆德县城基础设施维修项目	对北河桥至六盘山国际饭店至吴笼字城沿线、渝河和长乐路沿线、312国道沿线、古雁公园至吴山路沿线和解放街沿线。维修改造门台阶、统一门头、维修井盖子和路面破损维修、堡子山雨水管网、观景厅雨棚等工程。	改建	2022年	800			800		800	3月18日	是
5	隆德县生活垃圾填埋场渗滤液处理站提升项目	建设好水乡生活垃圾填埋场渗滤液处理车间，新建控制室、配电室、硫酸房各1座，建筑面积500平方米，采购安装自动清洗过滤设备、车载式渗滤液设备等。改造提升沙塘镇、观庄乡、神林乡、温堡乡、张程乡垃圾填埋场及渗滤液处理设施。	新建	2022年	1484.86		1484.86			1484.86	3月18日	是
6	隆德县城生活垃圾资源化利用项目	建设餐厨垃圾处理车间一座（一层），生活垃圾分选车间一座（一层），门卫及管理用房一座（一层），以及消防垃圾35吨；生活垃圾处理设施和污水处理设施配套。采购设施设备：分类垃圾桶2000个，智能化垃圾投放设备40台，生活垃圾收集车8辆，餐厨垃圾收集车2辆；垃圾分拣系统设备1套，处理规模35t/d；餐厨垃圾处理设备1套，处理规模5t/d；除臭设备2套。	续建	2021—2022年	2518.4		1500	1018.4		2000	3月18日	是

259

续表 1

序号	项目名称	规模及主要建设内容	建设性质	建设年限	总投资	投资来源 中央资金	投资来源 自治区资金	投资来源 县级配套	投资来源 企业及群众自筹	2022年计划投资	计划开工时间	是否固投项目
		住建局（2项）								3000		
7	联财镇高标准重点小城镇建设项目二期	道路工程；外立面改造；雨污管网。	新建	2022年	2000		2000	1000		2000	3月18日	是
8	高质量美丽村庄建设项目二期	神林乡辛平村和双村建设高质量美丽村庄，主要实施道路工程、基础设施建设、排水工程、绿化工程、电力设施施工程。	新建	2022年	1000		1600	400		1000	3月18日	是
		发改局（2项）			215590		400	600	215590	56140		
9	隆德县光伏风电新能源开发项目	隆德县区域开发建设风电（含分散式）、光伏发电（含分布式）等新能源项目。	新建	2022—2023年	212590				212590	53140	5月30日	是
10	企业技术改造项目	对县内工业企业实施技术改造升级，降低企业生产成本。	新建	2022年	3000				3000	3000	3月18日	是
		农行（1项）			193.92				193.92	193.92		
11	中国农业银行隆德县支行分理处联财财务营业用房原址重建营业用房项目	新建二层营业用房，框架结构，总建筑面积303平方米。其中：一层为营业厅，二层为宿舍、餐厅等。	新建	2022年	193.92				193.92	193.92	3月18日	否
		供电公司（1项）			3803				3803	3803		
12	宁夏固原隆德县10千伏线路及低压台区改造工程	改造10千伏线路66.36千米，新变压器14台（400千伏安2台、2400千伏安12台），更换变压器10台，容量800千伏安，新建及改造低压线路75.4千米。	新建	2022年	3803				3803	3803	3月18日	是
		科技局（4项）			14100			1000	11100	14100		
13	科技特派员创业项目	支持农业科技特派员创业，申请自治区科技特派员专项资金，开展中药材、蔬菜、规模化养殖等创业项目	新建	2022年	800		200		600	800	1月4日	否
14	科技攻关项目	支持六盘山中药、上药集团、人造花、西北药材等企业申报实施自治区、固原市科技项目，爱丽纳地毯厂开展特色农业、节能环保等技术研究和示范推广及基础研究，集成相关领域技术成果。	新建	2022年	2400		600		1800	2400	1月4日	否

附　录

续表 2

序号	项目名称	规模及主要建设内容	建设性质	建设年限	总投资	投资来源				2022年计划投资	计划开工时间	是否固投项目
						中央资金	自治区资金	县级配套	企业及群众自筹			
15	乡村振兴科技成果引进示范推广项目	聚焦县域重点产业和科技惠民成果推广应用，围绕地方优势特色产业开发，废弃物资源化利用，高效节水，环境保护，新型能源和节能环保住宅等主题，引进实施一批新品种、新技术、新装备、新工艺，新产品的科技示范项目，果转化示范项目，打造县域科技示范样板。通过项目实施，推动产业升级、惠及民生福祉，促进县域高质量发展。	新建	2022年	900		200		700	900	1月4日	否
16	中药材规范化种植和种苗繁育基地建设项目	做大、做强、做精中药材产业，持续打造有机中药生态种植县，坚持走中药材扩"之路，促进全县中药材扩量、提质、增效，推动产业持续健康发展。完善"公司+科技+农户+市场"模式，发展林观音等5个中药材规范化种植基地、大田种植中药材3万亩（即林下仿野生种植、做精中药材种植），面向西北的中药材交易集散地和精深加工集聚区。	新建	2022年	10000		1000	1000	8000	10000	3月29日	否
	六盘山工业园区管委会（4项）				16500				16500	8500		
17	源杞中药材发酵（益生菌多菌共生）项目	一期租用孵化园标准化厂房2幢，新建益生菌多发酵生产线5条，设计年产中药饮品、保健品、食品480吨。二期招拍挂土地80亩，建设生产车间1.3万㎡，产品研发中心0.36万㎡，购置配套生产设备。	新建	2022—2023年	12000				12000	4000	5月30日	是
18	兴达沥青混凝土拌合站新建项目	在园区重新选址，招拍挂土地16.22亩，新建厂房，改造提升生产设备及环保设施，设计年产30万吨沥青混凝土。	新建	2022年	1000				1000	1000	3月18日	是
19	宁夏建佳建材有限公司混凝土拌合站项目	受让原宁夏竹林建材有限公司土地20亩，重新设计新建厂房，安装生产设备及环保设施，设计年产10万吨混凝土。	新建	2022年	2500				2500	2500	3月18日	是
20	六盘春牛羊肉加工新建项目	计划招拍挂土地5亩，建设1000平方米生产车间及配套冷库。	新建	2022年	1000				1000	1000	5月20日	是
	公安局（2项）				915.7		608	307.7		915.7		
21	隆德县公安局杨河派出所新建项目	总建筑面积为1512.23平方米。	新建	2022年	695.7		388	307.7		695.7	3月18日	是

续表3

序号	项目名称	规模及主要建设内容	建设性质	建设年限	总投资	投资来源 中央资金	投资来源 自治区资金	投资来源 县级配套	投资来源 企业及群众自筹	2022年计划投资	计划开工时间	是否固投项目
22	隆德县公安局执法办案管理中心建设项目	本次管理中心建设，围绕智慧法制一体化管理系统，系统包含办案区管理、监督管理、涉案财物管理、三大模块之间数据实时传输交换，形成完整的执法信息化管理链条和监督机制。主要建设包括定位系统、高清视频监控系统、功能室设备、对讲系统、涉案财物管理区建设，合成作战系统建设。	改建	2022年	220		220			220	1月10日	否
	教体局（9项）				13145	1536	4329.52	7229.48	50	11145		
23	隆德县第二小学实验楼等校舍建设项目	隆德县第二小学建设2300平方米框架四层实验楼，张程中心小学建设2000平方米框架三层综合楼，杨河中学建设2100平方米框架三层教师周转宿舍。	新建	2022年	4000	1536	384.52	2079.48		4000	3月18日	是
24	薄弱学校改造项目	张程中心小学、杨河中心小学教学楼附属、联财中心小学教学楼附属、联财中学教学楼、宿舍楼附属、城关镇中心小学教学楼、化粪池、供电、消防建设院坪、围墙、给排水管网、主要实施院坪；隆德二中院坪、给排水管网、地质灾害治理附属工程。	新建	2022年	1265			1265		1265	3月18日	是
25	普通高中及幼儿园改善办学条件项目	隆德县中学附属建设工程、主要实施院坪、围墙、给排水管网、化粪池；隆德县第一幼儿园院坪、管网建设供电、消防网。	新建	2022年	385			385		385	3月18日	否
26	隆德县第四幼儿园综合楼建设项目	建设框架三层综合楼一栋，面积2970平方米。	新建	2022年	904		904			904	3月30日	是
27	2022年"互联网＋教育"项目	隆德县第二小学、隆德县第二中学购置信息化设备，采购黑板63台。	设备购置	2022年	426		426			426	5月30日	否
28	2022年高考综合改革项目	建设高级中学操场3200平方米，购置教学设备。隆德县中学购置3200平方米，课桌椅800单人套，学生用床400套，饮水机20台，学生洗浴用热水器2套。	新建	2022年	1017		1017			1017	3月30日	是
29	职业教育基础能力提升工程	职业中学信息化设备购置、校舍、管网维修改造、教师技能培训。	设备购置	2022年	1348		1348			1348	5月8日	是
30	全民健身设施补短板项目	建设全民健身活动中心多功能运动场1个，神林乡体育公园1个。	新建	2022年	300		250		50	300	5月20日	否
31	隆德县文化中心综合科技馆建设项目	新建科技馆一座，框架三层结构，建筑面积6785平方米。	新建	2022—2023年	3500			3500		1500	5月8日	是

续表 4

序号	项目名称	规模及主要建设内容	建设性质	建设年限	总投资	投资来源 中央资金	投资来源 自治区资金	投资来源 县级配套	投资来源 企业及群众自筹	2022年计划投资	计划开工时间	是否固投项目
		卫健局（2项）			2936.94	1616	850	470.94		1936.94		
32	隆德县2022年卫生领域基层服务能力提升项目	公立医院医疗诊治能力提升，医疗服务与保障能力提升（医疗卫生机构能力建设），基层医疗服务能力提升。	新建	2022年	1016	616	400			1016	3月18日	是
33	隆德县疾病预防控制中心综合实验楼迁建项目	建设县疾病预防控制中心综合实验楼，总面积2450平方米。一、二层为办公室，三、四层为实验室；屋顶：高位水箱间，同时建设污水处理、消防泵房、化粪池、配电室（备用电源）等附属工程。	续建	2021—2022年	1920.94	1000	450	470.94		920.94	3月18日	是
		妇联（1项）			6000				6000	6000		
34	妇女创业担保贷款项目	发放妇女创业担保贷款6000万元。	新建	2022年	6000				6000	6000	3月18日	否
		残联（1项）			400	400				400		
35	残疾人家庭无障碍改造及残疾人辅具配发项目	为困难残疾人家庭拟定个性化改造方案，遵循一户一策、量体裁衣的要求，为残疾人生活创造良好的条件。依托县残联残疾人康复中心，全面提升残疾人康复能力。	新建	2022年	400	400				400	3月18日	否
		民宗局（1项）			762	762	0	0	0	762		
36	隆德县2022年基础设施建设及产业扶持项目	杨河乡基础设施建设；凤岭乡、联财镇产业扶持。	新建	2022年	762	762	0	0	0	762	3月18日	是
		交通局（6项）			10052		4505	2074	3473	10052		
37	隆德县2022年北象山景区32条农村公路安全生命防护工程（连续式防护装置）	计划对北象山景区、石窑寺景区等32条农村公路120.01千米实施安全生命防护提升，处置隐患里程108.14千米，安装波形防护栏44.686千米。	新建	2022年	1314		920	394		1314	3月18日	是

续表 5

序号	项目名称	规模及主要建设内容	建设性质	建设年限	总投资	投资来源 中央资金	投资来源 自治区资金	投资来源 县级配套	投资来源 企业及群众自筹	2022年计划投资	计划开工时间	是否固投项目
38	隆德县2022年危桥改造项目	新建为2-20m预应力混凝土矮T梁，桥面全宽13m，净宽12m，下部结构为柱式墩，钻孔灌注桩基础。	改建	2022年	615		500	115		615	3月18日	是
39	农村公路养护及水毁维修工程	抢修县道、乡道、村道，修补路面，维修涵洞，清理塌方、急流槽、翻压路基等。	改建	2022年	800			800		800	4月22日	否
40	G22高速毛家沟收费站建设项目	建设青兰高速毛家沟收费站1座。	新建	2022年	3473				3473	3473	1月15日	是
41	隆德县城乡交通运输一体化客运站改造提升项目	建设沙塘、联财、观庄、好水、温堡、凤岭、神林7个农村客运站。	改建	2022年	1300		1300			1300	3月18日	是
42	三星经穆家沟至杨河公路	建设三星经穆家沟至杨河公路17千米，按照四级公路技术标准设计，路基宽6.5米，路面宽5米。	新建	2022年	2550		1785	765		2550	3月18日	是
43	5G基站建设项目	移动公司 建设5G基站21座，配套完善附属设施。（1项）	新建	2022年	800				800	800	3月18日	是
		电信公司（1项）			1200				1200	1200		
44	5G网络基础设施建设项目	建成5G网络基站24个，配套附属设施。	新建	2022年	1200				1200	1200	3月18日	是
		联通公司（1项）			1200				1200	1200		
45	5G网络基础设施建设项目	建成5G网络基站24个，配套附属设施。	新建	2022年	1200				1200	1200	3月18日	是
		人社局（2项）			2100		2100			2100		
46	城乡劳动力就业技能培训项目	开展职业技能培训和企业职工岗前岗位技能提升培训4500人。	新建	2022年	400		400			400	1月30日	否
47	城乡公益性岗位项目	新购买城乡就业困难人员公益性岗位800个。	新建	2022年	1700		1700			1700	1月30日	否

续表 6

序号	项目名称	规模及主要建设内容	建设性质	建设年限	总投资	投资来源 中央资金	投资来源 自治区资金	投资来源 县级配套	投资来源 企业及群众自筹	2022年计划投资	计划开工时间	是否固投项目
		民政局（4项）			6284	2400	3884			6284		
48	隆德县养老服务机构安全性和适老性提升维修改造项目	桃山敬老院、沙塘老院、第二（杨河）敬老院、沙塘社会福利院、第三敬老院等进行维修改造，主要为安全性、基础设施、设备改造。	改建	2022年	580		580			580	3月18日	否
49	隆德县沙塘社会福利院维修改造提升项目	项目占地面积60亩，总建筑面积13000平方米，设计床位200张，维修改造楼房、水、暖、电、附属管网等养老基础设施及护理型床位改造。	改建	2022年	3000	2400	600			3000	3月18日	否
50	隆德县社会福利项目	为全县153名孤儿和困境儿童发放资金111.6万元；为1653名高龄老人发放资金672万元；发放残疾人两项补贴900万元。	新建	2022年	1684		1684			1684	1月30日	否
51	隆德县困难群众生活救助项目	为全县困难群众发放物价补贴120万元，电价补贴100万元；发放临时救助资金800万元。	新建	2022年	1020		1020			1020	1月30日	否
		农业农村局（10项）			91701	10605	7976	10247	62873	86001		
52	隆德县2022年农机具购置补贴项目	购置补贴各类农机具600台（套），其中拖拉机200台。	新建	2022年	3150	1000	50		2100	3150	3月18日	否
53	2022年高标准农田建设项目	在张程等乡镇开展高标准农田建设4万亩，建设内容为平田整地、土壤培肥、农田道路及生态防护林工程。	新建	2022—2023年	5400	4590	810			2700	3月18日	是
54	肉牛养殖产业项目	（1）采购青贮玉米种子300吨，种植面积12万亩，收贮全株青贮玉米36万吨。（2）完成高产优质首蓿基地0.5万亩。（3）巩固提升4个重点肉牛养殖基地（张程、杨河、凤岭、温堡），继续培育肉牛养殖示范村30个，新增肉牛养殖示范村2个。（4）新建500-1000头肉牛规模养殖场15万立升；采购液氮7.5万支、肉牛冻精2个；计划采购良种肉牛公羊200只。	新建	2022年	19291	2215	1351	2125	13600	19291	3月18日	是
55	蔬菜产业项目	计划在沙塘、温堡、好水、神林、联财五乡镇建成秸秆生物反应堆300亩；建成蚯蚓生物试验200亩；建成蔬菜示范园区9个。种植蔬菜50000亩，建成大拱棚3700亩。	新建	2022年	20000		1895	4645	13460	20000	3月18日	是

续表 7

序号	项目名称	规模及主要建设内容	建设性质	建设年限	总投资	投资来源 中央资金	投资来源 自治区资金	投资来源 县级配套	投资来源 企业及群众自筹	2022年计划投资	计划开工时间	是否固投项目
56	马铃薯种薯繁育项目	计划采购马铃薯原原种1200万粒，种植马铃薯原种3000亩；免费发放马铃薯原种3600吨，沿六盘山阴湿区种植马铃薯一级种3万亩，一级种薯推广6.7万亩。	新建	2022年	11850		510	1434	9906	11850	3月29日	否
57	农村户用厕所改造项目	在全县13个乡镇改造农村水冲式厕所1000户	新建	2022年	550	100	100	350		550	3月29日	否
58	食用菌产业强镇项目	在城关镇退耕地建设"林-菌（大球盖菇）"立体复合种植基地3000亩，打造富硒六盘山大球盖菇特色品牌；打造国家级现代农业食用菌产业（菌粮轮作与林菌间作）示范园区3000亩。建设菌种生产和养菌车间2000平方米，净化车间340平方米，冷却车间600平方米，新建冷库4000平方米，钢构打包车间3000平方米；配套硬灌设施3000亩，蓄水池200余亩（套）。生产菌种900吨，加工菌种培料设备200余台（套）。新建泡料池2座，购置拌料设备等，生产菌种900吨，加工菜料培养基6000吨。	新建	2022—2024年	4500	2700			1800	1500	3月18日	是
59	隆德县2022年旱作节水农业覆膜项目	全县实施集雨补灌旱作农业覆膜30万亩，其中全膜27万亩，半膜3万亩。	新建	2022年	22270			1463	20807	22270	3月18日	否
60	隆德县2022年残膜回收利用项目	全县实施残膜回收面积27.8万亩，回收残膜2800吨，加工颗粒930吨。	新建	2022年	1690		260	230	1200	1690	3月18日	否
61	隆德县农村一二三产业融合发展项目	新建休闲农业示范点4个，扶持建设农产品加工企业4个，培育企业新型经营主体，加强农产品品牌培育和推介。	新建	2022年	3000		3000			3000	3月29日	是
	文广局（5项）											
					23800	2800	1800	1500	17700	14700		
62	老老子十三坊旅游休闲综合体项目	建设十三坊小吃城及民宿酒店。	新建	2022年	5000				5000	5000	3月30日	是
63	隆德县杨家店红军村及凤岭李士、齐岔特色村建设项目	杨家店建设停车场、道路、雕塑、广场、观景平台、红军灶、红色氛围营造，建设李士重点村规划建设2A级旅游设施，建设陈福色故居等基础设施。旅游标识牌12块，观景平台3处，太阳能路灯50盏等附属设施。宁夏特色旅游村齐岔特色食品加工场1所，农家餐饮食品加工场、宁夏餐饮食品加工3处、新建生态农家乐休闲区、小超市、停车场、公厕等，园林景观区、散客就餐区，特色民宿5间。	新建	2022—2023年	4100	800	1300	1000	1000	3650	3月30日	是

续表 8

序号	项目名称	规模及主要建设内容	建设性质	建设年限	总投资	投资来源				2022年计划投资	计划开工时间	是否固投项目
						中央资金	自治区资金	县级配套	企业及群众自筹			
64	长征国家文化公园（宁夏段）隆德县二十五军革命遗址保护利用工程	建设游客服务中心建筑面积1830平方米，占地面积1010平方米，为地上两层，地方特色产品展示区、公共卫生间，为游客等公共区域及附属设施。二层建筑面积820平方米，为红二十五军革命遗址展厅及内部装修陈列、配套水、电、暖、消防等附属设施。	续建	2021—2022年	2500	2000		500		550	3月18日	是
65	六盘山长征研学基地	基地设计接待规模为同时300人开展培训、食宿。规划建筑面积11598.99平方米，其中包括主体建筑与配套设施建筑。配套有红色礼堂、教学楼、宿舍、食堂、生活服务中心，购物中心、活动室、洗衣房等附属服务设施与供排水管网、消防、排污、绿化等附属设施。排污管网与隆德县城市排污管网联网。	续建	2021—2022年	11700				11700	5000	3月18日	是
66	隆德县村应急广播建设项目	建设全县行政村应急广播，建设1个县级应急广播总平台（整合气象应急广播、国土资源应急广播）	新建	2022年	500		500			500	4月30日	是
	气象局（1项）				665	665	0	0	0	665		
67	六盘山国家基准气候站道路冰冻灾害灾后建设项目	沥青路1.4745千米，护坡约1000米，防护栏1477.3米，排水沟1480米，观测场小路150.5米，排水涵管2道，排水管100千米，毛石护坡6000立方米，六盘山新一代天气雷达业务平台1套，配套进行墙面及吊顶处理，供电及消防等。	新建	2022年	665	665	0	0	0	665	3月18日	是
	乡村振兴局（7项）				38100	16910	21000	190	0	38100		
68	隆德县2022年巩固拓展脱贫攻坚成果基础设施提升项目	按照"缺什么补什么，什么弱补什么"的原则，计划在全县13个乡镇打造乡村振兴示范村22个（其中县级示范村6个，乡镇级16个），维修村组道路30千米，排洪渠20千米，排水渠100千米，毛石护坡6000立方米，安装太阳能路灯3000盏，不断夯实农村发展基础。	新建	2022年	13000	7300	5700			13000	3月18日	是
69	隆德县2022年产业脱贫户产业培育发展项目	积极争取项目资金，加大产业扶持力度，计划在全县13个乡镇扶持脱贫户新增基础母牛3000多头、二元母猪1000多头，种植蚕豆1200箱，打造产业示范村50个，培育龙头企业20家，新型经营主体50家，有力推动特色优势产业扩量提质增效。	新建	2022年	14000	7000	7000			14000	3月18日	否

续表 9

序号	项目名称	规模及主要建设内容	建设性质	建设年限	总投资	投资来源 中央资金	投资来源 自治区资金	投资来源 县级配套	投资来源 企业及群众自筹	2022年计划投资	计划开工时间	是否固投项目
70	隆德县2022年脱贫户劳动力素质提升项目	加大就业转移培训力度，以脱贫户和监测帮扶对象为主，计划在全县13个乡镇开展实用技术培训2000人，劳动力技能培训2000人，雨露计划资助1500人，驾驶员技能培训500人，致富带头人培训200人。	新建	2022年	1000	1000				1000	3月18日	否
71	隆德县2022年脱贫户小额信贷项目	继续实施"两免一贴"政策，进一步加大政策宣传力度，计划在全县13个乡镇以脱贫户和监测帮扶对象为主，组织发放贷款1.5亿元，户均达到5万元以上，贷款覆盖率达到90%以上。	新建	2022年	1200	1200				1200	1月1日	否
72	隆德县2022年移民基础设施建设项目	加强移民安置区基础设施建设，全面提升移民公共服务水平，计划在全县10个乡镇21个移民安置点新建护坡1553立方米，场地硬化25300平方米，排污管网100千米，公园3座，太阳能路灯10个，养殖园区1个，高标准蔬菜大棚200亩，线路人地4320米，文化长廊6座，纯净水加工厂1座，下水管网维修1300米，公路围栏500米等。	新建	2022年	3300		3300			3300	3月18日	是
73	隆德县2022年闽宁协作项目	积极争取闽宁对口协作，以闽宁扶贫协作项目资金，加强闽宁对口协作，以闽宁扶贫产业园为重点，巩固提升闽宁示范园区1个，文化旅游示范村1个，扶持建设闽宁示范村10个，文化旅游示范村3个，扶持农业示范园区2个，扶持龙头企业、示范合作社（家庭农场）新型农民主体30家以上，举办劳动力转移就业培训50场次，4000人，培训致富带头人200人。	新建	2022年	5000		5000			5000	3月18日	否
74	隆德县2022年农村基础设施建设项目	在联财镇、沙塘镇、奠安乡建设巷道2.7千米，广场600平方米，护坡360米，过水桥1座，排水渠8千米。	新建	2022年	600	410		190		600	4月20日	是
	水务局（15项）				51821	30416	6924.75	4938.25	9542	39093		
75	隆德县余家峡水库供水管网连通工程	连通余家峡水库至第一、第二水厂，管道定向穿越2处1.98km，铺设管道20km，配套建筑物6座。	新建	2022年	2600	2080	390	130		2600	3月25日	是
76	隆德县黄家峡水库除险加固工程	新建溢洪道，维修坝下输水涵洞及输水明渠；增设大坝安全自动化监测设备。	改造	2022年	500	400	75	25		500	3月26日	是
77	隆德县高坪水库除险加固工程	新建放水塔，溢洪道明渠，溢洪道左岸坡削坡喷锚支护，维修坝下输水涵洞及输水明渠；增设大坝安全自动化监测设备。	改造	2022年	500	400	75	25		500	4月20日	是

续表 10

序号	项目名称	规模及主要建设内容	建设性质	建设年限	总投资	投资来源 中央资金	投资来源 自治区资金	投资来源 县级配套	投资来源 企业及群众自筹	2022年计划投资	计划开工时间	是否固投项目
78	隆德县前河水库除险加固工程	新建放水塔，溢洪道明渠，溢洪道左岸坡削坡喷锚支护，维修坝下输水涵洞及输水明渠；增设大坝安全自动化监测设备。	改造	2022年	500	400	75	25		500	4月20日	是
79	温堡灌区水源连通及节水改造工程	连通流域桃山、吊岔、田柳沙、温堡、杜川、杨坡等水库，连通管道35千米，配套建筑物18座，与温堡灌区灌溉配水支管，安装计量设施及信息自动化系统，利用遥测设备实时监测各级管道及分水口的流量，水位水情等信息。田间灌溉设施配套1.6万亩。	改造	2022年	9200	7360	1580	260		9200	3月18日	是
80	隆德县北片区（好水、杨河）供水管网改造工程	利用既有水源，管网配套长270.5千米，其中村级以上管网长度48.53千米，村内管网长度（不含入户管）222千米。入户改造4900户。	新建	2022年	5400	4320	810	270		5400	3月25日	是
81	隆德县杨沟水库除险加固工程	杨沟水库维修溢洪道，新建放水建筑物，坝后坡脚建站坡排水池，安装大坝安全监测设备及相应的电气设备，维修庞庄水库帷幕灌浆防渗，增设溢洪道明渠、维修放水建筑物；增设大坝安全自动化监测设备。	新建	2022年	388	340	38	10		388	3月18日	否
82	隆德县什字河下游红堡子流域水土流失综合治理工程	新增水土流失治理面积11.32平方千米，其中：营造云杉、大果榛子混交林134公顷，山桃山杏灌木林116公顷；修建田间道路14.8千米，村庄道路排水3.8千米，漫水桥3座，路涵15座；新建小型水保工程88座（处）（其中柳谷坊80座、石谷坊5座、沟头防护工程3处）；村庄、道路绿化林5.2公顷，封禁治理877公顷；宣传牌5个。	新建	2022年	685	548	102.75	34.25		685	3月18日	是
83	渝河中型灌区节水改造及续建配套工程	渝河中型灌区骨干工程，灌区首部枢纽及输电线路，配套渝河0.8万亩灌区，温堡1.1万亩灌区田间灌溉设施。	改造	2022年	5110	4080	775	255		5110	3月30日	是
84	甜水河农村水系综合整治工程	治理河道7.6km，河道疏浚清障3.5km，河道砌护4.7km，护堤铺筑3.79km，岸坡生态修复1.1万平方米，生态景水工程及配套建筑物2处，过水路面3座，截墙3座。	新建	2022年	860	688	129	43		860	3月18日	是
85	车套沟等6座淤地坝除险加固工程	在张程乡崔家湾交通、拦蓄洪水、减少水土流失，利用小水资源发展灌溉。辛家湾新建2座大型淤地坝，淤地坝设计洪水标准30年，校核洪水标准300年，淤积年限20年。崔家湾淤地坝坝高25m，总库容210万立方米；辛家湾淤地坝坝高33m，总库容297万立方米。	新建	2022年	650	300	200	150		650	3月29日	是

续表 11

序号	项目名称	规模及主要建设内容	建设性质	建设年限	总投资	中央资金	自治区资金	县级配套	企业及群众自筹	2022年计划投资	计划开工时间	是否固投项目
86	罗家峡水库除险加固工程	新建放水塔，维修溢洪道明渠及陡坡；维修放水建筑物；增设大坝安全自动化监测设备。	新建	2022年	500	400	75	25		500	4月20日	是
87	隆德县余家峡水库工程	水库设计主要由均质土坝、输（泄）水建筑物和道路改线工程组成。坝高33.2米，坝顶宽8.0米，坝轴线长度533米，最大坝顶高程为2201.2米。输（泄）水建筑物由水塔、涵洞、交通桥、明渠、陡坡及消力池等部分组成，全长352.6米。水库左、右两岸各有1条水泥硬化道路位于水库淹没区。	续建	2021—2022年	13000	9100	2600	1300		6000	3月18日	是
88	隆德县"互联网＋城乡供水"工程	维修改造入户管线346.0千米，改造建筑物13座，防洪建筑物64座；建设水质监测点8处，水厂监测控制点8处，泵站监测控制点13处，各类蓄水池监测控制点152处，管网数据监测监控点306台，入户智能水表25400块，隆德县县级控制中心1座，分控中心14处，配置系统安全设备。	续建	2021—2022年	7205		2600	1441	5764	4000	3月18日	是
89	隆德县北片区观庄供水管网改造工程	利用既有水源，管网配套长157.47千米，其中村级以上管网长度28.47千米，村内管网长度（不含入户管）129千米。	续建	2021—2022年	4723			945	3778	2200	3月18日	是
	自然资源局（6项）				22965	12160	7720	3085	0	22765		
90	隆德县2022年南部水源涵养建设工程	建设总规模12.0万亩，其中：人工营造乔木林6万亩，未成林抚育提升生态退化林改造6.0万亩。选用樟子松（油松）、云杉、落叶松、白桦、刺槐等乔木，配置山杏、沙棘、元宝枫等块状混交，形成多树种复层异龄混交林，促进森林和林分的稳定，提高森林覆盖率。	新建	2022年	13200	8400	4800			13200	3月20日	是
91	隆德县2022年村庄绿化庭院经济林建设、森林质量精准提升及林业有害生物防治项目	建设总规模1.6万亩，其中：重点对隆张路、312国道、好兴路等道路，出入口及村庄主要节点1.0万亩进行绿化；发展庭院经济林0.6万亩，主要对温堡乡、沙塘镇、观庄乡等乡镇房前屋后种植温早酥梨、红梅杏等果树；新造林及幼林地鼠害防治3万亩，人工捕鼠1万只；实施生物不育剂防控1万亩。	新建	2022年	3380	2560	820			3380	3月20日	是
92	隆德县2022年生态经济林建设项目	根据当地的立地条件及适地适树的原则，选用山桃、仁用杏、红梅杏、元宝枫等生态经济树种大力发展经济林1.5万亩，力争通过对现有经济林树种的调整，使经济林发展更加完善，壮大，在改善生态环境的同时取得较大的经济效益，使生态林建设成为县域经济发展的新亮点。	新建	2022年	1200	1200				1200	3月20日	是

续表 12

序号	项目名称	规模及主要建设内容	建设性质	建设年限	总投资	中央资金	自治区资金	县级配套	企业及群众自筹	2022年计划投资	计划开工时间	是否固投项目
93	隆德县北象山生态修复治理工程	喷混植生工程，共涉及14个片区，总面积为43213平方米；砖厂复垦工程，共涉及9个片区。	续建	2021—2022年	2100		2100			1900	3月18日	是
94	隆德县2022年县城绿化改造提升工程	（1）建成党校片区小微市民休闲公园，主要建设游步道、健身广场设施，进行小微市民休闲公园园林绿化、灌溉工程；（2）改造龙泉苑广场等街心绿地；（3）改造沿312国道、隆庄公路、六盘山大道绿化，种植五彩花草；对第三苕老院对面空地、三贤居小区旁空地、高级中学对面空地种植多年生地被植物，优化居住环境；在渝河及清凉河两河滨河公园、三山公园、古柳公园、象山公园、龟山公园、丝路公园等七大公园实施"增花添彩"工程，打造花开三季、色彩斑斓的居住环境。（4）改造人行片区老旧小区内部庭院绿化，组团种植花灌木，点缀开花大乔木，片植地被大花卉，打造三季有花、四季见绿的高档宜居住环境。	新建	2022年	2285			2285		2285	3月28日	是
95	隆德县2022年城公共绿地养护工程	主要包活县城"三山两河"及周边已完工需养护的公园、绿地、小游园、景观水道、渝河及清凉河流域城镇绿化工程全县境内等绿地系统进行养护。总共养护面积3597亩，其中精细养护1631亩，常规养护988亩，一般养护978亩，含工程养护及水生植物养护工程。	新建	2022年	800			800		800	3月20日	否
	固原市生态环境局隆德分局				110		110			110		
96	隆德县水质自动监测站提标工程	建设清凉、黄家峡、张土水库监测站房至库区采水管网埋深和地面段加强保温、清凉水站后墙防保护、黄家峡水库进站道路和院落西墙石砌墙工程。	新建	2022年	110		110			110	3月18日	否
97	隆德县凤岭乡基础设施建设项目	建设李土至齐岔村沿线桥涵6处，沟坡28处，道路3.8千米，排水渠系12千米，铺设污水主管道4.5千米，建设生产道路16千米，拦水带10处。	新建	2022年	510	370	0	140	0	510	3月18日	是
	凤岭乡（1项）				510	370	0	140	0	510		
	联财镇（1项）				5000	0	0	0	5000	5000		
98	隆德县中普盛农牧业有限公司500头基础母牛养殖繁育基地建设项目	新建大棚5座，占地700平方米，5个活动场3000平方米，3个青贮池3600立方米，饲料、铺料车间3座，消毒车间1座，化粪池、办公区、购置基础母牛500头，育肥牛200头。	新建	2022年	5000		0	0	5000	5000	3月18日	是

续表 13

序号	项目名称	规模及主要建设内容	建设性质	建设年限	总投资	投资来源				2022年计划投资	计划开工时间	是否固投项目
						中央资金	自治区资金	县级配套	企业及群众自筹			
	沙塘镇（2项）				7111.3	120	922.9	1008	5060.4	7111.3		
99	隆德县沙塘镇清泉村千头肉牛养殖园区建设项目	新建园区饮水400米；园区道路硬化6300平方米；圈舍20000平方米；青贮池8000立方米；移动式全混合日粮机1台；上料机械1台；饲料运输车2辆；新增变压器及电气系统1套，其他辅助工器具及电缆1套；配建智能化系统5套等其他附属设施。	新建	2022年	6611.3	120	922.9	1008	4680.4	6611.3	3月18日	是
100	隆德县沙塘镇张树村肉牛分割车间建设项目	建设分割包装车间、排酸冷库、速冻库、仓储冷库、调库、展厅、会客厅及办公室等附属设施。	新建	2022年	500	0	0	0	380	500	3月18日	是
	观庄乡（1项）				1258.92	0	0	0	1258.92	1258.92		
101	六盘山马铃薯生态科技示范园建设项目	打造集种植、观光旅游为一体的生态科技示范园，园区北山纳入园区总体规划，将红堡水库、观光娱乐区、垂钓娱乐区、观光休闲区、采摘体验区四个区域，建设种植示范区。建设木栈道3243米，小游园1万平方米，沟道整治120米，木桥2座、亭子6座、码头平台2000平方米、廊亭30米及绿化。	新建	2022年	1258.92	0	0	0	1258.92	1258.92	3月18日	是

填表说明：1、"建设性质"填写新建、改建（扩建）、维修、设备购置等。2、"总投资"包含"2022年计划投资"。3、备注栏按照"已确定、有望争取、正在对接"填写。4、填报范围不包括续建项目。

隆德县 2021 年项目建设一览表（附 2）

序号	项目名称	推进计划										县级负责人	主要负责人	分管负责人	责任单位	实施站所（科室）	具体负责人及联系方式	备注
		1—3月	4月	5月	6月	7月	8月	9月	10月	11月	12月							
1	隆德县农村综合改革项目	完成项目初设编制、采购，3月18日开工建设	太阳能灯安装	太阳能灯安装	太阳能路灯竣工验收、基础设计开工建设	完成80%	竣工验收	审计	项目完工验收、资产移交			陈昊	许学军	李颖聪	财政局	农业股	李文举 13995046516	市级重点
2	隆德县革命老区项目	完成项目前期工作，3月18日开工建设	完成投资计划的10%	完成投资计划的20%	完成投资计划的40%	完成投资计划的60%	完成投资计划的80%	完成投资计划的100%	建设完成，并自验	审计、竣工验收	资产移交	陈昊	许学军	师军生	财政局	预算股	高宏亮 18161750917	
	城市公共服务中心（4项）																	
3	隆德县城停车场建设项目	编制项目初步设计、报批，招标及相关手续，3月18日开工建设	场地平整	场地硬化阶段	安装监控	绿化树木种植阶段	自验阶段，第三方审计	项目完工验收				陈昊	刘小兵	柳凤	城市公共服务中心	城管队	王亚刚 18695446966	
4	隆德县城基础设施维修项目	编制项目初步设计、报批，招标及相关手续，3月18日开工建设	县城南片区道路，人行道砖、雨污水井维修阶段	县城东片区道路，人行道砖、雨污水井维修阶段	县城北片区道路，人行道砖、雨污水井维修阶段	县城西片区道路，人行道砖、雨污水井维修阶段	验收、结算	审计	项目完工验收			陈昊	刘小兵	柳凤	城市公共服务中心	市政队	丁广师 13496646818	

续表 1

序号	项目名称	推进计划									县级负责人	主要负责人	分管负责人	责任单位	实施站所（科室）	具体负责人及联系方式	备注
		1—3月	4月	5月	6月	7月	8月	9月	10月	11月	12月						
5	隆德县生活垃圾填埋场渗滤液处理提升项目	1—2月份办理前期手续，3月18日开工建设	安装渗滤液处置设备	设备调试	试运行	自验阶段	工程竣工验收	资产移交				陈昊	刘小兵	柳凤	城市公共服务中心	环卫队	张琪 15809596766	县级重点
6	隆德县城生活垃圾资源化利用项目	设备进场，3月18日开始安装设备	场地平整、正负零建设	厂房建设阶段，完成50%的工程量	厂房建设阶段完成70%的工程量	厂房建设阶段完成90%的工程量	厂房建设阶段完成100%的工程量	设备安装调试	自验阶段、第三方审计	竣工验收		陈昊	刘小兵	柳凤	城市公共服务中心	环卫队	张琪 15809596766	县级重点 六个一百
住建局（2项）																	
7	联财镇高标准重点小城镇建设项目二期	完成项目文本编制及招投标工作，3月18日开工建设	实施及完成雨污管网			实施及完成道路工程			实施及完成外立面改造			陈昊	梁龙祥	李国科	住建局	村镇办公室	马勇 13469546058	县级重点 市级重点 六个一百
8	高质量美丽村庄建设项目二期	完成项目文本编制及招投标工作，3月18日开工建设	完成排水工程	完成道路工程	完成基础设施工程	完成电力设施工程	完成绿化工程	组织验收				陈昊	梁龙祥	李国科	住建局	村镇办公室	马勇 13469546058	县级重点 市级重点 六个一百

续表 2

序号	项目名称	推进计划										县级负责人	主要负责人	分管负责人	责任单位	实施站所（科室）	具体负责人及联系方式	备注
		1—3月	4月	5月	6月	7月	8月	9月	10月	11月	12月							
发改局(2)																		
9	隆德县风光伏风能新电源开发项目	完成可研编制，环评、水保评等前期工作	完成集团公司内部投资审批程序	5月底开工建设	完成年度计划投资的10%	完成年度计划投资的20%	完成年度计划投资的50%	完成年度计划投资的70%	完成年度计划投资的90%	完成年度计划投资的100%		陈昊	王浩	卜铁柱	发改局	招商室	蒙晓燕 17395417723	县级重点 市级重点
10	企业技术改造原项目	企业完成备案等前期手续	完成工程量10%	完成工程量20%	完成工程量30%	完成工程量40%	完成工程量50%	完成工程量80%	完成工程量100%	组织验收，完成奖补资金兑付			陈昊	王浩	马振庄	发改局	工业室	崔国栋 18695400289	
农行(1项)																		
11	中国农业银行隆德分理处原营业用房重建项目	完成备案等前期手续，3月底开工	完成工程量10%	完成工程量15%	完成工程量25%	完成工程量40%	完成工程量50%	完成工程量65%	完成工程量85%	完成工程量100%	组织验收，完成奖补资金兑付	陈昊	张志有	张志有	中国农业银行隆德县支行		张志有 13649566418	
供电公司(1项)																		
12	宁夏固原隆德县10千伏线路及低压台区改造工程	复测，3月开工建设	二运、电杆组立	二运、电杆组立	电杆组立	架设导线	架设导线	架设配变	安装其他设备	自检消缺	验收结算	陈昊	刘存德	徐军	隆德县供电公司	发展建设部	仇赟 13209540696	

续表 3

序号	项目名称	推进计划										县级负责人	主要负责人	分管负责人	责任单位	实施站所（科室）	具体负责人及联系方式	备注
		1—3月	4月	5月	6月	7月	8月	9月	10月	11月	12月							
科技局（4项）																		
13	科技特派员创业项目	开展科技特派员创业行动计划和申报工作，开始实施	种苗、化肥等采购，开展种植工作	完成种植工作，养殖业开展仔、母畜购进	田间管理和养殖，开展基础数据收集、归纳	田间管理和养殖，开展基础数据收集、归纳	田间管理和养殖，开展基础数据收集、归纳	田间管理和养殖，开展基础数据收集、归纳	中药材、蔬菜等种植项目收获采挖，养殖业出栏补栏	中药材、蔬菜等种植项目收获采挖，养殖业出栏补栏	项目验收	刘君彬	王东海	张科	科技局		赵三洲 13709546029	
14	科技攻关项目	项目前期条件落实，1月开工建设	中药材种苗繁育试验基地建设	中药材种苗繁育试验基地建设	田间管理，开展基础数据收集、归纳，进行试验研究				中药材收获采挖，归纳总结		项目验收，申报科技成果	刘君彬	王东海	张科	科技局		赵三洲 13709546029	
15	乡村振兴科技成果引进示范和推广项目	开展项目计划和申报工作，开始实施	对项目实地进行考察调研，资金筹措			一是及时整理汇总分析研究数据记录、建立研发、运行技术档案；二是进行产品生产检验与合格数据档案，建立信息交流制度；三是进行研发设备使用、维修制度及档案，建立信息交流制度，定期总结运行经验					资料收集整理，总结，申请验收	刘君彬	王东海	张科	科技局		赵三洲 13709546029	
16	中药材规范化种植和种苗繁育基地建设项目	地块落实，编制方案等工作，3月开始实施	开展中药材大田规范化种植	开展中药材种苗繁育试验基地建设	田间管理			种植面积验收，兑现补贴资金	中药材收获采挖，归纳总结		项目验收	刘君彬	王东海	陈建学	科技局		赵三洲 13709546029	县级重点 市级重点
六盘山工业园区管委会（4项）																		
17	源杞中药材发酵（益生菌多菌共生）项目	编制项目方案、完成备案	完成前期准备工作	5月底开工建设，厂房装修	厂房装修	厂房装修	设备安装调试	设备安装调试	设备安装调试	试生产		叶建彪	袁亚	穆清	六盘山工业园区管委会		李涛 15825349759	

续表 4

序号	项目名称	推进计划										县级负责人	主要负责人	分管负责人	责任单位	实施站所(科室)	具体负责人及联系方式	备注
		1—3月	4月	5月	6月	7月	8月	9月	10月	11月	12月							
18	兴达沥青混凝土拌合站新建项目	完成项目前期准备工作,3月底开工建设	厂房建设	厂房建设	厂房建设	厂房建设	设备安装调试	设备安装调试	设备安装调试	试生产		叶建彪	袁亚亚	穆清	六盘山工业园区管委会		李涛 15825349759	
19	宁夏佳建建材有限公司混凝土拌合站新建项目	完成项目前期准备工作,3月底开工建设	完成建设任务的10%	完成建设任务的25%	完成建设任务的40%	完成建设任务的55%	完成建设任务的70%	完成建设任务的85%	完成建设任务的100%			叶建彪	袁亚亚	穆清	六盘山工业园区管委会		李涛 15825349759	县级重点
20	六盘春牛羊肉加工新建项目	编制项目方案,完成备案	完成前期准备工作	完成建设任务的10%	完成建设任务的25%	完成建设任务的40%	完成建设任务的60%	完成建设任务的85%	完成建设任务的100%			叶建彪	袁亚亚	穆清	六盘山工业园区管委会		李涛 15825349759	
公安局(2项)																		
21	隆德县公安局杨河派出所建设项目	完成项目前期准备工作,开工建设	完成地基开挖等工作	开始主体框架建设	主体框架建设	主体框架建设	完成主体框架建设	完成附属工程建设	项目竣工	组织自验	申请发改等部门验收	何冬华	何冬华	吴家全	公安局		梁燕 1980546979	
22	隆德县公安局办案中心执法规范化管理中心建设项目	编制方案,编制控制价,招标,开工建设	完成装修工程,并完成系统设备进场安装	完成系统对接	完成系统对接	试运行	完成决算审核和验收						何冬华	吴家全	公安局	警务保障室	李小虎 1395346949	
教体局(9项)																		
23	隆德县第二小学实验楼等校舍建设项目	完成前期准备工作,3月15前开工建设	基础处理	主体浇筑	完成框架	完成砌体砌筑	完成外墙保温内卫粉刷	完成安装工程	完成卫生清洁;竣工验收			柳春梅	董玉科	李耀鹭	教育体育局	隆德县第二小学等	闫佰群 1537943849	县级重点

续表 5

序号	项目名称	推进计划									县级负责人	主要负责人	分管负责人	责任单位	实施站所（科室）	具体负责人及联系方式	备注
		1—3月	4月	5月	6月	7月	8月	9月	10月	11月	12月						
24	薄弱学校改造项目	完成项目前期准备工作，3月15前开工建设	完成基础处理	完成院坪、围墙、给排水管网、化粪池工程	完成供电、消防管网；竣工验收							柳春梅	董玉科	李翟鹭	教育体育局	联财中学等	闫佰群 15379543849	
25	普通高中及幼儿园改善办学条件项目	完成项目前期准备工作，3月15前开工建设	完成基础处理	完成院坪、围墙、给排水管网、化粪池工程	完成供电、消防管网	完工并组织验收						柳春梅	董玉科	李翟鹭	教育体育局	隆德县中学	闫佰群 15379543849	
26	隆德县第四幼儿园综合楼建设项目	编制初步设计等，完成项目立项审批，3月底开工建设	场地平整	三通一平	开挖基槽	处理基础	一二层框架建设	三层框架建设	一二三层墙体砌筑，主体验收	内外粉刷、门窗、暖气、电力安装	组织验收	柳春梅	董玉科	李翟鹭	教育体育局	第四幼儿园	闫佰群 15379543849	县级重点市级重点
27	2022年"互联网+教育"项目	编制方案	编制方案、控制价	发布招标公告，招投标，5月底开工建设	供应设备	安装	试运行	试运行	验收			柳春梅	董玉科	李翟鹭	教育体育局	隆德县一小、隆德二中	闫佰群 15379543849	
28	2022年高考综合改革项目	编制方案，勘察，批复，完成招投标，开工建设	场地平整	三通一平	开挖基槽	处理基础，发布设备招标公告	一二层框架建设，完成设备采购	三层框架建设	一二三层墙体砌筑，主体验收	内外粉刷、门窗、暖气、电力安装	组织验收	柳春梅	董玉科	李翟鹭	教育体育局	隆德县高级中学、隆德二中	闫佰群 15379543849	
29	职业教育基础能力提升工程	编制方案	编制方案、控制价	发布招标公告，投标，编制设备方案，开工建设	基础建设	完成基础，采购	完成安装	试运行	试运行	清洁卫生准备验收	清洁卫生组织验收	柳春梅	董玉科	李翟鹭	教育体育局	隆德县职业技术学校	闫佰群 15379543849	县级重点

续表6

序号	项目名称	推进计划									县级负责人	主要负责人	分管负责人	责任单位	实施站所（科室）	具体负责人及联系方式	备注
		1—3月	4月	5月	6月	7月	8月	9月	10月	11月	12月						
30	全民健身设施补短板项目	编制方案、批复、勘察	控制价编制、拦标、审计	完成招投标，开工建设	开挖基槽	场地硬化	场地铺装设备进场器材安装	器材安装	准备验收			柳春梅	董玉科	李瞿鹭	教体局	神林乡	闫佰群 15379543849	
31	隆德县科技综合文化中心建设项目	编制可研	控制价编制、拦标、审计	发布招标公告、招投标，5月底开工建设	开挖基槽	处理基础	一层框架建设	二层框架建设	三层框架建设	框架封顶		柳春梅	董玉科	李瞿鹭	教体局		闫佰群 15379543849	县级重点
卫健局（2项）																		
32	隆德县2022年领基层卫生能力提升项目	完成初设编制，项目前期准备工作，3月底开工建设	设备采购安装	安装调试	安装调试	组织竣工验收						柳春梅	齐海军	王芳	卫生健康局	局项目办	李汉龙 15509550002	
33	隆德县疾病预防控制中心综合楼迁建项目	3月18日前复工	完成年度投资的10%	完成年度投资的30%	完成年度投资的50%	完成年度投资的70%	完成年度投资的90%	完成年度投资的100%	验收			柳春梅	齐海军	王芳	卫生健康局	局项目办	李汉龙 15509550002	县级重点
妇联（1项）																		
34	妇女创业担保贷款项目	完成前期准备工作，开始实施	发放妇女创业担保贷款500万元	发放妇女创业担保贷款800万元	发放妇女创业担保贷款1500万元	发放妇女创业担保贷款1200万元	发放妇女创业担保贷款1000万元	发放妇女创业担保贷款500万元	发放妇女创业担保贷款500万元			柳春梅	彭军娥	彭军娥	妇联		李慧君 13895446316	

续表7

序号	项目名称	推进计划										县级负责人	主要负责人	分管负责人	责任单位	实施站所（科室）	具体负责人及联系方式	备注
		1—3月	4月	5月	6月	7月	8月	9月	10月	11月	12月							
残联（1项）																		
35	残疾人家庭无障碍改造及残疾人辅具配发项目	完成项目前期准备工作，开工建设	完成工程量5%	完成工程量15%	完成工程量30%	完成工程量50%	完成工程量75%	完成工程量90%	完成工程量100%	组织验收		柳春梅	杨志胜	徐俊明	残联		连佩荣 13629546677	
民宗局（1项）																		
36	隆德县2022年基础建设及产业扶持项目	完成前期准备，开工建设	工程建设	工程建设	竣工验收							金宝文	摆清选	沙志军	民宗局	项目部	马文俊 13469546117	市级重点
交通局（6项）																		
37	隆德县2022年北象山景区等三十二条农村公路安全生命防护工程（续建式护栏装置）	完成前期准备工作，开工建设	波形护栏安装	安装波形护栏10千米	安装波形护栏30千米	安装波形护栏44.686千米	交工验收					金宝文	柳钰明	刘金宇	交通运输局	建管中心	张俊 18995446299	
38	隆德县2022年危桥改造项目	完成前期准备工作，开工建设	钻孔灌注桩施工	钻孔灌注桩施工	钻孔灌注桩施工	桥梁上部结构施工	桥梁上部结构施工	桥板铺装	桥板铺装	交工验收		金宝文	柳钰明	刘金宇	交通运输局	建管中心	张俊 18995446299	

续表 8

序号	项目名称	推进计划									县级负责人	主要负责人	分管负责人	责任单位	实施站所(科室)	具体负责人及联系方式	备注
		1—3月	4月	5月	6月	7月	8月	9月	10月	11月	12月						
39	农村公路养护及水毁道路维修工程	水毁道路排查		完成项目立项审批、招投标等前期工作	开工建设，抢修县、乡、村道，补路面，维修边沟，清理塌方，维修涵洞，急流槽，翻压路基等	抢修县、乡、村道，补路面，维修边沟，清理塌方，维修涵洞，急流槽，翻压路基等	抢修县、乡、村道，补路面，维修边沟，清理塌方，维修涵洞，急流槽，翻压路基等	抢修县、乡、村道，补路面，维修边沟，清理塌方，维修涵洞，急流槽，翻压路基等	抢修县、乡、村道，补路面，维修边沟，清理塌方，维修涵洞，急流槽，翻压路基等			金宝文	柳钰明	刘金宇	交通运输局	建管中心	张俊 18995446299	
40	C22高速毛家沟收费站建设项目	完成前期准备工作，招投标，开工建设	土建基础实施	完成土建基础	主体工程施工	主体工程施工	主体工程施工	附属工程施工	内部装修	交工验收		金宝文	柳钰明	刘金宇	交通运输局	建管中心	张俊 18995446299	县级重点六个一百
41	隆城乡交通运输一体化客运站改造提升项目	完成前期准备工作，招投标，开工建设	土建基础实施	完成土建基础	主体工程施工	主体工程施工	主体工程施工	附属工程施工	内部装修	交工验收		金宝文	柳钰明	刘金宇	交通运输局	建管中心	张俊 18995446299	县级重点六个一百
42	三星穆家沟至杨河公路	完成前期准备工作，3月开工建设	路基及涵洞工程施工	路基及涵洞工程施工	基层施工	路面工程施工	路面工程施工	边沟工程施工	安防工程施工	交工验收		金宝文	柳钰明	刘金宇	交通运输局	建管中心	张俊 18995446299	县级重点市级重点六个一百
移动公司(1项)																	
43	5G基站建设项目	完成前期准备工作，3月开工建设	完成投资计划的10%	完成投资计划的20%	完成投资计划的30%	完成投资计划的40%	完成投资计划的50%	完成投资计划的60%	完成投资计划的80%	完成投资计划的100%		金宝文	张合珠	张合珠	移动公司		杨光 18805461 18	

续表 9

序号	项目名称	推进计划									县级负责人	主要负责人	分管负责人	责任单位	实施站所（科室）	具体负责人及联系方式	备注
		1—3月	4月	5月	6月	7月	8月	9月	10月	11月	12月						
电信公司（1项）																	
44	5G网络基础设施建设项目	完成前期准备工作，3月开工建设	完成6个站址建设，传输设备开通	完成6个基站终端设备安装开通	完成6个站址建设，传输设备开通	完成6个基站终端设备安装开通	完成7个站址建设，传输设备开通	完成7个基站终端设备安装开通	完成5个站址建设，传输设备开通	完成5个基站终端设备安装开通		金宝文	张云霞	刘江成	电信公司		刘江成 18995410656	
联通公司（1项）																	
45	5G网络基础设施建设项目	完成前期准备工作，3月开工建设	完成6个站址建设，传输设备开通	完成6个基站终端设备安装开通	完成6个站址建设，传输设备开通	完成6个基站终端设备安装开通	完成7个站址建设，传输设备开通	完成7个基站终端设备安装开通	完成5个站址建设，传输设备开通	完成5个基站终端设备安装开通		金宝文	贺文	贺文	联通公司		贺文 15609548032	
人社局（2项）																	
46	城乡劳动力就业与培训项目	1月开始实施，培训3000人	培训1000人				培训200人	培训300人				金宝文	张莉	张强	人力资源和社会保障局	就创中心	苏小兵 13895046929	
47	城乡公益性岗位项目	1月开始实施，购买公益性岗位600人	购买公益岗位200人									金宝文	张莉	张强	人力资源和社会保障局	就创中心	吕菲菲 6011781	
民政局（4项）																	
48	隆德县养老服务机构安全和适老性提升维修改造项目	完成项目立项审批、招投标等前期准备工作，3月开工建设	基础设施维修、改造	基础设施维修、改造	基础设施维修、改造	基础设施维修、改造	基础设施维修、改造	附属管网改造	竣工验收			金宝文	马国林	马富雄	民政局		马富雄 15909696313	
49	隆德县沙塘社会福利院维修改造提升项目	完成项目立项审批，3月开工建设	完成工程量的10%	完成工程量的25%	完成工程量的40%	完成工程量的55%	完成工程量的70%	完成工程量的85%	完成工程的100%	组织验收		金宝文	马国林	马富雄	民政局		马富雄 15909696313	县级重点

续表 10

序号	项目名称	推进计划											县级负责人	主要负责人	分管负责人	责任单位	实施站所（科室）	具体负责人及联系方式	备注
		1—3月	4月	5月	6月	7月	8月	9月	10月	11月	12月						
50	隆德县社会福利项目	按表册逐月发放										金宝文	马国栋	马富雄	民政局		马富雄 15909696313	
51	隆德县困难群众生活救助项目	按表册逐月发放										金宝文	马国栋	马富雄	民政局		马富雄 15909696313	
	农业农村局（10项）																	
52	隆德县2022年农机具购置补贴项目	申请资金，人员培训，开始实施	农机具购置补贴申报	农机具购置补贴申报	机具申请、核查验收资金兑付	机具申请、核查验收资金兑付	机具申请、核查验收资金兑付	机具申请、核查验收资金兑付	机具申请、核查验收资金兑付	总结验收		李龙君	冶文军	吕煜东	农业农村局	农机推广中心	张喜旺 13995346672	
53	2022年高标准农田建设项目	完成全县4万亩高标准农田招投标工作，开工建设	完成高标准农田建设任务的20%	完成高标准农田建设任务的40%	农户种植，暂停施工	农户种植，暂停施工	农户种植，暂停施工	农户种植，暂停施工	完成高标准农田建设任务的60%	完成年度任务的100%	完成单项工程验收	李龙君	冶文军	吴宏伟	农业农村局	农综中心	王银库 15825396199	县级重点 市级重点 六个一百
54	肉牛养殖产业项目	制定方案，冻精配送到各站点、完成滩羊采购；肉牛养殖场规划、建设前期工作，开工建设	将液氮、冻精配送到各站点，完成滩羊种公羊招投标工作；完成示范村建设前期规划；肉牛规模养殖场开工建设	完成首茬青贮玉米种植工作；完成肉牛规模养殖场初建工作	对青贮玉米、苜蓿加强田间管理，预防病虫害；完成滩羊种公羊采购工作	收储第一茬高产优质苜蓿，完成肉牛规模养殖场建设工作的50%	对青贮玉米、苜蓿加强田间管理，预防病虫害；完成肉牛规模养殖场建设工作的70%	建成肉牛规模养殖示范村30个，开始青贮玉米收储工作	完成青贮玉米，乡镇首茬自开始；对肉牛养殖完成县级验收；完成肉牛规模养殖场建设工作	对肉牛规模养殖场验收；完成青贮玉米抽验工作	项目总结，兑付资金	李龙君	冶文军	庞军宝	农业农村局	畜牧中心	张奎举 13649546969	县级重点

续表 11

序号	项目名称	推进计划										县级负责人	主要负责人	分管负责人	责任单位	实施站所（科室）	具体负责人及联系方式	备注
		1—3月	4月	5月	6月	7月	8月	9月	10月	11月	12月							
55	蔬菜产业项目	开工建设，完成大拱棚搭建、生物秸秆反应堆招标采购及施工	完成种植和设备安装，调试工作	加强田间管理，预防病虫害；开始蚯蚓生物试验建设工作	乡镇自验；加强田间管理，预防病虫害	抽验；采收上市	采收上市	资金兑付	清理田间杂物	项目总结		李龙君	冶文军	马育斌	农业农村局	农技中心	柳智星 13519546435	县级重点 市级重点 六个一百
56	马铃薯繁种育项目	开始实施，完成种薯采购	对种植农户发放马铃薯原种及原原种	完成全县马铃薯种植工作	加强田间管理，预防病虫害；乡镇开始自验工作	加强田间管理，预防病虫害；县级抽验	加强田间管理，预防病虫害	兑付资金；加强田间管理，预防病虫害	收获、储藏	窖藏管理	项目总结	李龙君	冶文军	马育斌	农业农村局	农技中心	柳智星 13519546435	县级重点
57	农村户用厕所改造项目	调查摸底，制定方案，开工建设	对改厕产品进行询价，选聘施工企业	组织施工，完成户厕200座	组织施工，完成户厕600座	组织施工，完成户厕900座	完成户厕1000座	乡镇完成自验自检	完成县级验收	完成区、市抽验	总结	李龙君	冶文军	吴宏伟	农业农村局	农综中心	王银库 15825396199	市级重点
58	食用菌产业强镇项目	制定方案，完成基础建设选址、规划工作，开工建设	开展食用菌产业示范园区开始基础设施地基等初步建设工作	对食用菌产业示范园区基础设施地基等初步建设工作	完成食用菌产业示范园区基础设施地基主体等建设工作	开始食用菌产业示范园区基础设施地基主体等建设工作	继续完善食用菌产业示范区基础设施主体建设工作	继续完善食用菌产业示范区基础设施主体建设工作	基本完成食用菌产业示范园区基础设施主体建设工作			李龙君	冶文军	马育斌	农业农村局	农技中心	柳智星 13519546435	县级重点
59	隆德县2022年旱作节水农业覆膜项目	制定方案，招标采购地膜，开始实施	发放地膜、农户种植	覆膜	乡镇自验	乡镇完成自验	县级抽验	兑付资金	自评总结			李龙君	冶文军	吕盛东	农业农村局	农机推广中心	张喜旺 13995346672	

续表12

序号	项目名称	推进计划									县级负责人	主要负责人	分管负责人	责任单位	实施站所（科室）	具体负责人及联系方式	备注
		1—3月	4月	5月	6月	7月	8月	9月	10月	11月	12月						
60	隆德县2022年残膜回收利用项目	制定方案，开始实施，进行农户回收	农户回收、网点收购	网点收购	乡镇自验	网点向加工厂缴售残膜	网点向加工厂缴售残膜	颗粒加工，兑付资金	颗粒加工，兑付资金	颗粒加工，兑付资金	总结验收	李龙君	冶文军	吕煜东	农业农村局	农机推广中心	张喜旺 13995346672	
61	隆德县农村一二三产业融合发展项目	完成项目方案规划编制工作，3月底开工建设	完成投资计划的10%	完成投资计划的30%	完成投资计划的50%	完成投资计划的70%	完成投资计划的80%	完成投资计划的90%	完成投资计划的100%	验收、总结阶段、资金对付		李龙君	冶文军	吴宏伟	农业农村局	休闲农业服务中心	孙国强 13995046133	县级重点

文广局（5项）

序号	项目名称	推进计划									县级负责人	主要负责人	分管负责人	责任单位	实施站所（科室）	具体负责人及联系方式	备注
		1—3月	4月	5月	6月	7月	8月	9月	10月	11月	12月						
62	老巷子十三坊旅游休闲综合体项目	完成前期准备工作，开工建设	完成年度投资的10%	完成年度投资的25%	完成年度投资的40%	完成年度投资的55%	完成年度投资的70%	完成年度投资的90%	完成建设	竣工验收		李龙君	刘永兴	马有旺	文化旅游广电局		崔文强 13995046098	县级重点 市级重点 六个一百
63	隆德县杨家店红军长征及李士岐红色特色村建设项目	编制项目初步设计，完成项目立项审批、招投标，3月底开工建设	完成工程量10%	完成工程量20%	完成工程量40%	完成工程量55%	完成工程量70%	完成工程量85%	完成工程量100%	竣工验收		李龙君	刘永兴	马有旺	城关镇		崔文强 13995046098	县级重点
64	长征国家文化公园（宁夏段）隆德二十五军革命旧址保护利用工程	3月15日前复工	完成年度计划投资的20%	完成年度计划投资的40%	完成年度计划投资的60%	完成年度计划投资的80%	完成年度计划投资的100%	组织验收				李龙君	刘永兴	彭映红	文化旅游广电局	隆腾旅游公司	周军 17395400878	县级重点 六个一百

续表 13

序号	项目名称	推进计划										县级负责人	主要负责人	分管负责人	责任单位	实施站所（科室）	具体负责人及联系方式	备注
		1—3月	4月	5月	6月	7月	8月	9月	10月	11月	12月							
65	六盘山长征研学基地	3月15日前复工	完成年度计划投资的10%	完成年度计划投资的20%	完成年度计划投资的40%	完成年度计划投资的60%	完成年度计划投资的80%	完成年度计划投资的100%	竣工验收			李龙君	刘永兴	彭映红	文化旅游广电局	宁夏宁旅建设开发有限公司	崔文强 13995046098	县级重点
66	隆德县应急广播建设项目	申报项目、办理前期手续、招投标	开工建设	完成项目进度20%	完成项目进度40%	完成项目进度60%	完成项目进度75%	完成项目进度85%	完成项目进度95%	完工	竣工验收、交付使用	李龙君	刘永兴	彭甲龙	文化旅游广电局	县融媒体中心	张龙廷 17395427851	

气象局（1项）

| 67 | 六盘山国家气候观象台道路冰冻灾害灾后项目建设 | 编制项目初步设计，完成项目立项审批，招投标，开工建设 | 完成项目进度10% | 完成项目进度25% | 完成项目进度40% | 完成项目进度55% | 完成项目进度70% | 完成项目进度85% | 完成项目进度100% | 组织验收 | | 李龙君 | 范晓华 | 范晓华 | 气象局 | | 康煜 13995246020 | |

乡村振兴局（7项）

| 68 | 隆德县2022年巩固拓展脱贫攻坚成果基础设施提升项目 | 完成县摸底、审批、招投标等前期准备工作，开始实施 | 项目形象进度达到20% | 项目形象进度达到40% | 项目形象进度达到60% | 项目形象进度达到80% | 项目形象进度达到100% | 完成档案资料整理归档、组织验收 | | | | 李龙君 | 辛学发 | 王鹏 | 乡村振兴局 | | 马东顺 18408466099 | 县级重点市级重点六个一百 |
| 69 | 隆德县2022年脱贫产业户培育发展项目 | 制定产业实施方案，生产资料准备，开始实施 | 整体形象进度达到20% | 整体形象进度达到40% | 整体形象进度达到60% | 整体形象进度达到80% | 项目全面完成 | 完成项目初验、核验等工作 | 资金兑付 | 完成档案资料整理归档 | | | 李龙君 | 辛学发 | 张睿智 | 乡村振兴局 | | 马东顺 18408466099 | |

续表 14

序号	项目名称	推进计划									县级负责人	主要负责人	分管负责人	责任单位	实施站所（科室）	具体负责人及联系方式	备注
		1—3月	4月	5月	6月	7月	8月	9月	10月	11月	12月						
70	隆德县2022年脱贫户劳动力素质提升项目	开始实施，学生在线申请雨露计划	学生在线申请雨露计划	贫困资格审核	贫困资格审核	学籍审核	村乡县三级公示，资金兑付	在线申报秋季雨露计划				李龙君	辛学发	张睿智	乡村振兴局		马东顺 18408466099	
71	隆德县2022年脱贫户小额信贷项目	制定实施方案，开始实施	发放贴息贷款	发放贴息贷款	发放贴息贷款	发放贴息贷款	发放贴息贷款	发放贴息贷款	发放贴息贷款	发放贴息贷款	完成档案资料整理归档	李龙君	辛学发	张睿智	乡村振兴局		马东顺 18408466099	
72	隆德县2022年移民基础设施建设项目	完成项目规划、设计、申报、审批、批复、招投标及合同管理等前期工作，开工建设	形象进度达到20%以上	形象进度达到40%以上	形象进度达到60%以上	形象进度达到80%以上	全面完成项目建设	第三方进行项目验收，出具验收报告	完成项目资金兑付	整理完善项目工程档案资料		李龙君	辛学发	杨志学	乡村振兴局		马东顺 18408466099	县级重点 市级重点
73	隆德县2022年闽宁协作项目	编写闽宁协作帮扶实施方案，开始实施	整体形象进度达到20%	整体形象进度达到40%	整体形象进度达到60%	整体形象进度达到80%	整体形象进度达到100%	完成项目初验、核验等工作	完成档案资料归档，全面完成建设任务			李龙君	辛学发	张睿智	乡村振兴局		马东顺 18408466099	县级重点
74	隆德县2022年农业农村基础设施建设项目	初步设计编制，前期手续办理、招投标工作	开工建设，主体结构建设	完成形象进度50%	完成形象进度80%	完成形象进度100%	自验、结算审核	竣工决算	完工验收			李龙君	辛学发	王鹏	乡村振兴局		马东顺 18408466099	市级重点

续表 15

序号	项目名称	推进计划									县级负责人	主要负责人	分管负责人	责任单位	实施站所(科室)	具体负责人及联系方式	备注
		1—3月	4月	5月	6月	7月	8月	9月	10月	11月	12月						

水务局（15项）

序号	项目名称	1—3月	4月	5月	6月	7月	8月	9月	10月	11月	12月	县级负责人	主要负责人	分管负责人	责任单位	实施站所(科室)	具体负责人及联系方式	备注
75	隆德县余家峡水库供水管网连通工程	完成审查批复及招标，3月底开工建设	完成工程量的5%	完成工程量的10%	完成工程量的30%	完成工程量的50%	完成工程量的70%	完成工程量的90%	完成工程量的100%			李龙君	张广斌	张慧敏	隆德县水务局	水利站	杨志义 13649566569	县级重点 六个一百
76	隆德县黄峡水库除险加固工程	完成审查批复及招标，开工建设	完成工程量的10%	完成工程量的30%	完成工程量的70%	完成工程量的100%	组织验收					李龙君	张广斌	张慧敏	隆德县水务局	水利站	杨志义 13649566569	市级重点
77	隆德县高坪水库除险加固工程	完成审查批复及招标	开工建设，完成工程量的10%	完成工程量的30%	完成工程量的70%	完成工程量的100%	组织验收					李龙君	张广斌	张慧敏	隆德县水务局	水利站	杨志义 13649566569	市级重点
78	隆德县前河水库除险加固工程	完成审查批复及招标	开工建设，完成工程量的10%	完成工程量的30%	完成工程量的70%	完成工程量的100%	组织验收					李龙君	张广斌	张慧敏	隆德县水务局	水利站	杨志义 13649566569	市级重点
79	温堡灌区水源连通及节水改造工程	完成审查批复及招标，开工建设	完成工程量的10%	完成工程量的30%	完成工程量的50%	完成工程量的70%	完成工程量的90%	完成工程量的100%	组织验收			李龙君	张广斌	张慧敏	隆德县水务局	水利站	杨志义 13649566569	县级重点
80	隆德北片区（好水、杨河）供水管网改造工程	完成审查批复及招标，开工建设	完成工程量的5%	完成工程量的10%	完成工程量的30%	完成工程量的50%	完成工程量的70%	完成工程量的90%	完成工程量的100%	组织验收		李龙君	张广斌	张慧敏	隆德县水务局	水利站	杨志义 13649566569	县级重点 市级重点 六个一百

续表 16

序号	项目名称	推进计划									县级负责人	主要负责人	分管负责人	责任单位	实施站所（科室）	具体负责人及联系方式	备注
		1—3月	4月	5月	6月	7月	8月	9月	10月	11月	12月						
81	隆德县杨庄庞沟水库除险加固工程	完成审查批复及招投标，开工建设	完成工程量的10%	完成工程量的30%	完成工程量的70%	完成工程量的100%	组织验收					李龙君	张广斌	张 瑞	隆德县水务局	隆德县水利水保工程建设管理中心	陈瀚 13995146978	市级重点
82	隆德县什字河下游红堡小流域水土流失综合治理工程	完成初设编制审批，完成招投标，开工建设	完成工程量的10%	完成工程量的30%	完成工程量的70%	完成工程量的100%	组织验收					李龙君	张广斌	张慧敏	隆德县水务局	水保站	杜辉 13895346686	市级重点
83	渝河中型灌区节水改造及续建配套工程	初步设计编制审批，完成招投标并开工建设	完成工程量的5%	完成工程量的10%	完成工程量的30%	完成工程量的50%	完成工程量的70%	完成工程量的90%	完成工程量的100%	组织验收		李龙君	张广斌	张慧敏	隆德县水务局	水利站	杨志义 13649566569	县级重点
84	甜水河农村水系综合整治工程	招投标，开工建设，完成工程量的10%	完成工程量的30%	完成工程量的50%	完成工程量的70%	完成工程量的90%	完成工程量的100%	组织验收					李龙君	张广斌	张慧敏	隆德县水务局	水利站	杨志义 13649566569	市级重点一百六十个
85	车套沟等6座淤地坝除险加固工程	完成项目立项审批，招投标并开工建设	完成工程量的10%	完成工程量的20%	完成工程量的30%	完成工程量的50%	完成工程量的70%	完成工程量的90%	完成工程量的100%				李龙君	张广斌	张慧敏	隆德县水务局	水保站	杜辉 13895346686	
86	罗家峡水库除险加固工程	初步设计编制审批，完成招投标	开工建设，完成工程量的10%	完成工程量的30%	完成工程量的70%	完成工程量的100%	组织验收						李龙君	张广斌	张 瑞	隆德县水务局	隆德县水利水保工程建设管理中心	陈瀚 13995146978	市级重点

续表 17

序号	项目名称	推进计划										县级负责人	主要负责人	分管负责人	责任单位	实施站所(科)室	具体负责人及联系方式	备注
		1—3月	4月	5月	6月	7月	8月	9月	10月	11月	12月							
87	隆德县余家峡水库工程	3月18日前复工	完成工程量的20%	完成工程量的35%	完成工程量的45%	完成工程量的55%	完成工程量的65%	完成工程量的75%	完成工程量的90%	完成年当年建设任务		李龙君	张广斌	张瑞	隆德县水务局	隆德县水利水保工程建设管理中心	陈瀚 13995146978	
88	隆德县"互联网+城乡供水"工程	3月18日前复工	完成工程量的20%	完成工程量的35%	完成工程量的45%	完成工程量的55%	完成工程量的65%	完成工程量的75%	完成工程量的90%	完成年当年建设任务		李龙君	张广斌	张瑞	隆德县水务局	隆德县渝清水务有限公司	陈永强 13909546616	县级重点市级重点六个一百
89	隆德县北片区观庄供水管网改造工程	3月18日前复工	完成工程量的20%	完成工程量的35%	完成工程量的45%	完成工程量的55%	完成工程量的65%	完成工程量的75%	完成工程量的90%	完成年当年建设任务		李龙君	张广斌	张瑞	隆德县水务局	隆德县渝清水务有限公司	陈永强 13909546616	县级重点市级重点
自然资源局（6项）																		
90	隆德县2022年水源涵养林建设工程	完成建设方案编制、立项批复、招投标等前期工作，3月中旬开工建设	完成营造乔木林3.5万亩、未成林抚育提升2.25万亩	未成林抚育提升2万亩	进行抚育管护	进行抚育管护	进行抚育管护	对成活率低于85%造林地块进行补植	检查验收			李龙君	马进川	杜恒沛	自然资源局	天保办	李龙平 13649565931	县级重点

续表 18

序号	项目名称	推进计划									县级负责人	主要负责人	分管负责人	责任单位	实施站所（科室）	具体负责人及联系方式	备注
		1—3月	4月	5月	6月	7月	8月	9月	10月	11月	12月						
91	隆德县2022年村庄绿化、庭院经济林建设、森林质量精准提升及有害生物防治项目	完成建设方案编制、立项批复、招投标等前期工作，3月中旬开工建设	完成绿化3000亩；完成庭院经济林2000亩；森林质量提升；完成阻隔网造林1万亩	进行抚育管护；药剂防治及人工捕打鼠、抚育管护	进行抚育管护；药剂防治及人工捕打鼠、抚育管护	进行抚育管护	进行抚育管护	进行抚育管护	检查验收			李龙君	马进川	杜恒沛	自然资源局	林草中心	李继武 18195432059	市级重点
92	隆德县2022年生态经济林建设项目	完成建设方案编制、立项批复、招投标等前期工作，3月中旬开工建设	完成红梅杏、大果榛子等生态经济林0.5万亩	进行抚育管护	进行抚育管护	进行抚育管护	进行抚育管护	进行抚育管护	检查验收			李龙君	马进川	杜恒沛	自然资源局	林草中心	李继武 18195432059	县级重点 市级重点
93	隆德县北象山生态修复治理工程	3月18日前复工	完成喷混植生工程	完成砖厂复垦工程	进行抚育管护	进行抚育管护	进行抚育管护	进行抚育管护	检查验收			李龙君	马进川	杜恒沛	自然资源局	矿管站	赵军 13629546289	县级重点 市级重点
94	隆德县2022年县城绿化改造提升工程	完成建设方案编制、立项批复、招投标等前期工作，3月开工建设	完成各项绿化改造提升工程	完成各项绿化改造提升工程	进行绿化养护	进行绿化养护	进行绿化养护	进行绿化养护	检查验收			李龙君	马进川	杜恒沛	自然资源局	绿化队	李继武 18195432059	县级重点 市级重点 六个一百

续表 19

序号	项目名称	推进计划										县级负责人	主要负责人	分管负责人	责任单位	实施站所（科室）	具体负责人及联系方式	备注
		1—3月	4月	5月	6月	7月	8月	9月	10月	11月	12月							
95	隆德县2022年公共绿地养护工程	完成建设方案编制、立项、批复、招投标等前期工作，3月中旬开工建设	完成各项绿化改造提升工程	完成各项绿化改造提升工程	进行绿化养护	进行绿化养护	进行绿化养护	进行绿化养护	检查验收			李龙君	马进川	杜恒沛	自然资源局	绿化队	李继武 18195432059	
固原市生态环境局隆德分局（1项）																		
96	隆德县自来水水质监测站提标工程	办理前期手续，3月18日开工建设	管沟开挖阶段	清凉峡、黄家峡土水库监测站房至水库区采水管网埋深和地面段加强保温	清凉峡、黄家峡、张土水库监测站房至水库区采水管网埋深和地面段加强保温	黄家峡水库进水库站道路和院落西墙石砌墙工程	自验阶段	工程竣工验收	资产移交			李龙君	王建平	王建平	固原市生态环境局隆德分局		李宏波 13995246855	市级重点
凤岭乡（1项）																		
97	隆德县凤岭乡基础设施建设项目	初步设计编制，前期手续办理，招标工作，开工建设	主体结构的建设阶段	完成形象进度50%	完成形象进度80%	完成形象进度100%	自验、结算审核	竣工决算	完工验收			李龙君	张赛虎	陈金龙	凤岭乡人民政府	经济发展办公室	高腾 18295044439	市级重点
联财镇（1项）																		
98	隆德县中普盛牧业农牧有限公司500头基础母牛繁育养殖基地建设项目	前期准备	开工建设、养殖圈舍、场坪硬化	建设养殖圈舍、场坪硬化	完成养殖圈舍建设、场坪硬化	购置基础母牛以及育肥牛	购置基础母牛以及育肥牛	购置基础母牛以及育肥牛	购置基础母牛以及育肥牛20头至100头	完成年度建设任务		李龙君	郑守民	杨佳	联财镇人民政府	农业综合服务中心	吴琪 18152578129	县级重点 市级重点

续表 20

序号	项目名称	推进计划										县级负责人	主要负责人	分管负责人	责任单位	实施站所（科室）	具体负责人及联系方式	备注
		1—3月	4月	5月	6月	7月	8月	9月	10月	11月	12月							
沙塘镇（2项）																		
99	隆德县沙塘镇清泉村千头肉牛养殖园区项目建设	完成项目方案编制、项目立项批复、招投标等前期工作，3月中旬开工建设。	完成建设任务的10%	完成建设任务的25%	完成建设任务的40%	完成建设任务的55%	完成建设任务的70%	完成建设任务的85%	完成建设任务的100%	完成建设	竣工验收	李龙君	刘江龙	张旭东	沙塘镇人民政府	经济发展办公室	许荣 17809596596	县级重点
100	隆德县沙塘镇张树村肉牛分割车间项目建设	完成前期准备，开工建设	完成建设任务的55%	完成建设任务的70%	完成建设任务的85%	完成建设任务的100%	完成建设	竣工验收				李龙君	刘江龙	张旭东	沙塘镇人民政府	经济发展办公室	许荣 17809596596	
观庄乡（1项）																		
101	六盘山马铃薯生态科技示范园建设项目	完成方案编制、备案等前期准备工作，3月底开工建设	完成建设任务的10%	完成建设任务的25%	完成建设任务的40%	完成建设任务的55%	完成建设任务的70%	完成建设任务的85%	完成建设任务的100%			李龙君	薛须良	王进宁	观庄乡人民政府	财经服务中心	王进宁 13649546793	

填表说明：1、"建设性质"填写新建、改建（扩建）、维修、设备购置等。2、"总投资"包含"2022年计划投资"。3、备注栏按照"已确定、有望争取、正在对接"填写。4、填报范围不包括续建项目。